Paris

ART & ARCHITECTURE

Martina Padberg

Avec le concours de Oliver Burgard,
Nicole Colin, Rita Degenhard, Eva Leistenschneider,
Jeannine Fiedler, Hans-Joachim Kuke, Günter Liehr,
Stephan Padberg, Birgit Sander, Charlotte Seeling,
Hagen Schulz-Forberg, Jörg Völlnagel

h.f.ullmann

1re de couverture : Eiffelturm, Paris
Foto: © ivaskes / Shutterstock

4re de couverture : Centre Pompidou, Foto: Caroline Rose © Tandem Verlag GmbH;
Arc de Triomphe du Carrousel,
Foto: Caroline Rose © Tandem Verlag GmbH;
Die Freiheit auf den Barrikaden, 1830, Eugène Delacroix, Musée du Louvre,
Foto: © The Bridgeman Art Library, London

Design de la couverture : rincón^2 medien gmbh, Köln

Frontispice
Georges Seurat
La tour Eiffel, 1889
Fine Arts Museums, San Francisco

Les informations relatives à l'exposition des œuvres
dans les musées et les églises, aisni que les horaires d'ouverture de ceux-ci,
sont données à titre indicatif et soumises à modifications.

Titre original : Kunst und Architektur: Paris
ISBN : 978-3-8331-4303-8

h.f.ullmann, 2012
h.f.ullmann is an imprint of Tandem Verlag GmbH

Direction artistique et éditoriale : Peter Feierabend
Responsable de projet : Kerstin Ludolph, Swetlana Dadaschewa
Assistance : Brita Köhler
Révision : Kathrin Jurgenowski, Ellen Heyn, Brigitte Hausmann
Maquette et mise en page : Bauer & Möhring, Meike Lorenz, Stephanie Feyerabend
Recheres iconographiques : Lucas Lüdemann, Barbara Linz, Eva Wenzel,
Kerstin Dahnken, Petra Ahke, Matthias Teufel
Cartographie: Ingenieurbüro für Kartographie Dr. Hans-Joachim Kämmer, Berlin

Réalisation : InTexte Édition, Toulouse
Traduction de l'allemand : Marion Villain, Cécile Cadène

Réalisation complète : h.f.ullmann publishing, Potsdam, Allemagne

Printed in China

ISBN: 978-3-8331-6342-5

10 9 8 7 6 5 4 3 2 1
X IX VIII VII VI V IV III II I

www.ullmann-publishing.com
newsletter@ullmann-publishing.com

Sommaire

Le cœur de la ville – aperçu de l'île de la Cité

Passé et modernité – la Grande Pyramide du Louvre

Shakespeare and Company dans le Quartier latin

La tour Eiffeil vue du pont Alexandre III

Vue sur Montmartre
et le Sacré-Cœur

La Géode, le « cinéma-sphère » dans le parc futuriste de la Villette

Colonnades du château de Versailles

De Lutetia à La Défense – voyage dans l'Histoire

Paris : tellement pleine de mystères et de contrastes que pour l'écrivain français Julien Green, amoureux de la ville, il faudrait plutôt parler « des Paris ». Théâtre mouvementé de l'Histoire universelle et capitale incontestée de la France, cœur baroque des fastes de la Cour mais également creuset des conflits et haut lieu des révolutions, cadre de vie opulent d'une bourgeoisie sûre d'elle-même et métropole marquée par les oppositions sociales et ethniques – Paris est aussi ce lieu, plus que tout autre, propice à l'embrasement de l'imagination, tant collective qu'individuelle, et à leur expression dans la littérature et dans l'art. Derrière chaque boulevard, avenue, place et carrefour semble se cacher un univers chargé d'histoire – images, fantasmes, rêves et mythes marquant autant notre perception de Paris que l'architecture elle-même. Les poncifs auxquels ils ont donné naissance – ville de l'amour, Mecque des artistes, centre culturel et intellectuel, paradis des flâneurs… sont si profondément ancrés dans notre esprit que le moindre séjour à Paris se mue toujours en une quête des traces de la « ville secrète ». On ne veut donc pas uniquement explorer Paris mais « penser Paris », selon la formule employée par Paul Valéry dans son essai « Présence de Paris » (*Regards sur le monde actuel*, Paris, Gallimard, 1945).

La Cité insulaire

À Paris, présent et passé sont mêlés au quotidien à travers les noms des stations de métro, des rues et des places, ou encore la signification des monuments… Il est donc impossible de dissocier la ville de son histoire – dont elle tire, à l'instar du reste de la nation, son identité et sa fierté.

La structure actuelle du centre-ville, avec le cœur historique de l'île de la Cité dont part un axe nord-sud, la via Superior (rue Saint-Jacques, rue Saint-Martin), date de l'époque à laquelle Paris s'appelait encore Lutetia. Habitée par les Gaulois puis occu-

Façade sud du dôme des Invalides (église du dôme).

Monnaie d'or des Parisii, Ier siècle av. J.-C., musée de Cluny, Paris.

pée par les Romains à la suite des campagnes de conquête de l'empereur Jules César, elle fut dotée, comme de très nombreuses autres cités coloniales romaines, d'un réseau caractéristique de voies au dessin géométrique. Les thermes et les arènes sont les seuls vestiges de cette époque où la vie parisienne semblait déjà ne pas manquer d'attraits. En 358 ap. J.-C., soit peu avant la chute de l'Empire romain, l'empereur Julien l'Apostat notait ainsi : « J'ai passé un hiver dans les murs de ma chère Lutetia, comme les Gaulois nomment la ville des Parisii. Elle occupe une île au milieu du fleuve, aux rives duquel elle est reliée par des ponts de bois. Les habitants du pays bénéficient d'hivers très doux. Le sol porte des ceps de bonne vigne, et les Parisii possèdent même l'art d'y faire venir des figuiers [...]. »

La résidence des rois

En 508, Clovis Ier, roi des Francs (481/82-511), transféra sa résidence de Soissons à Paris, qui accéda ainsi au rang de capitale. À partir de cette époque, le développement ultérieur de la ville dépendit étroitement de la politique de centralisation croissante et du monopole du pouvoir royal. Régie par un prévôt royal, Paris et ses habitants, « bourgeois du roi », ne disposaient pour ainsi dire d'aucune autonomie communale. Le roi présidait au développement urbain : témoignages de cette politique unilatérale, les nombreuses enceintes et fortifications édifiées aux

Matthäus Merian l'Ancien, Vue de « Parys », *gravure sur cuivre, 23,7 x 66,7 cm, 1620, Bibliothèque nationale de France, Paris.*

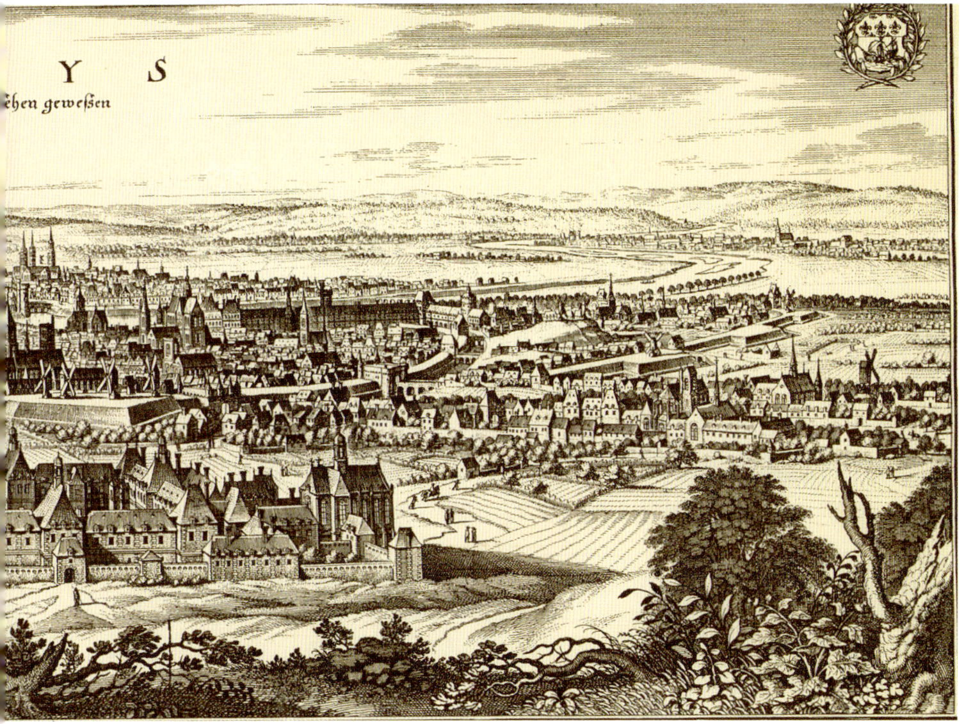

siècles suivants attirèrent logiquement sur elles, au début de la Révolution française, le courroux des émeutiers. Dès que la Révolution éclata lors de l'été 1789, 40 des 57 barrières de l'octroi que comptait la ville furent incendiées et détruites, avant même la prise de la Bastille. Jusqu'à cette période, les rois avaient en effet mis de grands moyens en œuvre afin de sécuriser la ville et rendre son aménagement digne d'une ville de cette ampleur, tâche fort ardue du fait des nombreuses fluc-

Plan de la ville de Paris d'après une gouache, 1576, bibliothèque historique de la Ville de Paris.

École française, Portrait de Jean II le Bon, roi de France, *huile sur bois, 60 x 44,5 cm, av. 1350, musée du Louvre, Paris.*

tuations politiques affectant les rapports entre la Couronne et la commune. Les bastions médiévaux comme la tour de Nesle, sur la rive gauche de la Seine, ou même la Bastille ne servaient pas uniquement à protéger la ville d'incursions étrangères, telles celles des Vikings et, plus tard, des Anglais, mais également à garder la main haute sur la population de Paris, qui passait pour rebelle et imprévisible. Le soulèvement des états généraux sous Étienne Marcel (vers 1356-1358) avait enseigné la méfiance au jeune dauphin de l'époque, le futur roi Charles V, que les rebelles avaient provisoirement réussi à faire prisonnier sur l'île de la Cité. À la suite de cet événement, l'ancien palais royal de l'île, manifestement trop peu sûr, fut délaissé au profit du Louvre, aménagé en nouvelle résidence royale. Pendant le soulèvement de la Fronde (1651), l'irruption du peuple parisien au Palais-Royal et jusque dans les appartements privés du jeune dauphin, le futur Louis XIV, incita ce dernier à entreprendre dix ans plus tard la transformation de Versailles pour tourner durablement le dos à Paris. Durant une période de cinq ans, son grand-père Henri IV (1589-1610), de confession protestante, n'avait en effet pu pénétrer dans Paris, capitale de son royaume, où le peuple se montrait prêt à lui témoigner violemment son hostilité. C'est néanmoins sous son règne que Paris devint le centre politique, culturel et économique de la France. Tandis que la main ordonnatrice du roi mettait en œuvre une conception rationaliste du pouvoir, la capitale du royaume devenait l'emblème de sa grandeur. Ses successeurs perpétuèrent cette tradition grâce à d'ambitieux projets urbanistiques. Marques successives de leur autorité, les statues des souverains de France se multiplièrent sur des places publiques généralement créées à cet effet.

C'est surtout au temps du baroque qu'architecture et urbanisme furent dotés d'un rôle d'apparat et d'une fonction symbolique. Pendant le règne de Louis XIV se développa un art monumental où sculpture architecturale et arts ornementaux concouraient à refléter la puissance absolue du roi. Son puissant ministre des Finances, Colbert, écrivit que rien ne dépeint mieux la grandeur et l'esprit d'un roi que les monuments qu'il érige. En signe de sa souveraineté, le Roi-Soleil fit donc ouvrir les murs de Paris, édifiés par ses prédécesseurs et suspicieusement gardés, et remplacer les vieux bastions par les premiers « Grands Boulevards » – larges allées de prestige ouvrant des axes centraux dans la ville. Paris devenait ainsi le miroir officiel de la monarchie. S'il ne fut qu'ébauché sur le terrain, le projet d'aménagement urbain de Napoléon Ier (1804-1805), visant à faire de Paris la digne héritière de la Rome impériale, s'inscrivait indéniablement dans cette tradition. Les « grands travaux » de François Mitterrand eux-mêmes prouvent que les plans d'urbanisme et d'architecture restent à Paris un enjeu politique brûlant. Comme jadis, Paris reste « pensée » comme le véritable cœur de la France.

Charles Marville, Percement de l'avenue de l'Opéra et de la butte des Moulins vers 1877, *photographie, musée Carnavalet, Paris.*

Nicolas et Jean-Baptiste Raguenet, Lutte de bateliers entre le pont Notre-Dame et le pont au Change, *huile sur toile, 60 x 97 cm, 1751, musée Carnavalet, Paris.*

La ville de l'esprit

À partir du XIe siècle, la ville commença à s'étendre sur les deux rives du fleuve. Dès cette époque, rive gauche et rive droite acquirent leur propre singularité, encore visible de nos jours : à côté de la Cité, centre politique et religieux, la rive droite de la Seine devint un centre artisanal et commercial, alors que l'Université dominait la vie de la rive gauche. Cette organisation obéissait à des raisons pratiques : seule la rive droite de la Seine permettait l'accostage, et donc le départ – à pied – des négociants pour les Flandres. La place de Grève (actuelle place de l'Hôtel de Ville) se dota donc d'un port et d'un marché, tandis que de nombreuses corporations s'établissaient à côté. Plusieurs noms de rues nous renseignent encore sur les métiers qui s'y pratiquaient : rue de la Coutellerie, de la Verrerie ou encore, au bord du fleuve, le quai de la Mégisserie. Le pont au Change, où à l'époque se serraient des maisons, était le domaine des changeurs et des orfèvres, tandis que la confrérie puissante des bouchers tenait boutique autour de Saint-Jacques-de-la-Boucherie (actuelle place du Châtelet). Les commerçants et les banquiers italiens étaient établis rue des Lombards.

Anonyme, Prise de la Bastille le 14 juillet 1789, *huile sur toile, 80 x 104 cm,* XVIIIe *siècle, musée Carnavalet, Paris.*

La rive gauche était essentiellement occupée par des communautés religieuses qui y fondèrent plusieurs écoles afin de s'affranchir de la loi du chancelier épiscopal. Ce dernier, qui résidait dans l'île de la Cité, usait en effet de son droit de jouissance pour subordonner au paiement de droits élevés le permis d'enseigner à l'école épiscopale du cloître Notre-Dame. Or les ordres mendiants en particulier ne pouvaient ni ne voulaient consentir à une pareille dépense. Dans cette lutte d'influence qui opposait l'évêque de Paris aux nouvelles écoles, le roi et le pape prirent le parti des écoles. C'est ainsi que dès 1219 la corporation des maîtres de la rive gauche fut reconnue par le pape Innocent III comme un corps autonome, autrement dit une *universitas.* Ainsi fut fondée une tradition qui permit à Paris de s'affirmer comme le centre européen de la culture. De nos jours encore, un cursus à la Sorbonne est considéré comme le tremplin d'une carrière. Les cerveaux de la nation se forment dans les grandes écoles parisiennes et non pas dans les écoles de province. Forts d'immenses trésors et d'innombrables domaines de spécialité, les bibliothèques et musées publics, pour la plupart créés après la Révolution française, font de Paris la vitrine du monde et le sésame de sa connaissance. Que l'on veuille s'informer sur la mise au point de la machine à vapeur, les peuples de l'Océanie, la théorie de l'évolution ou encore le culte des morts chez les Égyptiens, Paris concentre en un seul et unique lieu le savoir de toute l'humanité.

La ville des révolutions

Après des siècles d'un développement essentiellement dû à la monarchie, Paris fut l'orgueilleux théâtre de la défaite et de l'effondrement de celle-ci. Le 6 octobre

1789, le retour forcé de Versailles à Paris du roi Louis XVI, prisonnier de son propre peuple, puis son exécution publique place de la Révolution le 21 janvier 1793 n'eurent pas seulement des conséquences politiques, mais revêtirent un caractère symbolique.

Paris, devenue la capitale d'une nation révolutionnaire, devait demeurer tout au long du XIXe siècle le théâtre de soulèvements et de révolutions. C'est dans cette ville que se décidèrent en permanence les nouveaux destins politiques de toute la France.

Après les révolutions de 1830 et 1848, la défaite française lors de la guerre franco-allemande de 1870-1871 entraîna la chute du Second Empire. Le soulèvement de la Commune, au mois de février 1871, et les affrontements sanglants avec les troupes gouvernementales se soldèrent par un bilan dévastateur : quatre mille victimes, vingt mille exécutions et neuf mille déportations de communards, des rues entières de Paris réduites en cendres, le palais des Tuileries, l'Hôtel de Ville, le Palais-Royal et bien d'autres monuments incendiés. Le legs du Second Empire n'en reste pas moins le remodelage fondamental de la ville, sous Napoléon III (1853-1870), par le préfet Haussmann (1809-1891) : un nouveau Paris qui offrit un cadre spectaculaire à la vie culturelle de la Belle Époque.

Le changement de physionomie de l'agglomération s'accompagna d'une métamorphose de son être profond, faisant de la capitale de la France une métropole moderne et promettant un bel avenir au mythe de Paris.

Les ruines des Tuileries lors de la Commune, 1871, musée Carnavalet, Paris.

La capitale culturelle de l'Europe

L'esprit de la Belle Époque se matérialisa autour de 1900 aussi bien dans l'art, le théâtre, l'opéra que la mode et la vie mondaine s'affichaient dans la rue, les cafés ou les salons. Paris devint le pôle d'attraction des artistes et intellectuels, bref la capitale culturelle de l'Europe : avoir du succès à Paris était un critère de réussite. Un séjour prolongé dans la métropole française devint bientôt un passage obligé dans la formation des élites de la grande bourgeoisie. On menait à Paris une vie de bohème festive et sans souci avec pour toile de fond l'extrême instabilité de la IIIe République, qui connut en soixante-dix ans d'histoire quatre-vingt-dix changements au gouvernement, et les conflits politiques internationaux qui aboutirent à la Première Guerre mondiale. Dans les passages couverts, sur les Boulevards et surtout dans les nuits de Montmartre battait le pouls de la grande ville. La variété des lieux de divertissement permettait d'oublier le sentiment de perte des repères que la vie moderne suscitait chez beaucoup. Dans le même temps s'ouvrait une réflexion sur Paris qui devait devenir aussi révélatrice de l'époque que la réalité de la ville elle-même. Dégageant de vastes perspectives et pénétrant dans les recoins les plus obscurs, la littérature, la peinture, la photographie et plus tard le cinéma formèrent à la fois l'aura et le noyau existentiel de la capitale. Leurs protagonistes incarnèrent

Le rendez-vous des artistes au café de la Rotonde, vers 1925.

Vue de la rue Mouffetard.

le destin de toute une génération pour qui la ville était une caisse de résonance et un stimulant. Ainsi naquirent un art parisien et une littérature parisienne originaux, qui connurent un large rayonnement dans le paysage culturel de l'Europe moderne. Romans, poèmes, chansons, peintures et photos créèrent une géographie imaginaire de la ville. Nourris du quotidien de la métropole, les portraits de la société bourgeoise décadente des années 1900, des artistes de génie crevant misère, des mondaines chics, des femmes légères de Montmartre, des poètes et penseurs méconnus continuent d'alimenter les fantasmes et les sensations des visiteurs de Paris.

La ville du XXIe siècle

Paris est en perpétuel mouvement ; son ampleur, ajoutée à l'arrivée de bouleversements sociaux et technologiques massifs, soulève depuis longtemps la question de la préservation de l'héritage historique de la capitale, lequel englobe à la fois l'architecture remarquable et l'esprit de la ville. Les tenants des positions les plus extrêmes dans ce débat furent les architectes Le Corbusier et Charles Garnier. Le premier proposa une démolition totale, pour permettre le remplacement d'une urbanisation hétérogène par des constructions adaptées à leur temps ; le second, la transformation de Paris

en un musée – notre époque moderne étant priée, selon cet architecte du vénérable Palais Garnier, de choisir d'autres lieux pour se développer.
Au milieu du xxe siècle, l'immigration massive issue de la province et des anciennes colonies entraîna une nouvelle donne. Paris menaçant de crouler sous la surpopulation, on tenta de trouver une solution extra muros : on décida donc la construction sauvage et chaotique de villes satellites dans les banlieues, hors de tout plan d'urbanisme. Dans les années 1960 et 1970 surgirent ainsi des immeubles situés de l'autre côté du boulevard périphérique dont les habitants avaient à subir plusieurs heures de trajet par jour pour se rendre à leur travail. « Métro-boulot-dodo », telle est la formule résumant le rythme de vie quotidien des Parisiens vivant dans les banlieues. Conditions de vie difficiles dues à l'absence d'infrastructures, taux de chômage élevé, conflits sociaux et ethniques en font des zones additionnant problèmes et tensions, avec un fort taux de criminalité. Plus de onze millions de personnes vivent actuellement dans l'ensemble de la région parisienne, dont huit millions dans ces villes nouvelles. Tous les Parisiens ne vivent donc pas dans l'une de ces maisons haussmanniennes bourgeoises aux balcons de fer forgé, avec une concierge au rez-de-chaussée et un bistrot au coin de la rue ; le plus souvent, ils habitent un appartement « équipé stratifié » au 16^e^

Boutiques chinoises à Belleville.

étage d'un immeuble. Il sera du devoir des responsables politiques de reconquérir et de remodeler ces zones de non-droit, où règne la loi de la violence.
La Défense, dont les tours sont visibles jusqu'au cœur même de Paris, est devenue le symbole de la seconde et inévitable grande transformation de Paris. Sous la présidence de François Mitterrand, la ville est devenue le centre de l'architecture contemporaine. Les spectaculaires réalisations architecturales des « grands travaux » ont été à l'origine d'une impulsion qui a largement dépassé les limites de la capitale. La restructuration de différents quartiers s'est accompagnée d'une véritable renaissance ; la réaffectation d'autres lieux à un nouvel usage a permis de gagner sur la ville de nouveaux espaces de logement, de travail et de loisirs. Si elles ne sont pas toujours convaincantes ou de qualité, ces réalisations architecturales ont néanmoins contribué à créer un nouveau paysage parisien où se mêlent monuments historiques et modernes, et permis à la ville de grandir avec un passé et un futur. Paris est d'ailleurs toujours demeurée une métropole vivante. « Être à soi seul la capitale politique, littéraire, scientifique, financière, commerciale, voluptuaire et somptuaire d'un grand pays ; en représenter toute l'histoire ; en absorber et en concentrer toute la substance pensante aussi bien que tout le crédit et presque toutes les facultés et disponibilités d'argent, et tout ceci, bon et mauvais pour la nation qu'elle

Entrée de la station de métro Palais-Royal sur la place Colette, projet de l'artiste Jean-Michel Othoniel.

couronne [...] » : voilà, pour Paul Valéry, dans son essai « Fonction de Paris » (*Regards sur le monde actuel*, Paris, Gallimard, 1945), ce qui distingue la capitale de la multitude des autres cités. Un voyage à Paris nous entraîne à la découverte d'une œuvre d'art collective dans laquelle se sont coulés les aspirations, les buts et les utopies de générations entières, à la poursuite d'histoires et d'images auxquelles s'ajoute le présent de la ville, et dont bientôt on ne pourra plus se passer : on revient toujours à Paris.

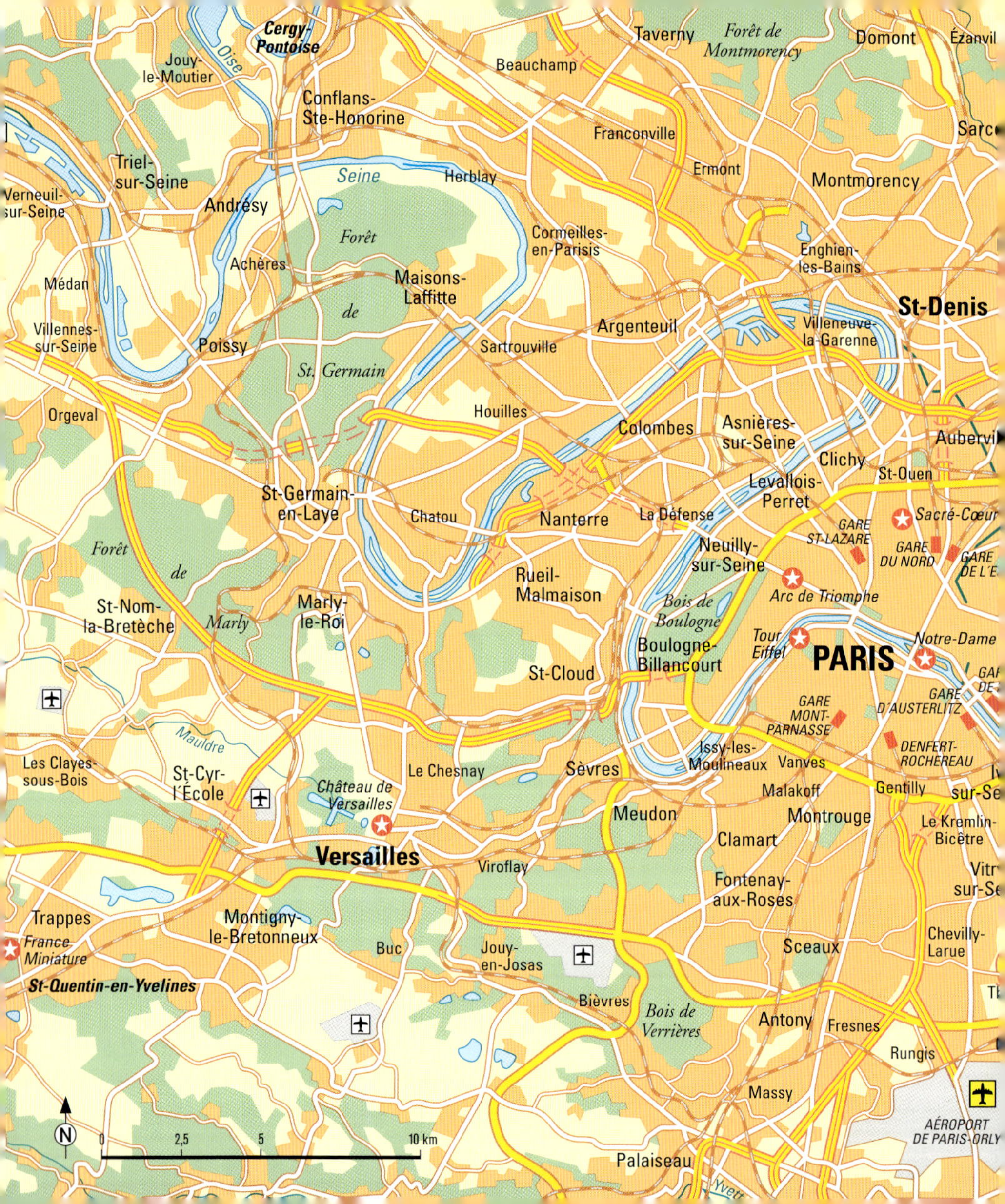

Cergy-Pontoise
Oise
Jouy-le-Moutier
Conflans-Ste-Honorine
Beauchamp
Taverny
Forêt de Montmorency
Domont
Franconville
Ermont
Montmorency
Triel-sur-Seine
Verneuil-sur-Seine
Andrésy
Seine
Herblay
Forêt
Cormeilles-en-Parisis
Enghien-les-Bains
Achères
Médan
Maisons-Laffitte
de
St-Denis
Villennes-sur-Seine
Poissy
Argenteuil
Sartrouville
Villeneuve-la-Garenne
St. Germain
Orgeval
Houilles
Colombes
Asnières-sur-Seine
Clichy
St-Ouen
Levallois-Perret
St-Germain-en-Laye
Chatou
Nanterre
La Défense
GARE ST-LAZARE
Sacré-Cœur
Forêt
de
Neuilly-sur-Seine
GARE DU NORD
Rueil-Malmaison
Arc de Triomphe
St-Nom-la-Bretèche
Marly
Marly-le-Roi
Bois de Boulogne
Tour Eiffel
Notre-Dame
PARIS
Boulogne-Billancourt
St-Cloud
GARE MONT-PARNASSE
GARE D'AUSTERLITZ
Mauldre
DENFERT-ROCHEREAU
Les Clayes-sous-Bois
St-Cyr-l'École
Château de Versailles
Le Chesnay
Sèvres
Issy-les-Moulineaux
Vanves
Gentilly
Malakoff
Meudon
Montrouge
Le Kremlin-Bicêtre
Versailles
Clamart
Viroflay
Fontenay-aux-Roses
Trappes
Montigny-le-Bretonneux
France Miniature
Buc
Jouy-en-Josas
Sceaux
Chevilly-Larue
St-Quentin-en-Yvelines
Bièvres
Bois de Verrières
Antony
Fresnes
Rungis
Massy
N
0
2,5
5
10 km
AÉROPORT DE PARIS-ORLY
Palaiseau

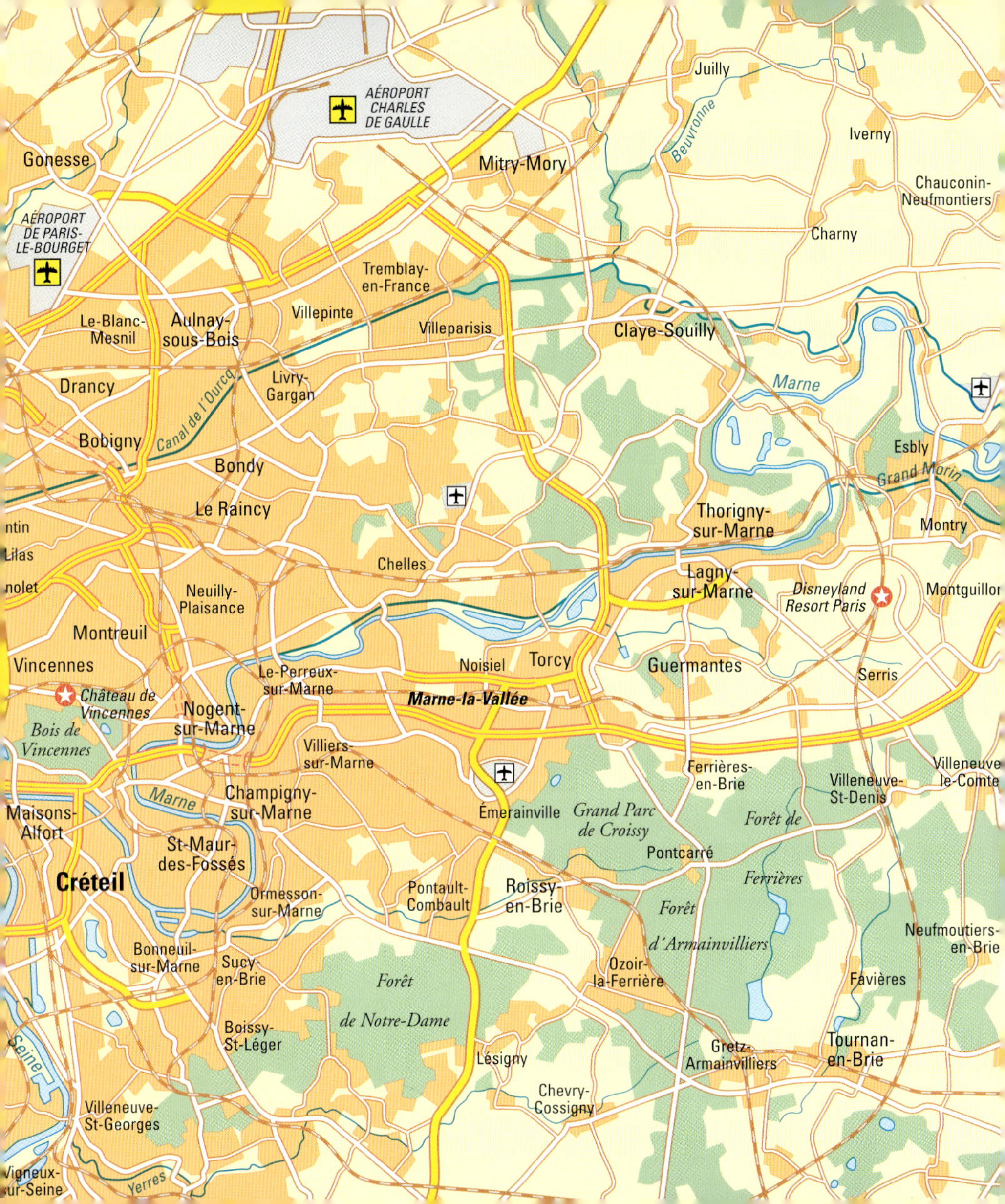

AÉROPORT CHARLES DE GAULLE
Juilly
Beuvronne
Iverny
Gonesse
Mitry-Mory
Chauconin-Neufmontiers
AÉROPORT DE PARIS-LE-BOURGET
Charny
Tremblay-en-France
Villepinte
Villeparisis
Claye-Souilly
Le-Blanc-Mesnil
Aulnay-sous-Bois
Drancy
Livry-Gargan
Canal de l'Ourcq
Marne
Bobigny
Bondy
Esbly
Grand Morin
Le Raincy
Thorigny-sur-Marne
Montry
ntin
Lilas
Chelles
nolet
Lagny-sur-Marne
Neuilly-Plaisance
Disneyland Resort Paris
Montguillon
Montreuil
Vincennes
Noisiel
Torcy
Guermantes
Le-Perreux-sur-Marne
Serris
Château de Vincennes
Marne-la-Vallée
Nogent-sur-Marne
Bois de Vincennes
Villiers-sur-Marne
Ferrières-en-Brie
Villeneuve-le-Comte
Villeneuve-St-Denis
Maisons-Alfort
Champigny-sur-Marne
Émerainville
Grand Parc de Croissy
Forêt de Ferrières
Pontcarré
St-Maur-des-Fossés
Créteil
Ormesson-sur-Marne
Pontault-Combault
Roissy-en-Brie
Forêt d'Armainvilliers
Neufmoutiers-en-Brie
Bonneuil-sur-Marne
Sucy-en-Brie
Ozoir-la-Ferrière
Favières
Forêt de Notre-Dame
Boissy-St-Léger
Seine
Gretz-Armainvilliers
Tournan-en-Brie
Lésigny
Chevry-Cossigny
Villeneuve-St-Georges
Yerres
Vigneux-sur-Seine

Paris en chiffres

Situation

- Capitale de la République française et chef-lieu de la Région Île-de-France.
- Située dans la vallée de la Seine, sur le cours nord du fleuve, et entourée de collines au nord, à l'est et au sud. Point culminant : la butte Montmartre, au nord (126 m).
- Le cœur actuel de l'agglomération (département de Paris) est ceinturé par le boulevard périphérique et les deux poumons verts de la ville, le bois de Boulogne à l'ouest et le bois de Vincennes à l'est.
- La Région Île-de-France se compose de Paris (département de Paris), des trois départements de la Petite Couronne (Hauts-de-Seine, Seine-Saint-Denis, Val-de-Marne) et des quatre départements de la Grande Couronne (Essonne, Seine-et-Marne, Val d'Oise, Yvelines).

Superficie

- Ville de Paris (département de Paris) : 105 km^2.
- Île-de-France : 12 072 km^2.

Population

- Ville de Paris : environ 2,2 millions d'habitants.
- Île-de-France : environ 11 millions d'habitants (18 % de la population française totale).

Institutions

- Président de la République (palais de l'Élysée).
- Premier ministre (hôtel Matignon).
- Parlement : Assemblée nationale (palais Bourbon) et Sénat (palais du Luxembourg).
- Le maire de Paris (Hôtel de Ville) assume aussi au niveau départemental les fonctions de président du Conseil de Paris, dont les 163 élus représentent les 20 arrondissements de la ville.
- 20 arrondissements ayant chacun à leur tête un maire et un conseil d'arrondissement.

Économie

- Environ 23 % des entreprises françaises sont concentrées dans la région parisienne, à laquelle on doit un tiers du produit social brut du pays.
- Plus de 1 500 entreprises employant un total de 150 000 salariés ont leur siège à La Défense, pôle national de services.
- Avec 36 millions de visiteurs par an, le tourisme est l'un des plus importants moteurs économiques de la région ; 130 000 emplois en dépendent.
- Avec 600 000 hectares de terres cultivées, l'agriculture représente un pilier économique souvent sous-estimé. L'horticulture, les cultures fruitières et le maraîchage sont les principaux secteurs d'activité.

Climat et époques de visite

- De par sa situation géographique, Paris est soumise à la fois aux influences maritimes et continentales. Les hivers y sont frais avec quelques gelées, les saisons intermédiaires tempérées et les étés chauds et généralement secs. Bien que le cumul des précipitations annuelles se situe en dessous de la moyenne nationale, il faut s'attendre à la pluie en toute saison.
- Durant les vacances d'été, soit du début juillet à la fin août, beaucoup de Parisiens quittent la capitale. Les établissements vivant du tourisme sont totalement bondés en cette saison, de même que les musées et autres curiosités.

Fêtes et manifestations

- Fin janvier/début février : Nouvel An chinois (dans le 13e arrondissement).
- Février : Salon de l'agriculture.
- Mars : Salon du livre.
- Avril : Marathon de Paris.
- Mai : Tournoi de tennis de Roland Garros.
- 21 juin : Fête de la musique.
- Juin : Gay Pride Parade.
- Juin/juillet : Course des garçons et serveuses de café.
- Juillet : arrivée du Tour de France.
- Septembre : Techno Parade.
- Octobre : Foire internationale de l'art contemporain.
- Jours fériés : Jour de l'an (1er janvier), lundi de Pâques, fête du Travail (1er mai), armistice de 1945 (8 mai), jeudi de l'Ascension, lundi de Pentecôte (depuis 2004, c'est un jour férié non chômé pour nombre d'entreprises), fête nationale (14 juillet), Assomption (15 août), Toussaint (1er novembre), armistice de 1918 (11 novembre), Noël (25 décembre).

Quelques adresses utiles pour préparer son voyage

- En Suisse :
  Maison de la France
  Rennweg 42
  Postfach 72 26, 8023 Zürich
  Tél. : 0 44/2 17 46 00
  Fax : 0 44/2 17 46 17

Données climatiques

Températures moyennes en °C	Jan.	Fév.	Mars	Avril	Mai	Juin	Juillet	Août	Sept.	Oct.	Nov.	Déc.
Diurnes	6,0	7,4	12,2	15,8	19,7	22,9	24,6	24,0	21,1	15,6	10,0	6,6
Nocturnes	0,9	1,3	3,6	6,3	9,5	12,7	14,5	14,3	11,9	7,2	4,5	2,0
Heures d'ensoleillement journalier	2,0	2,9	4,9	6,6	7,3	7,2	7,3	6,6	6,0	4,0	2,1	1,5
Jours de pluie	17	14	12	13	12	12	12	13	13	13	15	16

- En France :
  Office du tourisme et des congrès de Paris
  Bureau d'accueil Pyramides
  25, rue des Pyramides, 75001 Paris
  Tél. : 08 92 68 30 00
  Mél : info@paris-touristoffice.com

Paris sur Internet

- www.parisinfo.com
- www.paris.fr
- www.paris.org

Calendrier des manifestations et spectacles

Disponibles dans tous les kiosques à journaux et, paraissant tous les mercredis, les deux principaux calendriers des manifestations de la ville offrent des informations sur les expositions, les concerts, le cinéma et le théâtre à Paris et ses environs.

- L'Officiel des spectacles
- Pariscope

Horaires d'ouverture (non garantis)

Les Journées du patrimoine, qui ont lieu chaque année un week-end de septembre, permettent de visiter des monuments et institutions – dont nombre de bâtiments gouvernementaux et de ministères – fermés ordinairement au public. Se reporter aux publications du ministère de la Culture ou de la Ville de Paris pour plus d'informations (www.paris.fr).

Arc de Triomphe : de 10 h à 22 h 30 (octobre à mars), de 10 h à 23 h (avril à septembre).
Château de Vincennes : tous les jours de 10 h à 12 h et de 13 h 15 à 17 h (1er septembre au 30 avril), de 10 h à 12 h et de 13 h 15 à 18 h (2 mai au 31 août).
Château de Versailles : du mardi au dimanche de 9 h à 17 h 30 (1er novembre au 2 avril), de 9 h à 18 h 30 (3 avril au 31 octobre).
Cité de la Musique-parc de la Villette : du mardi au samedi de 12 h à 18 h, le dimanche de 10 h à18 h.
Cité des Sciences et de l'Industrie-parc de la Villette : du mardi au samedi de 10 h à 18 h, le dimanche de 10 h à 19 h.
Conciergerie : tous les jours de 9 h 30 à 18 h (1er mars au 31 octobre), et de 9 h à 17 h (1er novembre au 28 février).
Église de la Madeleine : tous les jours de 9 h à 19 h, visites limitées durant les messes.
Église du Dôme (Invalides) : tous les jours de 10 h à 18 h (1er avril au 30 septembre), de 10 h à 17 h (1er octobre au 31 mars), de 10 h à 19 h (15 juin au 15 septembre).
Fondation Cartier pour l'art contemporain : mardi de 10 h à 22 h, mercredi à dimanche de 10 h à 20 h.
Fondation Le Corbusier : du lundi au jeudi de 10 h à 12 h 30 et de 13 h 30 à 18 h, vendredi de 10 h à 12 h 30 et de 13 h 30 à 17 h, samedi de 10 h à 17 h.
Hôtel de Soubise-musée de l'Histoire de France (Archives nationales) : du mercredi au vendredi et lundi de 12 h à 17 h 45, samedi et dimanche de 13 h 45 à 17 h 45.
Hôtel de Sully : fermé aux visiteurs, mais on peut visiter les jardins.
Institut du Monde arabe : du mardi au dimanche de 10 h à 18 h.
Jardin des Plantes : de 8 h à 20 h.
Jardin des Tuileries : de 7 h 30 à 19 h.

Musée Carnavalet : du mardi au dimanche de 10 h à 18 h.

Musée Cernuschi : du mardi au dimanche de 10 h à 18 h.

Musée Cognacq-Jay : du mardi au dimanche de 10 h à 18 h.

Musée d'Art moderne de la Ville de Paris : du mardi au dimanche de 10 h à 18 h.

Musée de la Mode et du Textile : du mardi au vendredi de 11 h à 18 h, jeudi de 11 h à 21 h, samedi et dimanche de 10 h à 18 h.

Musée d'Art et d'Histoire du judaïsme : du lundi au vendredi de 11 h à 18 h, dimanche de 10 h à 18 h.

Musée de la Vie romantique : du mardi au dimanche de 10 h à 18 h.

Musée de l'Homme : le lundi et du mercredi au vendredi de 10 h à 17 h, samedi et dimanche de 10 h à 18 h.

Musée de l'Orangerie : du mercredi au lundi de 9 h à 12 h 30 (seuls groupes ayant réservé), mercredi, jeudi, samedi et dimanche de 12 h 30 à 19 h, vendredi de 12 h 30 à 21 h.

Musée des Arts décoratifs : du mardi au vendredi de 11 h à 18 h, jeudi de 11 h à 21 h, samedi et dimanche de 10 h à 18 h.

Musée des Arts et Métiers : jeudi de 10 h à 21 h, du mardi au dimanche de 10 h à 18 h, 30.

Musée d'Orsay : mardi, mercredi, vendredi et dimanche de 9 h 30 à 18 h, jeudi de 9 h 30 à 21 h 45.

Musée du Louvre : lundi, jeudi, samedi et dimanche de 9 h à 18 h, mercredi et vendredi de 9 h à 22 h.

Musée du quai Branly : mardi, mercredi et du vendredi au dimanche de 10 h à 18 h 30, jeudi de 10 h à 21 h 30.

Musée Gustave Moreau : du mercredi au lundi de 10 h à 12 h 45 et de 14 h à 17 h 15.

Musée Jacquemart-André : tous les jours de 10 h à 18 h.

Musée Maillol-fondation Dina Vierny : du mercredi au lundi de 11 h à 18 h.

Musée Marmottan : du mardi au dimanche de 10 h à 18 h.

Musée national d'Art moderne-centre Georges Pompidou : du mercredi au lundi de 11 h à 21 h.

Musée national des Arts asiatiques-Guimet : du mercredi au lundi de 10 h à 18 h.

Musée national du Moyen Âge : du mercredi au lundi de 9 h 15 à 17 h 45.

Musée national Eugène Delacroix : du mercredi au lundi de 9 h 30 à 17 h.

Musée national Picasso : du mercredi au lundi de 9 h 30 à 18 h (avril à septembre) et de 9 h 30 à 17 h 30 (octobre à mars).

Musée Nissim de Camondo : du mercredi au dimanche de 10 h à 17 h 30.

Musée Rodin : du mardi au dimanche de 9 h 30 à 17 h 45 (avril à septembre), et de 9 h 30 à 16 h 45 (octobre à mars).

Musée Zadkine : du mardi au dimanche de 10 h à 18 h.

Notre-Dame de Paris : tous les jours de 7 h 45 à 18 h 45, visites limitées durant les messes.

Panthéon : tous les jours de 10 h à 18 h 30 (avril à septembre) et de 10 h à 18 h (octobre à mars).

Petit Palais : du mercredi au dimanche de 10 h à 18 h, mardi de 10 h à 20 h.

Saint-Denis : du lundi au samedi de 10 h à 18 h 15, dimanche de 12 h à 18 h 15 (avril à septembre), du lundi au samedi de 10 h

à 17 h 15, dimanche de 12 h à 17 h 15 (octobre à mars).
Sainte-Chapelle : tous les jours de 9 h 30 à 18 h (mars à octobre) et de 9 h à 17 h (novembre à février).
Saint-Étienne-du-Mont : du mardi au vendredi de 8 h 45 à 19 h 30, samedi et dimanche de 8 h 45 à 12 h et de 14 h 30 à 19 h 45, lundi de 14 h 30 à 19 h 45.
Saint-Eustache : du lundi au vendredi de 9 h 30 à 19 h, samedi de 10 h à 19 h, dimanche de 9 h à 19 h15.
Saint-Germain-l'Auxerrois : tous les jours de 8 h à 20 h.
Saint-Séverin : du lundi au samedi de 11 h à 19 h 30, dimanche de 9 h à 20 h 30.
Tour Eiffel : tous les jours de 9 h 30 à 23 h 45, ou de 9 h à minuit (du 15 juin au 1er septembre).

Brève visite d'autres musées

Musée Balzac

47, rue Raynouard, 16e arrondissement
Cette minuscule maison où Honoré de Balzac vécut et travailla de 1840 à 1847 se situe à Passy, au flanc de la colline surplombant la Seine. On y voit manuscrits et souvenirs de l'auteur, ainsi que son petit cabinet de travail. Père du roman réaliste, Balzac livra dans sa *Comédie humaine* une description fidèle de la bourgeoisie et des passions et travers humains sous Louis-Philippe.

Musée Cernuschi-musée des Arts de l'Asie de la Ville de Paris

7, avenue Vélasquez, 8e arrondissement
Le fonds du musée est formé d'une importante collection d'art asiatique constituée par Henri Cernuschi (1821-1896) au cours de ses voyages ; il la légua à la Ville de Paris en même temps que sa demeure de la rue Vélasquez. Importante collection d'art chinois.

Musée Cognacq-Jay-Musée du XVIIIe siècle de la Ville de Paris

8, rue Elzévir, 3e arrondissement
L'ancien hôtel Donon (XVIIe et XVIIIe siècles), dans le Marais, abrite aujourd'hui une riche collection d'objets d'art ou utilitaires du XVIIIe siècle, léguée à la Ville de Paris par Ernest Cognacq-Jay, fondateur du grand magasin La Samaritaine, et par sa femme. À côté de tableaux de Boucher, Watteau ou Greuze sont présentés des meubles précieux, porcelaines de Saxe ou de Sèvres, tapisseries et une exquise exposition de miniatures, blagues à tabac et éventails.

Musée de la Mode et du Textile

107, rue de Rivoli, 1er arrondissement
Ce musée expose vêtements, étoffes et accessoires de mode depuis le XVIIe siècle jusqu'aux grands couturiers actuels. Conçue de manière originale, cette exposition ne présente pas les évolutions de la mode selon un ordre chronologique mais s'appuie sur les variations de matière et d'aspect des étoffes – couleur, éclat, structure – afin de nous faire découvrir l'univers de l'élégance à travers les âges.

Musée de la Vie romantique

16, rue Chaptal, 9e arrondissement
Le bâtiment à l'allure de villa abritant ce

musée était autrefois la demeure du peintre Ary Scheffer (1795-1858). De son vivant s'y réunissait l'élite des intellectuels et des artistes de Paris, dont Franz Liszt, Frédéric Chopin, Eugène Delacroix, et George Sand, à laquelle le premier étage est consacré. Au second sont exposés des tableaux de Scheffer et de ses contemporains. L'atelier situé dans la cour abrite des expositions temporaires.

Musée Maillol-fondation Dina Vierny

56-61, rue de Grenelle, 7e arrondissement
Dans ce musée, issu d'une fondation créée par Dina Vierny, modèle et compagne de vie de Maillol, on trouve les célèbres sculptures d'Aristide Maillol (1861-1944), mais aussi des travaux moins connus utilisant d'autres techniques : huiles, dessins, sculptures sur bois et céramiques. Une riche collection d'œuvres des contemporains de Maillol – Duchamp-Villon, Matisse, Gauguin ou encore Kandinsky – permet également au visiteur de restituer le travail de l'artiste dans le contexte artistique de son temps.

Musée national Eugène Delacroix

6, rue de Furstenberg, 6e arrondissement
Cette demeure où Eugène Delacroix (1798-1863) passa les six dernières années de sa vie est située sur l'une des plus belles et secrètes places de Saint-Germain. Dans les pièces sont exposés tableaux, esquisses et dessins de Delacroix et de ses pairs, ainsi que des objets personnels de l'artiste. Un escalier conduit à son atelier, dans l'arrière-cour et dans un paisible jardinet.

Musée Nissim de Camondo

63, rue de Monceau, 8e arrondissement
Moïse de Camondo, héritier d'une riche famille de banquiers originaire d'Istanbul et collectionneur passionné d'œuvres d'art du XVIIIe siècle français, fit bâtir en 1911, en bordure du parc Monceau, ce splendide hôtel particulier où le visiteur pourra s'extasier devant des trésors artistiques et retrouver le parfum de la vie quotidienne d'une maison bourgeoise à l'époque de la Première Guerre mondiale. Tableaux, meubles, porcelaines et tapisseries ont conservé leur place et leur fonction d'origine dans les salons et les salles de réception. Les salles de bains, la cuisine ainsi que les offices, qui se visitent également, font rapidement oublier que l'on se trouve dans un musée.

Musée Zadkine

100, rue d'Assas, 6e arrondissement
Cette maisonnette et son atelier attenant, où le sculpteur Ossip Zadkine (1890-1982) vécut et travailla de 1928 à sa mort, se dissimulent à demi dans une arrière-cour. L'exposition présente d'importantes œuvres de cet artiste d'origine russe, dont les sculptures de bronze, de pierre et de bois marquèrent de façon décisive le cubisme. Les bronzes de grand format que Zadkine avait intégrés au jardin de devant, minuscule mais pourtant plein de charme, sont restés à leur place. À côté des œuvres de Zadkine, le musée expose aussi deux à quatre fois par an les travaux de jeunes artistes contemporains.

L'île de la Cité

et les quais de la Seine

L'île de la Cité et les quais de la Seine

Pour les Gaulois, les Romains et les gens du Moyen Âge, Paris était une île : l'île de la Cité, naturellement protégée par sa situation des redoutables attaques des Vikings et dans laquelle les bateliers de la Seine pouvaient jeter l'ancre afin de charger et décharger leurs cargaisons. Pendant des siècles, l'île resta le cœur surpeuplé et labyrinthique de Paris. Le gouverneur romain résidait sur la moitié occidentale de l'île, où les rois francs bâtirent plus tard leur palais. Au XIIIe siècle, l'évêque de Paris fit édifier, à l'autre extrémité de l'île, l'imposante cathédrale Notre-Dame sur les fondations d'un temple gallo-romain. Les pouvoirs temporel et spirituel occupaient ainsi une position équilibrée, d'où ils présidaient à la destinée de la ville et à celle du pays. Lorsque, au XIXe siècle, Paris perdit définitivement ses ruelles et son caractère moyenâgeux, la Sainte-Chapelle royale, la prison solidement gardée de la Conciergerie et la place Dauphine demeurèrent des témoignages impressionnants de l'histoire de la ville.

L'île Saint-Louis, que le roi Louis XIII créa artificiellement au XVIIe siècle en faisant réunir deux îlots de la Seine, se distingue plus par le charme paisible et l'impression générale d'élégance qui s'y dégage que par des monuments remarquables. Son architecture, presque exclusivement de style classique fait de cette île un bijou au cœur même de la ville, et il n'est absolument pas surprenant que les loyers y atteignent des prix astronomiques. Il n'existe pas dans la capitale de cadre de vie plus central et paisible,

Vue sur la Seine et l'île de la Cité, vers 1880.

Double page précédente : vue sur Notre-Dame depuis la bibliothèque de l'Institut du Monde arabe.

à l'écart de l'agitation et du tumulte de la grande ville. Depuis les îles (île Saint-Louis, île de la Cité et île des Cygnes), on peut découvrir les rives de la ville. Les nombreux ponts qui enjambent la Seine, offrant d'inattendus angles de vue sur les berges opposées, ainsi que les quais tranquilles sur lesquels de nombreux bouquinistes proposent livres anciens, dessins et gravures, invitent à de longues flâneries à pied. Léon-Paul Fargue (1876-1947), poète et explorateur à pied du Paris du siècle dernier, livrait dans son guide littéraire *Le Piéton de Paris* (Paris, Gallimard, 1939) l'observation suivante : « Chef-d'œuvre poétique de Paris, les quais ont enchanté la plupart des poètes, touristes, photographes et flâneurs du monde. C'est un pays unique, tout en longueur, sorte de ruban courbe, de presqu'île imaginaire qui semble être sortie de l'imagination d'un être ravissant. »

Étal d'un bouquiniste sur les quais de la Seine avec ses nombreuses gravures et ses livres anciens.

L'île de la Cité et les quais de la Seine

Musée d'Orsay,
rue de Bellechasse,
p. 70 *sqq.*

Pont des Arts et l'Institut de France,
23, quai de Conti, p. 64 *sq.*

Pont-Neuf, p. 46 *sq.*

Sainte-Chapelle,
4, boulevard du Palais,
p. 36 *sqq.*

Autres curiosités

1 Palais de Justice, 4, boulevard du Palais, p. 36 *sq.*

2 Conciergerie, 1, quai de l'Horloge, p. 42

3 Place Dauphine, p. 43

4 Tour Saint-Jacques, p. 63

5 Saint-Germain-l'Auxerrois, 2, place du Louvre, p. 64

Notre-Dame, place du Parvis-de-Notre-Dame, p. 48 *sqq.*

Hôtel de Ville, place de l'Hôtel-de-Ville, p. 62

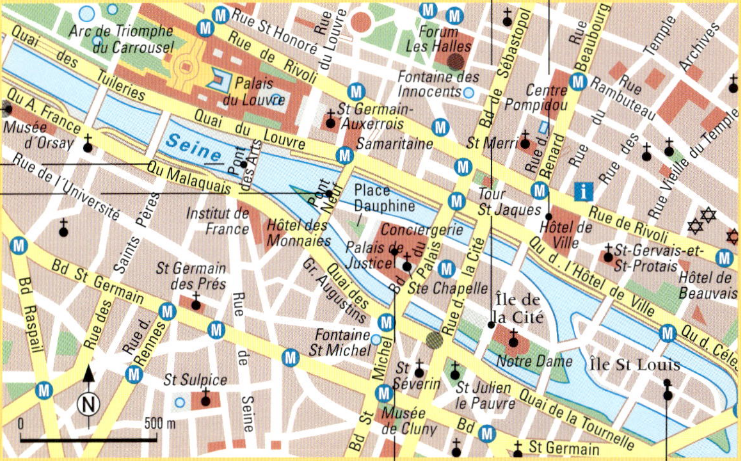

Île Saint-Louis, p. 60 *sq.*

Le Palais de Justice et la Sainte-Chapelle

À l'endroit où résidèrent le préfet de Rome et ensuite les Mérovingiens, Philippe II de France, qui régna de 1179 à 1223, fit bâtir au début du Moyen Âge un château dont les rois de France firent leur palais jusqu'au cours du XIVe siècle. Saint Louis, petit-fils de Philippe Auguste, fit agrandir les lieux et leur adjoignit la célèbre Sainte-Chapelle. Jusqu'au cœur du XXe siècle, le Palais fit l'objet de multiples remaniements et réhabilitations, rendus notamment nécessaires par divers incendies et destructions ; ainsi naquit un complexe architectural hétérogène, surtout remarquable par la sévère façade du XVIIIe siècle et la superbe grille Louis XVI de la cour de Mai. Après avoir, pour des raisons de sécurité, délaissé la Cité pour le Louvre, sur la rive droite de la Seine, les rois de France cédèrent en 1431 le Palais au Parlement, cour souveraine de justice. Si les édits royaux ne devenaient applicables qu'après enregistrement par le Parlement, celui-ci ne possédait cependant aucun droit réel de veto.

La Sainte-Chapelle est la plus ancienne partie conservée du palais royal du Moyen Âge. Composée de deux chapelles superposées de style gothique rayonnant, elle fut réalisée en l'espace de quelques années par les plus éminents architectes, tailleurs de pierre, ferronniers d'art, orfèvres et maîtres verriers, puis consacrée en 1248. Elle devint un modèle dans toute l'Europe et est toujours considérée comme un chef-d'œuvre d'architecture. Saint Louis, son commanditaire, avait prévu d'en faire le gigantesque reliquaire de la couronne d'épines, la Sainte Couronne : grâce à l'acquisition de reliques sacrées, le roi comptait faire de Paris un nouveau *locus sanctus*, un lieu de pèlerinage comparable à Rome, et fortifier ainsi son pouvoir politique.

Le palais de la Cité et la Sainte-Chapelle au début du XVIIe siècle, d'après Jean Boisseau et Israël Silvestre
Lithographie

Aujourd'hui coincée entre les bâtiments du Palais de Justice, la Sainte-Chapelle se dressait jusqu'au XIXe siècle librement sur la cour de Mai, l'ancienne cour du palais royal. C'est là que s'agenouillait le peuple quand, le Vendredi saint, le roi en personne présentait les reliques ; outre la Sainte Couronne, il s'agissait de plusieurs autres instruments de la Passion ainsi que de quelques gouttes du Saint Sang. Seul le roi possédait la clé de la précieuse châsse, conservée dans la chapelle haute. Réservée au monarque, à ses intimes et à ses invités d'honneur, cette partie de la Sainte-Chapelle était accessible depuis les appartements royaux par la galerie Mercier. La chapelle basse servait d'église paroissiale et était réservée à la Maison du roi, c'est-à-dire aux courtisans, aux serviteurs et aux soldats. Cette construction sur deux niveaux répondait parfaitement aux fonctions complexes de la Sainte-Chapelle. L'architecte anonyme qui l'édifia choisit toutefois l'unité pour la façade extérieure, dotée de fins contreforts, de gargouilles et de délicats clochetons.

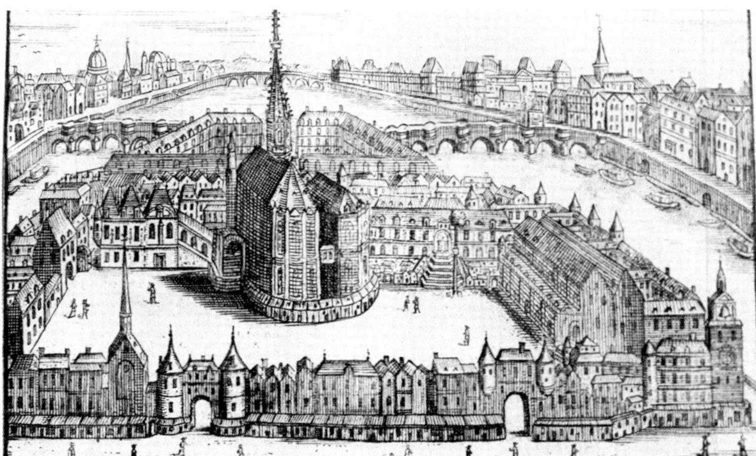

La chapelle basse

Rappelant une crypte, la chapelle basse est composée d'une large nef centrale et de deux bas-côtés étroits faisant office de déambulatoires. La voûte, soutenant le plancher de la chapelle haute, repose sur des colonnes remarquables par leur finesse et la variété ornementale de leurs chapiteaux. L'énorme poussée latérale a été transmise vers les contreforts des murs extérieurs par l'intermédiaire de petits étrésillons. Cachée sous un mortier, la structure métallique intérieure de la voûte est d'origine. Les peintures sont en revanche de facture récente (XIXe siècle), la Sainte-Chapelle ayant été endommagée en 1689-1690 par une inondation.

La chapelle haute

Réservée à l'origine à quelques personnages choisis de la haute noblesse, la chapelle haute, baignée de lumière et de couleurs, apparaît comme un lieu fascinant et pour ainsi dire immatériel.
Un savant équilibre joint à l'invisible utilisation de tirants et de ceintures de chaînage ont permis de se passer totalement de parois et de murs portants. À leur place s'élève, sur un soubassement rythmé par une arcature aveugle, une claire-voie seulement interrompue par les colonnettes supportant les nervures de voûte.
Plus de cent chapiteaux richement ornés de motifs animaliers ou végétaux renforcent l'impression générale de magnificence et de luxe.
Restaurée au XIXe siècle grâce à des restes des pigments d'origine, la décoration du plafond représente la voûte céleste.
L'abside abrite la tribune, fortement endommagée à la Révolution et dont on admire une reconstitution.
Une clôture d'arcades graciles sépare la nef de l'autel surélevé où jadis la châsse reposait sous un baldaquin ; ce travail d'orfèvre du XIIe siècle, fort précieux, fut fondu en 1793.
Les vestiges de la Sainte Couronne font aujourd'hui partie du Trésor de Notre-Dame. Le roi et sa famille, qui prenaient place dans une niche située du côté droit de la grande nef, pouvaient contempler directement le reliquaire et participer à l'office divin sans être vus.

Plan de la décoration de la chapelle haute

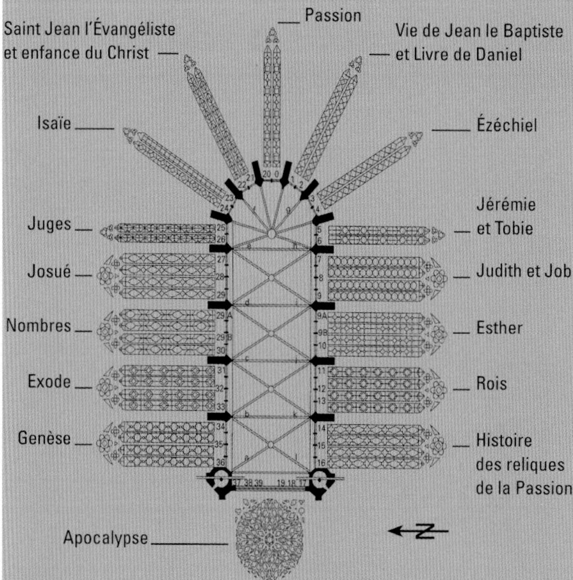

Statues :

a saint Jean
d saint Jacques le Mineur
f saint Pierre
g saint Paul
i saint Jacques le Majeur
k saint Barthélemy
b, c, e, h, j, l apôtres non identifiés

Médaillons quadrilobes :

0, 20 détruits lors de la réalisation de la tribune
2, 9-A-B, 18-19, 21-22, 25, 39 devenus illisibles
1, 5-7, 14, 27-28 décollations de martyrs non identifiés
3, 4, 17, 23-24, 29-A-B, 34, 37-38 supplices d'autres martyrs, impossibles à identifier avec certitude
8 saint Quentin lacéré avec des peignes de fer
9 lapidation de saint Stéphane
10 décollation de saint Denis
11 saint Clément précipité dans la mer
12 saint Laurent dans les flammes
13 flagellation de saint Vincent
15 supplice de saint Eugène
16 saint Blaise lacéré avec des peignes de fer
29 décollation de saint Firmin
30 décollation de sainte Marguerite
31 assassinat de Thomas Becket
32 décollation de saint Jean-Baptiste
33 écartèlement de saint Hippolyte
35 saint Sébastien percé de flèches
36 martyre de saint Victor

La décoration de cette chapelle obéit à un plan soigneusement réfléchit. Orienté autour de la signification de la Passion du Christ, ce plan de décoration est probablement le fruit d'une réflexion commune entre commanditaire et théologiens. Ainsi le soubassement des vitraux, avec ses médaillons quadrilobes, représente quarante-quatre scènes de martyres et renvoie aux héritiers de la Passion du Christ. Au-dessus de ces scènes de martyres se dressent, tels des soutiens symboliques, les statues des douze apôtres grandeur nature, adossées à des piliers. Les vitraux, qui donnent à la chapelle haute toute son atmosphère, peuvent se lire telle une Bible en images. Les vitraux de la chapelle haute contiennent plus de mille scènes bibliques qui déploient une richesse artistique et narrative fabuleuse. Au milieu de l'abside la Passion du Christ est représentée, entourée de part et d'autre par des moments de la vie de saint Jean-Baptiste et de saint Jean l'Évangéliste. Couronnement des scènes de l'Ancien Testament bordant la nef, la rosace en style flamboyant, réalisée entre 1490 et 1495, représente l'Apocalypse.

Histoire des reliques de la Passion (détail)

Ces impressionnantes verrières plongent l'intérieur de la Sainte-Chapelle dans une lumière éblouissante, dominée par les tons de bleu et de rouge. L'examen détaillé des vitraux révèle la densité artistique qui fut atteinte dans la transposition des différentes scènes de la Bible, qui se lisent toujours à partir du bas à gauche. Ainsi, le vitrail consacré à l'histoire des reliques de la Sainte-Chapelle représente : en bas, la découverte de la Sainte Croix par sainte Hélène, la mère de l'empereur romain Constantin Ier ; au-dessus, la remise des reliques par l'empereur de Byzance et enfin leur transport jusqu'à Paris ; tout en haut figure l'adoration des reliques par saint Louis et la famille royale. Un examen attentif permet d'y reconnaître l'ancien palais royal ainsi que l'île de la Cité.

La Conciergerie

Salle des Gens d'armes

Depuis le milieu du XIVe siècle, un « concierge », gouverneur de la Maison du roi, administrait le palais royal inoccupé. Dès 1400, une partie du bâtiment fut utilisée comme prison ; à la Révolution, des milliers de condamnés attendirent leur départ vers la guillotine. La salle des Gens d'armes (1299-1313) servit de réfectoire, pouvant accueillir jusqu'à trois mille personnes, puis comme salle des gardes armés.

Tour de l'Horloge

C'est sous Charles V le Sage, vers l'an 1370, que fut installée dans ce bâtiment la première horloge publique de la ville de Paris. La décoration qu'on lui voit actuellement, avec son cadre Renaissance figuratif, date du XVIe siècle. Portées par deux angelots, les armoiries surmontant le cadre sont celles du souverain de l'époque, Henri III, le dernier roi des Valois. De part et d'autre de l'horloge, deux figures allégoriques incarnant la Justice et la Loi rappellent la fonction du bâtiment.

La place Dauphine

Cette place est l'une des plus belles réalisations architecturales du roi Henri IV. Utilisant très habilement la situation géographique de l'extrémité de l'île de la Cité, sa construction, qui débuta en 1607, s'accompagna de trois rangées fermées de maisons aux façades identiques, mais à l'aspect agréablement rythmé par un mélange de briques rouges et de pierre blanche imitant le stuc. Ces maisons se composaient d'un rez-de-chaussée abritant des boutiques et de deux étages d'habitation. La place Dauphine, qui dut son nom à la naissance longuement attendue du successeur au trône et futur roi Louis XIII (qui régna de 1610 à 1643), offrait à côté des constructions serrées de l'île de la Cité un espace généreux dont bénéficièrent en premier lieu les marchands et les négociants. La conception de la place – fortement modifiée par le baron Haussmann au XIXe siècle – témoigne des premiers principes de rationalisation de l'urbanisme apparus à la Renaissance.

Henri IV, « Bon Roi » et « Vert Galant »,

par Martina Padberg

Dans la nuit du 24 août 1572, qui entra dans l'histoire sous le nom de « nuit de la Saint-Barthélémy », le jeune Henri de Navarre, qui venait d'avoir 18 ans, fut témoin depuis les fenêtres du palais du Louvre d'un effroyable carnage : plus de trois mille protestants (les huguenots), dont beaucoup étaient venus dans la capitale afin d'assister au mariage d'Henri le protestant avec Marguerite de Valois la catholique, furent massacrés d'horrible façon en l'espace de quelques heures. Lorsque le jour se leva, les rues de Paris étaient inondées de sang. La situation n'était donc pas sans danger pour ce jeune Bourbon originaire du Sud-Ouest de la France. À peine l'eut-on marié à la fille de Henri II et de Catherine de Médicis sous le prétexte de réconcilier ces deux communautés religieuses se haïssant depuis des années qu'il échappa de justesse à une tentative d'assassinat, puis dut assister, impuissant, à la tuerie dont furent victimes ses amis et intimes, et se retrouva prisonnier au Louvre de son beau-frère Charles IX, roi de France.

On ne s'étonnera pas après cela que le principal objectif de la politique intérieure de Henri IV ait été la tolérance et la réconciliation. « Nous ne devrions faire nulle différence entre catholiques et huguenots, mais être tous de bons Français », disait-il dans un discours tenu le 16 février 1599 devant les membres du Parlement de Paris. Cette formule politiquement habile, visant à rétablir les équilibres, était une invitation claire à placer l'identité nationale, facteur d'unification, au-dessus des questions religieuses, et la qualité de « sujet du roi » au-dessus des considérations de confession. Ainsi s'esquissaient déjà les contours d'une monarchie absolue que son fils puis surtout son petit-fils, Louis XIV, allaient perfectionner.

Mais Henri de Navarre avait encore un long chemin à parcourir avant d'accéder à la

François Dubois (1529-1584), Le Masssacre de la Saint-Barthélémy, *huile sur toile, 94 x 154 cm, musée cantonal des Beaux-Arts, Lausanne.*

dignité royale et à la charge des affaires du royaume. Mais le 2 août 1589, lorsque le roi Henri III succomba à un attentat sans laisser de successeur du côté des Valois, la couronne lui échut enfin. Ainsi se réalisaient les pires craintes de beaucoup de Français : avoir un roi protestant. Pendant cinq ans encore, il fut un roi sans royaume dans un pays secoué par les guerres civiles. Il fallut attendre la conversion publique de Henri IV au catholicisme en la basilique de Saint-Denis en 1593 pour le voir sacrer premier roi des Bourbons à Chartres en 1594 et assister à son entrée officielle dans Paris. Cette conversion, dictée par des raisons tactiques et politiques, fut ressentie comme une trahison par ses coreligionnaires. Cependant, cette conversion lui permit pourtant de prendre en main les affaires de l'État et conduisit finalement à la paix sur le plan intérieur. « Paris vaut bien une messe » : cette phrase laconique souvent citée, qui ne reflète en rien les pressions intérieures et extérieures auxquelles Henri IV était soumis, n'est certainement pas de lui ; elle a plutôt été colportée par des protestants profondément déçus.

Thomas de Leu, Henri IV, *gravure sur cuivre d'après François Quesnel, 1594-1599, Bibliothèque nationale de France, Paris.*

Après la fin longuement attendue des guerres de religion vinrent l'édit de Nantes (1598), par lequel Henri IV garantissait aux huguenots la liberté de culte, la sécurité des biens et des personnes ainsi que l'accès à toutes les fonctions, et le temps de la reconstruction. Le renforcement de l'économie et l'amélioration du sort de la population, qui avait souffert des bandes errantes de la soldatesque, furent les principaux objectifs du roi Henri IV avec le réaménagement de Paris. Il mit en œuvre de grands chantiers qui devaient marquer le développement de la ville pour plusieurs siècles : poursuite des travaux du Louvre, achèvement du Pont-Neuf et de la place Dauphine mais aussi élaboration du projet de la place des Vosges… Ce processus de consolidation du pays était encore loin d'être achevé lorsqu'un frère convers fanatique, Ravaillac, poignarda Henri IV, le 14 mai 1610. Alors que le roi avait été l'objet de toutes les hostilités durant son règne, il resta dans la mémoire collective en tant que le « Bon Roi Henri », le souverain qui apporta la paix à son pays et voulut que même les plus pauvres de ses sujets aient une poule à mettre au pot le dimanche. Mais d'aucuns se souviennent aussi de lui, avec une pointe d'admiration mêlée de raillerie, comme du « Vert Galant », le coureur de jupons dont les innombrables aventures le mirent parfois dans de grands embarras, tant humains que politiques.

Le Pont-Neuf

Contrairement à ce que peut laisser penser son nom, le Pont-Neuf, qui enjambe deux bras de la Seine en passant par l'une des extrémités de l'île de la Cité, est le plus vieux pont de Paris. Achevé en 1604 sous le règne de Henri IV, il fut le premier pont sans maisons de Paris. La vue allait ainsi librement du Louvre à l'ancien palais royal de l'île de la Cité. Le Pont-Neuf, qui menait également à la place Dauphine, devint rapidement le principal rendez-vous du tout-Paris. On inaugura également des trottoirs pour mettre les promeneurs à l'abri de la circulation. Des échoppes et des étals, des diseurs de bonne aventure et des charlatans de toutes espèces, des chansonniers mais aussi des forains s'établirent dans les demi-lunes de ses piles. Marie de Médicis, seconde épouse du roi Henri IV, fit ériger après l'assassinat du monarque (1610) une statue équestre le représentant sur le terre-plein situé devant l'île de la Cité. Première grande statue d'un souverain à être publiquement exposée, elle inaugura une tradition qui allait se perpétuer sur toutes les places d'importance de la ville. L'original de la statue, réalisé d'après un modèle du sculpteur florentin Giambologna, fut détruit en 1792 durant la Révolution pour en faire des canons. Elle sera remplacée en 1818.

Christo et Jeanne-Claude, l'empaquetage du Pont-Neuf, 1975-1985

Dévoiler le connu sous un jour inconnu, voilà ce qui fascine le couple d'artistes Christo et Jeanne-Claude dans son travail et le pousse à intervenir sur des monuments historiques célèbres. En 1985, l'empaquetage du Pont-Neuf dans une toile de polyester brillant de teinte sable doré pendant deux semaines (du 23 septembre au 6 octobre) fut l'aboutissement de dix ans de préparatifs, et surtout d'un long travail de persuasion auprès des autorités et des responsables politiques pour les amener à accepter cette œuvre éphémère en plein cœur de Paris. La métamorphose du Pont-Neuf, trottoirs et lampadaires compris, nécessita la participation d'environ trois cents spécialistes, notamment des plongeurs et des alpinistes afin de tendre l'immense toile et les câbles qui la retenaient. Le résultat de cet empaquetage fut un ensemble élégant, raffiné et surprenant à la fois, en harmonie avec la ville ; la multitude de plis et la surface soyeuse de l'emballage, qui réfléchissait le soleil, faisaient paraître le pont nimbé d'or : un miracle que seuls croquis, photographies et films ont immortalisé.

Notre-Dame

Bâtie en un siècle et demi, la cathédrale Notre-Dame de Paris est un chef-d'œuvre dont l'importance religieuse, architecturale et politique rayonna bien au-delà de la seule ville de Paris. La pose solennelle de sa première pierre en l'an 1163, en présence du pape Alexandre III, coïncida avec la grande période du gothique en France, dont les cathédrales toutes proches de Saint-Denis et de Chartres fournissaient déjà de fameux exemples.

Avec l'ambitieux projet de Notre-Dame, le nouvel évêque Maurice de Sully et le roi Louis VII comptaient faire de Paris le centre spirituel et politique du royaume. Afin de libérer l'espace nécessaire à la construction d'une cathédrale aux dimensions gigantesques, on procéda donc, sur la moitié est de l'île surpeuplée de la Cité, à la démolition massive d'habitations et de deux édifices religieux antérieurs. Grâce aux dons généreux du roi, du clergé et de la noblesse ainsi qu'à l'énorme labeur fournit par le peuple, la construction du monument put être achevée, après quelques remaniements, vers 1345.

Façade occidentale
(avec détail du portail de la vierge)

Dominant le grand parvis, la façade ouest de Notre-Dame offre un impressionnant tableau mural divisé horizontalement en cinq niveaux. À l'étage inférieur, trois portails de pierre richement ornementés – de gauche à droite : le portail de la Vierge, le portail du Jugement dernier et le portail de Sainte-Anne – donnent accès à l'intérieur de la cathédrale. Au-dessus on peut voir une innovation dans l'architecture traditionnelle des façades : la galerie des Rois. Prises par erreur pour des représentations des rois de France, les vingt-huit statues qui composaient la galerie ont été décapitées durant la Révolution française. Leurs fragments – qui figuraient selon toute vraisemblance les

rois bibliques des royaumes d'Israël et de Judée – sont conservés au musée de Cluny. Une grande rosace entourée de fenêtres surplombe la galerie ; plus haut, une galerie à claire-voie réunit les deux tours massives dominant le tout. Les tympans des célèbres portails de la façade occidentale présentent une remarquable richesse sculpturale ; au XIXe siècle, leurs statues ont été restaurées, ou pour certaines remplacées, par le grand architecte Eugène Viollet-le-Duc (1814-1879). Le portail de la Vierge est dédié à la sainte patronne de la cathédrale. La sobriété de formes et de gestes des personnages qui y sont sculptés en fit un modèle de l'art de la fin du Moyen Âge.

Face sud du transept

L'aspect extérieur de la nef et du chevet se caractérise par la saillie d'immenses arcs-boutants qui supportent en grande partie la poussée de la cathédrale, et dont l'emploi a permis le large ajourement des murs. Pierre de Montreuil, éminent architecte, prit part à la conception intérieure raffinée et à la riche ornementation de la face sud. Le portail du transept, qui est dédié à saint Étienne, patron de l'ancienne basilique romane qui s'élevait auparavant sur le site avant d'être détruite, présente des scènes de sa vie. On remarque également, de part et d'autre du portail, les saynètes de la vie étudiante à l'école du cloître Notre-Dame.

Notre-Dame

Antoine Coysevox, Louis XIV, statue du maître-autel, 1715

Vue du chœur et des stalles d'après Robert de Cotte, 1711-1715

Rosace nord, p. 56

Portail de la Vierge, p. 48 *sqq.*

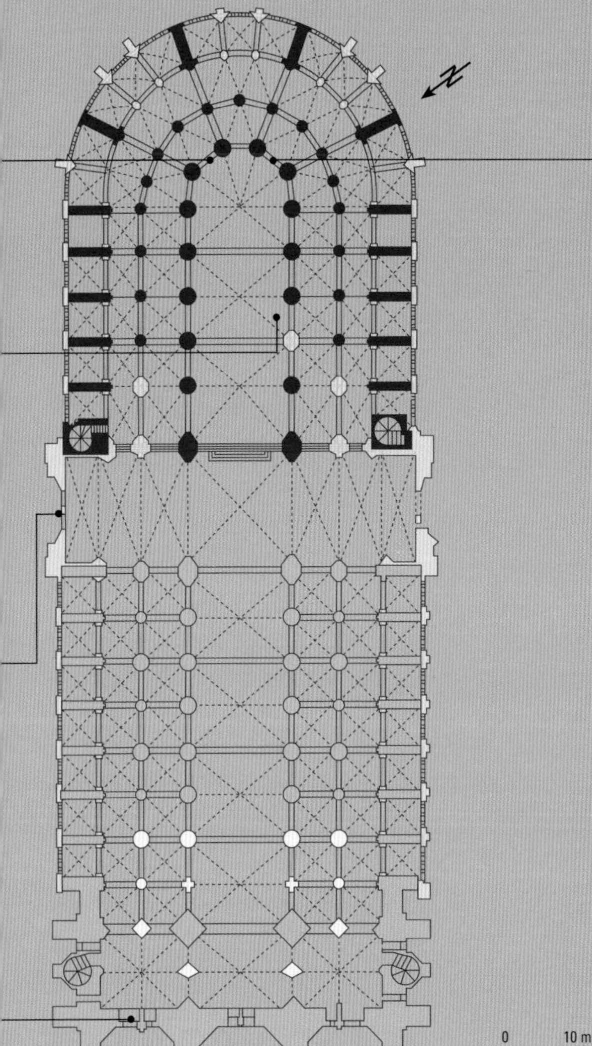

Guillaume Coustou, Louis XIII, statue du maître-autel, 1715

L'élévation

Dernière grande église de France à être dotée de tribunes, Notre-Dame fut l'objet au cours de sa construction d'une importante modification intérieure des niveaux : alors que l'édifice primitif présentait une élévation à quatre niveaux, typique du gothique primitif, on procéda vers 1220-1230 à l'agrandissement par le bas des fenêtres hautes, dont les petites roses furent supprimées et les sobres lancettes remplacées par des fenêtres à remplages. Ces mesures, qui permirent un meilleur éclairement de l'intérieur de la cathédrale, correspondaient à la tendance du gothique à ajourer les murs. Au XIXe siècle, l'élévation autour de la croisée du transept fut rétablie de façon exemplaire dans son état primitif par Viollet-le-Duc.

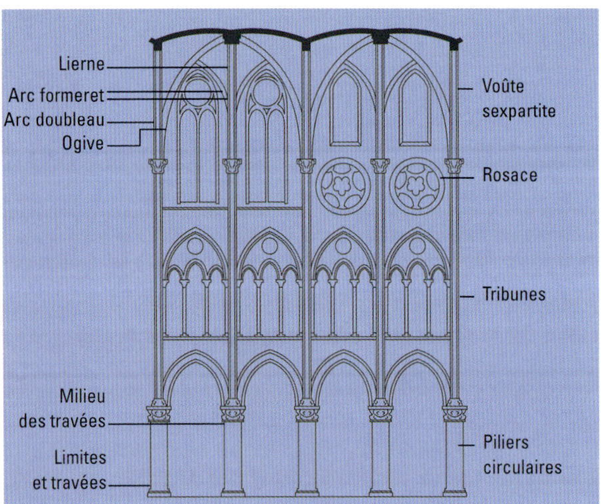

Intérieur

Les portails de la façade occidentale, qui divisent la cathédrale en trois parties verticales, réservent aux visiteurs la surprise de pénétrer dans une nef à cinq vaisseaux. Première église gothique dont les chapelles latérales dessinent une croix fermée, elle forme un prodigieux ensemble pouvant accueillir six mille cinq cents personnes.

La grande nef centrale doit son unité visuelle au rythme régulier de puissantes piles circulaires et d'arcades en ogive toutes semblables. Au-dessus des chapiteaux, les nervures s'élancent jusqu'à la voûte sexpartite sur croisée d'ogives, à une hauteur de 35 mètres.

Dans les nefs latérales, les supports alternent entre des colonnes cylindriques faibles et des piliers circulaires forts à colonnettes. La très grande distance qui sépare la croisée des extrémités du transept, exploit sans pareil réalisé par les deux célèbres architectes Jean de Chelles et Pierre de Montreuil, accentue l'impression d'espace dans la nef. Le sentiment saisissant de disproportion entre l'homme et l'architecture fait de Notre-Dame de Paris une « Jérusalem céleste » de pierre, et l'illustration de la puissance de l'Église et de la royauté.

Rosace nord avec scènes de l'Ancien Testament, vers 1250

Particulièrement impressionnantes avec leur 13 mètres de diamètre chacune, les trois rosaces géantes du transept et de la façade ouest plongent l'intérieur de la cathédrale dans une lumière violet-rouge. La rosace de la façade nord, qui a été conservée dans son état original, montre des scènes de l'Ancien Testament groupées autour de la figure centrale de la Vierge à l'Enfant. La rosace, qui semble resplendir et s'embraser d'elle-même, vise davantage, à travers ses nombreux effets de lumière, à la délivrance d'un message métaphysique plutôt qu'au réalisme.

Immortel Quasimodo ou Victor Hugo et la renaissance du Moyen Âge,

par Martina Padberg

Lors des Trois Glorieuses, ces trois fameuses journées des 28, 29 et 30 juillet 1830, la nation française tout entière – à l'exception toutefois de la noblesse – se souleva contre le régime dépassé et répressif du roi Charles X, qui régna de 1824 à 1830. Pendant que le vieil esprit de la Révolution française se réveillait dans Paris et que les bourgeois, les prolétaires ainsi que les intellectuels édifiaient ensemble des barricades dans les rues de la capitale, l'écrivain Victor Hugo travaillait à un grand roman historique dans une studieuse solitude.

Louis Boulanger (1806-1867), Portrait de Victor Hugo, *huile sur toile, 26 x 21 cm, vers 1833, maison de Victor Hugo, Paris.*

Quelques mois plus tard, au mois de février 1831, ce grand ouvrage de cinq cents pages paraissait sous le titre de *Notre-Dame de Paris* et devait connaître en peu de temps un succès populaire sans précédent : dès l'année suivante une huitième édition de l'ouvrage fut imprimée, augmentée de trois nouveaux chapitres. L'histoire tragique du sonneur de cloches bossu Quasimodo, que Victor Hugo situa dans le Paris de la fin du XVe siècle, à la charnière entre le Moyen Âge et les Temps modernes, est aujourd'hui célèbre dans le monde entier –

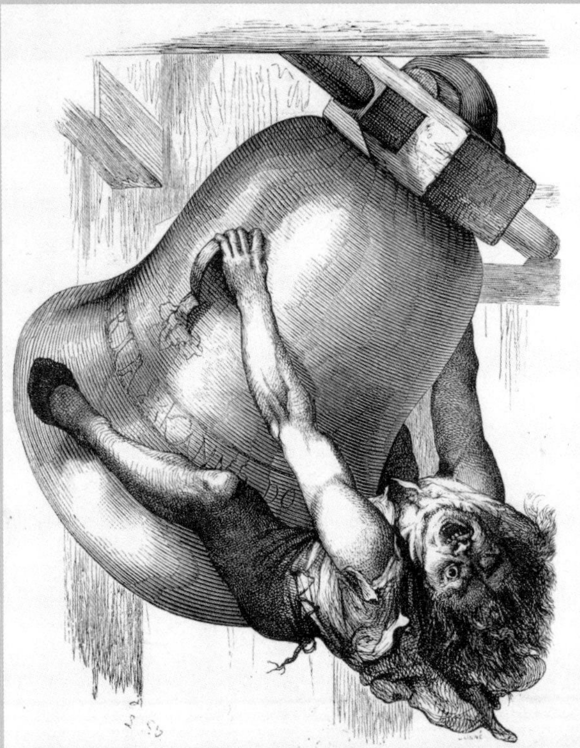

Quasimodo, le sonneur de Notre-Dame, *gravure sur cuivre de Laisné, probablement d'après Steinheil, 1844.*

Quasimodo et de la belle bohémienne Esméralda, ces adaptations à but commercial font pratiquement oublier la structure narrative complexe et la véritable signification de l'œuvre du romancier.

Notre-Dame de Paris, sommet et point final du romantisme français, a pour ambition de faire revivre et de rendre « lisible » toute une époque disparue à ses lecteurs. Cet ouvrage nous replonge dans le labyrinthe de certaines ruelles étroites et mal famées de Paris, bien avant que le baron Haussmann n'en fasse une ville de boulevards.

Le centre géographique et thématique du roman est la cathédrale gothique Notre-Dame de Paris, incarnation d'un système de valeurs à la fois fédérateur et contraignant. La relation problématique de Victor Hugo au catholicisme s'exprime ici de multiples façons. La cathédrale tient lieu à la fois d'abri et de prison, d'espace de liberté et d'oppression. Quasimodo, être borgne et bossu, difforme et grotesque, y gagne son pain en tant que sonneur. Cette créature fantastique à mi-chemin entre l'humain et l'animal, effrayant par son aspect et touchant par sa naïveté, loge dans les tours de la cathédrale, à l'abri d'une

célébrité à laquelle a largement participé une pléthore d'adaptations cinématographiques, notamment un dessin animé des studios Walt Disney (1996), et diverses comédies musicales produites à tort sous le nom du *Bossu de Notre-Dame*. Tournant toutes autour de l'histoire d'amour tragique du sonneur difforme

société dans laquelle toute déviation de la norme est punie de cruelles railleries et de la plus grande dureté. À l'intérieur de la cathédrale règne le sombre archidiacre Claude Frollo ; sa passion pour la belle Esméralda en fait un intrigant malfaisant puis un assassin, et causera la mort de la belle bohémienne. Esméralda, qui voue un amour inconditionnel et immérité au capitaine de la garde Phoebus, fougueux mais superficiel, est condamnée comme sorcière et meurtrière, suppliciée et exécutée en place de Grève. Lié à elle par une immense reconnaissance et un tendre sentiment – prise de pitié alors qu'il était attaché au pilori et fouetté sous les quolibets de la foule, Esméralda lui avait offert une gorgée d'eau –, Quasimodo tentera en vain de sauver la belle bohémienne. L'impuissance de l'individu devant la fatalité du destin et la toute-puissance de ses propres sentiments, devant l'imprévisible pouvoir de l'Église, de la Justice et de la populace, sont les thèmes principaux de ce mélodrame romantique dépeignant avec force détails la vie des protagonistes dont il entremêle habilement les destinés. La pureté et l'innocence, qui s'incarnent dans le personnage repoussant de Quasimodo et dans celui de la belle Esméralda, ne parviennent pas à s'imposer face aux intrigues du Mal ; ils demeurent cependant l'irréductible noyau du Bon enfouit dans l'homme et les garants intangibles de la liberté individuelle face aux exigences de la société.

À la dimension politique de ce roman historique s'ajoutait pour Victor Hugo l'espoir d'une libéralisation de la culture – espoir qui sembla d'ailleurs se réaliser brièvement lors du soulèvement des Trois Glorieuses mais qui se brisa rapidement après l'installation au pouvoir du roi Louis-Philippe, le « roi citoyen ».

Victor Hugo mena une lutte active pour ses convictions. Celui-ci dut s'exiler de sa patrie et trouver refuge en Grande-Bretagne. Victor Hugo ne retourna à Paris qu'après l'effondrement de la monarchie, en 1870. « Ma vie se résume en deux mots », écrivit-il un peu plus tard – à l'âge de 70 ans – dans *Choses vues*, « solidaire et solitaire ».

Charles Meryon (1821-1868), Le Stryge, (le vampire)*, eau-forte, 11,6 x 15,5 cm, 1853, Bibliothèque nationale de France, Paris.*

L'île Saint-Louis

L'île Saint-Louis, à laquelle on accède par le pont Saint-Louis depuis Notre-Dame, fut artificiellement créée au XVIIe siècle (1609) grâce au comblement d'un canal séparant deux îlots de Seine. Louis XIII la fit relier par deux ponts aux deux rives du fleuve, et afferma les parcelles à bâtir. Comme dans le quartier du Marais, ce furent principalement les nobles, mais aussi des bourgeois aisés – notamment des banquiers et des magistrats – qui y édifièrent de magnifiques palais ; leur architecture classique homogène cachait derrière la sobriété de façades dépourvues de fioritures mais élégantes un aménagement intérieur luxueux. L'île Saint-Louis resta épargnée par les grandes transformations urbanistiques de la ville au cours du XIXe siècle qui modifièrent profondément la structure des îles voisines. Ses rues étroites, ses quais paisibles et ses vieux palais aux

Île Saint-Louis, vue du quai d'Orléans et du quai de Béthune depuis le pont Saint-Louis.

Le quai d'Orléans, au niveau de la rue Jean-du-Bellay.

La rue Budé.

porches en partie sculptés et aux balcons de fer forgé offrent un vivant témoignage de l'époque à laquelle ils furent construits. La promenade sur les quais Bourbon et d'Anjou, qui réserve de belles vues inattendues sur la rive opposée de la Seine, mène au long des ateliers et demeures de Camille Claudel (19, quai de Bourbon), de Théophile Gautier (17, quai de Bourbon) et d'Honoré Daumier (9, quai d'Anjou). C'est également sur le quai d'Anjou que l'on peut admirer deux célèbres palais, l'hôtel de Lauzun et l'hôtel Lambert, édifiés au milieu du XVIIe siècle par Louis Le Vau. Cet architecte renommé et très demandé résidait sur l'île Saint-Louis, où il supervisa de nombreux projets. Louis Le Vau participa aussi à la réalisation de l'église Saint-Louis-en-l'Île qui ne fut achevée qu'en 1725.

L'Hôtel de Ville

Richement orné de quelque cent cinquante statues et médaillons de personnages célèbres de l'histoire de Paris, cet hôtel de ville de style début Renaissance date… du XIXe siècle. Il s'agit en effet d'une reconstitution historique s'inspirant largement du monument édifié sous François Ier et détruit en 1871, au moment de l'écrasement de la Commune. Siège de la Mairie de Paris, cette copie, dont les dimensions surpassent de beaucoup l'original, occupe le site de l'ancienne place de Grève, riche de traditions : c'est ici en effet que les bateliers de la Seine accostaient, c'est aussi ici que l'on faisait commerce et marchandait, que se déroulaient les fêtes populaires ainsi que les exécutions publiques. C'est sur cette place que résidait depuis 1357 le Prévôt des marchands, représentant les intérêts des corporations auprès du roi. À la suite de conflits de compétences répétés avec la Couronne, cette charge bourgeoise fut supprimée sous Napoléon Ier (de 1804 à 1814/15), qui remplaça le prévôt par un « préfet de la Seine ». L'Hôtel de Ville accueillit son premier maire élu, Jacques Chirac, en 1977.

La tour Saint-Jacques

La tour Saint-Jacques-de-la-Boucherie, 1853
Musée Carnavalet, Paris

Cette tour, étonnamment isolée dans la cohue affairée qui règne entre la rue de Rivoli et la place du Châtelet, est tout ce qui reste de l'ancienne église gothique de Saint-Jacques-de-la-Boucherie, église paroissiale de la Confrérie des bouchers autrefois établie dans le quartier. Dans la foulée de la sécularisation révolutionnaire, la tour fut vendue en 1797 afin d'être démolie. Restée seule debout, la tour (dont le sommet est inachevé), construite par Jean de Félin entre 1508 et 1522, permet de deviner que l'on avait affaire à une église de style flamboyant. Au XIXe siècle, elle dut être stabilisée par l'ajout d'un socle. Les arcades du niveau inférieur sont une autre des mesures conservatoires décidées par le baron Haussmann. Les statues des baldaquins sont des copies, les originaux ayant été détruits sous la Révolution. Aux coins de la plateforme, on reconnaît le bestiaire symbolisant les trois évangélistes Marc, Luc et Jean, ainsi que le saint patron de l'église, Jacques. Au XIIIe siècle, un premier sanctuaire avait été dédié au saint sur ce qui fut dès le début du Moyen Âge un lieu de passage des pèlerins de Compostelle.

Saint-Germain-l'Auxerrois

Ce sont les cloches de cette église qui, en 1572, donnèrent le signal secret du déclenchement de la nuit de la Saint-Barthélémy et de l'effroyable massacre des huguenots qui s'en suivit. La construction de Saint-Germain-l'Auxerrois, fondée sur une éminence, face au palais du Louvre, à la place d'un ancien baptistère, s'étira sur plus de trois cents ans. D'abord église paroissiale de la Cour, Saint-Germain-l'Auxerrois servit à partir de 1682 – après le déménagement du roi à Versailles – de sépulture pour les artistes ayant leur atelier au Louvre : y sont entre autres enterrés les architectes Louis Le Vau et Robert de Cotte, les peintres François Boucher et Jean-Baptiste Chardin ainsi que le sculpteur Antoine Coysevox. L'architecture du porche flamboyant, édifié à part entre 1435 et 1439 et doté de trois portails, est remarquable. Le portail du Jugement dernier, au centre, est ornementé d'une foule de personnages : à droite se trouve sainte Geneviève, la patronne de Paris, qui se reconnaît à son attribut typique, une bougie soufflée par le diable et rallumée par un ange. Sainte Geneviève est censée avoir rencontré, alors qu'elle n'était qu'enfant, saint Germain, évêque d'Auxerre, auquel est vouée l'église.

Le pont des Arts et l'Institut de France

Construit en 1803 sous Napoléon Ier, le pont des Arts est le plus ancien pont métallique de France. Supportée par des arches en acier – à l'origine en fonte –, reposant sur des piles de pierre, cette passerelle à l'allure légère relie le Louvre à l'Institut de France, qui abritait autrefois le collège des Quatre-Nations, une fondation du cardinal Mazarin (1602-1661) offrant une formation gratuite à soixante étudiants. Les pensionnaires du Collège devaient représenter les quatre contrées échues à la France à la fin de la guerre de Trente Ans, en vertu des traités de Münster (1648) et des Pyrénées (1659) : en favorisant, en même temps que les sciences, l'intégration de ces régions, le Collège poursuivait un dessein politique. L'architecte Louis Le Vau, chargé par le cardinal Mazarin de cette nouvelle réalisation, conçut un plan incurvé nettement influencé par le style baroque romain. Le bâtiment est disposé en hémicycle ouvert vers le fleuve ; son centre est occupé par la chapelle du Collège, surmontée d'une haute coupole et flanquée de deux ailes à deux étages où se déroulait l'enseignement. La façade du bâtiment, d'inspiration romaine, présente un alignement monumental de pilastres, de piliers et de colonnes. La chapelle abrite le tombeau du cardinal Mazarin, réalisé en 1692 par Antoine Coysevox d'après les plans de Jules Hardouin-Mansart. Le Collège du cardinal fut fermé par les révolutionnaires en 1793. Sous Napoléon Ier, le bâtiment devint le siège de l'Institut de France, regroupant les anciennes Académies royales. Aujourd'hui, l'Institut de France réunit les cinq principales Académies nationales : l'Académie française (fondée en 1634), l'Académie des inscriptions et belles-lettres (1663), l'Académie des sciences (1666), l'Académie des beaux-arts (1816) ainsi que l'Académie des sciences morales et politiques (1832). La cérémonie annuelle de réception des nouveaux membres des académies se déroule toujours dans la traditionnelle salle des séances, se trouvant sous la Coupole.

L'Académie française, gardienne de la langue,

par Oliver Burgard

« La langue de la République est le français », selon l'article 2 de la Constitution française, qui défend ainsi la langue nationale, fondement culturel de l'État et de la société. La tradition de défense de la langue par l'État remonte à 1635, date de la création de l'Académie française par le cardinal de Richelieu. Depuis, l'Académie française se consacre à une seule et unique tâche : veiller sur le langage employé par nos compatriotes. Non sur le contenu, mais sur les mots, la « pureté » de l'expression. Le *Dictionnaire de l'Académie*, dont la première édition en huit volumes parut en 1694, définit le bon usage de la langue.

Anonyme, Le cardinal de Richelieu entouré d'un soleil, *gravure sur cuivre, 1653, Bibliothèque nationale de France, Paris.*

Les quarante membres de l'Académie, parmi lesquels de nombreux écrivains et autres grands intellectuels, sont appelés avec respect les « Immortels ». Quiconque est en effet admis dans ce cercle distingué demeure académicien à vie – distinction représentant l'aboutissement glorieux d'une carrière intellectuelle. Tous les jeudis, les académiciens se réunissent pour travailler à la nouvelle édition du dictionnaire, qui en est actuellement à la neuvième. Il leur revient de décider des nouvelles expressions officiellement admises à figurer dans le *Trésor de la langue française*, et de leur orthographe. Ces expressions sont de plus en plus fréquemment des anglicismes ou des américanismes ayant insidieusement envahi notre quotidien ces dernières années par le biais des publicités et de la télévision – au grand dam des gardiens de la langue. La lutte contre ce « franglais » honni est donc devenue l'une des principales tâches de l'Académie.

Au XXIe siècle, Internet est à son tour devenu une source de contamination du français par les anglicismes. Si, au pays de Victor Hugo et de Voltaire (tous deux académiciens), on ne parle pas de *computer* et de *software* mais d'« ordinateur » et de « logiciel », la généralisation des multimédias et d'Internet provoque un afflux d'expressions nouvelles d'origine

P. Sevin, Séance de l'Académie, *gravure sur cuivre.*

exclusivement américaine. L'Académie française propose sur son site Internet une aide à l'expression correcte sous forme de longues tables d'équivalence des termes anglais en français. Les Immortels recourent hardiment aux emprunts sémantiques, remplaçant par exemple l'abréviation « www » (World Wide Web) par un « T.A.M. » (Toile d'araignée mondiale) parfaitement neutre. Les académiciens se reconnaissent le mérite d'avoir amené la langue française, en l'espace de deux siècles, au sommet de la qualité, et d'en avoir fait la langue des élites à travers le monde. En toute logique, ces gardiens de la langue ne se penchent pas en priorité sur le vocabulaire du peuple mais sur celui employé par les élites – notamment celles des medias et de la politique. Quelle ne fut pas leur indignation en constatant, au cours de l'été 1998, que le gouvernement de Lionel Jospin avait créé de sa propre initiative de nouveaux mots ! Les six femmes ministres de son cabinet avaient décidé de féminiser leur titre et d'officialiser l'usage de « Madame la ministre », au mépris, selon les académiciens, de la souveraineté de leur institution : occasion d'un débat public animé !

Si cette dispute autour des mots peut surprendre, la défense de la langue française est une affaire prise à cœur par toutes les élites, et rarement contestée. Qu'il s'agisse de langue,

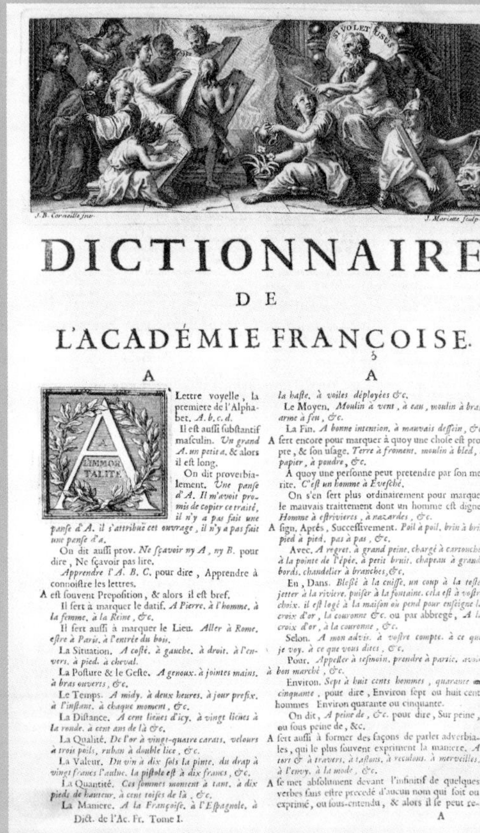

J. B. Corneille inv.   J. Mariette sculp.

DICTIONNAIRE
DE
L'ACADÉMIE FRANÇOISE.

A

A Lettre voyelle, la premiere de l'Alphabet. *A. b. c. d.*

Il eſt auſſi ſubſtantif maſculin. *Un grand A. un petit a.* & alors il eſt long.

On dit proverbialement. *Une panſe d'A. Il m'avoit promis de copier ce traité, il n'y a pas fait une panſe d'A. il s'attribuë cet ouvrage, il n'y a pas fait une panſe d'a.*

On dit auſſi prov. *Ne ſçavoir ny A, ny B.* pour dire, Ne ſçavoir pas lire.

Apprendre l'A. B. C. pour dire, Apprendre à connoiſtre les lettres.

A eſt ſouvent Prepoſition, & alors il eſt bref.

Il ſert à marquer le datif. *A Pierre. à l'homme. à la femme. à la Reine, &c.*

Il ſert auſſi à marquer le Lieu. *Aller à Rome. eſtre à Paris. à l'entrée du bois.*

La Situation. *A coſté. à gauche. à droit. à l'envers. à pied. à cheval.*

La Poſture & le Geſte. *A genoux. à jointes mains. à bras ouverts, &c.*

Le Temps. *A midy. à deux heures. à jour prefix. à l'inſtant. à chaque moment, &c.*

La Diſtance. *A cent lieües d'icy. à vingt lieües à la ronde. à cent ans de là &c.*

La Qualité. *De l'or à vingt-quatre carats. velours à trois poils, ruban à double lice, &c.*

La Valeur. *Du vin à dix ſols la pinte. du drap à vingt francs l'aulne. la piſtole eſt à dix francs, &c.*

La Quantité. *Ces ſommes montent à tant. à dix pieds de hauteur. à cent toiſes de là, &c.*

La Maniere. *A la Françoiſe. à l'Eſpagnole. à la haſte. à voiles déployées &c.*

Le Moyen. *Moulin à vent, à eau, moulin à bras. arme à feu, &c.*

La Fin. *A bonne intention. à mauvais deſſein, &c.*

A ſert encore pour marquer à quoy une choſe eſt propre, & ſon uſage. *Terre à froment. moulin à bled, à papier, à poudre, &c.*

A quoy une perſonne peut pretendre par ſon merite. *C'eſt un homme à Eveſché.*

On s'en ſert plus ordinairement pour marquer le mauvais traittement dont un homme eſt digne. *Homme à eſtrivieres, à nazardes, &c.*

A ſign. Aprés, Succeſſivement. *Poil à poil. brin à brin pied à pied. pas à pas, &c.*

Avec. *A regret. à grand peine. chargé à cartouche. à la pointe de l'épée. à petit bruit. chapeau à grands bords. chandelier à branches, &c.*

En, Dans. *Bleſſé à la cuiſſe. un coup à la teſte. jetter à la riviere. puiſer à la fontaine. cela eſt à voſtre choix. il eſt logé à la maiſon où pend pour enſeigne la croix d'or, la couronne &c.* ou par abbregé, *A la croix d'or, à la couronne, &c.*

Selon. *A mon advis. à voſtre compte. à ce que je voy. à ce que vous dites, &c.*

Pour. *Appeller à teſmoin. prendre à partie. avoir à bon marché, &c.*

Environ. *Sept à huit cents hommes, quarante ou cinquante*, pour dire, Environ ſept ou huit cent hommes Environ quarante ou cinquante.

On dit, *A peine de, &c.* pour dire, Sur peine, ou ſous peine de, &c.

A ſert auſſi à former des façons de parler adverbiales, qui le plus ſouvent expriment la maniere. *A tort & à travers. à taſtons. à reculons. à merveilles. à l'envy. à la mode, &c.*

A ſe met abſolument devant l'infinitif de quelques verbes ſans eſtre precedé d'aucun nom qui ſoit ou exprimé, ou ſous-entendu, & alors il ſe peut re-

Dict. de l'Ac. Fr. Tome I.   A

Gerard Edelinck, Portrait du roi en mécène et protecteur de l'Académie française, *frontispice du* Dictionnaire de l'Académie françoise, *gravure sur cuivre d'après Jean-Baptiste Corneille, 1694.*

Jean Mariette, page de début du Dictionnaire de l'Académie françoise, *gravure sur cuivre d'après Jean-Baptiste Corneille, XVIIIe siècle. Les deux ouvrages sont conservés à la Bibliothèque nationale de France, Paris.*

de musique ou de cinéma, l'État français veille, grâce à l'utilisation de subventions et de quotas pour les programmes, à ce que de la musique française passe à la radio et des productions nationales à la télévision et au cinéma. En 1994, Jacques Toubon, alors ministre de la Culture, édicta une loi interdisant l'emploi de mots et de slogans anglais dans les publicités à la radio ainsi qu'à la télévision lorsqu'un équivalent français est disponible : c'est la loi Toubon. Depuis, il n'existe officiellement plus en France de *fast food*, de *walkman* ou d'*aftershave* : on parle de « restauration rapide », de « baladeur » ou de « lotion après-rasage ». Les infractions sont sanctionnées par la loi : à la suite de la visite d'une inspectrice des services de la Répression des fraudes, l'entreprise de cosmétiques Body Shop dut ainsi répondre en 1996 devant les tribunaux de la présence dans l'une des filiales de la chaîne de savons et de shampoings portant des étiquettes en anglais.

« Lus » au lieu de « salut »

La déformation de la langue française, telle qu'on la constate chez les jeunes, n'a en revanche aucune conséquence juridique. Nombreux sont ceux, dans les grandes villes en particulier, qui parlent le « verlan », jargon inventé à partir de l'inversion des syllabes qu'ils sont seuls ou presque à comprendre. Sur le modèle du mot « verlan », inversion du mot « l'envers », de nouvelles expressions se créent sans cesse dans le parler des subcultures, notamment parmi les enfants d'immigrés, grâce à l'inversion de syllabes ou de parties entières des mots. Celui qui veut être « hip » salue ainsi ses amis par un « lus » au lieu d'un « salut », et fume des « garettecis » à la place des « cigarettes ». Les règles de grammaire et de syntaxe n'ont par ailleurs plus cours, les expressions inversées et abrégées étant utilisées dans les phrases selon une nouvelle syntaxe.

Le verlan est apparu comme un phénomène de mode dans les banlieues des grandes villes françaises. Quand ils découvrirent le langage inversé des jeunes, certains artistes l'utilisèrent. Des chanteurs comme le rappeur MC Solaar se mirent à composer en verlan, des réalisateurs tels Matthieu Kassovitz ou Jacques Doillon firent apparaître dans leurs films des acteurs parlant le jargon des banlieues. Dans ces films et chansons, le verlan est considéré comme une authentique expression de la réalité sociale française. En la faisant entrer dans le patrimoine culturel français, ils ennoblissent cette langue artificielle et anarchique, apportant une nouvelle fois la preuve qu'une langue vivante échappe aux efforts de réglementation de ses gardiens.

Le musée et l'ancienne gare d'Orsay

La gare d'Orsay, l'une des plus grandes gares centrales de Paris dont la construction dura trois ans, fut mise en service juste à temps pour l'Exposition universelle de 1900. Son architecte, Victor Laloux (1850-1937), avait caché son gigantesque hall, moderne construction de métal et de verre, derrière une façade de pierre à l'ancienne luxueusement décorée. Ses contemporains jugeaient déjà que vue de l'extérieur, la gare ressemblait plus à un « palais des Beaux-Arts » qu'à une gare. En 1979, la décision de transformer en musée cette gare désaffectée depuis quarante ans la sauva de la démolition ; de plus, cela convenait parfaitement à son architecture éclectique. Les travaux durèrent deux fois plus de temps que sa construction : le musée d'Orsay, aux collections présentant toute la gamme des arts du XIXe siècle, ouvrit en 1986. Peinture, sculpture, arts décoratifs, photographie et architecture permettent de se confronter à l'art d'une époque qui exprimait à travers une incroyable productivité son déchirement intérieur face aux bouleversements de la révolution industrielle.

La grande nef et l'allée des sculptures

Dans l'allée centrale de la nef monumentale du musée d'Orsay sont exposées des sculptures des années 1850. Les peintures de la même époque sont placées dans les salles latérales. La présentation chronologique des œuvres se poursuit aux niveaux médian et supérieur du musée, où peintres académiques de salon, impressionniste, sculptures monumentales du Second Empire et œuvres d'Auguste Rodin et d'Aristide Maillol se côtoient sur un pied d'égalité : le visiteur découvre ainsi de façon directe et vivante les différents thèmes et techniques d'une même époque. Une présentation également indispensable afin de comprendre, dans leur propre contexte historique, les innovations des artistes avant-gardistes.

Le musée d'Orsay

De récents remaniements ont permis de réorganiser l'entrée et les caisses, afin de fluidifier l'accès au musée et de mettre un terme aux interminables et irritantes files d'attente dans les courants d'air de la plateforme. Davantage d'espace a été aussi dégagé pour les expositions temporaires et la boutique du musée.

Rez-de-chaussée

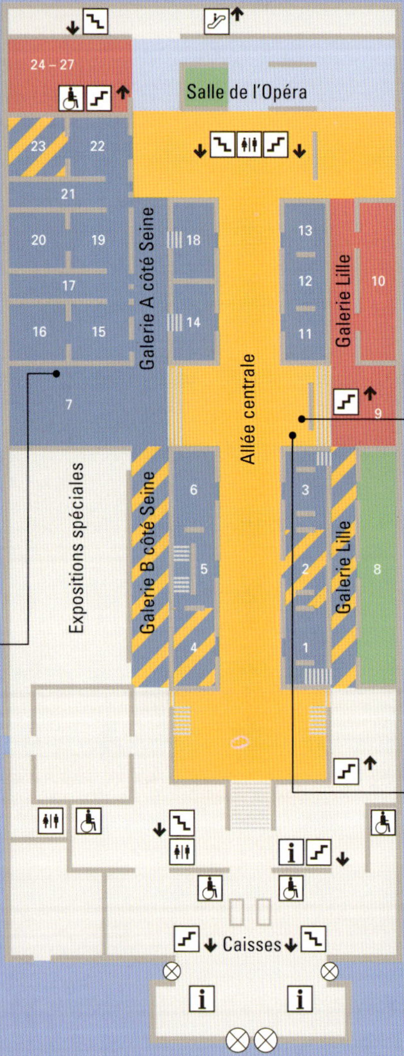

Thomas Couture, *Les Romains de la décaden* allée centrale, p. 76 *sq.*

Gustave Courbet, *Un enterrement à Ornans*, salle 7, p. 75

Jean-Baptiste Carpeaux, *Ugolin et ses fils*, allée centrale, p. 76

Niveau médian

Auguste Rodin,
La Porte de l'Enfer,
terrasse Rodin

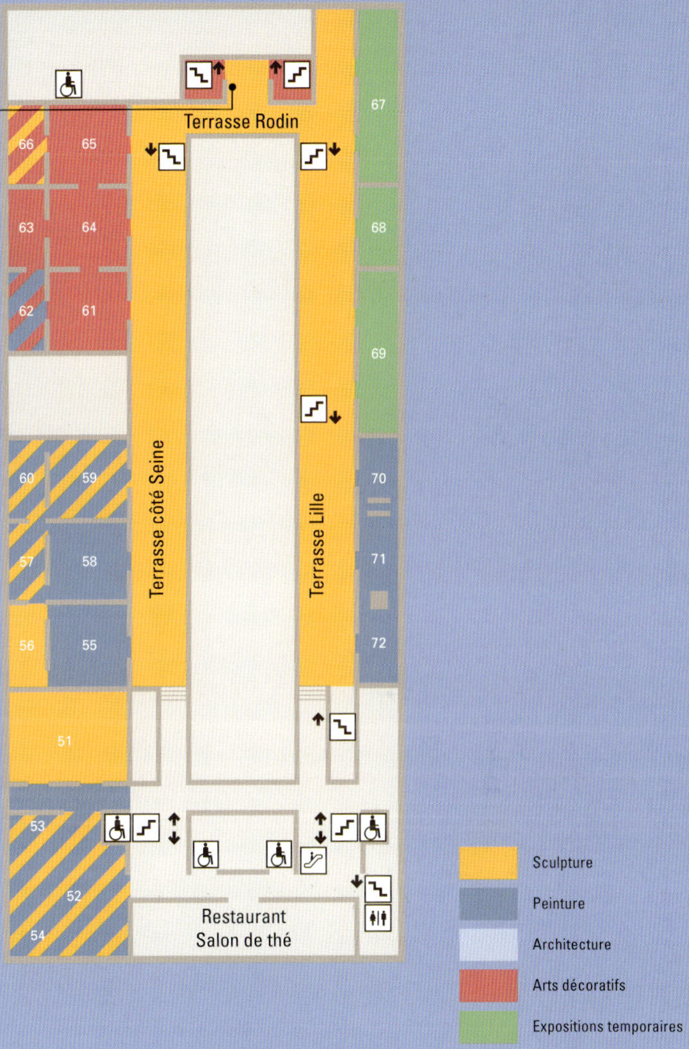

Niveau supérieur

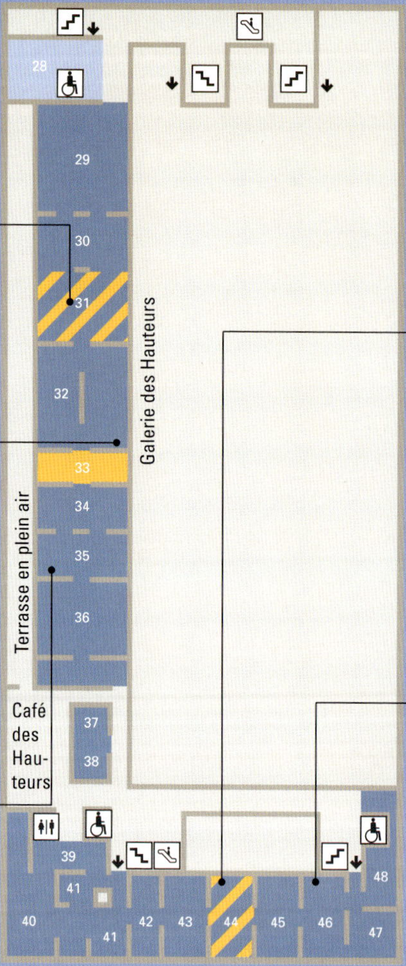

Edgar Degas, *Petite Danseuse de 14 ans*, salle 31, p. 79

Pierre Auguste Renoir, *Bal du moulin de la Galette*, salle 32, p. 80

Vincent Van Gogh, *La Chambre de Van Gogh à Arles*, salle 35, p. 82

Paul Gauguin, *Femmes de Tahiti sur la plage*, salle 44, p. 84

Georges Seurat, *Le Cirque*, salle 45, p. 84 *sq.*

Gustave Courbet (1819-1877),
***Un enterrement à Ornans* (détail)**
Huile sur toile, 315 x 668 cm, 1849-1850

Lorsque Gustave Courbet présenta cette toile monumentale au Salon de Paris de 1851, il déclencha chez le public hostilité et désarroi. Le tableau représente, plus grand que nature, l'exact portrait de quarante personnes réunies pour ensevelir un citoyen anonyme de la petite ville d'Ornans, en Franche-Comté. Les contemporains de Courbet furent déroutés par le fait qu'un événement aussi insignifiant devienne le thème d'un tableau doté de dimensions réservées aux peintures d'histoire. Ils se trouvèrent également irrités par les verts et bruns sales de l'arrière-plan, et par le noir lugubre des vêtements de deuil. Cette expression brutale, à travers le sujet et la forme picturale de l'œuvre, du vide et de la désolation de la vie provinciale, fut ressentie dans le cadre du Salon comme une intolérable provocation. La conception radicale du réalisme chez Courbet contrevenait en effet à l'idée que l'on se faisait jusqu'alors de l'art : au lieu d'un sujet historique ou exemplaire, c'est ici la vérité dans toute sa trivialité et sa banalité qui est élevée, sous la forme d'une peinture historique moderne, à la dimension de monument.

ment la façade de l'opéra Garnier. Directement influencé par le séjour du peintre à la villa Médicis à Rome (1858), le groupe *Ugolin et ses fils*, auquel Jean-Baptiste Carpeaux travailla environ trois ans, reflète sa rencontre avec les sculptures de l'Antiquité et de la fin de la Renaissance. Tragique figure tirée de la *Divine Comédie* de Dante Alighieri, Ugolin, condamné avec ses fils à mourir de faim, dévore dans son agonie la chair de ses propres enfants – une scène pour laquelle Carpeaux choisit une composition pyramidale classique. L'épuisement, le désespoir et la folie se reflètent sur les visages, où souffrance physique et solitude intérieure sont saisies dans leurs diverses nuances d'expression. Toute la qualité de cette œuvre réside dans l'exacte représentation anatomique de ces corps, jeunes et mûrs, ainsi que dans le délicat fini du modelé. Du plâtre original, l'État commanda en 1862 un bronze qui fut exposé aux jardins des Tuileries.

Jean-Baptiste Carpeaux (1827-1875),
Ugolin et ses fils
Bronze, 194 x 148 x 119 cm, 1862

Jean-Baptiste Carpeaux, l'un des sculpteurs les plus appréciés de son temps, exécuta sur commande de l'empereur plusieurs groupes sculptés pour décorer les façades des monuments parisiens, notam-

Thomas Couture (1815-1879),
Les Romains de la décadence
Huile sur toile, 472 x 772 cm, 1847

Maître d'Édouard Manet et d'Anselme Feuerbach, Thomas Couture appartient à la dernière génération des grands peintres d'histoire français. *Les Romains de la décadence*, toile monumentale, lui valut un succès d'estime au Salon de Paris de 1847. Le tableau est l'illustration d'un texte antique déplorant la décadence de la société romaine en temps de paix et de prospérité : selon Decimus Iunius Juvenal, poète satirique latin, l'égoïsme, l'indiscipline et la débauche dominent dès lors qu'il n'y a plus d'ennemi extérieur à combattre. Ainsi, au milieu des ornements convenus d'une salle antique, Thomas Couture met en scène une véritable orgie à laquelle participent trente figurants sous les yeux de statues de divinités et d'empereurs. Le parallèle avec la situation de son époque ne devait certainement pas échapper au spectateur : l'année qui précéda la Révolution de 1848, la décomposition interne de la société était en effet visible partout. La monarchie constitutionnelle du roi Louis-Philippe, le « roi citoyen », qui pressurait le pays avec la grande bourgeoisie au détriment des petites gens et de la nouvelle classe prolétarienne, avait profondément déçu les attentes du peuple. À cela s'ajoutait la déstabilisation de larges pans de la société par les profonds bouleversements des débuts de l'industrialisation.

Bien que restant dans un certain flou politique, la composition monumentale de Couture peut s'interpréter comme étant une prudente allégorie de son époque. Peu innovante dans la forme, qui s'inspire de modèles baroques, elle marque par ailleurs la fin de la peinture d'histoire classique.

Édouard Manet (1832-1883),
Le Déjeuner sur l'herbe
Huile sur toile, 208 x 264 cm, 1863

Lorsque Édouard Manet présenta cette toile au salon des Refusés en 1863, il déclencha l'hilarité du public. *Le Déjeuner sur l'herbe,* qui représente un groupe énigmatique composé de deux messieurs bourgeoisement vêtus assis dans une clairière en compagnie d'une femme nue, attira sur lui un flot de sarcasmes et de railleries. Contrairement à ce que suggère le titre, la toile n'a pas pour thème un pique-nique mais la prostitution au bois de Boulogne – bien connue mais passée sous silence par tous les Parisiens. Non content de faire de ce tabou le sujet d'un tableau, Édouard Manet eut l'impudence de lui donner la forme d'une composition classique : la position des personnages renvoie aux modèles de la Renaissance italienne.

Edgar Degas (1834-1917),
***Petite Danseuse de 14 ans* (face et profil)**
Bronze patiné et mousseline, 98 x 35,2 x 24,5 cm
(sans le socle), 1880-1881

Edgar Degas, peintre et dessinateur, commença à s'essayer vers 1880 à de petites sculptures à caractère essentiellement privé. L'année même de sa réalisation, sa *Petite Danseuse de 14 ans*, statuette relativement grande – presque 1 mètre – était présentée à la sixième Exposition des impressionniste. Il ne s'agissait pas du bronze que nous voyons ici, mais d'une figurine en cire habillée, outre son tutu, de rubans de soie dans des cheveux artificiels, de collants et de chaussons de danse. Les réactions des critiques furent défavorables, et la représentation de la jeune fille jugée choquante. La simplicité des traits, proche de la grossièreté, le relâchement de l'attitude à la faveur d'un moment de pause dans les répétitions renvoient à l'âpre condition sociale et au pénible travail physique des jeunes danseuses. Degas, qui fréquentait depuis plusieurs années le milieu de l'Opéra où il puisait ses modèles, mettait en évidence à travers le réalisme de la représentation ce que la société parisienne ne voulait pas voir – à savoir que les membres du très sélect Jockey Club usaient des services amoureux des jeunes danseuses sous-payées du corps de ballet. Parfois inattendus, les fréquents intermèdes de ballet insérés par les compositeurs dans les œuvres de commande pour l'opéra Garnier sont certainement dus à l'influence de ces « mécènes ».

Pierre Auguste Renoir (1841-1919),
Bal du moulin de la Galette
Huile sur toile, 131 x 175 cm, 1876

Grâce à l'appui financier du riche éditeur Georges Charpentier, Pierre Auguste Renoir loua en 1875 une petite maison avec jardin rue Cortot, sur la butte Montmartre. Ici débuta pour lui une phase de création extraordinairement active. La représentation complexe du bal du dimanche dans le jardin du moulin de la Galette, un établissement tout proche, plaçait le peintre face à la difficulté de saisir une scène envahie d'une foule de personnages en perpétuel mouvement et baignée d'une lumière changeante. Quelques amis servirent à Renoir de modèles pour ce tableau brossé sur place avec une extrême rapidité.

Souplesse et fluidité du trait et touches de couleur posées avec délicatesse ont permis à Renoir de capter l'atmosphère décontractée d'un chaud après-midi d'été.

Claude Monet (1840-1926),
La Cathédrale de Rouen
À gauche : ***Le Portail et la tour Saint-Romain, plein soleil***
Huile sur toile, 107 x 73 cm, 1893
À droite : ***Le Portail, temps gris***
Huile sur toile, 100 x 65 cm, 1892

Vers la fin des années 1880, Claude Monet débuta ses séries de peintures sur un seul et même motif – ici la cathédrale gothique de Rouen – saisi à divers moments de la journée, sous des éclairages et avec des conditions météorologiques différents. Cette idée exigeait pour Monet une technique picturale extraordinairement rapide et spontanée afin de saisir les variations fugaces de la lumière. Monet parvint à un fascinant équilibre entre la fusion des contours dans les vibrations dynamiques des touches et la densité du rendu de l'architecture.

Vincent Van Gogh (1853-1890),
La Chambre de Van Gogh à Arles
Huile sur toile, 57 x 74 cm, 1889

Van Gogh travailla à cette *Chambre de Van Gogh à Arles* dans les jours précédant l'arrivée, attendue et espérée, de son ami Paul Gauguin en octobre 1888. Le musée d'Orsay en possède une réplique plus petite, réalisée l'année suivante. Il destinait le premier tableau à l'atelier de la Maison jaune, où il projetait d'abriter un phalanstère d'artistes ; mais au bout de deux mois, sa collaboration avec Gauguin s'acheva par un accès de démence. De retour de l'hôpital, il jugea cette peinture d'intérieur si réussie qu'il en réalisa deux répliques pour remplacer l'original, abîmé par l'humidité ; « la couleur doit ici faire la chose et en donnant par sa simplification un style plus grand aux choses, être suggestive ici du repos ou du sommeil en général », écrit-il le 16 octobre 1888 à son frère au sujet du tableau (*Correspondance complète de Vincent Van Gogh*, Gallimard-Grasset, 1960, t 3, p. 250). Les contrastes de couleurs complémentaires (rouge et vert, jaune et violet, bleu et orange) donnent « un style plus grand » à cette paisible chambre qui en dit long, par sa simplicité, sur la soif d'authenticité de l'artiste dans sa vie et son œuvre.

Paul Cézanne (1839-1906),
Pont de Maincy
Huile sur toile, 58,5 x 72,5 cm, 1879-1880

Dès 1877, Paul Cézanne avait quitté la capitale, où ses travaux s'étaient heurtés à une réprobation manifeste, pour se retirer en province. Ce paysage peint lors d'un séjour à Melun marque l'adieu définitif du peintre à l'impressionnisme.

Si Monet et ses pairs cherchaient à saisir dans leur peinture des impressions visuelles éphémères, Paul Cézanne visait pour sa part à une expression universelle, presque intemporelle.

La pureté cristalline des formes et la discipline de la touche donnent l'impression d'une construction organisée, dans laquelle l'objet est modelé par de brefs traits de pinceau parallèles.

En 1904, Cézanne écrivait dans une lettre adressée à Émile Bernard que « tout dans la nature se modèle sur la sphère, le cône et le cylindre » et rajoutait dans cette même lettre qu'« il faut apprendre à peindre sur ces figures simples, on pourra ensuite faire tout ce qu'on voudra » : une découverte qui devait avoir une incidence considérable sur l'évolution de la peinture jusqu'au cubisme.

Paul Gauguin (1848-1903), *Femmes de Tahiti*
Huile sur toile, 69 x 91,5 cm, 1891

Paul Gauguin espérait trouver à Tahiti de nouvelles sources d'inspiration ainsi qu'un mode de vie proche de la nature et aux antipodes de celui des Occidentaux… mais il lui fallut bientôt déchanter face aux profonds dégâts causés par le colonialisme français dans ce prétendu paradis des mers du Sud. Les deux Polynésiennes monumentales de ce tableau n'en semblent pas moins les icônes d'un bonheur tranquille et simple. Dans cette composition, Gauguin s'est attaché à jouer de l'opposition entre volumes et plans, procédé typique de son œuvre : les personnages, imposants et lourds, sont placés devant un paysage à la structure rigoureusement horizontale, sans le moindre effet de profondeur.

Georges Seurat (1859-1891), *Le Cirque*
Huile sur toile, 185,5 x 152,2 cm, 1891

Dans cette œuvre, la représentation de cirque bat son plein – un cheval au galop, une danseuse qui fait de la voltige, un acrobate casse-cou effectuant un salto, un clown qui fait son numéro –, et pourtant la scène semble figée et étrangement privée d'atmosphère.

Il faut s'approcher du tableau pour en remarquer la technique : tous les motifs sont obtenus par la juxtaposition de points de même taille et de couleurs complémentaires de la couleur de base. Ce procédé, mis au point vers 1886 par Georges Seurat et Paul Signac, et appelé par la suite néo-impressionnisme, pointillisme ou encore divisionnisme, transformait la peinture en une technique scientifique rigoureuse. Le fractionnement du motif suivant les lois de l'optique se substitua à la liberté de touche impressionniste, et un long travail en atelier à l'improvisation inspirée devant le modèle. Aucun autre procédé dans la peinture contemporaine ne parvint à atteindre une telle pureté de la couleur.

La voie picturale choisie par Seurat eut, au cours du XXe siècle, de multiples répercussions sur le développement de l'art en Europe.

L'Axe historique

– du Louvre à la Défense

L'Axe historique – du Louvre à la Défense

Vue des airs, la grande artère mesurant environ 8 kilomètres reliant le Louvre à la Grande Arche de la Défense fait l'effet d'une gigantesque saignée rectiligne dans le tissu urbain. Pendant des siècles, elle a mobilisé l'imagination des rois de France. Tous les souverains importants de la « grande nation » ont œuvré à la réalisation de cette immense perspective architecturale, espérant ainsi marquer la capitale de leur empreinte. Cœur et point de départ de ces projets urbanistiques, le Louvre est demeuré pendant des siècles, à force d'incessants ajouts et transformations, un gigantesque chantier. La conception architecturale du château a été modifiée à plusieurs reprises ; ces nouveaux projets, pour l'essentiel des agrandissements, s'accompagnèrent souvent d'importantes destructions du bâti ancien. Cette véritable ville-palais ne servit en fait de résidence royale que pour de courtes périodes, les châteaux de la Loire puis Versailles lui ayant été généralement préférés. Aussi cet énorme corps de bâtiment doit-il être plutôt considéré comme le symbole du pouvoir absolu s'incarnant dans l'architecture.

Depuis l'ancien palais, la vue porte des jardins des Tuileries, réalisés à partir de 1563 sur l'ordre de Catherine de Médicis, jusqu'à l'Arc de triomphe, que Napoléon fit construire sur la place de l'Étoile au XIXe siècle en l'honneur de sa Grande Armée, en passant par la place de la Concorde (XVIIIe siècle) et les Champs-Élysées. À l'origine, toute cette zone à l'ouest du Louvre était une contrée marécageuse et inhabitable, où les bouchers et les tanneurs, jusqu'en plein cœur du XVIe siècle, se débarrassaient de leurs déchets pestilentiels. À la place des actuelles Tuileries se trouvaient également les fours des fabriques parisiennes de tuiles. Rien ne prédestinait donc le site à devenir l'axe le plus noble de la ville ; le percement et la construction difficiles de ce dernier furent le fruit de la volonté royale de transformer Paris malgré toutes les contraintes topographiques.

L'aménagement de cette artère historique s'est poursuivi jusqu'à nos jours : dominé par des tours de verre et de béton, le quartier des affaires et de la finance de la Défense est une création du XXe siècle ; la spectaculaire Grande Arche, édifiée en 1989 à l'initiative de François Mitterrand pour accueillir la Bibliothèque nationale de France, renoue avec la tradition architecturale des arcs de triomphe.

Double page précédente : entrée du Grand Louvre, cour Napoléon et pyramide de Ieoh Ming Pei.

L'Axe historique (Voie triomphale) : musée du Louvre – jardins des Tuileries – Champs-Élysées – Grande Arche.

L'Axe historique – du Louvre à la Défense

Place de la Concorde, p. 156

Jardins des Tuileries, p. 148 *sq.*

La Madeleine, place de la Madeleine, p. 157 *sq.*

Place Vendôme, p. 152

Arc de triomphe du Carrousel, place du Carrousel, p. 145

Palais et musée du Louvre, p. 92 *sqq.*

Le palais du Louvre

Les étapes de la construction du Louvre

L'histoire extraordinairement complexe de la construction du château du Louvre s'étend de la Renaissance au néobaroque ; les dernières transformations indispensables à son utilisation muséale ne se sont achevées qu'en 1999. Le premier architecte d'importance fut Pierre Lescot (vers 1510-1578). Il créa pour François Ier un château de style italien luxueusement orné, partie encore conservée à l'angle sud-ouest de la Cour carrée ; à partir de

Histoire de la construction du Louvre

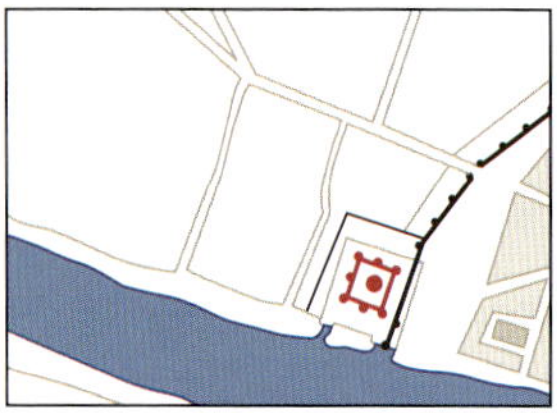

Philippe II Auguste (1223)

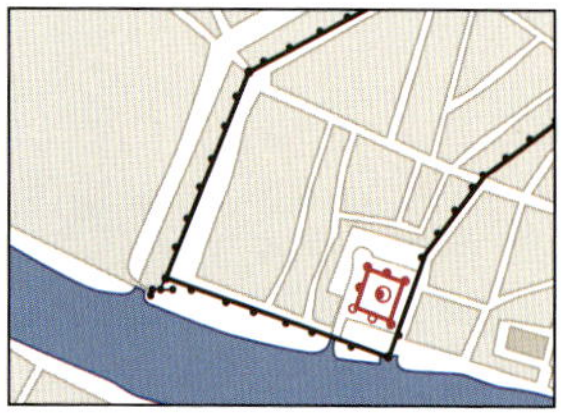

Charles V (1380)

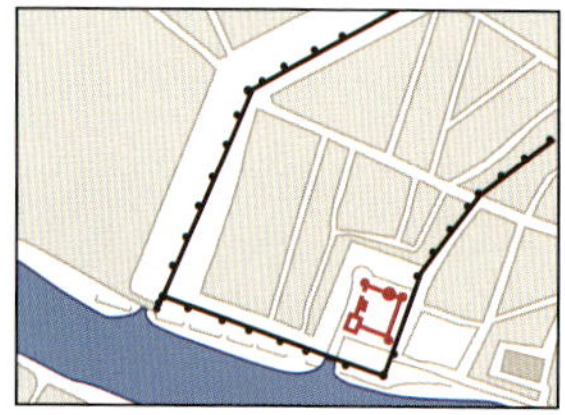

Henri II (1559)

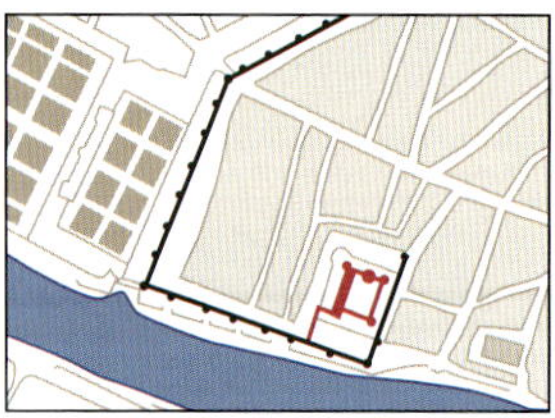

Henri III (1589)

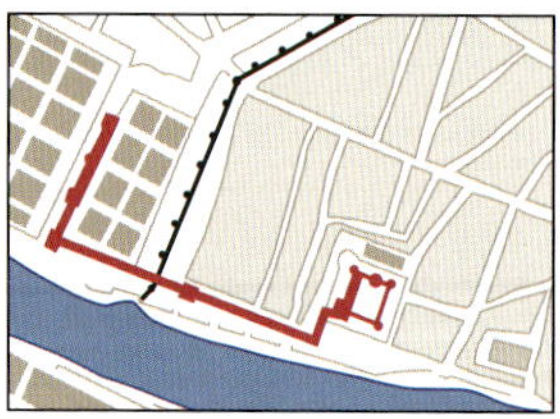

Henri IV (1610)

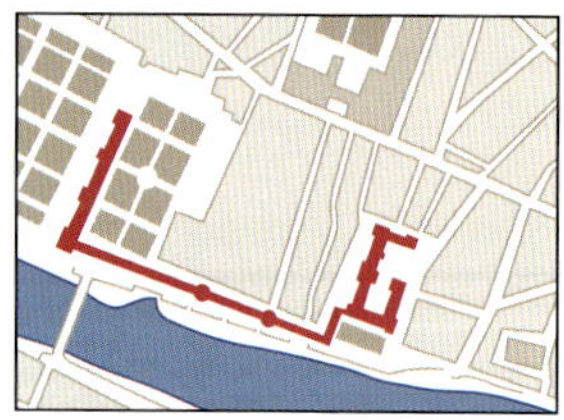

Louis XIII (1643)

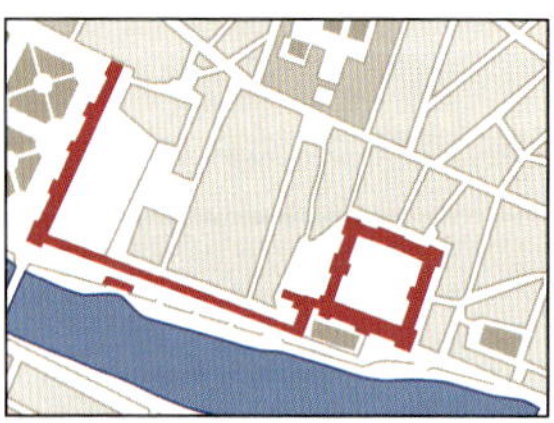

Louis XIV (1715)

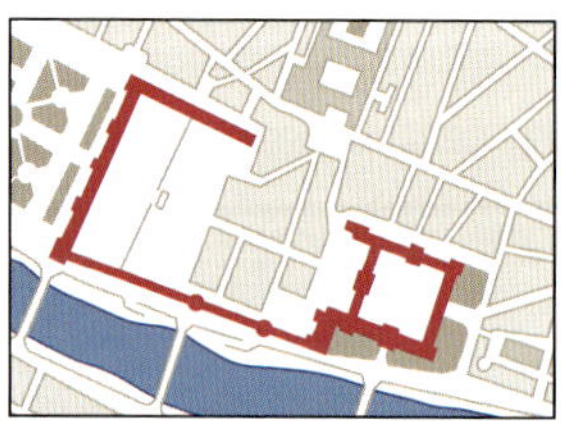

Napoléon Ier (1815)

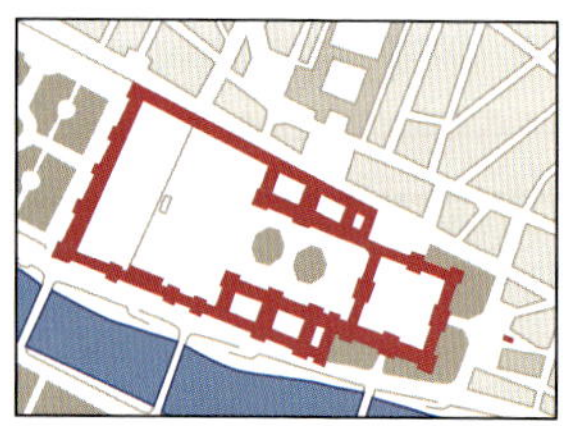

Napoléon III (1870)

1624, Louis XIII en fit quadrupler la surface. Lors de ces travaux, l'architecte Jacques Lemercier (vers 1585-1654) reprit le style de la façade du château de François Ier de Lescot afin de préserver l'unité extérieure de l'ensemble. Le dessein d'Henri IV qui consistait à relier le noyau du Louvre au château de Catherine de Médicis grâce à la construction, entre 1595 et 1608, de la grande galerie du Bord-de-l'Eau, décida des proportions actuelles du palais. Après le déménagement de Louis XIV à Versailles, en 1682, l'immense résidence inachevée demeura inhabitée. En 1793, le palais fut transformé en musée ouvert au public. Sous Napoléon Ier une seconde galerie du nord fut édifiée, parallèlement à la rue de Rivoli : ainsi naquit la vaste cour intérieure ouvrant sur les jardins des Tuileries. Les remaniements entrepris au XXe siècle permirent enfin d'optimiser l'utilisation du site comme musée.

La colonnade du Louvre

C'est sous le règne de Louis XIV que fut construite l'entrée d'honneur du château sur la façade orientale. L'influent Jean-Baptiste Colbert (1619-1683), contrôleur général des Finances, ministre du Commerce mais également surintendant des Bâtiments du roi, lança un concours international d'architecture doté d'une récompense, auquel participa entre autres le célèbre maître du baroque, l'Italien Gian Lorenzo Bernini (1598-1680). Colbert voulait faire du palais du Louvre le plus bel édifice du royaume, à la mesure du Roi-Soleil. Au tout dernier moment, Louis XIV se décida toutefois pour le projet collectif des architectes Louis Le Vau, Charles Le Brun et Claude Perrault, qui fut achevé en 1670 sous la forme qu'on lui voit actuellement. Ainsi le rigoureux classicisme français et ses paires de colonnes monumentales abritées par un fronton de style antique triangulaire s'imposèrent-ils face au baroque romain et au dynamisme des lignes incurvées de ses corps de bâtiment. Le résultat final fut une façade principale imposante, quoique peut-être un peu austère, dont la majestueuse grandeur, devenue un modèle de style, fut imitée en d'innombrables variantes ornant palais, tribunaux et banques.

La Cour carrée (détail de la façade)

C'est sous le règne d'Henri II (1547-1559), entre 1546 et 1549, que fut achevée, d'après un projet de François Ier, l'une des plus somptueuses réalisations architecturales de la Renaissance française. La Cour carrée s'élevait à la place de l'ancienne forteresse médiévale, dont le soubassement est encore visible dans la cour pavée. L'architecte Pierre Lescot créa un corps de logis inspiré des modèles italiens au goût du jour à l'époque. La riche ornementation sculpturale est l'œuvre de Jean Goujon (vers 1510-1568) et de ses collaborateurs. Segmentée en petits éléments, l'élévation de la façade présente une structure rythmée ; les axes verticaux des fenêtres et l'axe horizontal des corniches créent un équilibre compensant la profusion des ornements : reliefs, chérubins, médaillons, guirlandes et trophées.

La Grande Pyramide

Depuis 1993, la plupart des visiteurs accèdent au Louvre par une nouvelle entrée centrale, une pyramide de verre utilisant de façon optimale la surface de la cour Napoléon. Accueillant plus de huit millions de touristes en 2006, cette pyramide conduit aux trois ailes principales du musée du Louvre, qui réunit une surface d'exposition de 60 000 m². Son auteur a réalisé un équilibre réussi entre l'architecture historique du bâtiment et celle du

XXe siècle. Chargé de l'entière transformation du Grand Louvre, l'architecte sino-américain Ieoh Ming Pei donna à la nouvelle entrée la forme géométrique archaïque d'une pyramide – rappelant les sépultures royales des pharaons égyptiens – et utilisa un matériau transparent, le verre, pour ne pas trop gêner la vue sur l'ancien palais. Une réplique plus petite de la pyramide éclaire les tout derniers services souterrains – la galerie marchande, l'accès au métro et le passage du hall Napoléon. Objet de controverses politiques pendant des années et finalement réalisé sous la présidence de François Mitterrand, l'ambitieux projet du Grand Louvre a permis la création du plus grand musée du monde, où l'architecture contemporaine offre un cadre réussi aux témoignages du passé.

Le musée du Louvre

À peine le vaste projet du Grand Louvre 2000 était-il achevé que d'autres travaux de transformation et de restauration étaient entrepris. Ce nouveau projet ambitieux concernait la remise en état complète de la galerie d'Apollon. Achevée en 2004, celle-ci mérite vraiment le détour. Grâce au soutien financier d'une société de télévision japonaise privée, *La Joconde* de Léonard de Vinci, sans aucun doute le principal pôle d'attraction du musée du Louvre, a bénéficié d'une coûteuse installation sur

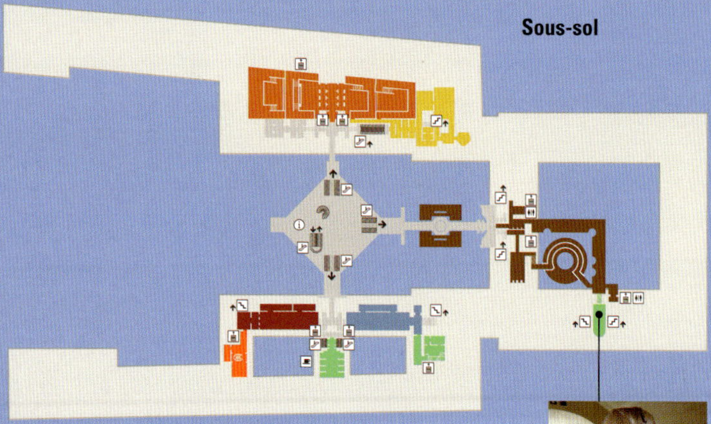

Grand Sphinx trouvé à Tanis, crypte, p. 102

Antiquités égyptiennes
Antiquités grecques, étrusques et romaines
Antiquités orientales, arts d'islam
Arts d'Afrique, d'Asie, d'Océanie et des Amériques
Histoire du Louvre, Louvre médiéval
Sculptures italiennes
Sculptures françaises
Sculptures nordiques

un immense pan de mur de la salle 13. En contrebas du tableau, un large autel de bois entouré d'une grande rambarde convexe tient à distance les admirateurs, qui bénéficient ainsi d'une vue parfaite sur ce portrait au format relativement modeste. Juste en face de *La Joconde* se trouvent les monumentales *Noces de Cana* (1563) de Paul Véronèse, la plus grande toile de la collection (elle mesure 6,77 m de hauteur sur 9,94 m de longueur). On admirera les autres œuvres de Léonard de Vinci dans la Grande Galerie, avec les peintures italiennes de la Renaissance. Grâce à l'aide d'un mécène japonais privé, la *Vénus de Milo* devrait prochainement bénéficier, dans l'aile Sully, du même type de présentation que *La Joconde*.

Rez-de-chaussée

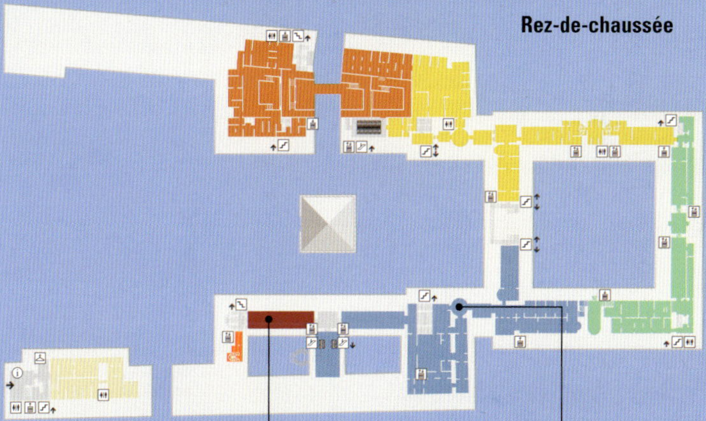

Michel-Ange, *Captif* (« *L'Esclave mourant* »), salle 4, p. 109

Vénus de Milo, actuellement salle 5, p. 106

Premier étage

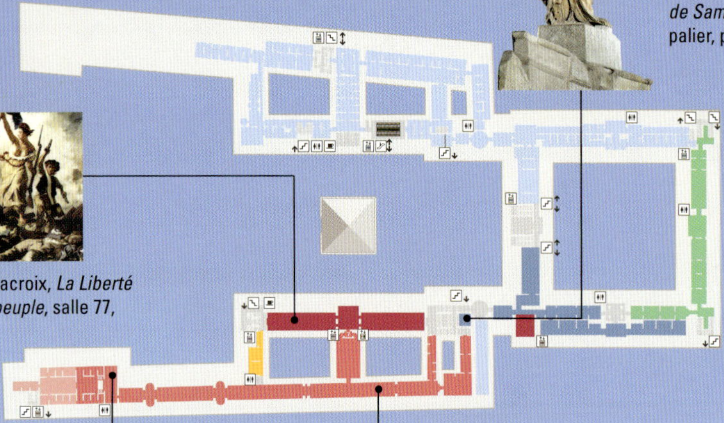

La Victoire de Samothrace, palier, p. 108

Eugène Delacroix, *La Liberté guidant le peuple*, salle 77, p. 119

Léonard de Vinci, *La Joconde*, salle 13, p. 114

Raphaël, *La Vierge à l'Enfant avec le petit saint Jean-Baptiste* (dite *La Belle Jardinière*), Grande Galerie, p. 115

- Antiquités égyptiennes
- Antiquités grecques, étrusques et romaines
- Objets d'art
- Peintures françaises
- Peintures des écoles du Nord
- Peintures italiennes

Deuxième étage

Nicolas Poussin, *Les Bergers d'Arcadie*, salle 14, p. 126

Pierre Paul Rubens, *L'Apothéose d'Henri IV et la proclamation de la régence de la reine*, salle 18, p. 134 *sq.*

Albrecht Dürer, *Portrait de l'artiste tenant un chardon*, salle 8, p. 132

Jan van Eyck, *La Vierge du chancelier Rolin*, salle 4, p. 130 *sq.*

Jean-Auguste-Dominique Ingres, *Le Bain turc*, salle 60, p. 129

Peintures espagnoles

Peintures des écoles du Nord

Dessins français

Dessins italiens

Les visiteurs du Louvre d'hier à nos jours,

par Martina Padberg

Au cours des huit cents ans de son existence, le Louvre a ouvert ses portes toujours plus grandes : si dans les premiers temps il fut réservé à la haute société, ce sont aujourd'hui quelque huit millions de visiteurs venus du monde entier et animés des intérêts les plus divers qui se bousculent dans ses salles. La visite du Louvre, qui figure obligatoirement au programme d'un séjour à Paris, permet tout aussi bien d'aborder, à côté des éminents chefs-d'œuvre artistiques du IVe millénaire av. J.-C. jusqu'au XIXe siècle, des domaines marginaux que des questions spécialisées. La vocation artistique du Louvre ne date pas d'aujourd'hui : sous l'Ancien Régime déjà – très exactement à partir de 1699 –, la Grande Galerie fut utilisée comme lieu pour l'exposition annuelle de l'Académie royale de peinture et de sculpture. Y était présenté ce qui était jugé digne, selon les rigoureux critères de sélection de la commission, d'accéder un jour au rang d'œuvre d'art – ce qui n'allait pas sans intrigues ni corruption. À dater de 1725, les expositions se déroulèrent dans le Salon carré – à l'origine de ces « salons » et de cet « art de salon » décriés et largement dépréciés au XIXe siècle. Au XVIIIe siècle, le public admis – sur lettre de recommandation – à admirer le Salon et les collections royales du Louvre était uniquement composé de privilégiés qui étaient triés sur le volet. Ce n'est qu'après la Révolution française que se fit jour l'idée d'un musée ouvert au grand public au sens où nous l'entendons aujourd'hui. Le peintre Hubert Robert (1733-1808), ancien responsable, sous Louis XVI, de la collection royale de peintures, devint le premier conservateur en charge de la transformation de l'édifice. Hubert Robert caressa des idées visionnaires, dont seules quelques-unes purent êtres réalisées. C'est donc à partir de 1789 et des signes

Pietro Antonio Martini, Exposition au Salon du Louvre en 1787, *gravure, 38 x 51,5 cm, Bibliothèque nationale de France, Paris.*

annonciateurs de l'esprit et de l'État modernes que l'on travailla à exposer au public les collections du Louvre.

Dès les débuts, les artistes s'étaient sentis chez eux au Louvre. Au XVIIe siècle, nombre d'entre eux – en contact avec les commanditaires les plus influents – y disposaient de leur atelier. Lorsque la résidence royale fut transformée en musée, les artistes se pressèrent en foule pour étudier et copier la peinture des grands maîtres. À une époque où les techniques modernes de reproduction n'existaient pas encore – c'est-à-dire avant l'invention de la photographie et de la reprographie –, la vente de copies de qualité offrait une source de revenus assurée. Henri Matisse (1869-1954) recourut lui-même dans ses débuts à cette opportunité, ce qui lui permit de survivre alors que ses œuvres ne se vendaient pas encore. Mais l'étude des maîtres était surtout indispensable pour progresser individuellement ; au sein des Académies d'art comme à l'extérieur, elle faisait partie depuis toujours du canon de la formation. Presque toutes les biographies d'artistes contiennent ainsi le récit de visites au Louvre, cet immense musée où l'on peut comparer sans peine les peintures du baroque italien et flamand, admirer les grands maîtres français des XVIIe et XVIIIe siècles, approfondir par un coup d'œil aux Antiquités ses connaissances sur la représentation de la physionomie humaine et puiser de nouvelles inspirations créatrices dans de lointaines cultures.

Hubert Robert (1733-1808), La Grande Galerie du Louvre, *huile sur toile, 1801, musée du Louvre, Paris.*

Le Louvre offre ainsi, sur le plan artistique, une mine de modèles de puissance d'expression et d'inventivité de formes. Mais à la fin du XIXe et au début du XXe siècle, l'attitude de déférence devant les maîtres fut décriée par les artistes modernes, décidés à créer leurs propres œuvres en-dehors de tout modèle. Nombre de ces révolutionnaires révisèrent pourtant bientôt leur opinion. « Et moi qui voulais brûler le Louvre ! » s'exclama Cézanne (1836-1906) au cours d'une conversation avec Joachim Gasquet, se traitant d'idiot et ajoutant que « la Nature doit nous amener au Louvre et Le Louvre nous ramener à la Nature ».

Le musée du Louvre

Le Louvre médiéval

Dans la foulée des travaux de fortification de la ville entrepris par le roi Philippe Auguste – dont la construction d'une enceinte –, on édifia sur le fleuve, entre 1190 et 1210, à la sortie occidentale de Paris, une forteresse destinée à protéger la ville des envahisseurs. Ainsi naquit un bastion qui permettait, en même temps que la tour de Nesle située sur la rive sud, de barrer complètement la Seine avec des chaînes. À l'intérieur de cette simple forteresse quadrilatérale se dressait un donjon rond mesurant 32 mètres de hauteur, qui devait bientôt devenir l'emblème de la puissance grandissante de la royauté. Cette « Tour de Paris » comme on l'appela populairement, abritait le trésor royal et les archives où étaient conservés tous les documents importants de l'État. Quand Charles V qui régna de 1364 à 1380 repoussa les frontières de la ville, la forteresse perdit de son importance ; en 1527, le donjon fut démantelé pour laisser place à la construction d'un nouveau château. Les fondations qui subsistent permettent de se faire une idée précise des dimensions énormes de l'ancien bâtiment.

Grand Sphinx trouvé à Tanis (delta du Nil), portant le nom du roi Amenemhat II (1898-1866 av. J.-C., XIIe dynastie) et remontant peut-être à l'époque du roi Snéfrou (2620-2590 av. J.-C., début de la IVe dynastie)
Granit rose, 183 x 154 x 480 cm

De dimensions déjà impressionnantes, ce sphinx taillé dans un seul bloc de granit rose était l'effrayant gardien d'un tombeau ou d'un temple. Cette représentation mythologique associant à un corps de lion une tête de pharaon est une très ancienne allégorie matérialisant la force et la puissance du roi d'Égypte.
Le nom du pharaon Amenemhat II, qui apparaît sur le poitrail de cette énigmatique créature hybride, fournit un repère de datation. Datation qui reste controversée, le nom ayant été recouvert d'inscriptions plus récentes sur l'ordre de souverains désireux de s'approprier la sculpture.

***Le Scribe accroupi*, trouvé à Saqqarah**
Calcaire peint, incrustations de cristal de roche, magnésite et cuivre, hauteur : 53,7 cm, IVe dynastie (2620-2500 av. J.-C.)

Il est peu d'antiquités qui permettent une rencontre aussi directe avec une civilisation disparue que le *Scribe accroupi*, découvert vers 1850 dans la nécropole de Saqqarah, dans la région de Memphis en Égypte. Attentif et concentré, ce fonctionnaire attend de tout évidence le texte qu'il doit coucher sur un rouleau de papyrus. La peinture et les yeux incrustés rendent vivant et présent ce personnage vieux de plus de quatre mille ans. Malgré leur caractère stylisé, les traits du visage sont presque ceux d'un portrait. Cette statuette est un témoignage saisissant de l'utilisation par les Égyptiens de l'écriture comme outil culturel au service d'une organisation rationnelle de la société.

***Code de Hammurabi*, découvert à Suse**
Babylone
Basalte, 225 x 55 cm, vers 1750 av. J.-C.

Cette stèle noire de basalte, gravée de caractères cunéiformes, est un témoignage exceptionnel des débuts de l'histoire de l'humanité dans l'Orient ancien. Le souverain Hammurabi de Babylone, qui fonda l'Empire babylonien en réalisant l'unité des cités rivales des régions de Mésopotamie inférieure et centrale en 1764 avant notre ère, fit inscrire sur cette pierre un recueil de lois qui s'appliquaient à presque tous les conflits juridiques. Que ce soit le vol, la répudiation, le droit de propriété, les blessures ou le meurtre, ce recueil d'articles offrait aux parties antagonistes des sentences royales ayant force obligatoire. Ce Code représentait la première tentative d'établir un système juridique universel tout en tenant compte des différentes classes, et de mettre ainsi un terme aux querelles familiales et aux luttes privées. Le monopole du roi en tant qu'instance légiférante et judiciaire suprême est légitimé par son origine divine, représentée par un bas-relief de la stèle montrant la rencontre d'Hammurabi avec un dieu assis sur son trône – il s'agit peut-être de Shamash, dieu Soleil du temple de Sippar, ou Marduk, divinité suprême des Babyloniens. Le roi, de plus petite taille par rapport au dieu, se présente devant celui-ci avec un respectueux geste de salut, marquant par là que le souverain tout-puissant en personne s'incline devant l'autorité divine.

***Vénus de Milo*, Milo**
Marbre, hauteur : 202 cm, vers 100 av. J.-C.

En 1820, l'année même de sa découverte sur l'île de Milo dans les Cyclades, cette statue de la fin de la période hellénistique fut rapportée à Paris afin d'être offerte au roi Louis XVIII, qui avait accédé au trône en 1814, après les turbulences révolutionnaires et le règne de Napoléon. Depuis, cette œuvre mutilée représentant Aphrodite, déesse grecque de l'Amour, est l'une des sculptures antiques les plus célèbres au monde. Le modelé parfait de son corps, la régularité des traits et surtout l'harmonie classique de la statue en ont fait le symbole de la perfection antique. Les drapés de la tunique, qui semble glisser des hanches sous nos yeux, cachent habilement le raccord des deux blocs de marbre qui composent ce sujet plus grand que nature, et apportent un élément dynamique adoucissant les lignes de la statue.

La salle des Cariatides

Salle de bal puis de tribunal, mais aussi accueillant les premières séances de l'Institut nouvellement créé (1795), la salle des Cariatides fut aménagée sous le règne d'Henri II (1547-1559) par l'architecte Pierre Lescot qui travailla, comme pour la Cour carrée, en association avec le sculpteur et architecte Jean Goujon et son atelier de sculpteurs de pierre. La salle porte le nom des sculptures féminines réalisées en 1550 par Goujon afin de soutenir la Tribune des musiciens. Avec la caryatide, ou *korê*, la décoration intérieure de cette salle s'emparait d'un motif architectural de l'Antiquité rendu célèbre par l'Érechthéion, petit temple situé sur l'Acropole à Athènes datant du Ve siècle av. J.-C., ainsi que du traité *De architectura* de l'architecte romain Vitruve, publié pour la première fois hors d'Italie en 1523. Cet emprunt à la grande tradition architecturale de l'Antiquité, à laquelle la Renaissance se référait si volontiers, était une innovation. Juge suprême, le roi prenait place, face à la tribune, sous une serlienne – encore un emprunt, mais cette fois aux architectes de la Renaissance italienne Andrea Palladio et Sebastiano Serlio, dont les œuvres étaient alors reproduites dans toute l'Europe. Dans La salle des Cariatides sont exposées de nos jours des copies romaines de statues grecques des périodes classique et hellénistique.

***Victoire de Samothrace*, Samothrace**
Marbre gris de Lartos (bateau), et marbre blanc de Paros (statue), hauteur : 328 cm, vers 190 av. J.-C.

« La déesse se dresse à la proue du bateau, au milieu d'un cône de lumière – elle ne se dresse pas, elle avance, elle n'avance pas, elle cingle vers la Victoire. Il lui manque la tête et les bras : mais où trouvera-t-on de par le monde une autre statue exprimant cette course hardie avec autant d'évidence que cette œuvre mutilée ? » Dans le roman *Exil* (1939) de Lion Feuchtwanger, la *Victoire de Samothrace* apparaît à Hanns Trautwein, qui a émigré à Paris pour fuir l'Allemagne nazie, comme un vivant signe d'espoir dans une situation totalement déprimante. Sans doute la *Victoire de Samothrace* doit-elle sa renommée à la forte présence qu'elle continue de dégager. Placée vers 190 av. J.-C. à l'entrée du port de Samothrace, une île du nord-est de la mer Égée, en signe de la victoire de Rhodes et Pergame contre les Syriens, elle était visible de loin ; battus par les vents, les drapés ondulants de son vêtement devaient donner l'incroyable illusion du vrai. La statue, découverte fortement endommagée en 1863, est installée sur le palier supérieur d'un monumental escalier, ce qui lui permet de produire tout son effet : même dans le cadre d'un musée, la déesse ailée qui tenait jadis dans ses mains une trompette peut ainsi déployer tout l'éclat de son triomphe.

Michel-Ange (1475-1564), *Captif,*
(*L'Esclave mourant*)
Marbre, hauteur : 228 cm, exécuté pour le tombeau du pape Jules II, 1513

Le pape Jules II (1503-1513), souhaitant avoir son propre mausolée dans la basilique Saint-Pierre de Rome, avait chargé le sculpteur Michel-Ange de la réalisation d'un énorme monument qui devait comprendre pas moins de quarante statues. En raison de la mort du commanditaire, c'est une version beaucoup plus allégée qui vit le jour à San Pietro de Vincoli (église Saint-Pierre-aux-Liens), toujours à Rome. *L'Esclave mourant* et son homologue, *L'Esclave rebelle*, furent offerts au roi François Ier du vivant de Michel-Ange. Malgré sa perfection, il s'agit d'une sculpture inachevée ; les traces très nettes d'outils que l'on peut relever sur la pierre nous laissent entrevoir le travail du sculpteur. Les chercheurs continuent de débattre quant à la signification de cet « esclave » : en effet, rien dans sa stature athlétique ne suggère la mort et la déchéance, alors qu'un érotisme indéniable émane de son attitude d'abandon. L'entourage du pape et Michel-Ange lui-même ayant propagé les idées néoplatoniciennes, on peut voir dans cet *Esclave mourant* le symbole de l'âme humaine se libérant avec extase de son enveloppe charnelle. Cependant, l'ambiguïté qui demeure entre cette interprétation et la sensualité de la sculpture lui conserve une étonnante et éternelle modernité.

La galerie d'Apollon

Chef-d'œuvre collectif auquel participèrent des artistes français de toutes les époques jusqu'au milieu du XIXe siècle, la galerie d'Apollon, commandée en 1661 par Louis XIV après l'incendie qui ravagea une partie du Louvre, fut conçue par l'architecte Louis Le Vau et le peintre et décorateur Charles Le Brun. L'imposante voûte en berceau et les murs sont ornés d'une profusion de stucs, de quarante et une peintures, de vingt-huit tapisseries des Gobelins et de cent dix-huit sculptures. L'ensemble des trente-six statues et quarante et un tableaux forme une cosmogonie célébrant en son centre le dieu grec de la Lumière solaire, Apollon, et avec lui le Roi-Soleil, Louis XIV, souverains de l'Univers. Tout autour, des médaillons en grisaille figurent les mois de l'année, auxquels sont associés les signes du zodiaque : Apollon est honoré ici comme le maître des saisons et des forces de la nature. L'alliance habile de la peinture et des stucs donne naissance à de surprenants effets en trompe-l'œil, et notamment pour les profils. De précieuses tapisseries des Gobelins représentent les portraits des rois ayant marqué de leur empreinte la construction du Louvre – Philippe Auguste, Henri IV, François Ier et Louis XIV. À la même hauteur que celle des rois défilent les orgueilleux portraits des plus célèbres architectes, sculpteurs et peintres.

À la fin du XVIIIe siècle, la galerie d'Apollon, encore inachevée, fut ouverte à l'Académie royale de peinture et de sculpture ; certains de ses jeunes membres se chargèrent du décor des parties libres du plafond. À dater de l'époque de Napoléon, la galerie d'Apollon servit d'espace d'exposition au tout nouveau musée. Sous l'égide de l'architecte Félix Duban, la galerie fit l'objet de 1849 à 1851 d'une importante restauration ; son plafond fut enfin doté d'une fresque centrale, réalisée par Eugène Delacroix. Fidèle à son ambitieux programme, la galerie d'Apollon expose les précieuses gemmes de la Couronne, impressionnante collection de joyaux due à Louis XIV, ainsi que des verres, coupes et coffrets à bijoux royaux.

Eugène Delacroix (1798-1863), *Apollon vainqueur du serpent Python*
Huile sur toile, 800 x 750 cm, 1851

Cette composition vigoureuse, marquée par de dramatiques effets de lumière, représente, selon la tradition antique, le dieu grec Apollon conduisant quotidiennement à travers le ciel le char du Soleil tiré par quatre chevaux ; le fond de soleil sur lequel le dieu apparaît met clairement en évidence son rôle de maître du Soleil, de la Lumière du jour et de la Vie.

Eugène Delacroix combine cette représentation traditionnelle avec une autre légende antique, celle de la victoire d'*Apollon sur le serpent Python*, qu'il aurait terrassé alors qu'il n'était qu'un enfant. Delphes, lieu où sévissait le redoutable monstre, devint dès lors le haut lieu du culte d'Apollon et y abrita son temple. L'œuvre de Delacroix est peuplée de dieux et déesses antiques, d'angelots et autres témoins de cet exploit grâce auquel Apollon revendiqua son droit suprême sur l'Univers.

Giotto (vers 1265-1337),
Saint François d'Assise recevant les stigmates
Huile sur bois, 313 x 163 cm, vers 1300

Avec ce retable commandé par les Ughi pour l'une des chapelles de l'église Saint-François à Pise, Giotto traite d'un thème actuel de son époque. La vie de François d'Assise (1182-1226), canonisé en 1228, avait été transcrite quelques années plus tôt dans la fameuse *Légende dorée*. Saint François, qui occupe le centre de cette scène, reçoit les stigmates des mains du Christ, figuré en séraphin. Le relief des personnages, leur mise en situation dans l'espace ainsi que le paysage des montagnes sobrement esquissé annoncent la Pré-Renaissance et témoignent de l'influence déterminante de l'artiste sur la redéfinition de l'espace figuratif. Dans la prédelle, composée du *Songe* d'Innocent III, du Pape approuvant les statuts de l'Ordre et du célèbre Saint François prêchant aux oiseaux, Giotto

Domenico Ghirlandaio (1449-1494), *Portrait d'un vieillard et d'un jeune garçon*
Huile sur bois, 62 x 46 cm, vers 1490

L'une des bases essentielles de la pensée humaniste des Temps modernes, la découverte et l'exploration de l'identité individuelle sont au centre de l'art du portrait qui se développa en Europe, avec de multiples variantes, à partir du milieu du XVᵉ siècle. Ghirlandaio, qui se tailla surtout une réputation de peintre de fresques, décrit dans cette œuvre un moment d'intimité entre un vieillard et son petit-fils, rencontre de deux générations traitée avec une grande délicatesse : le regard vigilant de l'enfant, souligné par son geste, fixe avec attention et curiosité le visage fatigué du vieil homme, dans lequel se dessine un sourire compréhensif et bienveillant. La représentation naturaliste du sujet et la difformité frappante du nez de l'aïeul laissent supposer que ce double portrait était surtout une œuvre-souvenir ; peut-être même a-t-il été exécuté à partir du masque mortuaire du vieillard.

s'essaya à la représentation d'architectures en perspective. L'espace encadré si caractéristique de son art s'ouvrait ainsi pour la première fois sur d'imaginaires profondeurs – ce qui devait avoir un impact décisif sur les conceptions picturales des Temps modernes.

Léonard de Vinci (1452-1519), *Mona Lisa* dite *La Joconde*
Huile sur bois, 77 x 53 cm, 1503-1506

Protégé par une vitre pare-balles, le portrait de *La Joconde*, qui surprend beaucoup d'admirateurs par son petit format, est le tableau le plus célèbre au monde et le but de tous les visiteurs du Louvre. L'identité du personnage n'a toujours pas été élucidée ; on suppose cependant qu'il s'agit de la seconde épouse de Francesco del Giocondo, un bourgeois florentin. La jeune femme, que de Vinci représente à l'ombre d'une loggia, devant un irréel fond de paysage, est tournée de trois quarts vers l'observateur. L'attitude droite de *Mona Lisa*, la position élégante de ses mains et son sourire à peine esquissé reflètent l'idéal courtois de *temperantia*, de retenue et de maîtrise des sentiments. Symboles de chasteté, le léger voile et le légendaire sentier de la vertu qui apparaît à l'arrière-plan ennoblissent le sujet. Le sfumato caractéristique de la façon de peindre de Léonard de Vinci – contours vaporeux et flous, clair-obscur nimbant le modèle – prête à *La Joconde* un charme indéfinissable et toujours opérant.

Raffaello Santi dit Raphaël (1483-1520), *La Vierge à l'Enfant avec le petit saint Jean-Baptiste* (dite *La Belle Jardinière*)
Huile sur toile marouflée sur bois, 122 x 80 cm, 1507

La rencontre de l'Enfant Jésus avec le petit saint Jean-Baptiste n'est pas un thème de la tradition biblique, mais une invention des peintres de la Haute Renaissance car il se prêtait magnifiquement à la *bella maniera* des peintures de scènes religieuses intimes, et fut donc souvent représenté. Dans *La Vierge à l'Enfant avec le petit saint Jean-Baptiste*, réalisée en 1507 à Florence et nettement marquée par l'influence de Léonard de Vinci, Raphaël s'attache à son tour à représenter l'idéal de l'amour maternel, de la douceur et de la pureté de manière à toucher directement l'observateur et à l'inviter à l'adoration. Le groupe de personnages – Marie, l'enfant Jésus et saint Jean-Baptiste – est placé à l'avant-plan dans une composition pyramidale, ce qui produit un effet paisible et équilibré. L'aimable paysage fictif souligne l'atmosphère de paix qui règne tout en inscrivant les trois saints dans la réalité humaine – ce qui justifie le surnom de « La Belle Jardinière » donné à ce tableau.

Le Caravage (vers 1571-1610), ***La Diseuse de bonne aventure***
Huile sur toile, 99 x 131 cm (version antérieure 89 x 131 cm), vers 1594-1595

Cette scène de genre due au Caravage raconte l'histoire d'un larcin : tandis que le jeune noble « un peu trop bien mis » tend sa main à une bohémienne censée lui prédire l'avenir en lisant sur les lignes de sa main, elle en profite pour lui subtiliser une bague – ce qui explique sans doute qu'elle tourne ostensiblement le visage vers son crédule client, et non vers sa main. Ne révélant rien du lieu de l'action, le clair-obscur composant le fond du tableau et devant lequel surgissent à mi-corps les deux personnages est typique de la manière du Caravage, qui concentre ainsi le portrait sur les figurants. C'est surtout l'authenticité des modèles qui caractérise la peinture de cet Italien, dont l'œuvre jouit d'une reconnaissance mondiale posthume.

Domenikos Theotokopoulos dit le Greco, (1541-1614), *Le Christ en croix adoré par deux donateurs*
Huile sur toile, 260 x 171 cm, vers 1585-1590

Grec de naissance, le Greco est classé parmi les peintres espagnols. Après ses années d'apprentissage et d'étude à Venise ainsi qu'à Rome, il s'établit en effet durablement à Tolède à partir de 1577. C'est là qu'il mit au point un langage pictural original et entre tous reconnaissable, visant en premier lieu à provoquer l'émotion du spectateur. Cette scène de crucifixion a été réalisée durant la période de création la plus féconde du peintre.

La Passion et la mort du Christ sont reflétées par un ciel magistralement exécuté, un amoncellement de sombres nuages et d'éclairs blancs qui plongent la scène dans un irréel coloris bleuâtre. Le Crucifié, dont le corps, dans la lumière vacillante, paraît sculpté dans le marbre, semble déjà se détacher de son existence physique. Son regard est dirigé vers le Ciel, et ses yeux grands ouverts expriment l'attente de la délivrance suprême – espoir de salut auquel les deux donateurs et l'observateur sont pareillement associés.

Jacques-Louis David (1748-1825), *Le Serment des Horaces*
Huile sur toile, 330 x 425 cm, 1784

David fut l'un des peintres les plus renommés de son temps – d'abord comme peintre de Cour sous Louis XVI, puis sous la Révolution et enfin sous Napoléon Ier. Son itinéraire artistique reflète, à travers la redécouverte de thèmes antiques, une évolution vers un néoclassicisme politiquement engagé. Le sujet de cette monumentale peinture d'histoire est la guerre entre les villes de Rome et d'Albe la Longue (vers 500 av. J.-C.). Selon la légende, l'issue en fut décidée entre les trois Horaces, frères issus d'une vieille lignée patricienne romaine, et les trois Curiaces, combattant pour Albe, deux familles que liaient alliances matrimoniales et fiançailles et qui se retrouvèrent ainsi mortellement ennemies. Le tableau représente les Horaces, jurant

devant leur père de livrer un combat sans merci – donnant ainsi la prééminence à la raison d'État sur les sentiments et le bonheur individuel. David, qui se tourna vers cette tragédie antique pour satisfaire une commande du roi, choisit de mettre en scène l'instant crucial de la confrontation entre les hommes prêts au combat et leurs compagnes éplorées. À la veille de la Révolution française, la maxime d'action politique illustrée par ce tableau faisait l'objet d'une vaste polémique ; cette œuvre ambitieuse apportait une contribution au débat en faisant apparaître les dilemmes pouvant surgir de l'exigence patriotique.

Eugène Delacroix (1798-1863), *La Liberté guidant le peuple*
Huile sur toile, 260 x 325 cm, 1830

Nul autre artiste que Delacroix n'a exprimé dans un tableau avec autant de puissance la transfiguration romantique de la Révolution française et de la lutte pour la liberté. L'allégorie de la Liberté, brandissant baïonnette et drapeau tricolore, marche résolument au combat, suivie des rebelles qu'elle conduit à la Victoire. On reconnaît à l'arrière-plan de la scène, environnée de fumée, l'île de la Cité en flammes. David a précisé le portrait de deux personnages : celui, historique, du gamin armé de deux pistolets dont le vivant modèle, tué lors des émeutes de juillet 1830, fut vénéré comme un héros par la population parisienne, et celui de l'artiste lui-même, qui se représente en meneur de foule bourgeois. L'éclairage dramatique, le trait mouvementé et la richesse du réalisme des détails donnent au tableau un caractère à la fois allégorique et authentique. Sous le règne du « roi citoyen » Louis-Philippe, l'État français se porta acquéreur de la toile au Salon de 1831 ; mais en raison de son caractère politique explosif, elle resta reléguée durant de nombreuses années.

Lutetia Parisiorum, modèle favori des photographes et réalisateurs,

par Jeannine Fiedler

Quiconque a goûté une fois à Paris éprouve une éternelle nostalgie, ressentie également par ceux qui, ne connaissant pas la ville, la découvrent et ont l'impression de revivre une réminiscence du passé. « Pourquoi la joie de mon retour à Paris m'envahissait-elle au point de m'étouffer, comme si je foulais le doux sol de ma patrie ? Pourquoi Paris exerce-t-il un tel charme sur l'étranger qui passe quelques années dans la douceur de son cadre ? » s'étonnait l'un des premiers amoureux fous de Paris, Henri Heine. Pendant un siècle, Paris fut le centre du monde, aussi bien pour les chercheurs de bonne fortune que pour les expatriés, les poètes, les penseurs et les artistes. C'est au XIXe siècle que se forgea le mythe de l'élégante et sensuelle capitale européenne, avec laquelle aucune autre métropole de l'Ancien Monde n'était capable de rivaliser en matière de style, d'ouverture au monde et de prétendue licence de mœurs – une réputation acquise avant même que son lumineux visage et son charme ne se répandent à travers le monde grâce à la photographie et au cinéma.

L'histoire voulut que ce soit précisément la Ville Lumière des bords de Seine qui donne naissance à ces techniques qui façonnèrent la modernité. Le 19 août 1839, la technique du daguerréotype était présentée, à l'Institut de France, au public parisien. Si c'est William Henry Fox Talbot qui permit les succès futurs de la photographie en inventant le calotype en 1840 – procédé négatif/positif permettant une reproduction illimitée –, c'est à Louis-Jacques Mandé Daguerre (1787-1851) que revient le mérite d'avoir créé, avec ses petites plaques brillantes en cuivre argenté, les premières images stables de la réalité. Les daguerréotypes ne demandaient que trois minutes de pose au soleil, laps de temps toutefois assez long pour vider de toute vie les premiers clichés de Paris : on eût dit que l'appareil avait banni l'animation des rues et des places pour laisser la préséance à des témoins de pierre. L'agitation tumultueuse de la métropole à cette époque, avec ses habitants et leurs équipages en plein mouvement, se réduit à un théâtre d'ombres fantomatiques. Archétype des vues urbaines, la photo du boulevard du Temple fut prise en 1838 par Daguerre depuis son domicile. On peut y voir un homme s'arrêtant devant un cireur de chaussures ; figé sur la plaque métallique, il ne soupçonne pas qu'il est le premier homme à avoir laissé sa trace sur une photographie. Le flot bruyant de la grande ville n'a pas été fixé, laissant le flâneur, représentant oublié de son espèce, immobilisé sur le boulevard comme dans un cocon d'éternité. Qui sait, peut-être le jeune Baudelaire passait-il devant lui, retirant son haut-de-forme pour le saluer… Cet instant, le premier qui fut immortalisé grâce à la photographie, prouve que c'est la présence des hommes qui rend un cliché vivant.

Un demi-siècle plus tard, l'acteur Eugène Atget (1857-1927) réalisa un kaléidoscope photographique de Paris – documentaire-fiction composé d'une multitude de vues, poétiques et mélancoliques, d'une époque en voie de disparition. Parfois, des marchands ambulants, des musiciens de rue ou des prostituées viennent animer comme des accessoires cette vision distanciée et saisissante du « temps perdu », créatrice d'espaces fantastiques : juxtaposition de vitrines et d'arrière-cours, de fontaines et de ponts, de sculptures et de parcs flottant entre rêve, réalité et futur proche, qui transforment la ville familière en une étrangère dans les secrets de laquelle le spectateur se perd. Avec les peintures oniriques du Douanier Rousseau, l'œuvre d'Atget fut la souche dont allaient bientôt jaillir les fleurs du surréalisme.

Quelle différence avec la vision de l'irruption de la modernité dans cette fin de siècle par Jacques-Henri Lartigue (1894-1986), enfant sur-

Vue du Louvre et des Tuileries, Paris vers 1850.

doué qui, dès l'âge de 7 ans, apprit en jouant à se servir d'un appareil photo ! Partout sur ses photos, bipèdes et quadrupèdes courent et sautent, autos, avions et vélos, de nouveaux moyens de locomotion, démarrent ou parfois atterrissent en une inévitable catastrophe comique. Pour Lartigue, le monde est un édifice en action, un fulgurant mouvement perpétuel. Ses photographies sont la preuve que la pesanteur peut être joyeusement vaincue. L'instantané, qui lui permet d'approcher le mouvement comme personne d'autre, est la méthode géniale qu'il choisit pour montrer le dynamisme éclatant de son époque. Ses *Dames du bois de Boulogne* elles-mêmes s'avancent d'un pas assuré vers l'ère moderne : une dernière fois, en un temps où avenir rimait encore avec espoir et non avec menace, c'est-à-dire avant que le progrès ne tombe dans le péché, cet enfant passionné de technique aura fait apparaître, dans son insatiable ivresse de bonheur, la vitesse et le progrès comme vecteurs essentiels du XXe siècle.

Dans l'entre-deux-guerres, les photographes conquièrent la ville de l'intérieur. Adeptes de la vie de bohème ou badauds, ils sont en contact direct avec les artistes et le monde des variétés, avec les dames et les messieurs du demi-monde qui, après les bouleversements de la Première Guerre mondiale, se livre tout entiers à un audacieux et peut-être amer adieu à la Belle Époque. Les prostituées sont photographiées sur leur lieu de travail – bouges, bars et ateliers – et à travers leur propre regard. Man Ray, l'un des nombreux expatriés formant la communauté américaine de Paris, fit du visage et du dos de sa compagne Kiki de Montparnasse, prostituée parisienne notoire – celui du *Violon d'Ingres* pour lequel elle posa – les plus connus des années 1920. Lee Miller, Meret Oppenheim, Dora Maar et Nusch Éluard, fées ravissantes et mascottes fétiches des surréalistes, sont tout aussi connues : ces beaux oiseaux exilés ont pourtant forgé l'image de la Parisienne. Mais c'est à Brassaï (1899-1984) que l'on doit une image sans concession du vrai Paris, de ses quartiers et de ses habitants, sans pacotille ni prétention artistique élitiste. Cet immigré roumain approche la ville avec le regard

Eugène Atget (1857-1927), Le Moulin Rouge, *1921.*

du nouveau venu : attentif et dépourvu de sentimentalité, mais non dénué de sympathie pour l'homme de la rue. Brassaï vivait modestement parmi les petites gens, et était accepté comme l'un des leurs. Cette confiance lui permit de brosser un authentique portrait de la petite bourgeoisie, proche par son réalisme et sa puissance poétique des photos documentaires de Heinrich Zille. Que ce soit dans les quartiers parisiens ou dans les quartiers chauds de Berlin, l'art de survivre et le courage désespéré qu'il réclame ont les couleurs du noir et blanc, relevées d'acides touches d'humour citadin.

Paris connut ensuite le sort d'une star enviée. De sa propre beauté mystérieuse, Marlène Dietrich disait : « mitraillée à mort ». Elle se refusa ensuite à tout reportage photo, avant de s'éteindre non loin de la Seine. Las, le corps de la belle Lutetia est docile et ne se refuse à personne : ni aux jeunots nostalgiques et dévorés d'ambition (chacun s'imaginant être un petit Brassaï ou Robert Doisneau) auteurs de mélancoliques barbouillages en noir et blanc, ni aux exploiteurs de la tendance rétro dont l'industrie de la carte kitsch s'évalue en millions d'euros de chiffre d'affaires, ni même aux cohortes de pères de famille cinéastes amateurs.

Lutetia, décor de cinéma

Car les cinéastes aussi tombèrent amoureux de la ville et de ses charmes. Nombreux furent les inventeurs du XIXe siècle à travailler sur l'image animée – conséquence logique de la photographie. Avec leur cinématographe, les frères Lumière touchèrent au but en 1894. Peut-on imaginer plus merveilleuse correspondance que celle existant entre le nom de l'inventeur Louis-Jean Lumière (1864-1948) et les effets de lumière projetés sur la toile par son appareil ? L'année suivante, la première projection de cinéma au monde eut lieu au sous-sol du Grand Café, boulevard des

Cary Grant et Audrey Hepburn dans *Charade*, de Stanley Donen, 1963.

Jean-Pierre Léaud et Dorothée dans L'Amour en fuite *de François Truffaut, 1979.*

Il fallut attendre le réalisme poétique des années 1930 pour que soient rendus à la ville et à ses microcosmes bourgeois ces personnages qui la font et l'animent en permanence : les clochards de *Boudu sauvé des eaux* (1932) et les employés du *Crime de Monsieur Lange* (1936) – deux satires de la morale bourgeoise dues à Jean Renoir (1894-1979) –, ou encore les amants désespérés de *Sous les toits de Paris* (1930) de René Clair (1898-1981) et de *Hôtel du Nord* (1938), de Marcel Carné (1909-1996). *Les Enfants du paradis* (1945), chef-d'œuvre de Marcel Carné, ramène le spectateur consentant sur le boulevard du Temple – celui de Daguerre – et remplit ce théâtre d'ombres des débuts de la photographie avec les aventures de bateleurs, forains et anarchistes de la France de Louis-Philippe.

Capucines. Le plus grand spectacle de masse de toute l'histoire de l'humanité venait de voir le jour dans la salle obscure ! Georges Méliès, magicien du film de l'époque, emmenait son public sur la lune et dans des mondes sous-marins. Que ceux-ci fussent en carton, suspendus à des ficelles et manœuvrés par des dames plantureuses ne brisa nullement l'enthousiasme du public.

La plupart des réalisateurs préféraient cependant situer leurs histoires dans les rues ou sous les toits de Paris, utilisant l'intimité de la ville comme un précieux décor. En 1913, Louis Feuillade promène ainsi le criminel masqué Fantômas à travers un mystérieux paysage urbain. Les surréalistes s'enivrèrent d'un Paris vu comme le panoptique d'insondables instincts.

Jacques Becker, élève de Renoir, replonge dans le Montmartre de la Belle Époque ses truands, qui se battent pour conquérir une beauté du nom de *Casque d'or* (1952). Alexandre Trauner, ingénieux décorateur des films de Carné qui collabora à de nombreuses fictions parisiennes, réunit l'art cinématographique français et l'esthétique du cinéma hollywoodien. Avec *Irma la Douce* (1963), romance douce-amère de Billy Wilder entre un flic et une ravissante prostituée, Trauner réussit le film parisien parfait. *Zazie dans le métro* (1960), de Louis Malle, nous entraîne dans une course poursuite insensée à travers la ville en compagnie de « l'homme de la rue ». Dans *Play Time* (1967), le grand comédien Jacques Tati fait de Paris la traîtresse arène du progrès moderne, peuplée d'employés-robots et s'écroulant sous les yeux de Monsieur Hulot, son personnage favori.

Là où Robert Bresson crée un univers étrange et dépaysant avec *Pickpocket* (1959) ou *Le Diable probablement* (1977), les cinéastes de la Nouvelle Vague réconcilient Paris avec ses héros ordinaires, dont les épisodes de vie sont évoqués de manière anecdotique. À la fin des années 1950, en effet, les jeunes critiques contestataires de la revue *Cahiers du cinéma* – parmi lesquels figurent Jean-Luc Godard, François Truffaut, Jacques Rivette et, dans les débuts, Claude Chabrol et Éric Rohmer – avaient résolu d'inventer le cinéma de leur génération. Le premier long-métrage de Jean-Luc Godard, *À bout de souffle* (1960), dont les rues de Paris sont les principales protagonistes, donne le signal de départ à la Nouvelle Vague du cinéma français ; le sprint de sa *Bande à part* (1964) à travers les salles du Louvre est également mémorable.

Sans Paris, il n'y aurait pas d'Antoine Doinel, et sans Jean-Pierre Léaud, *alter ego* de Truffaut et interprète de Doinel, ce jeune homme farfelu et attachant, le rôle de Parisien le plus abouti de toute l'histoire du cinéma aurait été impensable. Comme le cycle Antoine Doinel, qui s'étend de 1959 à 1979, *La Maman et la Putain* (1973) de Jean Eustache nous révèle enfin le secret permettant de conquérir la ville : on la fait sienne en la parcourant et en la traversant « par les paroles ». L'espace urbain se reflète pas à pas dans le dialogue – ou plutôt, comme souvent chez Léaud, le monologue adressé au spectateur : « Traverser Paris par les paroles… »

Jean Seberg et Jean-Paul Belmondo dans À bout de souffle, *scène extraite du film de Jean-Luc Godard, 1960.*

Nicolas Poussin (1594-1665),
Les Bergers d'Arcadie
Huile sur toile, 85 x 121 cm, vers 1638-1640

Même s'il fut quelquefois contesté, Nicolas Poussin resta considéré jusqu'au cœur du XIXe siècle comme le plus grand peintre français de son temps. Cette pastorale, dont l'arrière-plan thématique était familier au public grâce aux *Bucoliques de Virgile* (70-19 av. J.-C.), est l'une de ses œuvres les plus connues. On se représentait la vie en Arcadie, région du sud de la Grèce, comme une existence insouciante et en harmonie avec la nature, seulement consacrée à jouer de la flûte ou composer des poèmes d'amour. Dans ce paradis idéalisé par le mythe et gouverné par Pan, le groupe de bergers figuré par Poussin découvre une tombe portant l'inscription *Et in Arcadia ego* (« Moi aussi, j'ai vécu en Arcadie », ou « Même en Arcadie, moi [la mort], j'existe »). Comme sur une scène antique, les postures théâtralisent la diversité des réactions individuelles face à l'irruption de la Mort dans ce séjour idyllique.

Claude Gellée dit Claude Lorrain (1600-1682),
Le Débarquement de Cléopâtre à Tarse
Huile sur toile, 119 x 168 cm, 1642-1643

C'est à Tarse, capitale de la province romaine de Cilicie (actuelle partie du sud de l'Anatolie appartenant à la Turquie), que Cléopâtre rencontra, en 41 av. J.-C., l'empereur Marc Antoine, maître du monde romain oriental. Cléopâtre parvint à ses fins, en faire son amant et un puissant allié. En souvenir de cette première rencontre, Marc Antoine ne tarda pas à offrir généreusement la terre de Cilicie à la reine d'Égypte, en même temps que d'autres territoires. Claude Lorrain, qui vécut et travailla principalement à Rome, transposa ce sujet historique bien connu en une scène de port de mer ; nimbé d'une tendre atmosphère par la douce lumière du soleil levant, il offre une vue idéalisée de la ville, ornée d'une profusion de détails narratifs.

Jean-Antoine Watteau (1684-1721), *Pierrot*, dit autrefois *Gilles*
Huile sur toile, 184,5 x 149 cm, 1718-1719

Le monde du théâtre joue un rôle de premier plan dans l'œuvre importante que Jean-Antoine Watteau a laissée avant une mort prématurée. Il fut accepté en 1712 à l'Académie royale de peinture et de sculpture, où un genre lui fut par la suite dédié : la fête galante.

Gilles, l'un de ses tableaux les plus célèbres, représente un type de personnage comique de la *commedia dell'arte* qui s'insinua dès la fin du XVIIe siècle dans les pièces de théâtre parisiennes sous le nom de « Pierrot » et se reconnaît à son habit blanc. Sur un fond de paysage idéalisé, d'autres personnages appartenant au répertoire de la comédie italienne, comme *il Dottore*, le savant de Bologne sur son âne, ou encore à droite *il Capitano Spavento*, vantard et fanfaron, semblent surgir, au centre, d'une fosse d'orchestre.

Les circonstances de réalisation du tableau sont inconnues ; peut-être était-il destiné à servir d'enseigne au café d'un ancien acteur ou à celle d'un spectacle de forains. Avec son expression rêveuse et un peu mélancolique, sa posture isolée et étrangement statique lui donnant comme un air perdu, *Pierrot* est devenu une œuvre clé du genre – faisant du thème de la solitude intérieure et de la détresse existentielle dissimulées derrière le masque du clown un classique maintes fois interprété.

Jean Auguste Dominique Ingres (1780-1867), *Le Bain turc*
Huile sur toile, 1862, diamètre : 110 cm

Ingres était âgé de 82 ans lorsqu'il acheva en 1862, après de longs remaniements, cette œuvre à la composition complexe. Sans aucun doute concevait-il *Le Bain turc* comme un testament artistique rassemblant, dans sa richesse figurative, des décennies de recherches picturales ; l'allongement du trait y est caractéristique de la manière du peintre.

Sur cette toile de format circulaire se déploie, comme au travers d'un trou de serrure, une scène de hammam aux nombreux personnages : plus de vingt femmes au bain qui, ne se sachant apparemment pas observées, se font servir par les eunuques noirs du sérail, boivent le thé, jouent du luth, dansent ou se prélassent sur des coussins. Ce tableau, qui paraît offrir un reflet authentique de l'érotisme des harems orientaux, ne représente en fait que des fantasmes européens nés de la vague de l'orientalisme, souvent exprimés dans la peinture française du XIXe siècle.

Jan Van Eyck (vers 1390-1441), *La Vierge du chancelier Rolin*
Huile sur bois, 66 x 62 cm, vers 1435

À l'époque de Jan Van Eyck, les portraits de donateurs appartenaient déjà à une longue tradition dans les us et coutumes de la peinture. Dès les débuts du Moyen Âge, les commanditaires d'un tableau de prix pouvaient demander à y figurer – généralement en moindre taille que les saints personnages. Dans *La Vierge du chancelier Rolin* (1376-1462), influent chancelier à la cour de Philippe le Bon, duc de Bourgogne, Jan Van Eyck innova totalement en donnant à la scène et aux personnages de son tableau les proportions d'une rencontre réelle. La physionomie et l'habit du chancelier Rolin, agenouillé dans une pieuse attitude, sont décrits avec une grande minutie. Nicolas Rolin apparaît sur le même plan que la sainte Vierge et l'Enfant, qui le bénit. La réalité apparente de la scène est soulignée par l'impressionnante richesse de détails de l'architecture et du paysage idéalisé de l'arrière-plan.

Jérôme Bosch (vers 1450-1516),
La Nef des fous
Huile sur bois, 58 x 32,5 cm, vers 1500

Depuis l'Antiquité, la barque est le symbole du dangereux et mouvementé voyage de l'homme à travers la vie. Cette représentation fut rendue particulièrement populaire par *La Nef des fous*, un poème satirique édifiant composé en 1494 par le poète et humaniste alsacien Sebastian Brant (1458-1521). Selon Brant, l'arrivée heureuse et rapide au port du salut n'est aucunement garantie aux mortels ; bien plus souvent, vices et fautes font dériver leur barque à travers les abîmes de l'existence.
Jérôme Bosch, dont les allégories grouillantes de personnages se caractérisent souvent par des traits grotesques et satiriques, transpose ce texte en parabole : ainsi, occupés à manger, à boire et à se livrer à des ébats amoureux, les fous ne remarquent même pas que leur esquif est depuis longtemps échoué dans les buissons. Le spectateur en revanche, qui réalise qu'ils vont à leur perte, est incité à tenir d'autant plus ferme le gouvernail de sa propre vie.

Albrecht Dürer (1471-1528), *Portrait de l'artiste tenant un chardon*
Huile sur parchemin (transféré sur toile), 56,5 x 44,5 cm, 1493

Cet autoportrait exécuté par Albrecht Dürer, alors qu'il n'était âgé que de 22 ans, était sans doute un cadeau destiné à sa fiancée, Agnès Frey, qu'il épousa l'année suivante pour contenter ses parents. Élégamment vêtu et le regard assuré, le jeune peintre tient dans la main droite un chardon bleu (*Eryngium*, « le monsieur » de son nom vernaculaire), symbole de fidélité. Albrecht Dürer fait preuve d'empirisme dans cet autoportrait où il observe et rend avec exactitude tignasse en désordre et barbe rare.

Hans Holbein le Jeune (1497-1543), *Érasme*
Huile sur bois, 42 x 32 cm, 1523

Ce portrait de l'humaniste Érasme de Rotterdam (1467-1536), grâce auquel Holbein obtint des lettres d'introduction pour la cour d'Angleterre et ses premières commandes dans ce pays, est l'un des plus remarquables portraits d'humanistes du XVIe siècle.

Cette œuvre se caractérise par la réduction radicale du cadrage et le retour au profil antiquisant. Soulignés par le pâle incarnat du visage et des mains, réflexion et écriture deviennent ainsi le centre du tableau. La mimique du savant, absorbé en lui-même et ne quittant pas des yeux son travail – le *Commentaire de l'Évangile selon saint Marc* – laisse le champ libre à l'interprétation psychologique. Elle traduit aussi la nature stricte bien que bienveillante d'Érasme. En outre, la représentation de profil rappelle les médailles romaines gravées aux effigies des empereurs.

Peter Bruegel l'Ancien (vers 1525-1569),
Les Mendiants,
ou *Les Culs-de-jatte*
Huile sur bois, 18,5 x 21,5 cm, 1568

Figures récurrentes de l'œuvre de Pieter Bruegel, les estropiés, les mendiants et les paysans sont souvent utilisés de façon allégorique pour personnifier les vertus ou les vices. Ce panneau de petit format représente un groupe de culs-de-jatte aux figures rudes et simples. Bizarrement accoutrés de manteaux ornés de queues de renards, ces culs-de-jatte mendient à la ronde des piécettes après avoir offert le spectacle d'une danse grotesque – argent qui revient à un personnage qui se tient à l'arrière-plan, à droite. Au dos du tableau figure l'inscription : « Courage, estropiés, salut, que vos affaires s'améliorent. » Le sens caché de cette scène de genre, destinée à un public aisé et instruit, est que ceux qui se font passer pour fous abusent souvent leur généreux interlocuteur – et, dans un sens plus positif, que même les pires tares humaines nous ouvrent des perspectives de (sur)vie insoupçonnées.

Pierre Paul Rubens (1577-1640), ***Henri IV reçoit le portrait de Marie de Médicis***
Huile sur toile, 394 x 295 cm, vers 1621-1625

En l'an 1620, Marie de Médicis, veuve du roi Henri IV assassiné dix ans plus tôt, commanda une importante suite de tableaux pour orner le palais du Luxembourg qu'elle avait fait construire ; ce cycle était également destiné à magnifier et à illustrer sous forme d'allégories son œuvre en tant que régente et mère de Louis XIII. En l'espace de quatre ans, le peintre flamand Pierre Paul Rubens réalisa une série de vingt-quatre toiles monumentales, dont vingt et unes sont actuellement conservées au Louvre et trois au château de Versailles. Exemple d'art rhétorique, ce projet iconographique, élaboré par l'artiste en étroite collaboration avec la commanditaire, visait à expliquer de façon convaincante la difficile situation de Marie de Médicis, que son propre fils avait exilée à Blois en 1617. Ses efforts pour ramener la paix et l'équilibre dans une France ébranlée par les soulèvements, les rébellions et les guerres de religion sont constamment mis en avant dans ces toiles. Ainsi Pierre-Paul Rubens voulu-t-il représenter l'union d'Henri IV avec la petite-fille du Florentin Cosimo Ier de Médicis – fruit de calculs dynastiques et politico-financiers – comme un mariage d'amour annonciateur de paix qui fit oublier au roi de France le métier de la guerre.

Pierre Paul Rubens, ***L'Apothéose d'Henri IV et la proclamation de la régence de Marie de Médicis le 14 mai 1610***
Huile sur toile, 394 x 727 cm, vers 1621-1625

L'une des toiles centrales du cycle Médicis présente, dans un langage imagé d'une grande richesse, l'acceptation de la régence par Marie de Médicis comme un acte d'humble sacrifice pour le bien du pays, tandis que le roi de France assassiné est conduit par le dieu de la Mort sur l'Olympe où l'attend Jupiter. Marie de Médicis, sur l'insistance des notables du pays et malgré son affliction, accepte le globe de l'empire des mains de Gallia, personnification de la France ; elle reçoit du Ciel le gouvernail de l'État et le soutien d'Athéna, déesse de la Sagesse, qui se tient derrière elle.

Il est vrai que la régente eut à affronter de difficiles problèmes politiques à l'intérieur et à l'extérieur du pays, qu'elle essaya d'arbitrer et de régler avec un succès inégal. Surtout préoccupé de sauvegarder son propre pouvoir, son fils Louis XIII ne reculait pas devant l'utilisation de la guerre comme moyen politique ; il instaura dans le pays un régime répressif et sanglant. Quand, en 1631, les dissensions entre Richelieu et Marie de Médicis s'aggravèrent, le roi soutint son conseiller, et l'ancienne régente dut fuir à l'étranger. Après avoir changé plusieurs fois de séjour elle s'établit à Cologne où elle décéda en 1642.

Antoon Van Dyck (1599-1641),
Charles Ier à la chasse
Huile sur toile, 266 x 207 cm,
vers 1635

Élève et collaborateur de Pierre Paul Rubens, Antoon Van Dyck fut l'un des portraitistes les plus novateurs de son temps ; sa réussite magistrale fut de donner aux portraits de cour un tour intime et nouveau, et par là même plus convaincant. Les puissants de toute l'Europe eurent tôt fait de reconnaître le pouvoir rhétorique de son art : à 33 ans, Antoon Van Dyck était nommé peintre de la cour d'Angleterre.

Le portrait qu'il fit du roi Charles Ier est un exemple remarquable de mise en scène tout en nuances. Il révolutionna l'art du portrait équestre traditionnel en ne montrant pas le roi à cheval – comme il était d'usage à l'époque – mais pied à terre, dans un moment de détente physique et intérieure. Le regard du roi s'échappe du cadre du tableau vers l'observateur, qu'il paraît découvrir.

La composition, qui met l'accent sur la prestance de Charles Ier, magnifiquement vêtu, ainsi que sur ses insignes de noblesse – le sabre et le gant –, reste néanmoins soigneusement arrangée. La noble monture, qui donne l'impression de s'incliner devant la majesté du cavalier ou encore les écuyers empressés sont autant d'allégories de la fidélité ; le destin du souverain, qu'Oliver Cromwell fit exécuter, leur confère a posteriori un certain caractère tragique.

Jan Davidsz de Heem (1606-1684), *Un dessert*
Huile sur toile, 149 x 203 cm, 1640

Né à Utrecht, de Heem s'établit et travaille à Anvers à partir du milieu des années 1630. Son art marie la tradition hollandaise de la nature morte et la magnificence typique de l'art flamand. Ce tableau représente une abondance de fruits et de succulents pâtés, disposés entre aiguières, coupes et verres précieux devant un fond de draperie laissant entrevoir des éléments d'architecture convenus. À gauche, on reconnaît un grand luth ; à l'arrière-plan à droite, un globe terrestre et des livres. Le rendu des objets et de leurs nuances de matière est exécuté de main de maître ; mais les connaisseurs avertis et versés dans la littérature symbolique pouvaient aussi découvrir dans cette vanité nombre d'allusions cachées au caractère éphémère des choses terrestres : les fruits se corrompent, la musique se tait, richesses et culture elles-mêmes ne s'emportent pas dans l'au-delà. Symboles christiques, les feuilles de pampre rappellent à l'observateur la nécessité de réorienter sa propre vie.

Rembrandt Harmenszoon Van Rijn (1606-1669),
Bethsabée au bain
Huile sur toile, 142 x 142 cm, 1654

L'histoire de Bethsabée, tirée du deuxième livre de Samuel de l'Ancien Testament, est un récit d'adultère et de trahison. Le roi David, ayant aperçu par hasard depuis le balcon de son palais la belle Bethsabée au bain, en fait sa maîtresse bien qu'elle soit l'épouse de l'un de ses soldats. Bethsabée ayant conçu un enfant, David envoie son mari, Urie, se faire tuer sur le front le plus exposé de la guerre, puis épouse Bethsabée. Rembrandt, qui consacra une importante partie de son œuvre aux récits de l'Ancien Testament, a choisi de retenir dans cette aventure complexe un moment de détente et de réflexion intime.

Une servante âgée essuie les pieds de Bethsabée après le bain. Bethsabée, sur les sentiments de laquelle le texte biblique ne nous apprend rien, tient dans sa main la lettre qui la place devant le choix décisif : consentir à l'adultère ou se refuser au roi David. L'action ne repose pas ici sur les événements extérieurs mais sur la décision intime de Bethsabée.

Rembrandt concentre donc son effort sur les effets dramatiques de lumière pour modeler et faire émerger de l'ombre le corps de la belle Bethsabée, qui surpasse en éclat les étoffes de brocart du centre du tableau. La tête légèrement inclinée de Bethsabée et l'expression mélancolique de son visage semblent déjà indiquer l'issue de l'histoire : Dieu punira en effet le péché du couple par la mort de l'enfant. La maîtrise de Rembrandt s'exprime ici dans la virtuosité de l'exécution, le dépouillement radical et la rhétorique discrète de l'œuvre.

Jan Vermeer dit Vermeer de Delft (1632-1675), *La Dentellière*
Huile sur toile sur bois, 24 x 21 cm, 1665

L'image de cette jeune femme absorbée dans son ouvrage ressemble à un instantané. Ce portrait en gros plan, souligné par l'étroitesse du cadrage et la douceur de la lumière, procure un sentiment de profonde intimité et de proximité émotionnelle avec le sujet. Vermeer de Delft, accablé de difficultés financières, mourut à l'âge de 43 ans, laissant onze enfants derrière lui. Sa production se limitait à trois ou quatre tableaux par an seulement : son œuvre entière n'en comprend donc qu'une quarantaine, qui continuent de fasciner par leur raffinement pictural et l'harmonie intérieure qui s'en dégage.

Pieter de Hooch (1629-1684), *La Buveuse*
Huile sur toile, 68,6 x 60 cm, 1658

Apparemment bien innocente, cette scène de genre réalisée par Pieter de Hooch au cours de sa période la plus créative montre en fait une scène de bordel : deux soldats, une prostituée et une entremetteuse occupés à s'entendre. À l'arrière-plan, un tableau dans le tableau représentant le Christ et la femme adultère met en garde contre le péché imminent. Avec leurs éclairages subtils, leurs coloris chauds et l'habile représentation dans les pièces d'autres pièces s'ouvrant sur des profondeurs, les tableaux de de Hooch sont devenus de son vivant même de précieuses œuvres de collection.

Les bijoux « inaccessibles » de Cardillac – histoire d'une affaire criminelle,

par Jörg Völlnagel

« Un amant qui craint les voleurs n'est point digne d'amour. »

Cette phrase quelque peu irréfléchie de Madeleine de Scudéry, noble habitante de la rue Saint-Honoré, en fit l'héroïne d'une « brillante » affaire criminelle, au sens propre du terme. Au temps de Louis XIV – sans doute à l'automne de l'année 1680 –, Paris fut frappé par une série de meurtres et de rapines ayant pour but le vol de bijoux de prix. À la faveur de l'obscurité, des cavaliers, qui allaient généralement retrouver leur maîtresse, étaient détroussés des bijoux qu'ils portaient puis assassinés d'un rapide coup de poignard dans le cœur. Les enquêteurs spécialement dépêchés par le roi ne parvinrent pas à arrêter les criminels sans scrupules, si bien que le trouble et la peur se répandirent dans la ville des amours. Les amants menacés adressèrent au roi une pétition, qui fut commentée par la Scudéry dans les termes cités plus haut.

Mademoiselle de Scudéry (1818), la nouvelle d'E. T. A. Hoffmann, n'a cependant pas pour principal personnage la belle qui lui a prêté son nom, mais René Cardillac, orfèvre de son état. Joaillier le plus réputé de Paris et peut-être même de son temps, il jouit de la considération de la société. La beauté de ses bijoux surpasse tout ce que l'on a pu voir jusqu'alors, et il fait montre d'une véritable vocation pour le travail des pierres précieuses. Las, il ne se défait pas facilement de ses créations. Certes, il travaille comme un forcené et est à tout moment disposé, à la vue de gemmes étincelantes, à accepter une nouvelle commande et à l'exécuter pour un prix dérisoire. Mais quand le client, pressé d'avoir son bijou, retourne à l'atelier de la rue Nicaise, le maître n'est jamais satisfait de son travail : il faut encore changer quelque chose ici, retoucher un peu là… Même en doublant le prix, impossible de lui faire rendre l'objet ! Le client fait-il valoir les termes du contrat ? Contraint et forcé, Cardillac tombe dans la plus méchante humeur. Le client menace-t-il d'appeler la police ? Il arrive alors que l'insurpassable orfèvre les congédie d'un bon coup de poing, lui et ses bijoux.

Mais l'artiste excentrique cache un secret. Il est né, comme il le dit lui-même, sous une mauvaise étoile. Alors qu'elle était enceinte de René depuis un mois, sa mère, incapable de résister à la convoitise, s'est donnée à un cavalier vêtu à l'espagnole et fort embijouté, lequel est mort dans ses bras. Dès l'entrée dans l'âge adulte, le comportement criminel de la mère durant sa grossesse est devenu le sombre lot du fils. C'est uniquement par convoitise pour les pierres précieuses que Cardillac s'est fait orfèvre ; c'est l'éclat des pierres polies qui le stimule et lui a permis en peu de temps de devenir un maître. Bientôt, il se fera voleur pour récupérer les pièces qu'il a réalisées et les rassembler dans un cabinet de bijoux dont aucun roi lui-même ne saurait rêver.

Mais la diabolique voix intérieure de Cardillac ne lui laissait jamais un seul moment de répit : « Tes bijoux parent un homme mort », persiflait-t-elle, rappelant à l'artiste son destin cauchemardesque. Malgré de vains efforts pour se protéger, ainsi que ses acheteurs, en refusant la livraison des bijoux, Cardillac finit par devenir l'assassin de ses propres clients et pouvoir ainsi récupérer ses propres bijoux.

E. T. A. Hoffmann laisse à Mademoiselle de Scudéry le soin d'élucider cette série de crimes. En faisant appel à toute sa diplomatie ainsi qu'à une bonne dose d'instinct maternel, elle réussira à sauver un innocent de la condamnation et à éviter un scandale. Le personnage humain de Mademoiselle de Scudéry est l'antithèse de celui de Cardillac, aux mains toutes tachées de sang. Ainsi, Mademoiselle de Scudéry, jeune femme vertueuse et également artiste, se consacre à l'écriture de poèmes qu'elle récite dans l'entourage du roi. Cardillac paraît à l'opposé une sorte d'adepte avant l'heure de « l'art pour l'art », s'adonnant à une création sans but échappant à sa propre volonté ; victime d'un engrenage, il est incapable de destiner ses bijoux à leur véritable fonction : c'est-à-dire orner le visage ou le corps d'une femme. La fatalité l'a enchaîné, soudé même à ses œuvres, malédiction dont seule la mort pourra le délivrer.

L'orfèvre Cardillac dans son atelier, *Josef Hegenbarth, illustration de la nouvelle d'E. T. A. Hoffmann,* Mademoiselle de Scudéry, *dessin à l'encre de Chine, 16,3 x 15 cm, 1958.*

Statuette équestre de Charlemagne ou de Charles le Chauve
Bronze et traces de dorure,
cheval : 21 cm, cavalier : 19,50 cm,
Bas-Empire ou IXe siècle

Il fallut attendre la renaissance carolingienne pour que l'on s'intéresse à l'art antique du Bassin méditerranéen. Cette petite statuette équestre représentant probablement Charlemagne est un exemple remarquable de cette nouvelle tendance consistant à reprendre et réinterpréter les modèles de l'Antiquité. La statue équestre romaine de Marc Aurèle – que l'on prit, jusqu'au début du Moyen Âge, pour la représentation de l'empereur chrétien Constantin – servit de modèle pour ce bronze de l'époque carolingienne, retrouvé dans le trésor de la cathédrale de Metz en 1807. Charlemagne, roi des Francs, couronné empereur le 25 décembre 800 à Rome, choisit sans doute délibérément ce modèle antique pour s'inscrire dans la tradition des souverains chrétiens de la Ville éternelle ; le genre était parfaitement adapté pour refléter son projet politique : la fusion de l'héritage antique, du christianisme et de l'univers culturel germanique. Représenté en pose équestre, l'empereur, lui-même mécène et commanditaire d'œuvres d'art, arbore les insignes de sa souveraineté, la couronne et le globe de l'empire. Le sceptre qu'il tenait sans doute à la main a été perdu. Ses traits et son habit sont minutieusement travaillés. Des différences dans les proportions et le style indiquent que le cheval est une œuvre remontant à l'Antiquité ; ce remploi rapprochait l'œuvre de l'art qui lui servit de modèle.

Tombeau de Philippe Pot (1428-1493), grand sénéchal de Bourgogne
Pierre peinte, 180 x 265 cm, dernier quart du XVe siècle

Il était d'usage courant depuis le Moyen Âge d'immortaliser les souverains en les représentant sur leur pierre tombale – tout d'abord en simple relief, puis sous forme de statues. Ainsi naquirent de magnifiques effigies, que l'ajout de pleurants autour de la sépulture rendait encore plus réalistes et saisissantes. L'artiste chargé par Philippe Pot, grand sénéchal de Bourgogne, de la réalisation de ce monument reprit la tradition tout en l'interprétant de manière tout à fait nouvelle. Le sarcophage est ainsi remplacé par huit statues de pleurants ou de moines presque grandeur nature, la tête baissée et enfouie sous leur capuchon en signe d'affliction, qui portent sur leurs épaules non pas un cercueil mais une simple dalle commémorative surmontée d'une effigie mortuaire rappelant les gisants du Moyen Âge. Les blasons tenus par les porteurs ont pour fonction de rappeler, après la mort de Philippe Pot, l'étendue de ses possessions et de sa souveraineté ici-bas, tout comme la longue épitaphe gravée sur la tranche de la dalle, sorte d'apologie du sénéchal qui souligne son autorité politique.

La cour Marly (aile Richelieu), avec sculptures d'Antoine Coysevox (1640-1720) et de Guillaume Coustou (1677-1746)

Pareille à un musée en plein air, la cour Marly abrite sous son toit de verre une collection de remarquables statues baroques réalisées pour les jardins du château éponyme dans lequel Louis XIV aimait à se rendre pour s'éloigner des tracas de la cour à Versailles.

Le centre des jardins de Marly était occupé par l'Abreuvoir, grand bassin décoré de statues d'Antoine Coysevox et de son neveu, Guillaume Coustou. Alors que Coysevox choisit de figurer Mercure et la Renommée (reconnaissable à sa trompette annonçant la victoire) chevauchant Pégase, le cheval ailé, Coustou renonça à toute représentation mythologique concrète.

Les deux statues des chevaux de Marly, que le peintre Jacques-Louis David fit transférer en 1798 à l'entrée des Champs-Élysées, représentent le mouvement du cheval qui se cabre et de l'homme qui le retient, en dépit de sa grande force.

L'Arc de triomphe du Carrousel

Afin de célébrer la victoire de l'armée française à Austerlitz, Napoléon Ier fit ériger deux arcs de triomphe : l'Arc de triomphe du Carrousel et l'Arc de triomphe de l'Étoile.

Pour le concevoir, les architectes Charles Percier (1764-1838) et Pierre-François-Léonard Fontaine (1762-1853) s'inspirèrent du Carrousel de deux célèbres modèles de l'Antiquité, l'arc de Septime-Sévère (203 ap. J.-C.) et celui de l'empereur Constantin (312 ap. J.-C.) qu'ils avaient pu admirer à Rome alors qu'ils étaient pensionnaires de la villa Médicis. Depuis la destruction du château des Tuileries, ce délicat arc de triomphe à trois arcades qui fut inauguré en 1808 se dresse en solitaire sur la grande place du Carrousel. Obtenues par l'emploi de matériaux différents, les couleurs qui le rythment le rendent particulièrement remarquable. Napoléon Ier occupe une place centrale dans les reliefs du monument, dédiés aux guerres napoléoniennes. Le frontispice de l'arcade principale montre l'empereur des Français couronné par la déesse de la Victoire ; l'attique est flanqué de huit statues de soldats appartenant aux différentes armes de la Grande Armée napoléonienne. Lors de l'inauguration solennelle, l'Arc de triomphe fut couronné du quadrige de chevaux antiques de la basilique Saint-Marc de Venise, trophée de guerre rapporté sur ordre de Napoléon. Après sa restitution en 1815, le sculpteur François Joseph Bosio (1768-1845) créa pour les remplacer le quadrige attelé du char de la Paix.

Le musée des Arts décoratifs

(aperçu de la nef centrale)

Après avoir été complètement rénové, le musée des Arts décoratifs a rouvert ses portes au cours de l'année 2006. Avec le musée de la Mode et du Textile et sa remarquable galerie de joyaux, dix neuf milles costumes du XVIIe siècle à nos jours, il est abrité dans le pavillon de Marsan, dans l'aile nord du Louvre, rue de Rivoli. Sur plus de neuf étages, le musée des Arts décoratifs propose un panorama complet de l'histoire des arts appliqués du Moyen Âge jusqu'à nos jours, et des œuvres fondamentales de chaque époque.

Si les XVIIe, XVIIIe et XIXe siècles – la grande époque des arts décoratifs en France – sont les points forts de cette collection réunie depuis le milieu du XIXe siècle – le plus souvent grâce à des dons privés – et forte de quelque cent cinquante mille pièces, le XXe siècle est également représenté par d'importantes œuvres de maîtres.

L'architecture imposante de la nef centrale abrite une galerie d'études initiant à l'« histoire du goût » à travers une sélection d'œuvres clés périodiquement renouvelées. Le regroupement des objets par fonction permet de saisir aisément l'évolution de leur design à travers le temps ; la richesse des collections et la reconstitution d'intérieurs entiers ressuscitent sous nos yeux les goûts et l'art de vivre de chaque époque. On pourra ainsi flâner devant une chambre à coucher datant du XVe siècle, un boudoir du XVIIIe siècle d'un palais parisien orné de délicates peintures, ou encore s'extasier devant un cabinet de travail dans le style Art déco sobrement aménagé.

Détail
Les 100 chaises

C'est surtout à travers l'étude d'un même thème – ici, celui de l'évolution des sièges – que l'on perçoit et comprend les différences de conception, d'esthétique et de fonctionnalité des essais des stylistes. L'impressionnante mise en scène des « 100 chaises » sur une « montagne » n'est pas autre chose qu'une petite histoire des sièges modernes : de la chaise de bistrot Thonet, aux montants en hêtre cintré, jusqu'aux modèles classiques de style Bauhaus de Mies van der Rohe et Marcel Breuer en passant par la Loom Chair en rotin : l'évolution du style a été fulgurante. Depuis les années 1960, l'apparition de matériaux synthétiques modernes comme le polypropylène et la technologie du moulage par injection ont ouvert un nouveau champ aux couleurs et aux formes, permettant aux designers de réaliser (presque) toutes leurs envies. La chaise se dota alors de formes ergonomiques et de couleurs voyantes. Le moelleux siège poire accompagna le mouvement contestataire – tandis que les yuppies affairés et habitués à la réussite des années 1990 adoptèrent les dynamiques sièges-baquets Tom Vac, qui leur permettaient même de se balancer. Une chaise n'est pas qu'une chaise, mais un morceau d'histoire !

Les jardins des Tuileries

Les affrontements entre les communards et les troupes versaillaises durant la Commune entraînèrent en mai 1871 l'incendie de l'ancien château des Tuileries, dont la construction avait été commandée en 1564 à Philibert Delorme (vers 1510-1570) par Catherine de Médicis. Avec son plan axial et près de 100 mètres de galeries, le château des Tuileries avait servi pendant deux cents ans d'annexe au Louvre et permis de loger plus d'un millier de courtisans. Il n'en reste aujourd'hui que les vastes jardins, qui furent dès l'origine l'une des promenades préférées des Parisiens. André Le Nôtre (1613-1700), descendant d'une famille de jardiniers, travailla dès 1664 à la transformation du parc et devint l'un des architectes paysagistes les plus renommés de toute l'Europe. Il créa un jardin symétrique autour d'un large axe central orné de deux grands bassins à l'intersection des allées. Deux rampes courbes en pente douce mènent aux deux terrasses en plein air qui bordent le jardin. Du côté ouest, André Le Nôtre prolongea l'axe et le fit aboutir en plein champ – à l'emplacement des futurs Champs-Élysées.

Aristide Maillol (1861-1944),
Monument à Cézanne
Bronze, 140 x 227 x 77 cm, 1925

Ce n'est qu'au XVIIIe siècle que l'on commença à exposer dans les jardins des Tuileries des sculptures et des vases, d'abord récupérés au château de Marly, près de Versailles. De nos jours, on peut y admirer également des sculptures modernes d'Aristide Maillol, Auguste Rodin, Max Ernst et Henry Moore.

Le musée de l'Orangerie

Du côté de la place de la Concorde, les jardins des Tuileries sont fermés par deux bâtiments en étroite relation avec la peinture impressionniste. La galerie du Jeu de paume, l'un des premiers – et modestes – lieux d'exposition des toiles impressionnistes, accueillit un grand nombre de jeunes artistes d'Europe et d'Amérique qui séjournaient alors à Paris. L'Orangerie, située en face, abrite depuis 1927 la célèbre série des *Nymphéas* du peintre Claude Monet. À l'occasion de la victoire de la Première Guerre mondiale en 1918, le peintre, âgé, avait décidé d'offrir à l'État français deux de ses *Nymphéas*– sur une série de plus de deux cent cinquante tableaux à laquelle il avait travaillé d'arrache-pied, dans son jardin de Giverny, depuis 1895. Le Premier ministre de l'époque, Georges Clemenceau (1841-1929) lui proposa d'exposer ses toiles dans l'Orangerie royale des Tuileries, bâtie en 1852 sur des plans de Firmin Bourgeois. Mais Monet, ayant cependant procédé à d'incessantes retouches, présenta en fin de compte huit compositions géantes, divisées en vingt-deux toiles, qui prirent place après sa mort dans deux grandes salles ovales.

À peine le musée Claude Monet avait-il ouvert ses portes au mois de mai 1927 que les critiques enthousiasmés parlèrent d'une « chapelle Sixtine de l'impressionnisme ». Après des travaux de rénovation qui ont duré six ans (2000-2006), au cours desquels l'étage supérieur qui datait des années 1960 fut démoli, on peut à nouveau admirer les *Nymphéas* de Monet à la lumière naturelle. La succession harmonieuse de ces « jardins peints », paysages d'eau limpides et lumineux, invite le spectateur à la méditation.

Paul Cézanne, ***Fruits, serviette et boîte à lait***
Huile sur toile, 60 x 73 cm, 1880-1881

À l'étage inférieur du musée de l'Orangerie, les magnifiques collections du marchand d'art Paul Guillaume et de l'architecte et homme d'affaire Jean Walter offrent une rencontre forte avec l'avant-garde du Moderne classique. La gamme des œuvres représentées va des impressionnistes – Auguste Renoir y est richement présent – et de Paul Cézanne jusqu'à la première génération postimpressionniste, avec des œuvres d'artistes comme Pablo Picasso, Henri Matisse, André Derain, Maurice Utrillo, Chaïm Soutine ou encore Amedeo Modigliani. La réorganisation de grande ampleur de ces deux collections laisse entrevoir le cadre bourgeois qui accueillit jadis ces tableaux, dont la richesse de coloris se déploie aujourd'hui sur d'impersonnels murs de bétons.

La place Vendôme

Comme souvent à Paris, une statue équestre du roi orne le centre de cette place de prestige conçue sous le règne de Louis XIV. En 1686, l'architecte Jules Hardouin-Mansart entama l'aménagement de l'ensemble ; mais par manque de moyen financier, le monarque dut bientôt céder les hôtels à des particuliers, avec obligation de conserver l'unité de la façade Hardouin-Mansart. La construction de ces hôtels de deux étages à arcades et toits mansardés dura jusqu'en 1725. Commandée par Napoléon Ier sur le modèle de la colonne Trajane du Forum de Rome, la colonne Vendôme, disproportionnée par rapport au reste de la place, remplace depuis 1806 la statue du roi qui fut fondue durant la Révolution française.

La colonne est entourée de soixante-seize reliefs de bronze en spirale relatant la bataille et la victoire des troupes napoléoniennes à Austerlitz. Surmontée à l'origine d'une statue de l'empereur en toge antique, cette colonne de 44 mètres de hauteur et de 3,60 m de diamètre moyen, symbole du despotisme monarchique, fut renversée durant la Commune de Paris (1871). Considéré comme le meneur de cette action, le peintre Gustave Courbet fut condamné par la justice à supporter les frais de restauration, ce qui entraîna sa ruine. Finalement, la statue fut restaurée et les reliefs de bronze coulés à l'identique.

Étonnants voyages – le Paris du Second Empire, vitrine des nouveaux mondes,

par Hagen Schulz-Forberg

Müller : T'es vraiment hypochondriaque et déprimé au dernier degré.
Schultze : C'est c'qu'y dit aussi, mon docteur !
Müller : C'qu'y te faut, c'est du changement, de la distraction, des voyages [...].
Schultze : C'est aussi c'qu'y dit. Que j'devions partir à Nice ou à Ischl.
Müller : T'y penses pas ! Le remède qu'y t'faut, c'est Paris !
(David Kalisch, *Schultze und Müller in Paris* [*Schultze et Müller à Paris*], 1855)

Notre déprimé acceptant cette médecine de bon gré, voilà les deux compères, en cet été 1855, partis pour Paris. Schultze, qui vient de s'enrichir grâce à une bonne affaire, et son ami Müller sont les prototypes du nouveau touriste de l'époque, qui veut voyager non pour se cultiver, mais pour le plaisir de voyager et de se distraire – une évolution rendue possible par la « révolution de la vapeur ». Le chemin de fer et le bateau à vapeur, qui modifient totalement les voyages à partir des années 1850, se spécialisent déjà dans le transport des personnes.

Wilhelm Scholz (1824-1893), Scène de rue à Paris avec un autobus en arrière-plan, gravure sur bois illustrant Schutze und Müller in Paris *de David Kalisch, 1855, Bibliothèque nationale, Berlin.*

Des tarifs avantageux amènent des centaines de milliers de curieux à Paris ; non pas des aristocrates comme par le passé, mais des bourgeois et même quelques prolétaires. L'Anglais Thomas Cook conçoit et commercialise des voyages organisés pour l'Exposition universelle de 1855, qu'il destine aux femmes et aux travailleurs. Des guides recen-

sent les nombreux hôtels, pensions et restaurants de la métropole.
Auteurs et éditeurs de guides de voyage se sont rapidement adaptés à l'exigence de rapidité de la nouvelle société. Ils publient des ouvrages brefs, dont les gros caractères sont lisibles même au milieu du roulis du vapeur ou du wagon, offrant des descriptifs simples et illustrés et vendus à un prix accessible même au passager de « troisième classe ». Mais pourquoi cet engouement pour Paris ? La réponse est dans le récit que fit le capitaine américain Spencer de son tour d'Allemagne et de France, effectué au milieu des années 1860 : Paris est la « capitale de l'Europe – le centre vers lequel affluent les riches et les joyeux drilles du monde entier, certains d'y voir tous leurs désirs prévenus ».
Vitrine des nouveaux mondes, l'Exposition universelle attirera à Paris un million de visiteurs fascinés par le rythme de la métropole et la diversité de sa population, tel l'écrivain Emma Niendorf en 1854 : « Les contrastes succèdent aux contrastes. Au milieu d'extravagantes toilettes, de physionomies mortellement fatiguées ou tendues, glissent en silence des silhouettes de nonnes ; visages roses et empreints d'une paix sereine en plein tumulte. À côté, le Grec à l'habit richement brodé, l'Oriental avec sa robe qui traîne, le rabbin barbu, le nègre. »
Les moyens de transport – cabriolets, diligences, omnibus, charrettes – sont une aventure à eux seuls : « Un' jolie peur ! Les brancards du cabriolet m'sont passés au ras du chapeau ! » geint Müller, peinant à retrouver son souffle. Dans les bus de dix-sept places qui trimballent leurs passagers le long de « bruyantes échoppes d'artisans, de petits restaurants, de bureaux de recrutement de soldats-remplaçants, d'oiselleries et de bistrots à bière », on rencontre un échantillon complet de la société parisienne. Voici la description qu'en fit Eduard Kossak dans ses Stéréoscopies de Paris (1855) : « Ils grimpent, à travers le Quartier latin, jusqu'aux hauteurs du Paris misérable, roulent à travers le centre industrieux et sombre de la ville, le long des quais de la Seine, transportant les plus bizarres exemplaires de cette population bigarrée. Quelles disparités leurs sièges n'accueillent-ils pas ! »
Pour se retrouver dans la capitale, les nouveaux arrivants peuvent compter sur les guides de métier, qui les chaperonneront individuellement dans Paris, leur feront la conversation et les accompagneront au musée, à l'opéra, au théâtre, au restaurant et aux cafés. À la vue des échafaudages et des somptueux monuments jaillissant de partout, fruits de cette rénovation de Paris entreprise par Haussmann, certains ne peuvent refréner leur enthousiasme : « Paris et son cœur se déploient tout entiers devant moi comme un rêve », s'émerveille Emma Niendorf dans son livre Das Heutige Paris (Le Paris d'aujour-

Wilhelm Scholz, Guide parisien, *gravure sur bois illustrant* Schultze und Müller in Paris *de David Kalisch, 1855, Bibliothèque nationale, Berlin.*

La place de la Concorde, *gravure sur métal d'après un dessin de C. Reiss, 1850.*

d'hui). « La Seine, les quais, l'éclat magique de leur éclairage » créent une impression intemporelle de beauté que partagent encore les touristes d'aujourd'hui.
Comme eux, les voyageurs du milieu du XIXe siècle laissent leur regard errer avec étonnement sur la place de la Concorde : « À droite, les deux hôtels à colonnes bordant l'avenue de la Concorde ; à gauche, le pont de la Concorde et le portique de l'Assemblée nationale – que l'on nomme à nouveau officiellement et tout simplement « palais Bourbon », et non plus « Assemblée législative ». Derrière le palais Bourbon, le dôme des Invalides. Au centre, entre deux fontaines dont l'eau retombe en voiles de poussière d'argent, l'obélisque de Louxor et ses mystérieux hiéroglyphes. Loin derrière, l'Arc de triomphe dans l'éther, pareil à une vision de la Victoire. Et couronnant le tout, des trains de nuages rouges dans le crépuscule. » Les étrangers flânent dans les rues, le long des ruelles et des commerces ouverts même le dimanche, où ils font des découvertes : « Des montagnes de tapis aux rouleaux ornés de guirlandes fleuries. Des murs couverts de miroirs, d'horloges, de girandoles, des lustres et luminaires, aux flammes de gaz éblouissantes, ruisselant d'or et de cristal ornant de sombres plafonds Renaissance : une véritable forêt enchantée en miniature. » Ces détails et bien d'autres attirent tout autant Emma Niendorf et les autres voyageurs que le cadre de la ville. S'il pleut, et que, tête baissée sous leur parapluie, ils surprennent et suivent des yeux, charmés et oublieux du temps, cette curiosité : les souliers d'une Parisienne. « Une chaussure si indiciblement légère et gracieuse, qu'elle incarne à elle seule Paris et la Parisienne. – Les menus détails en disent souvent plus long que tout le reste. »

La place de la Concorde

Après la seconde paix d'Aix-la-Chapelle, qui scella en 1748 l'entente provisoire entre l'Angleterre et la France, puissances belligérantes, la Ville de Paris décida d'ériger une statue équestre à la gloire de Louis XV. Le monarque fit don d'un terrain à l'ouest des Tuileries et chargea Jacques Ange Gabriel (1698-1782), premier architecte du roi, de l'aménagement de cette place. Celui-ci édifia du côté nord deux bâtiments à colonnes, l'hôtel de la Marine et l'hôtel Crillon, dont la façade est une version plus élégante de la colonnade du Louvre. À la place de la statue royale, fondue lors de la Révolution française, s'élève depuis 1836 l'obélisque de Louxor, datant du règne du pharaon Ramsès II (XIIIe siècle av. J.-C., *voir* illustration p. 456). Il ne fallut pas moins de sept ans pour transporter depuis l'Égypte puis à ériger ce pilier de granit d'un poids de deux cents trente tonnes environ. Les belles et grandes fontaines de bronze dues à l'architecte Jacques Ignace Hittorff (1792-1867) complètent le décor de la place de la Concorde où plus de mille trois cents personnes furent guillotinées aux temps de la Terreur. Le roi-citoyen Louis-Philippe, qui régna lui-même en des temps troublés, de 1830 à 1848, souhaita effacer l'histoire sanglante de la place et lui offrir un décor dépourvu de connotation politique. Hittorff réalisa ce vœu en entourant la place de statues inspirées du baroque italien.

La Madeleine

Le curieux mélange de styles de l'église de la Madeleine, à mi-chemin entre une église chrétienne et un temple antique, reflète l'histoire compliquée de sa construction. Conçu d'abord comme une église par le roi Louis XIV, le bâtiment, encore inachevé, fut affecté à l'époque postrévolutionnaire à la Bourse, à la Banque de France et au Tribunal de commerce. L'empereur Napoléon Ier voulut en faire un temple à la gloire de la Grande Armée victorieuse, Louis XVIII un monument expiatoire en souvenir de la décapitation de la famille royale sur la place de la Concorde toute proche, et on envisagea même par la suite sa transformation en gare. Il fallut attendre 1842 pour

voir l'achèvement de cet édifice classique en église paroissiale et sa consécration à sainte Madeleine en 1845.

Dotée de cinquante-deux colonnes corinthiennes, la façade de l'église, se dressant au-dessus d'un haut parvis, est symétrique de celle du palais Bourbon – le siège de l'Assemblée nationale –, situé de l'autre côté de la Seine. Le fronton exécuté en 1833 par le sculpteur Philippe Joseph Henri Lemaire représente le Jugement dernier.

Intérieur

Divisé en trois travées surmontées par une coupole et fermé par une abside semicirculaire, l'intérieur de l'église ressemble à une gigantesque salle d'honneur qui fait penser davantage à des thermes romains qu'à une église chrétienne. L'obscurité frappante du lieu est due au murage des lunettes des fenêtres latérales à l'emplacement desquelles ont été réalisées des scènes de la vie de sainte Madeleine.

Les Champs-Élysées

Les Champs-Élysées, l'une des plus prestigieuses avenues du monde, ont beaucoup perdu de leur lustre du XIXe siècle. Sous le Second Empire (1852-1870), les Champs-Élysées étaient le point de rendez-vous du tout-Paris : on flânait dans les jardins, on fréquentait les nombreux restaurants et cafés ou bien on admirait les grands panoramas depuis le bâtiment circulaire des théâtres Marigny et du Rond-Point. À partir de 1855, la zone entre Champs-Élysées et Seine, bordée par le cours-la-Reine, fut affectée aux Expositions universelles ; elle englobe également le Grand et le Petit Palais. De l'autre côté de l'artère, l'avenue de Marigny conduit au palais présidentiel de l'Élysée. Les Champs-Élysées s'élèvent ensuite graduellement vers l'Arc de triomphe ; la voie bordée de pelouses du rond-point cède la place à une avenue plantée d'arbres dont le rôle dans la vie publique parisienne demeure important. C'est à cet endroit qu'a lieu chaque été le grand défilé militaire du 14 juillet le jour de la fête nationale, ici qu'a été célébré en 1989 le deux centième anniversaire de la Révolution française – tout comme la victoire de la France à la Coupe du monde de football en 1998.

Un peu de mode en passant,

par Charlotte Seeling

Monter à Paris pour la mode – voilà qui reste aussi valable de nos jours que cela l'était au XIXe siècle. En 1858, le célèbre tailleur Charles Frederick Worth eut l'idée de génie de donner un nom – le sien ! – à sa ligne de vêtements. Ainsi, en cousant sur ses robes une étiquette signée « C Worth », il les sortit de l'anonymat de la confection sur mesure alors en usage et les éleva au noble rang de « haute couture ». Dès lors, celle-ci ne s'appela plus ainsi simplement parce qu'elle habillait la « haute » société de cour, mais parce que chaque modèle était une œuvre d'art unique. Ce qui comptait dorénavant, ce n'était pas tant le raffinement des tissus, la parfaite qualité de la coupe et de la confection ou la richesse des broderies que la créativité. Et sur ce point, Charles Frederick Worth était visiblement supérieur à ses contemporains. Ce n'est pas un hasard si les créations de ce Britannique plurent à l'œil averti de l'élégante impératrice Eugénie, épouse de l'empereur Napoléon III. Dès qu'elle se fit habiller par Worth, elle fut imitée par d'autres têtes couronnées – en particulier Sissi, l'impératrice Élisabeth d'Autriche, à la taille fine et au tragique destin.

Ce sont les dames « de la haute » qui répandirent à travers le monde la réputation de la haute couture. Depuis, tout le monde se rend à Paris pour sa mode : que l'on veuille, petite souris effacée, devenir une fière icône de l'élégance, comme ce fut le cas de Wallis Simpson, duchesse de Windsor, ou bien, vaillant petit tailleur, devenir un couturier considéré – comme Worth, qui n'aurait jamais pu imposer sa haute couture dans sa ville natale de Londres où il avait pourtant un établissement de premier ordre, qui existe toujours. Voilà qui montre clairement pourquoi l'Angleterre n'a jamais été le berceau de la mode internationale.

Photographie de l'atelier du couturier anglais Charles Frederick Worth, 1907.

Tous à Paris, donc ! Seule ville à réussir le mélange entre le savoir-faire national et une fantaisie débridée. Aucune ville, malgré tous ses efforts, n'est capable de voler la vedette à Paris – même si le « Swinging London » des tumultueuses années 1960 et le luxueux Milan des années 1980 dorées n'en furent pas très loin. Sans oublier New York, qui lança la tendance cool du tournant du siècle. Mais c'est à Paris que bat le cœur de la mode, à Paris qu'elle naît et à Paris qu'elle revient après chaque infidélité. Non pas que les Français soient les meilleurs créateurs de mode. Souvent, les impulsions décisives viennent des étrangers : Worth mais aussi le grand maître espagnol Cristóbal Balenciaga, dont l'ascension débuta avant la Seconde Guerre mondiale, le génial Tunisien Azzedine Alaïa, qui marque la mode de son empreinte sexy depuis les années 1980, ou encore les jeunes loups de chez Dior et Givenchy, les Anglais John Galliano et Alexander McQueen. L'apport de la Belgique est particulièrement fructueux ; depuis des années, les diplômés de l'Académie royale d'Anvers forment une avant-garde que même Paris est incapable de générer, mais qu'elle contribue à faire croître. Pourquoi Paris ? Certes, peu d'États soutiennent autant le secteur de la mode que la France, où la haute couture est considérée comme partie intégrante de la culture et encouragée – mais aussi réglementée ! – comme telle.

Erwin Blumenfeld (1897-1969), Lisa Fonssagrives sur la tour Eiffel, dans une robe en soie signée Lucien Lelong, photographie de mode pour la revue Vogue, *édition de mai 1939.*

Le légendaire chic parisien ne se laisse toutefois pas dicter sa conduite. Il naît dans la rue, dans les cafés et les salons, il est ce « je ne sais quoi » qui nourrit la mode parisienne (mais non celle de toute la France). Bourgeois et bohèmes forment le terreau où il prospère. Les premiers ne se laisseraient pour rien au monde surprendre autrement qu'en costume de ville, tandis que les seconds préféreraient mourir plutôt qu'être habillés « comme il faut ». Catherine Deneuve est un exemple des premiers, Jane Birkin des seconds ; la première est un modèle d'élégance, la seconde a amélioré le « laisser aller ». Mais bien que leurs origines soient différentes, un même vêtement les définit comme Parisiennes : la petite robe noire.

Celui qui croit que cet « uniforme » rend toutes les femmes égales devant le dieu de la mode se trompe grandement. L'initié sait dire au premier coup d'œil si une femme habillée ainsi vient des quartiers bourgeois de la rive droite de la Seine ou de la rive gauche, contestataire. Ce sont là des finesses que l'étranger ne perçoit pas de prime abord. Mais il se rend compte qu'en dépit d'une maille filée ou d'une coiffure à la diable, telle Parisienne réussit à avoir l'air incroyablement chic, et que telle autre, en dépit de ses airs aristocratiques intimidants, a l'allure d'une bombe sexuelle. Tout cela est le fruit de la mode quand on sait en user – et c'est à Paris qu'on l'apprend. Simplement « en passant ».

Cette leçon de mode se prend en effet en se promenant, pour peu que l'on choisisse les bonnes rues. Le cours de base nous mènera sur la rive droite, fief traditionnel des grands couturiers. Avenue Montaigne, les maisons Dior et Ricci se font face, au coin de la rue François-Ier. Toutes deux ont conservé leur lustre d'antan, même si elles se sont depuis longtemps converties à l'air du temps. Au numéro 50, où Madeleine Vionnet inventa ses inimitables coupes en biais, trône l'enseigne « Jil Sander » – qui ne pilote plus lui-même la marque portant son nom, comme c'est désormais le cas pour la plupart des couturiers de l'ancienne génération.

Mais dépêchons-nous de traverser les Champs-Élysées et de passer les galeries de l'avenue Matignon pour arriver au faubourg Saint-Honoré. Christian Lacroix, l'une des plus jeunes maisons de couture, s'est établi en 1987 en face de l'hôtel Bristol, lieu de rendez-vous favori du monde de la mode. Mais Lacroix, comme presque tous les autres, a lancé sur le marché une seconde ligne de vêtements à des prix plus accessibles. Le premier à oser une collection de prêt-à-porter fut Yves Saint-Laurent avec « Rive gauche ». Le salon de couture de ce génie adulé se trouve, avec Givenchy et Lanvin, rue du Faubourg-Saint-Honoré ; des noms comme Rabanne, Versace, Féraud, Hermès et Gucci complètent le tableau de cette célèbre artère.

Ne manquez pas, en remontant le cours du fleuve, d'obliquer dans la rue Saint-Honoré et la rue Cambon pour arriver chez Chanel, cette maison légendaire qui, grâce à Karl Lagerfeld, est restée plus vivante que la plupart des autres marques. À l'autre bout de la rue Cambon, la boutique Maria Luisa maintient sa place de numéro un de la mode depuis des décennies, malgré la rude concurrence du magasin Colette, ce « concept store » dans le vent situé au 213 de la rue Saint-Honoré. C'est chez Colette que les photographes, top-modèles et stylistes, logeant

quelques pâtés de maisons plus loin à l'hôtel Costes, achètent revues en toutes langues, baskets, produits cosmétiques ainsi que leur eau minérale préférée – ils ont le choix entre quatre-vingts références !
Notre leçon de mode s'achèvera sur la place du Carrousel, près du Louvre. C'est là que deux fois par an, en mars et en octobre, les défilés de prêt-à-porter ont lieu devant des invités triés sur le volet. Même si le prêt-à-porter est la branche bon marché de la haute couture, il n'en reste pas moins inabordable pour la majorité de la population. Il suffit pour s'en convaincre de traverser la Seine et d'aller faire un tour du côté de Saint-Germain-des-Prés, où les jeunes marques – de Prada à Martine Sitbon, Sonia Rykiel et Armani – se sont établies autour de Saint-Sulpice, non loin de chez Yves Saint Laurent, ce précurseur qui révolutionna la couture en 1966.
Mais comment met-on en pratique ce que l'on a appris, quand on n'a pas la chance d'être millionnaire ?
Comme toute Parisienne ordinaire : en se rendant dans un grand magasin, au Printemps, aux Galeries Lafayette ou Au Bon Marché, où l'on achètera sans hésiter… l'une de ces créations peu chères d'un styliste inconnu qui vous donnera ce « je ne sais quoi » en plus. Parions que ce sera une petite robe noire, fabriquée à des millions d'exemplaires et qui ne vieillit pourtant pas.

Coco Chanel (1883-1971), illustration de mode, 1923.

Le pont Alexandre III

Ce pont, sans aucun doute le plus élégant de Paris, fut achevé pour l'Exposition universelle de 1900 ; il célèbre par son nom et ses ornements l'amitié franco-russe scellée en 1892 entre le tsar Alexandre III et le président de la République Sadi Carnot. Cet arc d'acier surbaissé, supportant un tablier plat, relie l'avenue des Champs-Élysées à l'hôtel des Invalides et est orné de guirlandes et de lourds candélabres entourés de chérubins, dans le style Belle Époque. De part et d'autre des rives de la Seine ont été érigés deux puissants piliers d'angle surmontés de Renommées dorées et de chevaux ailés. Au pied de chacun, des allégories de la France à travers les âges y sont représentées : sur la rive droite, la France de Charlemagne et la France contemporaine ; sur la rive opposée, la France renaissante et la France du Roi-Soleil, Louis XIV. L'alliance entre la France et l'Empire russie est symbolisée par leurs armes ornant côte à côte le pont, avec des personnifications de la Seine et de la Neva.

Le Grand Palais

Le Grand Palais, entre la Seine et les Champs-Élysées, fut édifié à l'occasion de l'Exposition universelle de 1900.
Le toit – verrières et structures de fer et d'acier – reflète les capacités d'innovation de la technologie de l'époque. Conformément au goût antiquisant de l'époque, l'architecte Charles Girault dota cet édifice monumental d'une façade d'honneur en pierre. Les formes ornementales, d'une grande variété, renvoient pour leur part à l'époque de Louis XIV, le « Grand Siècle » du baroque. Le résultat est un monument impressionnant ; les colonnes ioniques jumelées de l'immense porche se prolongent sur chaque aile par une colonnade de 240 mètres de longueur. La statuaire – allégories des Arts et de la Paix surmontant les avant-corps, quadriges d'angle en cuivre – est représentative du style Belle Époque.
Le Grand Palais, qui a fait l'objet d'importants travaux de rénovation, abrite aujourd'hui le Palais de la découverte, les Galeries nationales du Grand Palais, qui accueillent des expositions temporaires, et la nef du Grand Palais dans laquelle sont organisées des foires comme la FIAC, grande Foire internationale d'art contemporain.

Le Petit Palais

Faisant face au Grand Palais, le Petit Palais fut exclusivement utilisé par la Ville de Paris après l'Exposition universelle de 1900. Charles Girault, chargé de l'élaboration des plans et de la réalisation des deux palais, fit du Petit Palais à lui seul un véritable résumé de l'éclectisme architectural qui sévissait à la fin du XIXe siècle : les emprunts habiles à des grands classiques de l'architecture comme la colonnade du Louvre, le dôme des Invalides ou la galerie des Glaces de Versailles donna un monument d'une extrême élégance et doté d'une remarquable façade. Un vaste perron conduit sous un grand porche cintré encadré de plusieurs colonnes ; leur riche ornementation est l'œuvre de treize sculpteurs, pour la plupart venant de l'École des beaux-arts ; conçue par Girault, une grille en fer forgé apporte en contrepoint une touche d'élégante légèreté.

La disposition et le décor du jardin intérieur semi-circulaire, entouré d'un péristyle orné de fresques de Paul Baudouin, élève de Pierre Puvis de Chavannes, donnent la même impression de luxuriance que l'architecture intérieure fascinante du Petit Palais : fresques du plafond de l'entrée et de la galerie principale, débauche de stucs, mains courantes des cages d'escalier décorées d'ornements floraux luxueux.

À la façon d'un château moderne, le Petit Palais n'a pas été construit pour un souverain mais à la gloire de l'Industrie, puis à celle des Arts.
Après l'Exposition universelle de 1900, les collections d'art – très hétérogènes – de la Ville de Paris furent installées au Petit Palais. Les qualités du nouveau bâtiment attirèrent de nombreuses donations et legs privés, qui donnèrent son vrai profil à la collection. Celle-ci s'enrichit ainsi de huit toiles de Gustave Courbet offertes par sa sœur Juliette et de la donation Zoubaloff (1916), comprenant des sculptures d'Aristide Maillol et d'Auguste Rodin, ainsi que des tableaux de Paul Cézanne et d'Auguste Renoir ; issus de la succession du célèbre marchand d'art Ambroise Vollard, ceux-ci figurent parmi les chefs-d'œuvre de la collection actuelle.
À côté du fonds de tableaux et de sculptures, le Petit Palais réunit également une vaste collection de dessins et de gravures. On y trouve en outre un département consacré aux arts décoratifs, dont des bijoux de Georges Fouquet, des vases d'Émile Gallé ainsi que la reconstitution complète d'une salle à manger d'après des croquis d'Hector Guimard, l'un des représentants majeurs de l'Art nouveau en France. Les collections datant du XIXe siècle offrent notamment un ensemble homogène, en harmonie étroite et réussie avec l'architecture du lieu.

L'Arc de triomphe de l'Étoile

Pareil à un colosse entouré d'un flot bruyant d'automobiles, l'Arc de triomphe se dresse en haut de l'avenue des Champs-Élysées, au centre de la place Charles-de-Gaulle, d'où rayonnent en étoile douze avenues. Comme celui, plus petit, du Louvre, il fut édifié à la gloire de la bataille d'Austerlitz. Napoléon Ier commanda dès 1806 ce monument, dont la construction dura trente ans. Le projet livré par Jean-François Chalgrin (1739-1811) présentait une idée originale : la reprise de l'arcade sur chaque face. Le monument, dont l'axialité se trouvait du même coup supprimée, s'accordait ainsi parfaitement à la forme ronde de la place. Dans les années 1830, on commanda à différents artistes plusieurs groupes de figures monumentales pour décorer l'Arc de triomphe : du côté est, *Le Départ des volontaires de 1792* de François Rude (1784-1855), dit aussi *La Marseillaise*, est certainement le plus célèbre et le plus réussi. François Rude met symboliquement en scène le départ des soldats défendant la Liberté et la Patrie à travers la révolte des Gaulois de Vercingétorix. En dépit de la relecture critique de l'époque napoléonienne par les générations qui suivirent, l'Arc de triomphe est demeuré un monument national régulièrement utilisé, à tort ou à raison, pour réaffirmer l'identité nationale. En 1885, la dépouille mortelle de Victor Hugo fut exposée durant deux nuits sous sa voûte ; en 1940, les troupes allemandes passèrent triomphalement sous l'Arc de triomphe pour pénétrer dans la ville ; quatre ans plus tard, la Libération par les troupes alliées était fêtée au même endroit. Après la Première Guerre mondiale, on édifia sous l'Arc de triomphe la tombe du Soldat inconnu – monument contre la guerre dont l'idée a été reprise depuis dans le monde entier.

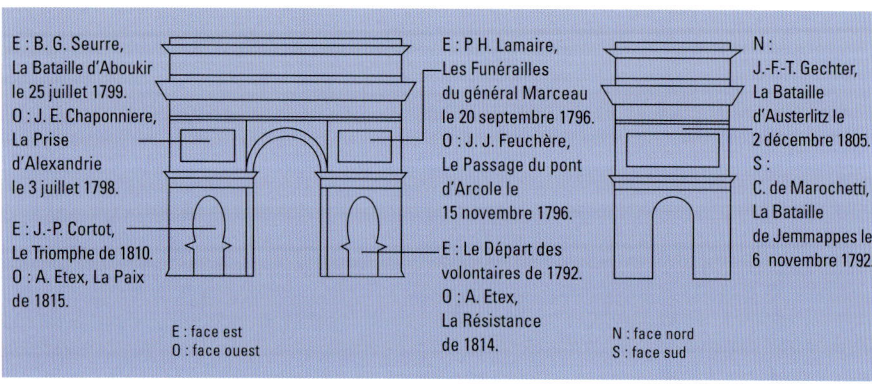

L'Axe historique II – du Louvre à La Défense

La Défense, p. 172 *sq.*

Arc de triomphe de l'Étoile, place Charles-de-Gaulle, p. 168 *sq.*

Champs-Élysées, p. 159 *sqq.*

Pont Alexandre III, p. 164

Grand Palais, 31, avenue du Général-Eisenhower, et Petit Palais, 1, avenue Winston-Churchill, p. 165 *sqq.*

La Défense

Bien que située à l'extérieur du boulevard périphérique, la ville-satellite de La Défense est le prolongement géographique et architectural de l'Axe historique est-ouest allant de la Pyramide du Louvre à la Grande Arche via l'Arc de triomphe de l'Étoile. La construction de la Grande Arche de la Défense, confiée par François Mitterrand à l'architecte danois Johann Otto von Spreckelsen, s'étendit de 1985 à 1989. Les années 1957 à 1959 avaient vu une première phase de construction sur ce terrain municipal jusqu'alors délaissé, avec la réa-

lisation d'un gigantesque hall d'exposition, le CNIT (Centre National des Industries et Techniques) ; avec sa voûte de béton reposant sur trois piliers et sa façade de verre, ce bâtiment représentait alors une innovation technologique. Dans les années 1960 s'y ajouta une série de hauts immeubles offrant à la capitale surpeuplée de nouveaux bureaux et logements, et censés détourner l'énorme trafic. Dans ce même but, un projet de développement qui datait de 1964 décida d'un plan de circulation souterrain et de la construction d'une dalle afin de soutenir l'architecture de surface ; on essaya d'adoucir le malaise provoqué par les gigantesques espaces vides de cette esplanade, peu accueillante, battue de courants d'air et disproportionnée, en y installant des sculptures, notamment de l'Américain Alexandre Calder et de l'Espagnol Joan Miró. Le quartier de la Défense se réduisit de plus en plus à une ville de bureaux et d'affaires. Aujourd'hui, vingt mille personnes y résident, tandis que cent mille s'y rendent tous les jours pour travailler dans l'une de ses tours. Dans les années 1970, la limitation à 100 mètres de hauteur pour les immeubles fut abandonnée ; ainsi jaillirent des constructions toujours plus hautes, dont la diversité de formes donne une bonne idée de l'évolution de l'architecture de la fin du xxe siècle. Quand les tours devinrent par trop visibles depuis le centre-ville, des critiques s'élevèrent pour déplorer l'enlaidissement de la périphérie de Paris. Jean Nouvel, la star des architectes, avait même imaginé une « tour sans fin » – un gratte-ciel de granit de 420 mètres de hauteur, dont la coupole de verre devait donner l'impression visuelle de se fondre dans le néant du ciel. Ce projet ayant été gelé, la Grande Arche constitue le clou et le repère final de cet Axe historique menant du cœur de Paris à son extrémité actuelle.

De l'opéra Garnier

au centre Pompidou

De l'opéra Garnier au centre Pompidou

Préoccupé par les dérives architecturales du XXe siècle, l'écrivain français Julien Green (1900-1998) notait dans son livre *Paris* (1983) que la beauté de Paris lui donnait parfois du souci, car il sentait combien elle est fragile et menacée. Au nombre de ces dérives, il comptait le bâtiment neuf du centre Pompidou. En fait, le Second Empire (1852-1870) avait déjà laissé de très importantes traces dans le tissu urbain. Autour de l'Opéra naquit sous Napoléon III le « Nouveau Paris », le nouveau quartier des Grands Boulevards où s'établirent cafés, restaurants et premiers grands magasins ;

Calèches devant l'opéra Garnier terminé, 1890.

unie par un même besoin de paraître, la société parisienne de la Belle Époque issue de la noblesse fortunée et de la grande bourgeoisie ne tarda pas à s'installer dans ces nouveaux quartiers. Le style néobaroque pompeux culmina dans l'édification de l'Opéra, aux emprunts à l'architecture de palais, qui fut considéré et salué à l'époque comme un chef-d'œuvre. En 1885, la déclaration de Charles Garnier, architecte du bâtiment, selon laquelle Paris ne doit pas devenir une usine mais rester un musée, est révélatrice de sa conception de l'historisme. Malgré tout, c'est aussi sous Napoléon III que surgirent les premiers édifices publics utilisant des matériaux innovants comme le verre et le fer : les Halles, construites par Victor Baltard, furent l'exemple même d'une architecture industrielle moderne où s'affirmait une esthétique nouvelle et fonctionnelle. Jusqu'à sa démolition en 1971, ce « ventre de Paris », selon l'expression d'Émile Zola, fut le centre et la vie même du quartier. Dans les années 1970, la culture remplaça le commerce pour animer le quartier Beaubourg : la construction controversée du centre Pompidou, qui ouvrit une gigantesque brèche dans le quartier médiéval, contribua à rendre Paris à sa vocation de capitale culturelle de l'Europe. Curieusement, l'histoire donna ainsi raison à Garnier : malgré son habillage extérieur qui le fait ressembler à une usine ou un laboratoire – on le désigne souvent sous le terme de « raffinerie de la culture » –, le centre Pompidou a contribué à déclencher le processus de muséalisation de Paris qui progresse depuis les années 1980 et se traduit par de nombreuses constructions et rénovations de musées.

Double page précédente : l'intérieur de la coupole de verre des Galeries Lafayette.

La Danse, *copie de* La Danse *(1869) de Jean-Baptiste Carpeaux, façade de l'opéra Garnier.*

De l’opéra Garnier au centre Pompidou

Opéra Garnier, place de l’Opéra, p. 180 *sq.*

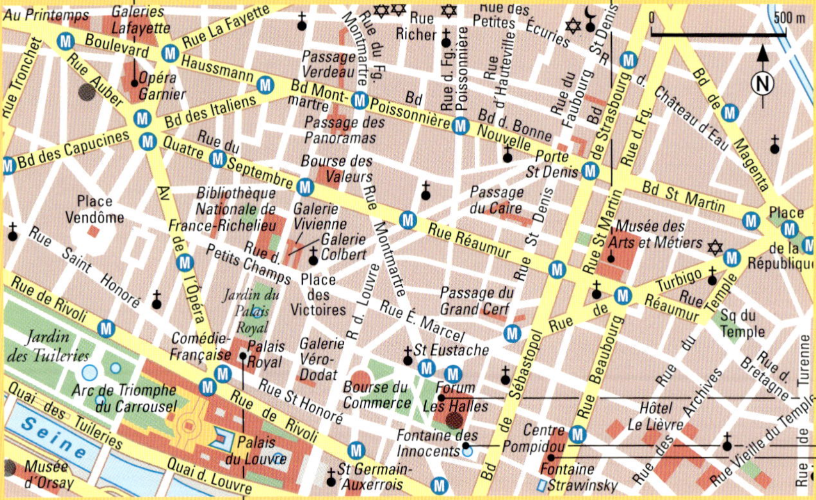

Palais-Royal, place du Palais-Royal, p. 197

Saint-Martin-des-Champs/musée des Arts et Métiers, 60, rue Réaumur, p. 219 *sqq.*

Forum des Halles, p. 208

Fontaine des Innocents, square des Innocents, p. 199

Centre Pompidou/musée national Art moderne, 19, rue Beaubourg, p. 210 *sqq.*

Autres curiosités :

1 Galeries et passages de Paris, p. 188 *sqq.*

2 Bibliothèque nationale de France/site Richelieu-Louvois, 58, rue de Richelieu, p. 192

3 Comédie-Française, place Colette, p. 193 *sqq.*

4 Place des Victoires, p. 198

5 Bourse du commerce, 2, rue de Viarmes, p. 199

6 Saint-Eustache, 2, rue du Jour, p. 206

7 Fontaine Stravinski, place Igor Stravinski, p. 218

L'opéra Garnier

Pratiquement aucun autre édifice de Paris n'est aussi révélateur du besoin de paraître d'une époque que le théâtre de l'Opéra, construit par l'architecte Charles Garnier (1825-1898) entre 1860 et 1875. Commandé par Napoléon III, qui venait d'échapper de justesse à un attentat devant l'Opéra du moment, rue Le Peletier, cet énorme bâtiment fut élevé au centre du nouveau quartier des affaires, le quartier Vendôme. Charles Garnier, alors encore inconnu, réussit à imposer son projet face à ceux de plus de cent concurrents, dont le célèbre architecte Viollet-le-Duc. Garnier créa un prestigieux édifice inspiré de l'architecture des châteaux de style baroque, abritant un incroyable luxe de décors et conçu pour en imposer de loin au visiteur : ce dernier est accueilli par une façade de palais néobaroque derrière laquelle s'élèvent une coupole, puis un fronton de pierre de forme triangulaire couronné d'une statue d'Apollon à la lyre, qui marque l'emplacement de la cage de scène.

La cage d'escalier

La célèbre cage d'escalier, qui prend avec le grand vestibule et les deux foyers beaucoup plus de place que le plateau et la salle de spectacle, révèle l'importance de l'opéra dans la vie sociale de la Belle Époque : on s'y montrait avec sa robe, on y échangeait nouveautés et ragots, on concluait des affaires ou on nouait des contacts amoureux. La débauche d'ors et de marbres de différentes teintes, la massive main-courante d'onyx, les grands candélabres et les statues monumentales des paliers de distribution – tel était le théâtre de l'orgueil bourgeois.

La salle de spectacle

Sous sa coupole de cuivre richement décorée, la salle de spectacle, solennellement habillée de rouge et d'or, abrite plus de deux mille places. Quatre étages de balcons offrent une vue optimale sur la scène – et surtout sur les autres spectateurs. Le plafond de la salle, peint par Chagall en 1964, évoque les monuments parisiens et les scènes d'œuvres musicales célèbres, telle le ballet du compositeur d'origine russe Igor Stravinski *L'Oiseau de feu*, dont la première eut lieu à l'opéra Garnier le 25 juin 1910, année de l'arrivée de Chagall à Paris.

Une époque de bouleversements – la transformation de Paris au Second Empire,

par Martina Padberg

« Le vieux Paris n'est plus [...] », se plaignait le poète Charles Baudelaire avec une pointe de mélancolie. Et dans son poème *Le Cygne*, publié en 1857 dans le célèbre recueil des *Fleurs du mal*, qui fit scandale, il ajoutait : « Le vieux Paris n'est plus (la forme d'une ville/Change plus vite, hélas ! que le cœur d'un mortel). »
Cette sentence aux accents conservateurs, que l'on a peine à attribuer à Charles Baudelaire, ce grand explorateur de la modernité, reflète les sentiments de sa génération. Il faut dire qu'en l'espace des quelques années qui ont succédé au coup d'État et au couronnement de l'empereur Napoléon III (1851-1852), il a assisté, avec ses contemporains, à la disparition rapide et inexorable du vieux Paris.
Entre 1853 et 1870, l'empereur, adepte convaincu du progrès, et son préfet Georges-Eugène Haussmann (1809-1891) donnèrent à la capitale un nouveau visage, que l'on retrouve encore largement aujourd'hui. Ils firent ouvrir des axes brachiaux dans la structure touffue des quartiers de la ville ; ces mesures, qui comprirent la démolition d'environ vingt-cinq mille bâtiments et la construction de quelque quarante mille maisons nouvelles, transformèrent radicalement l'aspect de Paris, en faisant une métropole moderne et adaptée aux nouvelles exigences fonctionnelles et esthétiques. Ancien ingénieur militaire, le baron Haussmann conçut et mit en œuvre ces vastes projets urbanistiques avec une rigueur toute militaire. Un décret spécial d'annexion lui fournit l'instrument nécessaire pour la prompte expropriation des propriétés, sans autres formalités bureaucratiques. Sous l'égide de Napoléon III, qui avait rapporté

Adolphe Yvon, Napoléon III remettant au baron Haussmann le décret d'annexion des communes limitrophes, *huile sur toile, vers 1865, musée Carnavalet, Paris.*

de son exil en Angleterre de nombreuses idées en matière d'urbanisme, et avec l'aide d'une équipe d'experts choisis, un énorme processus de transformation de la ville fut mis en œuvre en un temps record. Paris tout entier se changea en un gigantesque chantier. Haussmann fut l'objet de violentes critiques de la part de ses contemporains, y compris des intellectuels – critiques qui continuent en partie d'empreindre le jugement que l'on porte sur son œuvre. Les Parisiens se sentaient étrangers dans l'univers qui naissait et ressentaient la perte de leur monde familier. « Je suis étranger à ce qui vient, à ce qui est, comme à ces boulevards nouveaux sans tournant, sans aventures de perspective, implacables de ligne droite, qui ne sentent plus le monde de Balzac, qui font penser à quelque Babylone américaine de l'avenir », note les frères Goncourt dans leur *Journal*, le 18 novembre 1860.

Inauguration solennelle du boulevard Haussmann, 1927.

Pour pouvoir restituer ces critiques difficiles à comprendre aujourd'hui, il faut garder présent à l'esprit qu'à peine dix ans plus tôt, Paris était encore une ville à l'atmosphère moyenâgeuse. Le développement de la ville, étranglée par la barrière d'octroi et ses soixante pavillons édifiés sous Louis XVI aux alentours de 1785 pour lever des taxes sur les marchandises entrantes, n'avait pu suivre l'expansion démographique. De nombreux quartiers, aux ruelles étroites et sombres, aux constructions serrées, étaient totalement surpeuplés : chaque mansarde, chaque trou de cave était habité. Au milieu du XIXe siècle, le nombre d'habitants avait dépassé la barre du million ; et ce nombre continua à progresser si rapidement – essentiellement du fait de l'immigration des provinciaux – qu'en 1881 il atteignait déjà les deux millions. Parallèlement, les conditions de vie se détériorèrent radicalement ; partout régnaient la maladie, la misère et le crime. *La Cousine Bette*, roman d'Honoré de Balzac paru en 1846, dépeint ainsi un quartier misérable proche du Louvre, donc en plein centre-ville : « Les ténèbres, le silence, l'air glacial, la profondeur caverneuse du sol concourent à faire de ces maisons des espèces de cryptes, des tombeaux vivants. Lorsqu'on passe en cabriolet le long de ce demi-quartier mort [...], l'âme a froid, l'on se demande qui peut demeurer là, ce qui doit s'y passer le soir, à l'heure où cette ruelle se change en coupe-gorge, et où les vices de Paris, enveloppés du manteau de la nuit, se donnent pleine carrière. » Sale, pestilentiel et dangereux – est-ce bien là « le monde de Balzac » dont parlaient les Goncourt ? C'était en tout cas la réalité parisienne. Presque tous les habitants, par exemple, puisaient directement l'eau pour la boisson ou les besoins du ménage dans la Seine ou dans des puits contaminés par les grands cimetières de l'intérieur de la ville. Il n'est donc guère étonnant qu'aient encore éclaté, en 1832 et 1849, des épidémies de choléra qui firent de nombreuses victimes, surtout dans les vieux quartiers. Les premiers objectifs urbanistiques du préfet Haussmann, lors de sa prise de fonction en 1853, furent donc l'alimentation en eau de la ville par un système performant de canalisations, l'éclairage des rues la nuit, gage d'une meilleure sécurité, et la construction de rues plus larges pour accueillir l'énorme accroissement du trafic.

Coupe d'une rue de Paris et de son sous-sol, eau-forte, non datée, musée Carnavalet, Paris.

« Le nouveau Paris »

Haussmann ouvrit des dégagements radicaux dans la structure de la ville. Partout on se mit à démolir et à creuser ; pendant des années, la ville fut plongée dans la poussière et les décombres. Des saignées furent ouvertes dans le labyrinthe des anciens quartiers, à la réalité sociale complexe. Le préfet de Paris n'y alla pas de main morte : les constructions médiévales serrées, de l'île de la Cité notamment, furent pour ainsi dire entièrement rasées. Seuls restèrent, solitaires, des monuments majeurs comme Notre-Dame, la Conciergerie, le Palais de Justice et la Sainte-Chapelle. Sur la rive droite de la Seine apparut un réseau de larges boulevards et d'avenues encadrés d'une rangée continue de maisons de rapport à cinq étages, demeurées typiques de Paris ; ces axes de circulation fonctionnels reliaient entre elles les gares situées à la périphérie.

Le mouvement, l'anonymat et la foule caractérisant la vie citadine apparurent avec plus d'intensité que jamais dans les nouvelles places couvertes, les boulevards, les gares, les grands magasins et les champs de course. L'impression de se métamorphoser, dans la métropole, en un passant anonyme se mouvant dans un univers monstrueusement rapide, détaché de tout contrôle social – mais aussi de tout réseau social identifiable – était une expérience nouvelle pour les habitants, à la fois source d'angoisse et d'inspiration. Après avoir entonné un chant d'adieu au vieux Paris, le poète Charles Baudelaire salua l'univers moderne de la grande ville et de ses promeneurs, dont le peintre Édouard Manet et le cercle d'impressionnistes gravitant autour de Claude Monet se firent les portraitistes. Mais l'écrivain et chroniqueur le plus important de ce tournant de siècle fut sans conteste Émile Zola (1840-1902), dont les romans brossent avec précision et acuité le tableau de la société parisienne sous le Second Empire. Le spéculateur avide, la cocotte tombée en disgrâce, le banquier corrompu et la pauvre servante – autant de personnages qui peuplent les livres d'Émile Zola et illustrent le double visage de l'ère haussmannienne : d'un côté, la création d'une ville offrant à ses habitants des possibilités d'ascension insoupçonnées ; de l'autre, la paupérisation accrue des masses repoussées des quartiers d'habitations rénovés et chics vers la périphérie – par exemple le quartier de Montmartre, encore situé en-dehors de l'enceinte de la ville.

À l'inverse, les Grands Boulevards entourant l'Opéra devinrent vite la scène officielle du

Élévation d'une maison haussmannienne typique du Second Empire, gravure sur cuivre, 1858.

« Nouveau Paris », l'artère de promenade d'un flot humain intarissable. C'est là que s'installèrent les cafés, les restaurants, les théâtres et les établissements de variétés dans lesquels se montrait la société parisienne. Autour de ce monde rupin se pressait le demi-monde des parasites, des parvenus, des filles de joie mais aussi des écrivains et artistes qui attendaient désespérément de percer. Dans son roman *Au bonheur des dames*, publié en 1883, Émile Zola dépeint la déstabilisation permanente de l'individu, du fait ici de l'apparition des grands magasins. Le modèle en fut sans aucun doute le magasin Au Bon Marché, fondé en 1852 par Aristide Boucicaut ; doté en 1876 d'un habillage moderne de fer et de verre réalisé par Gustave Eiffel, il peut être considéré comme le prototype des grands magasins actuels. Pour la première fois, les clients pouvaient librement circuler entre les rayons, examiner les articles et s'informer par eux-mêmes des prix, dont l'affichage était une nouveauté. Le dialogue avec un vendeur était remplacé par une présentation suggestive des marchandises dans un décor surchargé et une architecture imposante ; avec ses coupoles de verre, ses orgueilleux escaliers, ses tribunes circulaires et ses cours intérieures, le magasin rappelait un théâtre ou une église. C'est surtout la clientèle féminine qui était invitée à se perdre dans le paradis artificiel et luxueux des grands magasins et dans la foule anonyme des consommateurs pour céder à la séduction et s'abandonner sans limite à ses secrètes envies. Il s'agissait de satisfaire « au bonheur des dames », car comme l'écrit Émile Zola dans son roman éponyme de 1883, « c'était la femme que les magasins [...] prenaient au continuel piège de leurs occasions, après l'avoir étourdie devant leurs étalages. » C'est l'abondance de l'offre qui crée désormais le besoin de posséder – un renversement complet de la relation traditionnelle entre l'acheteur et le vendeur. L'idée de la démocratisation de la consommation était née, les chiffres d'affaire ne cessèrent plus de grimper. Ce sont précisément les classes les plus modestes qui se précipitèrent dans ces nouveaux temples de la consommation qui ouvraient désormais les uns à la suite des autres. Les plus grands magasins et les plus connus étaient Le Prin-

Les Galeries Lafayette, vers 1900.

Camille Pissarro (1830-1903), L'avenue de l'Opéra et le Théâtre français, *huile sur toile, 1898, musée Saint-Denis, Reims.*

temps (1865), La Samaritaine (1869) et les Galeries Lafayette (1896), maisons qui remportent encore aujourd'hui un franc succès.

À travers ces imposantes œuvres d'art totales à but exclusivement mercantile, la société de la Belle Époque s'était créé un lieu symbolique à son image. Le bouleversement des valeurs si sensible à cette époque faisait effectivement penser à cette Babylone américaine futuriste que nous avons déjà citée. De nos jours, nous regardons le Paris du XIXe siècle, dans sa patine noircie, à travers les lunettes de la nostalgie. Paris demeure un ensemble grandiose, témoin d'une époque qui fit date dans l'irrésistible et victorieuse ascension de la modernité.

La galerie Colbert et la galerie Vivienne

Les passages couverts sont une invention toute parisienne. Réalisés pour la plupart d'entre eux entre 1820 et 1840, ils permettaient – grâce aux nouvelles structures métalliques et aux réverbères à gaz – de pouvoir se promener et d'effectuer ses achats sans se soucier des intempéries ni de l'heure du jour. À l'abri de la circulation et de la pollution des rues, les galeries aux toits de verre de la rive droite de la Seine (plus de 120, la galerie Colbert et la galerie Vivienne comptant certainement parmi les plus belles réalisations) devinrent le lieu de rendez-vous de la bourgeoisie aisée parisienne. L'atmosphère particulière de ces galeries abritant la vie citadine de la société de consommation tout juste naissante devint rétrospectivement un mythe. Impressionné par la destruction galopante des passages de Paris, l'écrivain surréaliste Louis Aragon leur rendit hommage dans son roman *Le Paysan de Paris*, paru en 1926. L'Allemand Walter Benjamin, qui s'établit à Paris à partir de 1927, perpétua le mythe dans un célèbre ouvrage resté inachevé, *Le Livre des passages*. Il y décrivait les galeries comme une « salle de séjour du flâneur », dans lesquelles l'on s'adonne collectivement à l'adoration fétichiste de la marchandise. Mais quand ce texte parut, tout cela appartenait déjà au passé : dès le milieu du XIXe siècle, passages et galeries avaient en effet été supplantés par les nouveaux grands magasins. Beaucoup de ces passages furent ensuite détruits ou se délabrèrent tout simplement. Il fallut attendre le renouveau d'intérêt pour le XIXe siècle et son architecture pour que les passages encore conservés puissent être réhabilités. Ainsi, grâce à eux, le visiteur peut encore éprouver l'élégance et la beauté d'une époque aujourd'hui disparue.

Les galeries et passages couverts de Paris

Passage Jouffroy

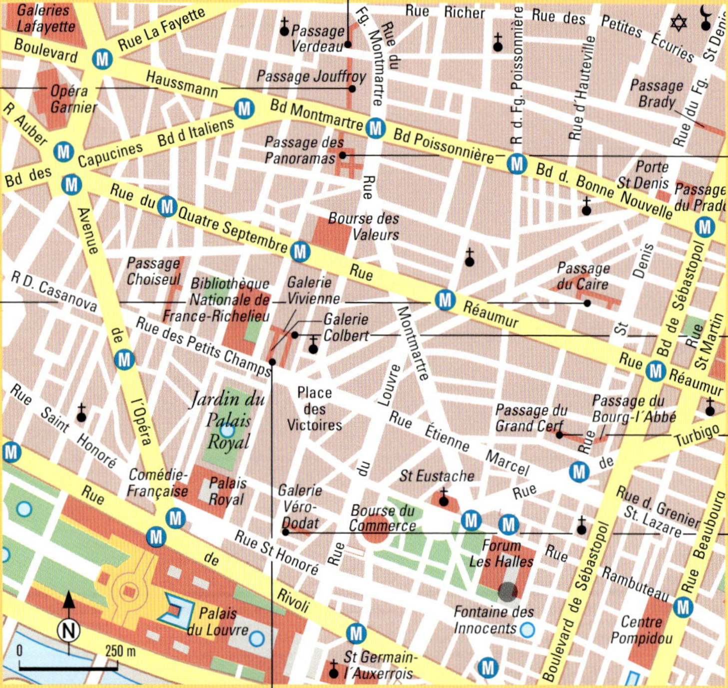

Passage du Caire

Galerie Colbert, p. 188

Passage Verdeau

Passage des Panoramas

Galerie Vivienne, p. 188

Passage du Grand-Cerf

Galerie Véro-Dodat

La Bibliothèque nationale de France et le site Richelieu-Louvois

Même après le déménagement du fonds de la Bibliothèque nationale dans les nouveaux locaux des bords de Seine en 1996, le site de la rue de Richelieu réserve encore d'intéressantes découvertes dans une ambiance chargée d'histoire. On peut y admirer, sur accréditation, de précieuses collections de manuscrits et codex, des estampes, cartes, plans, médailles et monnaies. La fameuse Salle de lecture (1868), l'une des plus élégantes constructions voûtées d'Henri Labrouste (1801-1875), est remarquable par ses hautes et vastes dimensions ainsi que par la finesse des seize colonnes cannelées supportant ses coupoles habillées de carreaux de faïence. Les fenêtres en arceau s'harmonisent avec les archivoltes peintes des arcades, qui donnent l'illusion d'une forêt. C'est dans cette « forêt », image de la nature venant équilibrer le monde de la raison, qu'ont travaillé entre autres Gustave Flaubert, James Joyce et Walter Benjamin.

La Comédie-Française – du théâtre de cour au théâtre d'État,

par Nicole Colin

Pierre Mignard, Molière dans le rôle de César,
huile sur toile, collections de la Comédie-Française, Paris.

Plus ancienne compagnie de théâtre permanente en Occident, la Comédie-Française est le cœur de la vie théâtrale française depuis déjà plus de trois siècles. Les rois de France avaient très tôt reconnu dans la scène un merveilleux instrument politique pour s'assurer influence et prestige : dès 1641, le roi Louis XIII apporte son appui financier au théâtre de l'hôtel de Bourgogne et découvre les avantages du théâtre subventionné, auquel l'État offre une liberté artistique encadrée.

Le véritable père de la Comédie-Française est Molière (1622-1673) – Jean-Baptiste Poquelin pour l'état civil –, acteur, metteur en scène, dramaturge et directeur de théâtre. Après treize années de tournées passées en province, Molière revient à Paris en 1658 et fait un tabac dans la capitale avec ses comédies acérées. Louis XIV engage sa troupe, dont la première représentation est un triomphe. C'est avant tout à l'observation

Edmond Geffroy, Les Sociétaires de la Comédie-Française, *huile sur toile, 1840, collections de la Comédie-Française, Paris.*

précise de la réalité que les pièces de Molière doivent leur côté presque avant-gardiste. Convaincu que la passion l'emporte sur la raison, Molière se détache de l'idéalisme chrétien qui présente les côtés obscurs de la nature humaine comme une tragédie ; ses pièces font rire, sans illusion, de l'homme tel qu'il est, sans distinction.

Cependant, il peut sembler paradoxal qu'au siècle de l'absolutisme, les satires sociales et de caractères des pièces de Molière aient été subventionnées par la monarchie. Mais à y regarder de plus près, il s'agit là d'une habile manœuvre de diversion : riant sans contrainte, le public s'invente une liberté dont il ne dispose pas en réalité. Et malgré toutes leurs railleries, les pièces de Molière obéissent aux règles du théâtre d'éducation. Même si l'élégant public s'irrite souvent de voir les excès de la noblesse démasqués sous ses yeux, le monarque ne se lasse pas de s'amuser aux dépens de sa cour, et partage généralement l'allégresse du parquet debout.

Après la mort de Molière, sa troupe s'associe à celle du théâtre du Marais et se produit sous le nom de « théâtre du Guénégaud ». C'est une époque de fructueuse concurrence et d'actifs échanges d'idées, notamment avec le théâtre de l'hôtel de Bourgogne. Le 18 août 1680 vit la naissance de la Comédie-Française : Louis XIV ordonna par décret la fusion des deux troupes rivales en une « troupe unique du Roi », qui prit en 1689 le nouveau nom de « théâtre de la Comédie-Française ». De nos jours, comme il y a trois cents ans, la spécificité de la Comédie-Française repose sur son fonctionnement particulier : il s'agit en effet d'une société d'acteurs qui est dirigée par trente membres permanents, les sociétaires, également acteurs, engagés à vie et bénéficiant d'une participation aux bénéfices. Le titre de sociétaire est une distinction particulière, qui peut s'apparenter à un titre de noblesse.

Avec quelque deux cent cinquante représentations et deux cent cinquante mille spectateurs par saison, la Comédie-Française surpasse tous les autres théâtres de France. Même si, selon ses propres indications, sa programmation englobe « toute la littérature existante », un coup d'œil dans les statistiques internes montre que la Maison se sent avant tout obligée envers le théâtre français. À côté des Racine, Corneille et Marivaux, Molière, dont le nom ne doit pas manquer d'apparaître à chaque saison, demeure l'incontesté favori. Ainsi, entre 1680 et 1980, on dénombre pas moins de trente mille représentations de ses comédies ; la pièce *Tartuffe* a été jouée à elle seule plus de trois mille fois dans des mises en scènes toujours nouvelles. Les pièces étrangères occupent un rang nettement subalterne par rapport aux pièces « nationales ». Il fallut attendre les années 1970 pour que des auteurs tels que Bertolt Brecht, Samuel Beckett ou August Strindberg soient adoptés au répertoire.

En dépit de metteurs en scène remarquables sur le plan artistique et de brillants acteurs, la Comédie-Française n'est plus depuis longtemps un lieu d'innovation et d'événements théâtraux. Étroitement attachée à un public d'habitués, les « citoyens spectateurs », la Comédie-Française s'en tient à un style de mise en scène essentiellement conservateur. Symbole de la culture bourgeoise, la Comédie-Française, dont la place se situe entre le théâtre avant-gardiste et le théâtre de boulevard, ne se considère pas seulement comme l'un des cinq théâtres nationaux (Comédie-Française, Chaillot, Odéon, Colline, Strasbourg) mais purement et simplement comme « le » théâtre de la nation française.

Théâtre des Variétés, XIXe siècle, Bibliothèque nationale de Paris.

Le Palais-Royal

Puissant homme d'État, le cardinal de Richelieu (1585-1642) se fit construire par Jacques Lemercier (1585-1654), entre 1634 et 1639, un palais près du Louvre qu'il légua à la Couronne a sa mort. Lorsque la régente Anne d'Autriche s'y installa avec le dauphin de cinq ans, le futur roi Louis XIV, le château prit le nom de Palais-Royal ; nom qu'il conserva par la suite, même si aucun roi n'y résida plus – le Roi-Soleil l'ayant donné à son frère, le duc d'Orléans. Totalement transformé au cours du XVIIIe siècle, le Palais-Royal resta ensuite dans la branche cadette de la famille des Bourbons. Afin d'éponger ses dettes, Louis-Philippe d'Orléans, futur roi Louis-Philippe Ier, alors propriétaire, loua les ailes aux arcades caractéristiques, qui furent réalisées entre 1780 et 1784 par l'architecte Victor Louis et que peut encore admirer. La police n'avait pas accès au Palais-Royal, qui resta une propriété privée des ducs d'Orléans ; le site devint ainsi l'un des plus brillants rendez-vous de Paris ; ses cafés, théâtres, salles de jeu mais aussi maisons closes accueillirent la population élégante et moins élégante de la capitale. C'est dans ce palais que s'établirent avant la Révolution française les clubs de conspirateurs politiques, ici qu'eurent lieu leurs débats. Rien d'étonnant donc si le révolutionnaire Camille Desmoulins appela à la prise de la Bastille, le soir du 13 juillet 1789, depuis les jardins du Palais-Royal, et si la Révolution française en partit.

Dans l'ancienne cour d'honneur du palais se dressent aujourd'hui les deux cent soixante colonnes tronquées de l'artiste contemporain Daniel Buren ; cette œuvre, réalisée en 1986, reprend avec un brin d'ironie le rythme de la colonnade originelle (1829) de Pierre Fontaines.

Lieu d'exposition de sculptures contemporaines, les jardins du Palais-Royal abritent notamment des œuvres des artistes George Segal et Magdalena Abakanowicz.

La place des Victoires

Sur la place des Victoires, autre place royale, se dressait autrefois l'une des plus spectaculaires statues de Paris. Comme beaucoup d'autres, celle-ci fut fondue à l'époque de la Révolution. Haute de plus de 4 mètres, cette statue de bronze représentant le roi Louis XIV, érigée en 1686 sur un socle de 7 mètres de hauteur, était illuminée chaque nuit par des torches. Un riche programme iconographique comprenant reliefs et inscriptions célébrait la gloire du souverain, héroïque vainqueur de la Triple-Alliance – Allemagne, Espagne et Pays-Bas. Ce projet, qui n'avait pas été financé par le roi lui-même mais par l'un de ses fidèles, le maréchal de La Feuillade, entraîna la ruine de celui-ci et la perte de sa propre demeure, démolie en un tournemain par l'architecte de la place, Jules Hardouin-Mansart (1646-1708), pour laisser place à des constructions plus homogènes. À l'origine fermée et en fer à cheval, la place des Victoires fut profondément modifiée au cours du XIXᵉ siècle. Seules quelques maisons ont conservé leurs façades authentiques, avec leurs arcades de pierre brute au rez-de chaussée, leur élévation à deux étages dotés d'énormes pilastres ioniques et leurs toits mansardés. La statue équestre actuelle de de François Joseph Bosio date pour sa part de 1822 et représente Louis XIV.

Histoire

52 av. J.-C. : avancée des troupes romaines contre Lutèce, abandon de la cité par ses habitants. Lutetia reste une colonie romaine pendant trois siècles.

Clovis, roi mérovingien vainqueur de l'armée du dernier gouverneur romain en France, transfère sa résidence à Paris en 508.

Construction sous Philippe II Auguste (1180-1223) du Louvre médiéval, partie des fortifications de Paris.

Louis IX ou Saint Louis (1226-1270) fait construire la Sainte-Chapelle, chapelle palatine et reliquaire.

Charles V le Sage (1364-1380)

Guerre de Cent Ans (1337-1453)

François Ier (1515-1547)

Nuit de la Saint-Barthélémy (24 août 1572) : massacre de milliers de huguenots

Henri IV (1589-1610)

Louis XIII (1610-1643)

Louis XIV (1643-1715)

Prise de la Bastille le 14 juillet 1789 : début de la Révolution française.

0 — 1000 — 1300 — 1500 — 1600 — 1700

Architecture

Thermes gallo-romains de Lutèce du musée de Cluny (Ier-IIIe siècles)

Notre-Dame (pose de la première pierre en 1163)

Sainte-Chapelle (1245-1248)

Donjon du château de Vincennes (XIVe siècle)

Tour Saint-Jacques (1508-1522)

Le Louvre, aile Pierre Lescot (1548-1553)

Pont-Neuf (1578-1604)

Place des Vosges, (inaugurée en 1612)

Palais-Royal (1634-1639)

Château de Versailles (à partir de 1662)

Panthéon (1764-17

Peinture

Fragment de vitrail de la Sainte-Chapelle (vers 1200), musée de Cluny

Rosace de Notre-Dame, façade nord (vers 1250)

Jan Van Eyck, *La Vierge au chancelier Rolin* (vers 1435), Louvre.

Tapisserie de *La Dame à la licorne* (vers 1485-1500), musée de Cluny

Léonard de Vinci, *La Joconde* (1503-1506), Louvre

Le Greco, *Le Christ en croix adoré par deux donateurs* (vers 1585-1590), Louvre

Le Caravage, *La Diseuse de bonne aventure* (vers 1594-1595), Louvre

Nicolas Poussin, *Les Bergers d'Arcadie* (vers 1638-1640), Louvre

Jean-Antoine Watteau, *Pierrot* (autrefois *Gilles*) (vers 1718-1719), Louvre

Jacques-Louis David, *Le Serment des Horaces* (1784), Louvr

Sculpture

Pilier des nautes (entre 14 et 37 ap. J.-C.), musée de Cluny

Statue d'Adam, Notre-Dame (vers 1260), musée de Cluny

Charles V le Sage, sculpteur inconnu (vers 1375), Louvre

Tombeau de Philippe Pot (dernier quart du XVe siècle), Louvre

Michel-Ange, *Captif* (« *L'Esclave mourant* »), tombeau de Jules II, (1513), Louvre

Germain Pilon, *Mater dolorosa* (vers 1586), Louvre

Façade du corps de logis de l'hôtel de Sully (1626)

Le Bernin, *Le Cardinal de Richelieu* (1640), Louvre

Sculptures baroques de la cour Marly au Louvre

Colonne Vendôm place Vendôme (18

Civilisation

Manuscrit Renaissance du *De bello gallico* de César, mentionnant l'*oppidum Lutetia Parisiorum*.

À partir de 1137, reconstruction de Saint-Denis, nécropole des rois de France de 839 à 1824.

Au XIIIe siècle, les écoles de théologie s'associent : naissance de l'Université.

Ingres, *Jeanne d'Arc au sacre du roi Charles VII* (1854), Louvre

François Villon (1431-1463), poète vagabond qui employa dans ses vers la langue du peuple et des malandrins.

L'école de Fontainebleau est influencée par le maniérisme italien : *Diane chasseresse* (vers 1550-1560), Louvre.

L'édit de Nantes met fin aux guerres de religion qui déchirent la France (1598).

Fondation de l'Académie française (1635) par le cardinal de Richelieu

Voltaire (1694-1778), philosophe, homme de lettres et représentant des Lumières

Parution du premier volume l'*Encyclopédie* de Diderot (1

La Bourse du commerce

Édifiée en 1887 par Paul Blondel en bordure du marché central, à l'emplacement de l'ancien hôtel de la reine – palais appartenant à Catherine de Médicis –, la rotonde de la Bourse du commerce englobe dans ses murs une partie de l'ancienne Halle au blé construite en 1767, au temps de Louis XIV. La coupole de métal et de verre de la Bourse du commerce rappelle également la spectaculaire coupole métallique de 40 mètres de portée dont avait été dotée en 1811 la cour intérieure de l'ancien bâtiment. Devant la façade se dresse l'ancienne colonne astronomique du palais, dit plus tard « hôtel de Soissons ».

La fontaine des Innocents

Cette petite fontaine en forme de temple, située sur la place des Innocents, faisait autrefois partie du cimetière attenant à l'église des Saints-Innocents. Sa loggia, qui ne comportait à l'origine que trois arcades, permettait à quelques personnalités privilégiées d'assister aux défilés. Édifiée en 1549 par Pierre Lescot, l'un des architectes du Louvre, elle fut décorée par Jean Goujon de bas-reliefs représentant des naïades.

Page suivante : Jean Limbourg, Herman Limbourg, Barthélemy d'Eyck, La Sainte-Chapelle et le palais de la Cité vus du bord de la Seine. Mois de juin du calendrier *Les Très Riches Heures du duc de Berry*, enluminure sur parchemin, 29 x 21 cm, vers 1450, musée Condé, Chantilly.

Histoire

799 : coup d'État et arrivée
u pouvoir de Napoléon Ier,
ouronné empereur en 1804.

Napoléon III
(1852-1670)

Maximilien Luce,
Une rue à Paris en mai 1871
ou *La Commune*, musée
d'Orsay

Affaire Dreyfus :
l'injuste condamnation
d'un officier juif
provoque la plus grave
crise politique intérieure
de la Troisième
République (1894).

Le traité de Versailles
(28 juin 1919) met fin
à la Première Guerre
mondiale.

Libération de Paris, août 1944

François
Mitterrand,
président
de la France
(1981-1995)

1800 **1900** **1950** **2000**

Architecture

ue de Rivoli
801-1855)

Arc de triomphe
de l'Étoile
(1806-1636)

Gare du Nord
(1861-1865)

Salle de lecture
de la BNF (1868), site
Richelieu-Louvois

Opéra Garnier (1860-1875)

Tour Eiffel (1889)

Intérieur des Galeries
Lafayette (1904-1906)

Sacré-Cœur,
(consacré
en 1919)

Palais de Chaillot (1937)

Palais de l'Unesco
(1958)

Centre
Pompidou
(1977)

Nouvelle Bibliothèque
de France, site
F. Mitterrand (1995)

Peinture

héodore Chassériau,
a Toilette d'Esther
1841), Louvre

Gustave Courbet, *Un enterrement à Ornans*
(1849-1850), musée d'Orsay

Édouard Manet,
Le Déjeuner sur l'herbe,
(1863), musée d'Orsay

Pierre-Auguste Renoir,
Bal du moulin de la Galette,
(1876), musée d'Orsay

Vincent Van Gogh,
*La Chambre de Van Gogh à
Arles* (1889), musée d'Orsay

Pablo
Picasso,
Autoportrait
(1901),
musée
Picasso

Claude Monet, *Les
Nymphéas* (1916-1919),
musée Marmottan

Sculpture

ase mille fleurs, art
hinois (XVIIIe siècle),
usée Guimet

Allée de sculptures
(vers 1850) de la grande
nef, musée d'Orsay

Jean-Baptiste Carpeaux,
Ugolin et ses fils (1862),
musée d'Orsay

Auguste Rodin, *L'Âge
d'airain* (1875-1876),
musée Rodin

Edgar Degas, *Petite Danseuse
de 14 ans* (1880-1881),
musée d'Orsay

Niki de Saint-Phalle
et Jean Tinguely,
Fontaine Stravinski
(1982-1983)

Colonnes de Daniel Buren,
cour d'honneur du Palais-
Royal (1986)

Civilisation

e jardin des Plantes, nom du Jardin
oyal après la Révolution, devient
u XVIIIe siècle un important centre
e recherches.

La transformation de Paris :
entre 1853 et 1870, Napoléon III
fait moderniser la ville par le
baron Haussmann, sans égards
pour les structures existantes.

Les passages couverts
ont marqué l'image de
Paris jusqu'à nos jours.

Mort de Victor Hugo
(1885)

Ouverture de la première ligne
de métro pour l'Exposition
universelle de 1900

Art Nouveau : Alfons
Mucha, décor pour la
bijouterie Fouquet (1900),
hôtel Carnavalet.

Édith Piaf (1915-1963)

Les existentialistes
français font
de la philosophie
existentialiste un
large mouvement
culturel.

André Malraux,
écrivain et ministre
des Affaires culturelles
(1959-1969)

Christo et Jeanne-Claude,
Emballage du Pont-Neuf
(1985)

Saint-Eustache

La construction de l'église paroissiale du quartier des Halles s'étendit sur plus d'un siècle, entre 1532 et 1640 ; on ne connaît pas le nom de l'architecte qui conçut cet édifice hésitant entre gothique et Renaissance. Avec une nef à cinq travées, le plan s'inspire nettement de celui de la cathédrale Notre-Dame, y compris pour ce qui est des dimensions, à peine moindres. La structure de la façade sud, ornée de contreforts, d'une rosace et divisée en trois niveaux (chapelles, bas-côté et nef centrale), rappelle également ce fameux modèle du gothique. La façade occidentale est un ajout du XVIIIe siècle.

Intérieur

C'est surtout dans l'ornementation intérieure qu'apparaît le nouveau style Renaissance. Les piliers porteurs de la nef centrale sont ainsi formés d'une superposition de colonnes ioniques, pilastres cannelés d'ordre ionique et colonnes corinthiennes lisses. Sont aussi remarquables les chapiteaux composites des piliers et le réseau de nervures décorant la voûte. Fortement endommagée à la Révolution, la riche décoration intérieure a pu être réalisée grâce au soutien de commerçants aisés, de corporations et de la noblesse. Citons entre autres exemples le tombeau de Jean-Baptiste Colbert (1619-1683), œuvre d'Antoine Coysevox, ou encore, dans l'une des chapelles nord, le triptyque de Keith Haring (1958-1990) dont les silhouettes épurées sont propres à l'artiste. Et le groupe sculpté polychrome que l'on doit à Raymond Mason évoque le départ des commerçants du quartier avant la démolition des anciennes Halles (1969).

Page précédente : Barthélemy d'Eyck, Le Louvre vu des bords de la Seine. Mois d'octobre du calendrier *Les Très Riches Heures du duc de Berry*, enluminure sur parchemin, 29 x 21 cm, vers 1450, musée Condé, Chantilly.

Le forum des Halles

Malgré sa verdure, le grand rectangle à l'extrémité duquel se dresse le forum des Halles paraît vide et rappelle encore la blessure laissée dans la ville par la démolition, dans les années 1970, des vieilles halles de Victor Baltard (1805-1874). Après de longs débats sur la reconstruction de cet emplacement de choix du centre-ville, Jacques Chirac, alors nouveau maire de la capitale, fit exécuter le projet des architectes George Pencreac'h et Claude Vasconi, qui fut achevé en 1979. Avec les « baleines » d'acier de ses verrières en partie ouvrantes, le forum des halles est censé rappeler les « parapluies » de fer des anciennes halles du marché, mais son architecture n'est pourtant pas convaincante. Il abrite également un centre commercial souterrain de plusieurs étages.

Les Halles, ventre de Paris,

par Marina Padberg

Le roi Louis-Philippe Ier, au milieu du XIXe siècle, prit personnellement en main la réfection du marché central de Paris, dont il chargea de la réalisation l'architecte Victor Baltard. Celui-ci réalisa, conformément aux goûts de l'époque, un massif édifice de pierre dans le style néoclassique. Napoléon III, qui posa la première pierre du bâtiment le 15 septembre 1852, en fit ensuite arrêter la construction : le style conventionnel de cette architecture lui déplaisant. Cet empereur qui aimait le progrès convoqua Haussmann, le préfet de Paris qu'il venait de nommer, pour lui exposer son propre projet de verre, de fer et de fonte : « Il nous faut des parapluies ouverts, et rien d'autre. » Baltard mit au point des pavillons à toits de verre et charpente entièrement métallique – un tour de force de l'ingénierie de l'époque. Des volets d'aération optimisaient la ventilation, tandis que la surélévation des nefs centrales permettait un meilleur éclairage des lieux. Les deux groupes de bâtiments, qui étaient disposés en croix, étaient reliés entre eux par des passages couverts, de sorte que l'on pouvait accéder aux pavillons sans craindre de se mouiller. L'empereur se montra tout à la fois ravi et infiniment étonné qu'un projet aussi avant-gardiste fût l'œuvre de ce même architecte qui avait commis l'affreux « fort de la Halle ». Ce à quoi le baron Haussmann répliqua avec orgueil : « Le même architecte, sans doute, mais pas le même préfet. » Bientôt ouvertes, les halles de Baltard approvisionnèrent généreusement la ville en denrées de base comme en produits de luxe jusqu'en 1969.

Le roman d'Émile Zola *Le Ventre de Paris* (1874) rend hommage à cette opulente place couverte et à sa faune si particulière. La démolition des Halles en 1971 est certainement l'une des plus malheureuses décisions d'urbanisme du XXe siècle.

Félix Benoist, Les Halles de Baltard, *lithographie polychrome, vers 1870-1880.*

Le centre Pompidou

Un centre culturel invitant ses concitoyens à dialoguer avec l'art, dans lequel l'art n'est pas présenté de façon muséale, mais représenté, avec toutes ses disciplines, comme un élément constitutif de la société – bref, un centre incarnant l'ouverture et la souplesse d'esprit : ainsi pourrait-on décrire le but assigné à ce lieu, fondé par le président de la République Georges Pompidou (1911-1974) puis inauguré en 1977. Cette volonté de démocratisation radicale de la culture, qui était alors caractéristique du début des années 1970, prit forme grâce au projet des architectes Renzo Piano et Richard Rogers. Toutes les conduites, de couleurs vives, sont rejetées à l'extérieur du bâtiment ; les escalators circulant dans des chenilles de verre conduisent les visiteurs, le long de la façade, jusqu'aux étages supérieurs : des choix qui font partie du projet artistique au même titre que la structure modulaire de l'édifice. Dès le début, le centre Pompidou – rajeuni entre 1997 et 2000, et qui n'a rien perdu de son actualité – a recherché le contact avec la ville, sur laquelle la terrasse réserve une magnifique vue. Depuis des années, le nombre de visiteurs dépasse largement tous les pronostics (troisième monument visité après la tour Eiffel et le Louvre), et la piazza descendant vers l'entrée principale du centre est devenue l'un des rendez-vous favoris du centre-ville. Complétant et élargissant le thème du musée d'Art moderne, les ambitieuses expositions temporaires sur l'art du XXe siècle contribuent à son succès, de même que l'importante bibliothèque, ouverte à tous.

On pourra aussi visiter en annexe la reconstitution (1997) de l'atelier de Constantin Brancusi (1876-1957). Ce sculpteur d'origine roumaine, qui vécut à Paris et fit un bref passage dans l'atelier d'Auguste Rodin, consacra sa vie à rechercher la simplification des formes. Il puisa son inspiration dans l'art populaire roumain et la sculpture africaine. Le cheminement artistique de Constantin Brancusi aboutit à la création d'un langage des formes totalement abstrait, dans lequel l'artiste voyait une concentration sur l'essentiel. Dans l'atelier qu'il louait depuis 1916 dans une ruelle typique du 15e arrondissement et qu'il n'avait cessé d'agrandir au cours de ses années de création artistique, on retrouva après sa mort, à côté de ses outils de travail, les tirages en plâtre de toutes ses sculptures importantes. Aujourd'hui, la reconstitution de l'atelier, réalisée à l'identique d'après des photographies, permet de découvrir la richesse de formes et de matériaux de l'œuvre de Brancusi.

Le centre Pompidou abrite également en son sein l'Ircam, acronyme de Institut de recherche et de coordination acoustique-musique, qui a considérablement contribué au développement de la musique contemporaine.

Célèbre compositeur et musicien, Pierre Boulez, premier directeur de l'Institut créé en 1969 à l'initiative de Georges Pompidou, mit l'accent sur le dialogue fécond qui peut exister entre la science et l'art. Son but était l'élargissement des possibilités instrumentales et des formes d'expression de la musique contemporaine. Très tôt, l'Ircam proposa des pistes d'expérimentation prometteuses : en particulier la musique assistée par ordinateur et la création digitale. Au cours de ces dernières années, l'Institut de recherche et de coordination acoustique-musique s'est ouvert à un large public grâce notamment à l'organisation de festivals.

Le musée national d'Art moderne du centre Pompidou

Jean Tinguely (1925-1991),
Requiem pour une feuille morte
Acier peint et matériaux divers,
1 150 x 305 cm, 1967

Le quatrième et le cinquième niveau du centre Pompidou abritent le musée d'Art moderne et le fonds d'art contemporain ; considérablement agrandi depuis la rénovation dont il a été l'objet. Il abrite l'une des plus importantes collections au monde. Les familles de Matisse, Chagall et Picasso notamment, ont fait d'important dons au musée, où le visiteur est accueilli par la monumentale sculpture cinétique de Tinguely. Cet artiste suisse, qui vécut surtout en France à partir des années 1950, fut une figure majeure du Nouveau Réalisme ; les artistes composant ce mouvement assemblaient leurs œuvres à partir d'objets trouvés dans les décharges. Le mouvement perpétuel de cette machine sans fonction définie inspire une certaine mélancolie, soulignée d'une discrète ironie par le titre de l'œuvre.

Henri Matisse (1868-1954),
Le Luxe I
Huile sur toile, 210 x 138 cm, 1907

Henri Matisse, principale figure, avec Pablo Picasso, de l'art parisien avant la Première Guerre mondiale, est présenté au centre Pompidou au travers d'un choix des principales œuvres jalonnant l'itinéraire fécond de l'artiste.

Le *Luxe I* fut composé après l'abandon du fauvisme par le peintre. Ce mouvement artistique, lancé trois ans plus tôt par Matisse avec André Derain, Maurice de Vlaminck et quelques autres, se caractérisait principalement par une intensité nouvelle dans la couleur. « On s'est servi des couleurs comme de cartouches de dynamite », se souvint plus tard André Derain. L'explosive puissance d'expression déployée par le fauvisme au cours de ses courtes années d'existence eut une influence durable sur l'art européen au XXe siècle. Éreintée par la critique dans les débuts, la peinture fauve suscita très tôt un vif intérêt chez les grands galeristes parisiens ; contrairement aux impressionnistes, les fauves obtinrent des contrats fermes, qui leur permirent de gagner leur vie et de pouvoir poursuivre leur travail artistique.

Au faîte de ce succès précoce, Henri Matisse n'en continua pas moins à chercher de nouvelles voies picturales. Œuvre clé à cet égard, *Le Luxe I* figure une moderne Vénus à la sortie du bain, entourée de deux respectueuses compagnes. Les rives, le lac, les montagnes de l'arrière-plan et le ciel sont suggérés par des tons pastel et de fins traits de pinceau estompés. Les formes juste esquissées et la concentration de quelques couleurs sur quelques plages du tableau caractérisent cette nouvelle phase de l'œuvre de Matisse, dans laquelle il explore les possibilités de simplification et de monumentalisation de son art.

L'étude des œuvres du peintre Puvis de Chavannes (1824-1898) fut déterminante dans cette évolution ; c'est surtout dans la structure de cette composition, qui repose sur des aplats de couleur cernés d'un trait net, que l'on retrouve la manière de ce grand peintre de fresques du XIXe siècle. La scène paradisiaque du bain en plein air renoue avec le thème d'anciens tableaux de Matisse ; mais avec ses personnages mal dégrossis (la critique compara ainsi sa Vénus à une « géante jaune ») et son utilisation simplifiée de la couleur, cette nouvelle œuvre fut ressentie comme une provocation par ses contemporains.

Pourtant, quelques années plus tard, le célèbre et monumental panneau *La Danse* (1909-1910, musée de l'Ermitage, Saint-Pétersbourg) devait devenir une œuvre fondatrice de la peinture moderne ; alliance de monumentalité et de contagieux dynamisme, cette toile dont la palette se réduit à trois valeurs fortement contrastées représentait un pas supplémentaire et ouvrait de nouvelles perspectives. Henri Matisse conserva cette capacité de renouvellement permanent jusque dans ses dernières œuvres.

Wassily Kandinsky (1866-1944),
Tableau à la tache rouge
Huile sur toile, 130 x 130 cm, 1914

Le peintre russe Kandinsky est considéré comme « l'inventeur » de l'art abstrait. Le *Tableau à la tache rouge* marque la fin d'un parcours sinueux, entre 1910 et 1914, dans le groupe Der Blaue Reiter (Le Cavalier bleu) de Munich – parcours qui devait mener l'artiste de la peinture figurative à la peinture abstraite. Kandinsky ouvrit de nouvelles dimensions artistiques de perception et d'expression ; ces formes et couleurs abstraites réalisées à partir d'éléments paysagers se pénètrent ou se séparent, en un rapport d'harmonie et tension. La peinture, au même titre que la musique, est désormais créée de façon intuitive, et ressentie comme un accord de couleurs. Kandinsky considérait toutefois que son art reflétait l'essence de son époque : radicalement modifiée par les bouleversements sociaux et les découvertes scientifiques – théorie quantique et théorie de la relativité –, la vision que l'on avait de l'humanité et du monde au XXe siècle remettait en effet en question le mode de figuration naturaliste.

La fontaine Stravinski

À proximité du centre Pompidou, place Igor Stravinski, le grand bassin que l'on doit aux artistes Jean Tinguely et Niki de Saint-Phalle (1930-2002) s'étend devant la façade gothique flamboyante de l'église Saint-Merri.

Des personnages aux couleurs vives et ses mobiles noirs en perpétuel mouvement tournent sur eux-mêmes en crachant des jets d'eau. Les mouvements des différentes sculptures obéissent à un rythme musical et se fondent dans une harmonieuse chorégraphie d'ensemble.

Ces sculptures dansantes sont dédiées au compositeur russe Igor Stravinski (1882-1971), qui vécut par intermittence à Paris à partir de 1910 et écrivit quelques grands ballets pour l'opéra Garnier – notamment *Le Sacre du printemps*, œuvre très controversée lors de sa première représentation, au théâtre des Champs-Élysées le 29 mai 1913, qui lui offrit une place parmi les plus grands compositeurs du XXe siècle.

Saint-Martin-des-Champs

Dès 1060, Henri Ier avait fait édifier dans les champs aux portes de la ville une collégiale dédiée à saint Martin, qui entra plus tard en possession de l'abbaye de Cluny. Il ne reste de l'imposant prieuré clunysien qu'une partie de l'enceinte, une tour de défense et une tour ronde fortement restaurée, ainsi que la priorale, rebâtie aux XIIe et XIIIe siècles, et son réfectoire. Commencée sous l'égide du prieur Hugues Ier de Semur (1130-1142), cette église naquit à la charnière entre roman et gothique. Le réfectoire, utilisé aujourd'hui comme salle de lecture, fut achevé en 1235 ; il constitue l'un des rares exemples parisiens d'architecture monastique. En 1794, l'un et l'autre bâtiments furent dotés d'un usage profane et affectés au Conservatoire national des arts et métiers, nouvellement créé. Le musée des Arts et Métiers, rattaché à cette grande école technique, a rouvert au printemps 2000 après des travaux de rénovation.

Le musée des Arts et Métiers de Saint-Martin-des-Champs

Le musée des Arts et Métiers présente et décrit les principales évolutions de la technique entre 1750 et 1950. En faisant le tour du musée, on visitera également le superbe intérieur de l'église, qui abrite aujourd'hui vieilles automobiles et aéroplanes. L'architecture, dans laquelle se côtoient art roman et gothique, est tout aussi passionnante. On peut y deviner clairement les bouleversements du XIIe siècle : une voûte d'arêtes romane voisine avec un chevet du premier art gothique et sa voûte sur croisée d'ogives, des arcades en ogive jouxtent des fenêtres en plein cintre ; on observe également de nombreuses irrégularités, notamment dans la hauteur des piliers, la forme des chapiteaux et les axes. Le résultat en est un ensemble magnifique, en raison même peut-être de ces différences architecturales. Le musée ajoute dans cet espace une nouvelle structure, qui en modifie profondément et de façon décisive la dimension et le sens.

Quelques instruments mis au point pour les expériences de Blaise Pascal, XVIIe siècle

Blaise Pascal (1623-1662) fut l'un de nos grands esprits universels ; inventeur et homme de sciences, il se passionna également pour les questions théologiques et philosophiques. Dès l'enfance, Pascal manifesta une faculté d'analyse hors du commun et de remarquables dons pour les mathématiques, qu'il utilisait sans cesse afin de résoudre les problèmes pratiques. À l'âge de 19 ans, il inventa, pour faciliter le travail de son père, commissaire royal et percepteur des impôts en Normandie, la première machine à calculer au monde. L'un des derniers exemplaires de cette machine est conservé au musée des Arts et Métiers, de même que les instruments avec lesquels Pascal procéda à sa célèbre série d'expériences (1647) démontrant l'existence du vide et permettant de calculer les différences de pression atmosphérique selon l'altitude. L'unité de pression est d'ailleurs désignée sous le nom de « pascal ».

Le Marais

et le quartier des Archives

Le Marais et le quartier des Archives

Anciens hôtels particuliers de la noblesse et galeries d'art moderne, musées aux collections précieuses ou bizarres, communauté juive active et scène gay extravagante, entreprises artisanales installées de longue date et appartements de luxe inabordables : les contrastes du Marais en font l'un des quartiers les plus intéressants de Paris.

Cette zone marécageuse fut asséchée au XIIe siècle et occupée par des moines. Le mystérieux et riche ordre du Temple, fondé afin d'assurer la protection des pèlerins se rendant à Jérusalem et placé sous l'autorité directe du pape, y bâtit une forteresse. Les quatre mille habitants de cette zone, exclusivement assujettis aux lois de l'ordre, n'étaient soumis ni à l'impôt ni aux règles des corporations. En 1305, le roi Philippe IV fit dissoudre pour cause d'hérésie cette puissante société ésotérique

John Claude Nattes (vers 1765-1822), La Tour et la rotonde du Temple, *aquarelle, 30 x 40 cm, 1805, châteaux de Versailles et du Trianon, Versailles.*

Le parc du square du Temple.

et emprisonner son grand maître, Jacques de Molay. De nombreux frères périrent sur le bûcher. Mais la forteresse de l'ordre subsista jusqu'au cœur du XIXe siècle ; après la Révolution, la famille royale y fut d'ailleurs gardée prisonnière pendant quelques mois.

La grande époque du quartier du Marais débuta au XVIIe siècle, avec la construction de nombreux et luxueux hôtels pour l'aristocratie. Il suffit de se promener devant ces nombreux hôtels, dont certains sont ouverts aux visiteurs, pour s'imaginer voir renaître la vie culturelle, sociale et intellectuelle des privilégiés du Grand Siècle. Notre point de départ pourrait être la place des Vosges, œuvre d'art magistrale qui mérite attention et dont la construction marque le début de cette époque. Au XVIIIe siècle, la belle société préféra l'île Saint-Louis et les quartiers du faubourg Saint-Honoré et de Saint-Germain ; de petites manufactures s'installèrent alors dans le Marais. Des juifs modestes, généralement immigrés d'Europe de l'Est, édifièrent plusieurs synagogues autour de la rue des Rosiers et de la rue Pavée et fondèrent une importante communauté, qui est toujours restée active. L'ancien bâti, en revanche, se dégrada de plus en plus. Un programme de sauvetage du quartier, totalement délabré, fut entrepris sous André Malraux, ministre des Affaires culturelles de 1959 à 1969. De nombreux bâtiments purent être réhabilités et conservés, et les façades noirâtres qui contribuaient à donner un aspect sinistre à l'endroit ont retrouvé depuis longtemps belle allure.

Certains critiquent l'évolution actuelle du quartier du Marais, craignant que la disparition des logements et locaux professionnels bon marché ne conduise à son dépeuplement et à son historisation. Jusqu'à présent cependant, son milieu artistique très vivant semble le protéger durablement du risque de devenir un jour un quartier « musée ».

Double page précédente : la place des Vosges, dans le Marais.

Vue d'une rue du Marais.

Le Marais et le quartier des Archives

Hôtel de Saint-Aignan/musée d'Art et d'Histoire du judaïsme, rue du Temple, p. 244 *sq.*

Hôtel de Soubise, 60, rue des Francs-Bourgeois, p. 228 *sq.*

Place des Vosges, p. 250 *sq.*

Autres curiosités

1 Hôtels du Marais, p. 230 *sq.*

2 Hôtel de Sully, 62, rue Saint-Antoine, p. 252 *sq.*

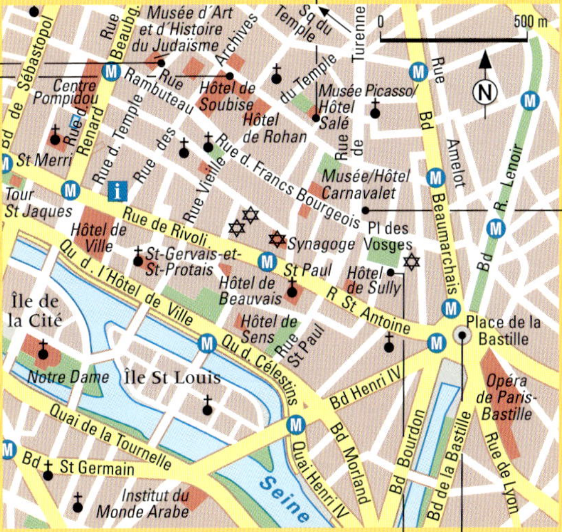

Hôtel Salé/musée Picasso,
5, rue de Thorigny, p. 232 *sqq.*

Hôtel Carnavalet /musée
Carnavalet, 23-29,
rue de Sévigné, p. 240 *sqq.*

Place de la Bastille
et Opéra de Paris, p. 254

L'hôtel de Soubise

Œuvre de l'architecte Pierre-Alexis Delamair, cette résidence bâtie entre 1705 et 1709 signe l'apogée historique et stylistique des hôtels particuliers parisiens. Le commanditaire de ce grand et magnifique palais, François de Rohan, prince de Soubise, avait acquis le terrain grâce à des fonds royaux. Louis XIV lui avait accordé une donation généreuse avec quelque raison – même si l'épouse de François de Rohan, Anne, ne fut que peu de temps sa maîtresse. Le projet de Pierre-Alexis Delamair était innovant. Le bâtiment primitif, soit l'hôtel de Clisson, qui datait du XIVe siècle, fut en partie démoli, à l'exception toutefois du portail à tourelles ; l'agencement du nouvel édifice était totalement différent. La façade à neuf axes est ornée d'un avant-corps central composé de doubles colonnes superposées et couronné d'un fronton triangulaire. La grande cour intérieure, qui permettait l'entrée des calèches, est bordée d'une imposante galerie de colonnes ; côté rue, le portail s'ouvre dans une demi-lune rentrante du mur. Mais c'est à l'intérieur que se déploient toute la splendeur et la richesse de cet hôtel offrant une grande intimité.

La chambre à coucher de la princesse de Soubise

L'hôtel de Soubise abrite aujourd'hui les Archives nationales, mais on peut également y visiter quelques appartements ayant conservé leur superbe décor rocaille. L'aménagement intérieur de l'hôtel avait été commandé vers 1735 à Germain Boffrand (1667-1754) par le propriétaire de l'époque, Hercule Mériadec de Soubise ; ayant épousé en secondes noces, à 60 ans, une beauté âgée d'à peine 19 ans, il attachait une importance toute particulière à la magnificence du décor des appartements de la jeune princesse, à l'étage. Sa chambre à coucher, avec ses panneaux blancs et sa profusion de dorures, est une véritable œuvre d'art. Les médaillons d'angle encadrant le lit ont été ornés de scènes mythologiques galantes par François Boucher (1703-1770), l'un des maîtres du rococo. La peinture des trois Grâces présidant à l'éducation de l'Amour ornant l'un des dessus-de-porte est également l'œuvre de Boucher.

Les hôtels du Marais

Les nombreux hôtels particuliers et palais du Marais reflètent l'art de vivre et la culture de la grande noblesse française des XVIIe et XVIIIe siècles. La démesure de Versailles – où la Maison du roi, soit quelque vingt mille personnes, s'était établie à demeure à partir de 1682 – avec son cérémonial de cour rigide et ses intrigues politiques permanentes, sans compter l'énormité des frais nécessaires pour tenir son rang à la cour du Roi-Soleil, entraîna le repli de la noblesse dans des palais privés. Ainsi naquirent les hôtels particuliers de Paris, ces maisons « entre cour et jardin » qui réunissaient apparat et confort. Une cour d'honneur généralement fermée côté rue menait devant une façade classique et plutôt modeste ; très courante, la forme en fer à cheval de la cour permettait divers aménagements des galeries qui l'entouraient. Les appartements privés sont en partie agrémentés de décors rococo caractérisés par une abondance de stucs et l'abandon des ornements antiques au profit de motifs issus du monde végétal, comme rinceaux et vrilles.

Hôtel de Soubise, p. 228

Hôtel Lamoignon

Hôtel de Rohan-Strasbourg

Hôtel Salé/musée Picasso,
p. 232 *sqq.*

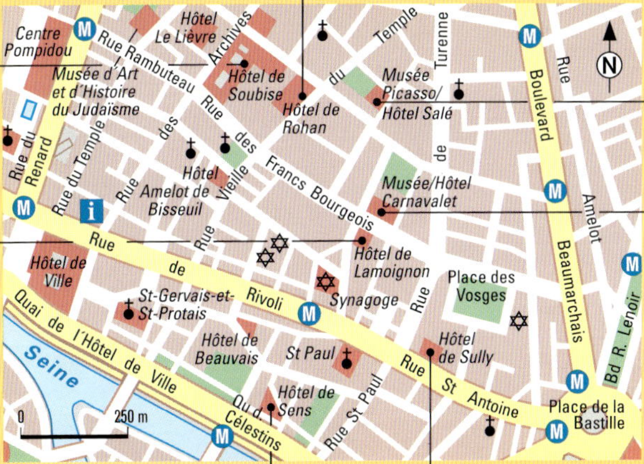

Hôtel Carnavalet/musée Carnavalet,
p. 240 *sqq.*

Hôtel de Sens

Hôtel de Sully, p. 252 *sq.*

Musée Picasso dans l'hôtel Salé

L'hôtel Salé est l'un des hôtels particuliers les mieux conservés du Marais. Il fut construit entre 1656 et 1661 pour le compte de Pierre-Aubert de Fontenay, fermier des gabelles (il percevait l'impôt sur le sel), d'où le surnom de l'hôtel. L'architecte Jean Bouiller de Bourges dessina pour son commanditaire ainsi que son épouse, Marie Chastelain, un vaste ensemble comprenant la cour d'honneur, la résidence principale à la façade monumentale et les dépendances. L'escalier d'honneur aux fastueux décors sculptés par Martin Desjardins est particulièrement imposant. Des médaillons dans lesquels figurent des bustes de couples de souverains de l'Antiquité sont placés au-dessus des pilastres corinthiens, donnant une idée de la haute opinion que les propriétaires devaient avoir d'eux-mêmes. Les *tondi* d'Atlantes, dont les gestes rappellent les œuvres de Michel-Ange, sont encadrés. Le plafond présente des stucs luxuriants avec un foisonnement de guirlandes, de volutes, d'angelots et de masques. Les initiales entrelacées des premiers propriétaires, Aubert et sa femme, sont présentes partout. L'ambassadeur de Venise élut résidence dans la vaste demeure à partir de 1671. De nombreux autres propriétaires se succédèrent ensuite ; l'hôtel fut saisi pendant la Révolution française et devint, en 1815, une pension pour garçons. Honoré de Balzac (1799-1850) y passa sa dernière année d'études qu'il évoque dans son roman intitulé *Les Petits Bourgeois*. En 1962, L'État racheta l'hôtel qui avait beaucoup souffert entre-temps. Après l'avoir entièrement restauré (de 1976 à 1979), il y installa le musée Picasso.

La collection

Jacqueline, la dernière femme de Picasso, mourut en 1986, treize ans après son mari. Pour payer leurs droits de succession, ses héritiers cédèrent à l'État français quelque 250 tableaux, 160 sculptures, de nombreux papiers collés, des carnets d'esquisses ainsi que des tableaux reliefs et des céramiques. S'y ajouta la donation de la collection personnelle de Picasso comprenant des œuvres de Braque, Cézanne, Matisse et d'autres maîtres. Cette collection est présentée dans des salles séparées aux premier et deuxième étages du musée. Grâce à des acquisitions complémentaires, le musée Picasso présente aujourd'hui un panorama complet de la genèse de l'œuvre de l'un des plus grands artistes du XXe siècle. En suivant un parcours chronologique, le visiteur découvre une œuvre qui, jusqu'à sa phase terminale, a toujours été marquée par une grande force créative et une constante évolution. L'hôtel Salé de style baroque s'harmonise parfaitement avec l'art moderne, notamment grâce à l'aménagement inté-

rieur réalisé par Roland Simounet, dont les rampes, les terrasses et les cloisons constituent un assemblage architectonique cubiste. Le mobilier épuré dessiné par Diego Giacometti, en particulier les lustres délicats, fait écho de façon réservée et ludique au langage sculptural de Picasso.

Pablo Picasso (1881-1973), ***Autoportrait***
Huile sur toile, 81 x 60 cm, 1901

Cet autoportrait de l'artiste âgé de seulement 20 ans, réalisé lors de son deuxième séjour à Paris, est l'un des chefs d'œuvre de la « période bleue » (1901-1904). La monochromie de l'arrière-plan et les contours très schématisés du manteau au col boutonné font ressortir intensément le visage de Picasso. Il s'y montre sérieux, épuisé et replié sur lui-même. En effet, pendant ses premières années parisiennes, Pablo Picasso vivait dans la pauvreté et partageait ainsi le quotidien de nombreux autres artistes de la capitale. Cependant, le regard de Picasso, décidé, reflète déjà sa confiance en lui et la certitude qu'il pourra se faire une place dans la capitale artistique de l'Europe. Ainsi, grâce à ses relations avec des collectionneurs comme Gertrude Stein et des galeristes tels Ambroise Vollard et Daniel-Henry Kahnweiler, la lente mais constante ascension de Picasso commença en 1905 jusqu'à faire de lui le chef de file du mouvement avant-gardiste.

Pablo Picasso, *Nature morte à la chaise cannée*
Huile sur toile cirée entourée de corde,
29 x 37 cm, 1912

Interpellé par les œuvres de Paul Cézanne et par sa rencontre avec les arts africains et océaniens exposés au musée ethnographique du Trocadéro, Picasso s'essaya à partir de 1907 à une géométrisation des formes naturelles qui donna naissance au cubisme. Dans ce processus, le sujet du tableau fut de plus en plus fragmenté jusqu'à ce qu'il ne transparût finalement plus que dans le titre de l'œuvre. Ce travail en petit format illustre une autre découverte de l'artiste qui allait considérablement stimuler l'évolution de l'art au xxe siècle : le collage. Au lieu d'utiliser un procédé pictural imitatif, l'artiste choisit d'intégrer dans sa toile l'objet lui-même en tant que fragment de la réalité. Une toile cirée représentant le cannage d'une chaise a ici été collée sur le support et supplante la représentation de la chaise par l'artiste – ironiquement, Picasso se sert ici non pas du matériau réel mais de nouveau d'une imitation. La réflexion sur l'image et sa représentation, sur la réalité et la reproduction du réel atteignit avec le principe du collage une nouvelle dimension, qui dépassait les limites du tableau et finissait par les désagréger durablement.

Pablo Picasso, *Grand Nu au fauteuil rouge*
Huile sur toile, 195 x 129 cm, 1929

La « Période classique » de Picasso (1918-1924), avec ses personnages monumentaux et volumineux, fut suivie à partir de 1925 environ par des tableaux représentant des corps déformés et déconstruits. Contrairement aux travaux cubistes des premières années, il ne s'agit plus ici d'expériences formelles mais de l'extériorisation d'un redoutable processus de transformation : la rage et le désespoir semblent rendre monstrueux le corps des femmes. Les extrémités de son corps sont démesurément allongées et absurdement courbées. Sur le torse, les points d'attache naturels sont décalés. La tête n'est pratiquement plus qu'une bouche grande ouverte dotée de dents menaçantes. Les seins tombants et le sexe ouvert sont représentés sans concession. La fureur de la femme se reflète dans la teinte aveuglante de la pièce renforcée par le contraste entre les couleurs rouge et verte, complémentaires. Les rapports de Picasso avec les jeunes surréalistes, qui se regroupèrent autour d'André Breton au début des années 1920 à Paris, pourraient avoir été une de ses sources d'inspiration, bien qu'il ne fît pourtant jamais partie de ce groupe. Les nus de Picasso semblent plutôt le résultat d'une nécessité existentielle et se font certainement l'écho de ses problèmes personnels avec son ex-femme, Olga Koklova, qui souffrait de jalousie maladive et d'angoisse de l'abandon.

Pablo Picasso, *Portrait de Marie-Thérèse*
Huile sur toile, 100 x 81 cm, 1937

Malgré sa relation érotique avec Dora Maar, Picasso réalisa en 1936-1937 de nombreux portraits de Marie-Thérèse Walter, sa maîtresse depuis 1927 et la mère de leur fille Maya, née en 1935. Marie-Thérèse devait être belle, douce et maternelle ; c'est en tout cas les caractéristiques que l'artiste dépeint dans ce tableau qui offre un contraste saisissant avec le portrait de Dora Maar (p. 238). La même posture assise et le fond blanc font des deux portraits des pendants et reflètent le conflit interne qui tenaillait Picasso quant au difficile choix à faire entre les deux femmes.

Pablo Picasso, *Portrait de Dora Maar*
Huile sur toile, 92 x 65 cm, 1937

Picasso rencontra la jeune photographe Dora Maar un an avant de peindre ce portrait. Il fut fasciné par cette intellectuelle élégante au tempérament fougueux qui devint rapidement sa maîtresse. Leur relation dura jusqu'en 1943. Picasso représente Dora Maar dans une posture pleine de confiance et avec un regard attentif. Le contraste saisissant entre le noir et le rouge de ses vêtements lui donne une allure mondaine. Les formes effilées, utilisées en particulier pour représenter les mains mais également les vêtements, font transparaître une détermination marquée. L'étroitesse de la pièce, semblable à une boîte dans laquelle le modèle assis est comme enfermé, est étrangement irritante.

Pablo Picasso,
Les Baigneurs
Bronze, hauteur : entre 136 et 228 cm, 1956

Au cours de l'été 1955, Picasso s'installa avec sa nouvelle compagne et future épouse, Jacqueline Roque, dans la villa La Californie à Cannes, sur la Côte d'Azur. Un an plus tard, Picasso réalisa sur la plage un groupe de sculptures en utilisant des objets du quotidien et des morceaux de planches.

Ces sculptures ont été reproduites en bronze selon ses dessins et sont aujourd'hui exposées au musée. Les jambes sont formées par des pieds de lit, les bras par des manches de balais et un ancien cadre, la tête par un gros disque – la physionomie des visages est rendue par l'agencement des morceaux de bois trouvés et quelques rares dessins gravés. Ce magnifique travail de Picasso, qui reprend et réinterprète l'un des thèmes majeurs de l'art, transpose le principe du collage sur la sculpture et réduit simultanément la sculpture à une simple surface : le groupe ne peut en effet être observé que d'un seul angle.

Musée Carnavalet dans l'hôtel Carnavalet

Le baron Haussmann, qui fut responsable de la disparition presque totale du vieux Paris, suggéra en 1866 la création d'un musée de la Ville et, pour l'y établir, acheta l'hôtel Carnavalet. La restauration de l'un des rares ensembles de la Renaissance à avoir été conservé à Paris fut alors lancée. Le bâtiment originel avait été construit entre 1547 et 1560 pour le président du Parlement d'alors, Jacques de Ligneris. Le corps de logis est attribué à l'architecte Nicolas Dupuis, qui s'est ouvertement inspiré des modèles italiens ; influence particulièrement visible dans la division axiale très nette des fenêtres à croisée, séparées au premier étage par des bas-reliefs ornementaux représentant les quatre saisons réalisés par le célèbre atelier du sculpteur Jean Goujon. L'hôtel Carnavalet fut racheté en 1578 par Mme de Kernevenoy et reçut alors le nom de « Carnavalet » que nous lui connaissons aujourd'hui, les Parisiens n'arrivant pas à prononcer correctement le nom breton de la propriétaire des lieux. Les nombreux propriétaires qui se succédèrent firent agrandir et modifier l'hôtel. Au XVIIe siècle, François Mansart réalisa des modifications significatives : il ajouta ainsi une aile droite au bâtiment, transforma complètement

l'aile gauche et créa également une nouvelle façade donnant sur la rue de Sévigné dans laquelle il intégra de façon très réussie le portail originel datant de la Renaissance. Le nom de la rue rappelle en outre l'occupante la plus illustre de cet hôtel, Marie de Rabutin-Chantal, marquise de Sévigné (1626-1696). Son salon attirait les plus grands intellectuels de la capitale. Elle-même rédigea dans cette demeure quelque mille cinq cents lettres adressées à sa fille qui donnent une vision intimiste de la réalité de la vie quotidienne de la noblesse parisienne au XVIIe siècle. Une statue en bronze de Louis XIV se dresse dans la cour d'honneur. Cette statue, initialement érigée dans la cour de l'Hôtel de Ville, est l'un des rares monuments royaux à avoir survécu à la Révolution française.

Pierre-Denis Martin (1663-1742),
Vue de Paris, prise du quai de la Râpée
Huile sur toile, 170 x 315 cm, 1716

L'hôtel Carnavalet et l'hôtel Le Peletier attenant abritent aujourd'hui, dans le musée Carnavalet, une vaste collection consacrée à l'histoire de Paris depuis ses origines jusqu'à nos jours. De nombreuses *vedute* illustrent le développement de la ville et la vie de ses habitants. Le grand tableau de Pierre-Denis Martin montre une vue appréciée de la Seine, de l'île Saint-Louis et de l'île de la Cité. On reconnaît également à gauche le grand hôpital de la Salpêtrière, fondé sous Louis XIV. Au premier plan, une scène de genre impliquant plusieurs personnages insuffle de la vie au tableau.

François Boucher (1703-1770), Jean-Honoré Fragonard (1732-1806), décoration murale provenant du salon du graveur Demarteau, vers 1765

Des tableaux, mais également des intérieurs entiers témoignent des coutumes domestiques et de la vie quotidienne des occupants très privilégiés des hôtels particuliers. Il s'agit de pièces de décoration intérieure voire d'ensembles complets rescapés d'hôtels en grande partie détruits. La décoration murale réalisée pour la boutique du graveur sur cuivre Gilles Demarteau, situé sur l'île de la Cité, en est un excellent exemple. L'atelier de François Boucher, qui à l'époque était déjà premier peintre du roi Louis XV, composa une vue en trompe-l'œil d'une tonnelle dont les limites sont simulées par les boiseries du cadre. Là, en plein cœur de Paris, les poules caquètent, les chiens aboient et les cygnes glissent sur un étang. Le maître lui-même a peint les deux angelots qui se trouvent près du bassin en utilisant la technique de la grisaille. Il a confié la maîtrise de la représentation de l'Amour triomphant à Fragonard, son élève le plus illustre. Comme l'ensemble de cette œuvre met en évidence le pouvoir de suggestion de l'art, elle a sûrement contribué à faire augmenter les ventes du graveur.

Alfons Mucha (1860-1939),
La bijouterie Fouquet, 1900

L'hôtel Le Peletier, relié par une galerie à l'hôtel Carnavalet, présente quelques ensembles du XIXe siècle et du début du XXe siècle. À côté de la chambre plutôt dépouillée du romancier Marcel Proust, le salon du célèbre Café de Paris d'Henri Sauvage (1899) et la salle de bal de l'hôtel de Wendel, décorée par le peintre catalan José María Sert y Badia en 1924, méritent l'attention toute particulière des visiteurs. Autre point fort de la visite : l'intérieur art nouveau d'une bijouterie réalisé par Alfons Mucha à l'apogée de ce style décoratif. L'artiste tchèque qui officiait à Paris surtout en tant que peintre d'affiches, notamment pour les pièces de Sarah Bernhardt, orna les murs, les plafonds et le mobilier de cette pièce de riches motifs décoratifs végétaux qui en font une unité animée et vivante. Mais quels bijoux pourraient parvenir à s'imposer dans une décoration aussi marquée ? La réponse à cette question est toute simple : Fouquet ne vendait dans sa boutique de la rue Royale pratiquement que des bijoux réalisés à partir de dessins de Mucha.

Musée d'Art et d'Histoire du judaïsme dans l'hôtel de Saint-Aignan

L'hôtel de Saint-Aignan, édifice imposant de style baroque, est situé en plein cœur du Marais. Le comte d'Avaux, signataire de la paix de Westphalie en tant que représentant diplomatique de la France, le fit construire entre 1644 et 1647 par l'architecte du roi, Pierre Le Muet. Une lourde porte en bois conduit dans l'ancienne cour d'honneur, impressionnante avec son ordonnance de pilastres sculptés dits « colossaux ». Le duc de Saint-Aignan fit l'acquisition de l'hôtel en 1688 et sollicita Le Nôtre, qui avait conçu le parc du château de Versailles, pour en dessiner le jardin. Il fut décidé en 1988 d'affecter l'hôtel à l'installation d'un musée consacré à la civilisation juive. Le musée, ouvert en 1998, est le fruit d'un projet subventionné par l'État et la

Ville de Paris car, pour reprendre les propos de Laurence Sigal, directrice générale du musée : « la tradition républicaine a empêché les juifs de prendre eux-mêmes l'initiative ». Entre-temps, la communauté juive de Paris est devenue si multiculturelle qu'il est de plus en plus difficile de montrer toutes ses racines. Fuyant les pogroms, les juifs d'Europe de l'Est arrivèrent ici, dans le Pletzl, nom donné au Marais en yiddish, à la fin du XIXe siècle. Certains d'entre eux habitèrent en 1939 dans l'hôtel de Saint-Aignan ; l'artiste Christian Boltanski a d'ailleurs décliné leur identité sur le mur d'une courette qui traverse le bâtiment.

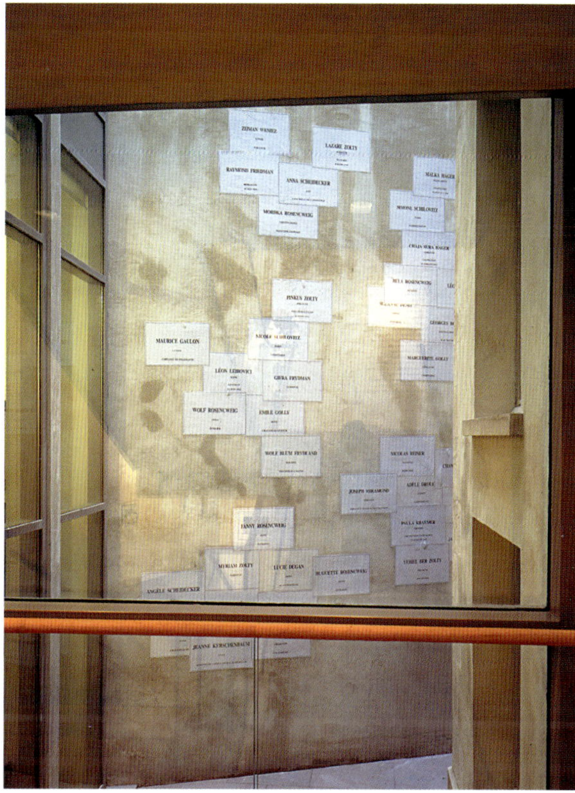

Christian Boltanski, Les Habitants de l'hôtel de Saint-Aignan en 1939, *installation, 1998.*

Le parcours de visite, conçu de façon linéaire, emmène le visiteur à travers les trois grandes sections du musée dont le fonds provient en partie de dons privés. La première partie, axée sur le Moyen Âge et qui s'achève par l'expulsion de 1394, est surtout représentée par une collection de pierres tombales provenant de cimetières parisiens et par des écrits de talmudistes. La deuxième grande section traite de la période allant de l'émancipation des juifs sous la Révolution française à l'affaire Dreyfus dans les années 1890. Enfin la visite explore le XXe siècle, avec des œuvres d'artistes juifs célèbres tels Modigliani et Chagall, et se termine aujourd'hui – le Pletzl est toujours bien vivant, en fin de compte.

Une promenade dans le Paris juif,

par Rita Degenhard

Quand, à partir de la station de métro Saint-Paul, on emprunte la rue des Rosiers, rue principale de l'ancien quartier juif et aujourd'hui encore centre de la civilisation juive à Paris, on passe souvent devant la première synagogue du quartier sans même la remarquer. Presque cachée, elle rappelle l'époque précédant les pompeux temples du XIXe siècle, lorsque les juifs voulaient pratiquer leur religion avant tout dans la discrétion. En tant que l'une des nombreuses petites sœurs des trois grandes synagogues de Paris, elle renvoie, comme tous les lieux de culte juifs, à l'ancien temple de Jérusalem.

L'une des synagogues du Marais.

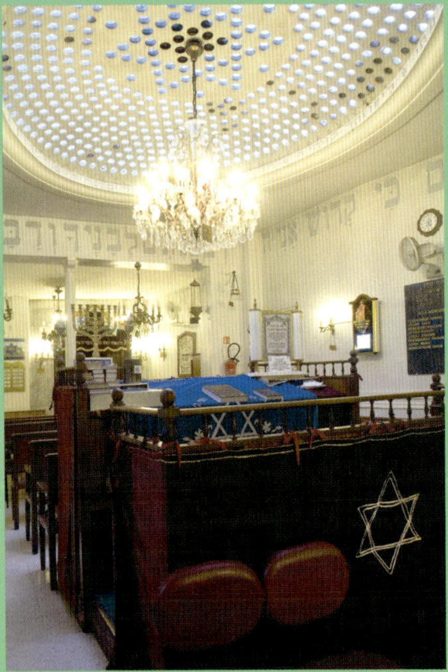

Le Marais, quartier juif situé entre le 3e et le 4e arrondissement de Paris, doit son nom à la zone marécageuse sur laquelle il a été construit.

On perçoit aujourd'hui encore certains signes du luxe qui y régnait à la fin du XVIIe siècle ; ils se marient d'ailleurs parfaitement avec les petits ateliers de créateurs de mode en pleine ascension, les vendeurs de falafels, les cafés et les restaurants casher et bien sûr les librairies proposant les derniers ouvrages d'Alain Finkielkraut, l'un des plus grands intellectuels français. Sur de nombreux murs, on peut encore voir des affiches annonçant dans l'allégresse l'arrivée du Messie : il y a quelques années, on croyait en effet l'avoir identifié en la personne du rabbin Menachem Mendel Schneerson de Brooklyn. En 1993, ses disciples parisiens, appartenant à un mouvement fondamentaliste, se réunissaient encore dans des salles sur le boulevard Poissonnière pour apprendre, au son d'une musique joyeuse (« *Oioioi Mosciach, Mosiah notre roi !* »), comment affronter au mieux le Sauveur « en cas d'urgence » – faudrait-il éteindre la lumière ?, porter une cravate ? une perruque ?

Les juifs pratiquants de Paris sont en majorité originaires du Maghreb, d'Algérie, de Tunisie et du Maroc ; ils ont émigré de leurs pays d'origine ou en furent expulsés après l'indépendance des anciennes colonies françaises ou à la suite des conflits israélo-palestiniens. Alors que toute cette génération de juifs nord-africains – donc séfarades – se préoccupait en première ligne, et bien avant son émigration en France, de sa francisation – selon la devise du mouvement de la Haskala juive-allemande, « Un citoyen dans la rue, un juif à la maison » – les années 1970 furent marquées par un retour en force des traditions.

L'anticapitalisme romantique des « soixante-huitards », qui poussa les descendants des juifs d'Europe de l'Est tel Alain Finkielkraut à prendre part aux combats pour la libération du tiers-monde, encouragea les enfants des juifs nouvellement intégrés à se réfugier dans l'orthodoxie.

Magasins juifs dans la rue des Rosiers.

Bijoutier dans le Marais juif.

Leurs parents étaient en général des juifs croyants et pratiquants, mais ils ne savaient par exemple pas pourquoi il fallait manger casher ou observer le sabbat. Les plus jeunes au contraire, en tout cas une partie d'entre eux, apprennent le yiddish, fréquentent une université religieuse, une Yeshiva, et ne maîtrisent que le strict minimum de français, particularité qui leur a valu beaucoup d'animosité dans la France laïque. Ce conflit n'est d'ailleurs pas sans rappeler le débat portant sur l'interdiction du port du voile islamique.

Lors des grandes fêtes juives, par exemple pendant le Séder de Pessah, on peut parfois entendre jusqu'à quatre langues à table : l'arabe de la grand-mère, le yiddish du rabbin, le français des parents et l'hébreu des cousins d'Israël qui, pour préserver leur identité, ont émigré dans l'État juif en 1967 après la guerre des Six jours.

Les repas pris dans la rue des Rosiers sont aussi arabes que les chansons diffusées par radio Shalom, la seule station de radio juive à émettre en France. Fait assez peu surprenant puisque les règles alimentaires islamiques ressemblent à celles de la cacheroute juive, dont la plus connue indique que seule la viande des animaux ruminants à sabots fendus est casher. La chaîne de fast-food McDonald's a dû renoncer au projet d'ouvrir une filiale dans le Marais ; en effet, les protestations contre cette alimentation non casher furent si vives que ses dirigeants reculèrent face au danger d'une presse encore plus mauvaise qu'elle ne l'est déjà en France.

Dans la rue des Rosiers, les cafés casher se succèdent ; on y trouve également une librairie spécialiste du monde juif ainsi qu'un coiffeur. Depuis quelques années, d'autres boutiques se sont installées et vont, lentement mais sûrement, « yuppiser » l'ancien Marais. Mais c'est surtout le quartier idéal pour faire un délicieux repas. En entrée, une assiette tunisienne : de la semoule avec deux petits oignons, du persil, des tomates, du jus de citron et de la menthe fraîche. Ce plat est préparé la veille au soir et servi sur des feuilles de salade. Si vous le souhaitez, vous pouvez également poursuivre avec une pizza casher, comme la pizza napolitaine. D'un autre côté, qui peut résister aux délicieuses merguez, ces petites saucisses épicées que l'on déguste avec du pain levé ou des oignons et de la coriandre ? Il est en général tout aussi impossible de ne pas succomber devant les inoubliables et totalement addictifs falafels proposés par les nombreux snacks casher qui se succèdent dans la rue. Vous pouvez aussi déguster ces petites boulettes faites non pas avec de la viande mais avec des pois chiches, du chou et du poivre, qui dégagent un doux arôme citronné, avant de vaciller, un sourire béat aux lèvres, vers le dessert, accompagné par exemple d'un petit verre d'absinthe.

Nourriture casher à profusion.

Place des Vosges

Le projet de cette grande place fermée qui devait servir de scène publique à la cour vit le jour sous Henri IV, au début du XVIIe siècle. La résidence du couple royal était prévue dans les pavillons du roi et de la reine qui, situés au nord et au sud de la place et entourés de trente-six hôtels particuliers aux façades identiques, se distinguent par leur hauteur surélevée et les fastueux ornements de leurs façades. La conception du couple royal comme étant le *primus inter pares*, le « premier entre les égaux », semble prendre une signification architecturale. Les briques rouges des bâtiments, leurs proportions harmonieuses avec arcades, un premier étage à fenêtres à petits carreaux, un second étage et un toit très pentu avec chiens-assis, rendent la place très accueillante malgré sa taille. Elle ne fut inaugurée qu'en 1612, après l'assassinat d'Henri IV, à l'occasion d'un double mariage royal : celui de Louis XIII avec Anne d'Autriche et celui de sa sœur Élisabeth avec le futur roi Philippe IV d'Espagne. Aucun couple royal ne résida sur la place Royale – nom de la place des Vosges jusqu'à la Révolution –, mais elle fut tout de même le lieu de rencontre le plus important de l'aristocratie aux XVIIe et XVIIIe siècles. Après la Révolution française, pendant laquelle la statue équestre de Louis XIII, commandée par Richelieu en 1639, fut détruite, la place fut rebaptisée « place des Vosges » en l'honneur du premier département français à s'être acquitté de l'impôt sous la jeune république.

Hôtel de Sully

L'entrée de l'un des plus somptueux hôtels particuliers de Paris se trouve de façon tout à fait inattendue dans l'angle sud-ouest de la place des Vosges. L'ensemble, comprenant un jardin, un corps de logis ainsi qu'une cour d'honneur avec deux ailes latérales et une porte cochère, s'étend jusqu'à la rue Saint-Antoine. La construction de l'hôtel de Sully débuta dès 1625, vraisemblablement d'après des plans de l'architecte du roi, Jean Androuet du Cerceau. Avant la fin des travaux en 1638, Maximilien de Béthune, duc de Sully, ancien surintendant des finances d'Henri IV et déjà fort âgé à l'époque, en devint le propriétaire. L'hôtel de Sully, l'un des premiers hôtels particuliers du Marais à être restauré au début des années 1960, est l'un des édifices les plus représentatifs de la première moitié du XVIIe siècle. Son architecture, plutôt sobre du côté de la rue, prend toute son ampleur et sa magnificence passé la cour d'honneur, qui paraît très fermée à cause des ailes. Aujourd'hui, l'hôtel de Sully, extrêmement bien restauré, est avec le Jeu de paume le siège du Centre national de la photographie et du patrimoine photographique. Les deux bâtiments se partagent un programme commun de séminaires et d'expositions sur le thème de la photographie contemporaine.

En outre, l'hôtel abrite une librairie extrêmement bien pourvue spécialisée dans l'histoire et l'architecture de la ville de Paris.

Ornements de la façade du corps de logis

La façade du logis principal de l'hôtel de Sully, achevée en 1626, présente une décoration fastueuse qui unit des éléments de la Renaissance et du début de l'époque baroque. Le passage allant du jardin à la cour d'honneur est orné sur les deux côtés au premier étage de statues représentant les quatre saisons. Les niches des ailes latérales de la cour d'honneur contiennent des sculptures figurant les quatre éléments. La façade de l'hôtel est ordonnée verticalement par les axes dessinés par les fenêtres et horizontalement par des bandeaux de pierres à l'aspect lisse. Le décor y abonde en détails, en particulier sur les linteaux et les frontons qui sont ornés de feuilles d'acanthe, de rosettes, de frondaison mais aussi de masques. Des draperies, des rubans ainsi que les motifs de volutes qui flanquent les lucarnes surmontées de frontons renforcent l'impression d'une architecture à la fois exubérante et vivante.

Place de la Bastille et Opéra de Paris

Le fossé qui existe entre l'importance nationale de cette place et son apparence est indéniable. Comme il n'est rien resté de la prison de la Bastille après sa prise d'assaut le 14 juillet 1789, la place est aujourd'hui dominée par l'immense colonne de Juillet, érigée en 1840 pour commémorer la révolution de Juillet, au sommet de laquelle se dresse en équilibre le génie de la Liberté. Sous le socle en marbre, qui remonte à un projet de Napoléon – l'empereur voulait faire construire un éléphant en bronze de 24 mètres de hauteur –, sont enterrés les sept cents victimes des soulèvements de 1830 et 1848. Le président François Mitterrand décida la construction d'un opéra national sur ce lieu d'importance historique afin de fournir une alternative à la magnificence très bourgeoise de l'opéra Garnier. Le bâtiment dessiné par l'architecte canadien Carlos Ott transmet une idée de transparence et d'ouverture grâce au choix d'une façade partiellement en verre. Le revêtement blanc de l'édifice achevé en 1989 descend jusqu'au milieu de la façade en suivant le tracé des escaliers intérieurs. L'entrée principale de l'opéra se caractérise par sa porte gris anthracite qui rappelle la Grande Arche de La Défense. Malgré les vives critiques qu'elle suscita, cette nouvelle construction permit de revitaliser tout le quartier. Parallèlement à l'avenue Daumesnil, le viaduc d'une ancienne voie ferrée fut transformé en 1995 en promenade plantée. Les arcades vitrées qui se trouvent en dessous abritent les ateliers de jeunes artistes et designers.

Paris rayonne – les Lumières et la Révolution française,

par Stephan Padberg

Les Lumières ou, pour reprendre les propos de Kant, « La sortie de l'homme de sa minorité dont il est lui-même responsable » (1783), s'adressent à l'humanité tout entière. En tant qu'êtres doués de raison et capables de raisonnement indépendant, les hommes doivent se libérer des entraves de la tradition et mettre en place une société plus libre, plus heureuse et moralement meilleure. Paris, le « centre du monde cultivé » comme le dit rétrospectivement Goethe dans son essai *Urteilsworte französischer Kritiker*, était considérée, avec Londres et Berlin, comme l'épicentre du mouvement. Les conditions particulières dans la capitale de la France aboutirent à un radicalisme qui donna finalement lieu à la Révolution française de 1789 à 1799.

Tout avait commencé environ cent ans plus tôt, sous le règne de Louis XIV, avec la crise de l'Ancien Régime. À l'apogée de l'absolutisme, le système des ordres ayant pour noyau politique et social la cour du Roi-Soleil s'était renforcé. Le pouvoir de l'État et les impôts royaux augmentaient constamment, l'administration avait été centralisée. Cependant, les succès de la politique d'expansion coloniale ainsi que les progrès en matière de commerce, de transport, de systèmes de production, de sciences et d'art contrastaient avec une structure sociale injuste et archaïque. Les ordres supérieurs, la noblesse et le clergé, étaient exemptés d'impôt. Réactionnaires, ils tenaient à leurs privilèges et à leurs revenus extraordinaires. Le tiers-état bourgeois était divisé ; d'un côté, ceux qui profitaient de la croissance économique et entraient dans la noblesse pour profiter de ses avantages en achetant des titres, de l'autre, la petite bour-

« Il faut espérer que ce jeu finira bientôt. », *gravure en couleurs, anonyme, 19,3 x 13,9 cm, 1789, Bibliothèque nationale de France, Paris.*

geoisie et le « quatrième ordre », c'est-à-dire les vastes populations des villes et des campagnes, saignées à blanc par les multiples impôts et taxes.

Lorsque les récoltes étaient maigres, la nourriture manquait partout ; famines et épidémies se multipliaient et se soldaient par des révoltes spontanées. La fortune grandissante de l'État était investie dans la construction de châteaux comme Versailles, dans l'achat de marchandises de luxe ou dans l'effort de guerre. Comme la France se retrouva littéralement exsangue à la fin du règne de Louis XIV, les grands fonctionnaires commencèrent à critiquer discrètement le gouvernement tandis que dans les cercles cultivés la libre-pensée prit de l'ampleur. La tyrannie et le pouvoir arbitraire des souverains, l'oisiveté et le vice des privilégiés mais aussi le lien étroit qui unissait la royauté à l'Église catholique restaient les points les plus couramment critiqués. Après l'expulsion des huguenots en 1685, la tolérance religieuse ainsi que la condamnation du dogmatisme et de la « duperie des prêtres » prirent une place centrale dans les préoccupations des Lumières.

Anicet-Charles-Gabriel Lemonnier, Première Lecture de l'*Orphelin de la Chine* de Voltaire dans le salon de Mme Geoffrin en 1755, *huile sur toile, 1812, musée des Beaux-Arts, Rouen.*

Esprit, goût et utopie

Les salons étaient les principaux lieux de rencontre des cercles des Lumières. Au début du XVIIIe siècle, les dames de la haute société recevaient certains jours des artistes et des philosophes. Tout le monde était le bienvenu pour peu qu'on possède assez d'esprit et d'amabilité. Si certains, comme Rousseau, critiquaient le style désinvolte et insouciant des débats de salon, c'est tout de même dans ces lieux – comme sous les arcades, dans les jardins ou les cafés du Palais-Royal – que l'on échangeait et débattait des dernières nouveautés, que l'on faisait courir les rumeurs et que se tissaient les intrigues. C'est là aussi que l'on s'adonnait aux jeux, à la prostitution et autres plaisirs, que naquit le pouvoir de l'opinion publique, que les grands rhéteurs affinèrent leur style, que de jeunes hommes cultivés et ambitieux de province mirent à l'épreuve leurs talents littéraires et politiques et que se retrouvèrent aussi les pères des Lumières : Voltaire, Diderot, Montesquieu et d'Alembert.

Différents courants de pensée donnèrent aux philosophes des Lumières leurs armes intellectuelles et participèrent à leur dynamique interne. Ainsi, théologie de la Réforme et athéisme, concepts philosophiques et observation de la nature, foi dans le progrès et scepticisme face à l'avenir s'opposaient-ils. Cependant, chacun de ces désaccords aboutissait invariablement à un désir d'harmonie et de réconciliation des contraires, comme le proposait par exemple le concept de l'existence d'une raison universelle immanente aux lois de la nature. Lentement une atmosphère d'attente utopique se développa, et l'espoir d'une nouvelle ère régie par des formes raisonnables d'existence humaine grandit.

Répression, opposition et succès

Les activités des philosophes des Lumières n'étaient pas sans danger. La liberté de la presse était alors inexistante, celles et ceux qui faisaient fi de la censure étatique et ecclésiastique risquaient d'être arrêtés, bannis ou condamnés aux galères. Même Voltaire fut emprisonné à la Bastille. De nombreux écrits datant du début du siècle des Lumières furent en conséquence imprimés à Amsterdam ou à Genève, introduits en contrebande dans le pays, puis réédités illégalement ou reproduits sous de fausses références. À Paris, la police dénombra en 1789 plus de cent presses à imprimer transportables qui servaient à la production de livres illégaux. Les textes les plus radicaux circulaient dans le secret sous forme manuscrite, au sein d'un réseau de correspondants, et étaient sans cesse recopiés. Les idées des philosophes des Lumières étaient exposées à l'oral dans les innombrables cafés, cercles, académies, salons, loges et clubs de lecture.

Le succès de l'*Encyclopédie* de Diderot et d'Alembert marqua l'apogée de l'influence culturelle des Lumières dont elle est le symbole. Ses trente-cinq volumes ont été publiés de 1751 à 1780.

*Couverture de l'*Encyclopédie *ou* Dictionnaire raisonné des sciences, des arts et des métiers, *par une Société de gens de lettres, vol. 1, 1751, Paris.*

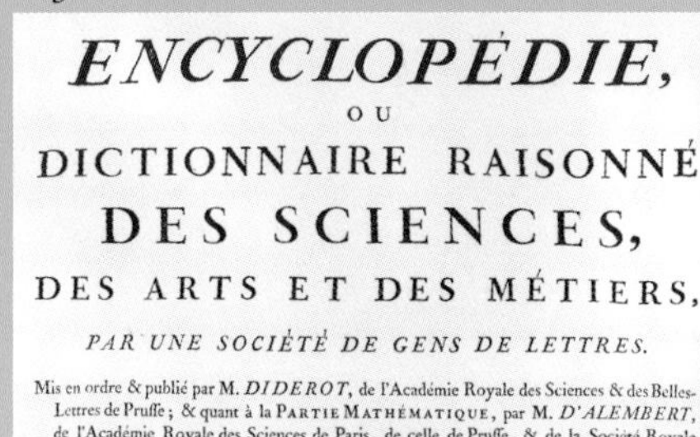
ENCYCLOPÉDIE,
OU
DICTIONNAIRE RAISONNÉ
DES SCIENCES,
DES ARTS ET DES MÉTIERS,
PAR UNE SOCIÉTÉ DE GENS DE LETTRES.

Mis en ordre & publié par M. DIDEROT, de l'Académie Royale des Sciences & des Belles-Lettres de Pruſſe ; & quant à la PARTIE MATHÉMATIQUE, par M. D'ALEMBERT, de l'Académie Royale des Sciences de Paris, de celle de Pruſſe, & de la Société Royale de Londres.

Tantùm ſeries juncturaque pollet,
Tantùm de medio ſumptis accedit honoris ! HORAT.

TOME PREMIER.

A PARIS,
Chez
BRIASSON, rue Saint Jacques, à la Science.
DAVID l'aîné, rue Saint Jacques, à la Plume d'or.
LE BRETON, Imprimeur ordinaire du Roy, rue de la Harpe.
DURAND, rue Saint Jacques, à Saint Landry, & au Griffon.

M. DCC. LI.
AVEC APPROBATION ET PRIVILEGE DU ROY.

Sa diffusion dans de nombreuses bibliothèques privées et publiques dans toute l'Europe fit effectuer un pas de géant à l'information : l'idée sous-jacente était la transmission claire et compréhensible de l'ensemble du savoir disponible à l'époque. Son ouverture aux contenus critiquant

Couverture du livre d'Emmanuel-Joseph Sieyès, Qu'est-ce que le tiers état ?, *troisième édition, 20 x 13 cm, 1789, bibliothèque Sainte-Geneviève, Paris.*

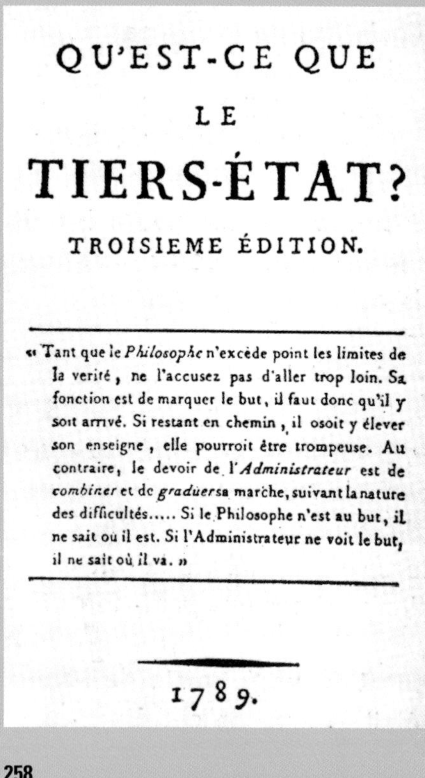
QU'EST-CE QUE
LE
TIERS-ÉTAT?
TROISIEME ÉDITION.

« Tant que le *Philosophe* n'excède point les limites de la verité, ne l'accusez pas d'aller trop loin. Sa fonction est de marquer le but, il faut donc qu'il y soit arrivé. Si restant en chemin, il osoit y élever son enseigne, elle pourroit être trompeuse. Au contraire, le devoir de l'*Administrateur* est de *combiner* et de *graduer* sa marche, suivant la nature des difficultés..... Si le Philosophe n'est au but, il ne sait où il est. Si l'Administrateur ne voit le but, il ne sait où il va. »

1789.

le régime en place lui valut l'hostilité des opposants aux Lumières. En 1757, le clergé accusa le « parti des philosophes » de l'attentat perpétré contre Louis XV et obtint l'interdiction temporaire de l'*Encyclopédie.* Mais les quatre mille souscripteurs français et étrangers dont les acomptes devaient être remboursés insistèrent pour recevoir les volumes manquants. Et comme ils allaient finalement paraître, tout le monde sut que l'« esprit de l'époque » avait enfin définitivement pris de la distance par rapport aux « forces obscures ».

La situation révolutionnaire

L'explosion des forces eut lieu à la veille de la Révolution française, lorsque la monarchie se vit contrainte pour la première fois depuis plus de cent soixante-dix ans de convoquer les états généraux afin d'établir l'unité dans une situation de crise politique. Le pays était ruiné sur le plan économique et le fossé entre les pauvres et les riches avait pris des proportions inacceptables. L'État était proche de la faillite, toutes les tentatives de réformes financières et fiscales ayant échoué face à l'opposition de la noblesse et du Parlement. Des disettes et des soulèvements spontanés ébranlaient les provinces et la capitale. L'aristocratie essayait de tirer profit de la fragilité du gouvernement en diffusant une modification de la Constitution qui devait faire de maigres concessions à la bourgeoisie.
Une fois mise en marche, l'opposition politique développa sa propre dynamique : le moment semblait enfin venu de mettre réellement sur pieds les idées des Lumières, leurs projets de

Jacques-Louis David (1748-1825), Le Serment du Jeu de paume, *huile sur toile, 65 x 88,7 cm, 1790-1791, musée Carnavalet, Paris.*

réunion des états généraux à Versailles en juin 1789, les députés du tiers état formèrent l'Assemblée nationale et devinrent les représentants non plus d'un ordre mais d'« une nation une et indivisible » ; la majorité des membres du clergé et quatre-vingts nobles se joignirent à eux. Lorsqu'on leur refusa l'accès à leur salle de réunion, ils se réfugièrent dans celle du Jeu de paume et y firent le serment de ne se séparer qu'après avoir donné une constitution à la France.
Des bruits ayant immédiatement circulé selon lesquels l'Assemblée nationale allait

constitution, leurs modèles. Lors de la convocation des états généraux, Louis XVI lança l'appel suivant : « Sa Majesté désire que des extrémités de son royaume et des habitations les moins connues, chacun fût assuré de faire parvenir jusqu'à Elle ses vœux et ses réclamations. »
Les hommes du tiers état considérèrent cet ordre comme une incitation à lever la censure. Des affiches furent placardées partout sur les murs, des tracts, des prospectus et des pamphlets furent distribués au peuple ; la population détailla ses souhaits dans des cahiers de doléances. Une ambiance révolutionnaire s'installa. Sûr de lui, l'abbé Sieyès écrivit dans un pamphlet très retentissant : « Qu'est-ce que le tiers état ? Tout. Qu'a-t-il été jusqu'à présent dans l'ordre politique ? Rien. Que demande-t-il ? À y devenir quelque chose. » Lors de la

être dissoute dans la violence, le peuple parisien entra en scène. Des magasins d'armes furent pillés, une milice bourgeoise constituée, la foule détruisit les barrières d'octroi tant haïes et se rua sur la prison de la Bastille. Simultanément, les châteaux commencèrent à s'embraser dans tout le pays. L'Assemblée nationale prit alors sa première décision : elle abolit la noblesse et tous les privilèges. Lorsque la Déclaration des droits de l'homme et du citoyen fut publiée le 26 août 1789, nombreux furent ceux qui pensèrent que pointait l'aube d'un nouveau jour. Pourtant, sans le peuple parisien qui, mené par une foule bigarrée de femmes de toutes les classes de la société, escorta le 6 octobre le roi récalcitrant en une colossale marche triomphale de Versailles au cœur de la capitale, la Révolution n'aurait pas été la leçon de démocratie qu'elle est devenue.

Le 10 août 1792, les masses populaires des différentes sections de Paris prennent les Tuileries, contestent le pouvoir législatif et demandent l'abolition de la monarchie. Baron François Gérard (1770-1873), Le 10 août 1792, *plume et encre brune sur papier blanc, 66,8 x 91,7 cm, 1794, musée du Louvre, Paris.*

Un vent de nouveauté

Le 11 juillet 1791, la dépouille de Voltaire, figure emblématique du siècle des Lumières, fut transférée au Panthéon dans la liesse. Une foule de partisans du mouvement populaire portant des piques accompagna le cortège. Il ne s'agissait cependant que d'une mise en scène parmi tant d'autres censées illustrer le lien entre le combat des Lumières et celui du peuple.
La Révolution avait besoin de ce type de rituels pour franchir le fossé entre le passé et l'avenir et légitimer la dissolution de l'autorité royale d'ordre divin par un état constitutionnel reposant uniquement sur les droits de l'individu et la volonté générale du peuple.
En effet, les nouveaux représentants de la nation furent dès le début soumis à une forte pression. Il était en effet impossible de faire confiance au roi Louis XVI qui pactisait en secret avec les armées de la coalition prusso-autrichienne. Cette coalition, à partir de 1791, attaqua la patrie au nom de la monarchie sainte et menaça de raser la ville de Paris. Le danger n'était pas moins grand à l'intérieur des frontières. Les mouvements de résistance étaient omniprésents : les paysans, car la Révolution était impuissante face à leur misère économique ; l'Église, expropriée de ses terres, dont les prêtres durent prêter serment sur la Constitution et, dans les provinces, voulaient être indépendants de la capitale. Les représentants du peuple furent également confrontés à la méfiance et aux exigences du prolétariat parisien pour lequel le prix du pain et le salaire étaient les vrais indicateurs du progrès. Lorsqu'une foule d'insurgés occupa les Tuileries le 10 août 1792 et prit le roi en otage, la souveraineté du peuple promise depuis longtemps devint enfin réalité. L'instauration de la République ainsi que le procès et la condam-

nation à mort de Louis XVI scellèrent la rupture avec le passé monarchique.
Ceux qui prétendaient présider désormais au destin de la France durent donner, en actes et en paroles, un sens au chaos qui régnait dans tout le pays. Cette tâche fut prise en charge par des clubs politiques comme celui des jacobins qui, depuis Paris, couvrit tout le pays en développant un véritable réseau. Ils s'efforcèrent, avec une grande inventivité et à un rythme effréné, d'imposer à la politique les concepts philosophiques fondamentaux des Lumières et durent aussi recourir au manichéisme et à des légendes pour éduquer leur nouveau souverain, le peuple. La Révolution se dota de son propre calendrier, rebaptisa des rues et des places, introduisit un nouveau style de discours et se dota de nouveaux jours fériés, martyrs et saints.

Jacques-Louis David, La Mort de Marat, *huile sur toile, 165 x 128 cm, 1793, Musées royaux des beaux-arts, Bruxelles.*

La Révolution se heurte à ses propres limites

Face à leurs opposants, les révolutionnaires se radicalisèrent jusqu'à l'apparition de la Terreur jacobine. Les jacobins réussirent ainsi pendant la crise de 1793-1794 à allier les forces des mouvements sociaux parisiens et la révolution bourgeoise. Lorsque les premières victoires sur les fronts parisiens furent annoncées, la révolte du 9 thermidor mit fin, le 17 juillet 1794, à l'état d'urgence. Robespierre fut exécuté. La bourgeoisie nouvellement riche et son élégante jeunesse fêtèrent, dans un excès de débauche, la mort de l'« incorruptible ». Pour affirmer le lien entre leur politique et la morale, les thermidoriens placèrent au Panthéon la dépouille de Rousseau, le « sensible » philosophe des Lumières, à côté de celle de Marat qui avait été assassiné et qui, dans son journal révolutionnaire intitulé *L'Ami du peuple*, avait pendant des années prêché la haine et la méfiance vis-à-vis des privilégiés et réclamé « cent mille têtes ». Le rapport de forces resta instable pendant encore cinq ans. Ce ne fut que le 15 décembre 1799 que Bonaparte, qui s'était autoproclamé consul, déclara : « Citoyens, la révolution est fixée aux principes qui l'ont commencée, elle est finie. »

Du Quartier latin

à Montparnasse

Du Quartier latin à Montparnasse

« La rive gauche m'appelle, et à ce jour, elle n'a cessé de m'appeler et de me retenir. Je ne peux m'imaginer la quitter un jour, elle est comme un organe qui jamais ne peut quitter la place qui lui est impartie dans le corps humain. » Adrienne Monnier ne s'imaginait pas s'installer ailleurs que sur la rive gauche, centre intellectuel de la capitale, sa petite librairie, la Maison des amis des livres, qu'elle ouvrit en 1915 rue de l'Odéon, entre le boulevard Saint-Germain et le jardin du Luxembourg, et qui fut très vite le lieu de rencontre privilégié de l'avant-garde littéraire. André Breton, Sidonie-Gabrielle Colette, Guillaume Apollinaire, Jean Cocteau et bien

Double page précédente : Shakespeare and Company dans la rue de l'Odéon, l'une des nombreuses célèbres librairies du quartier Saint-Michel.

Intérieur de la librairie.

d'autres s'y sentaient comme chez eux, trouvaient l'inspiration dans les rayonnages de la librairie et s'enrichissaient des échanges avec leurs pairs.

La science et la littérature sont depuis toujours les principaux moteurs du développement sur la rive gauche de la Seine : la célèbre Université de Paris, fondée au XIIIe siècle, devint rapidement la première grande école d'Europe et attira des étudiants venus du monde entier qui communiquaient entre eux en latin. Le Quartier latin était né.

À l'ouest, le Quartier latin touche le quartier Saint-Germain-des-Prés qui prit de l'essor au Moyen Âge autour de l'abbaye du même nom située au milieu des prés et des champs. Au XVIIIe siècle, lorsque le faubourg devint le quartier résidentiel préféré de la noblesse parisienne, de vastes palais furent construits, qui abritent depuis surtout des ministères et des ambassades. Les intellectuels découvrirent le Quartier latin au début du XXe siècle et aujourd'hui encore la zone entre la rue de Seine et Saint-Sulpice se caractérise par un grand nombre de librairies, de maisons d'édition, de galeries et d'antiquaires.

Au début du XXe siècle, Montparnasse devint le repaire des artistes. Dans le sud du quartier, la cité d'artistes La Ruche fut créée en 1905 dans la rue de Dantzig et offrit un lieu d'habitation et de travail à des peintres et des sculpteurs désargentés, originaires principalement d'Europe de l'Est. Marc Chagall, Ossip Zadkine, Jacques Lipchitz, Constantin Brancusi et bien d'autres y vécurent et y travaillèrent pendant un temps. La Ruche fut à l'origine de l'École de Paris. Les projets d'urbanisme des années 1970 modifièrent énormément le quartier. La tour Maine-Montparnasse, seul gratte-ciel de Paris intra-muros, s'est érigée en symbole du manque de considération des urbanistes vis-à-vis des anciennes structures urbaines.

Fontaine Saint-Michel, 1858-1860, d'après un dessin de Gabriel Davioud (1823-1881).

Du Quartier latin à Montparnasse

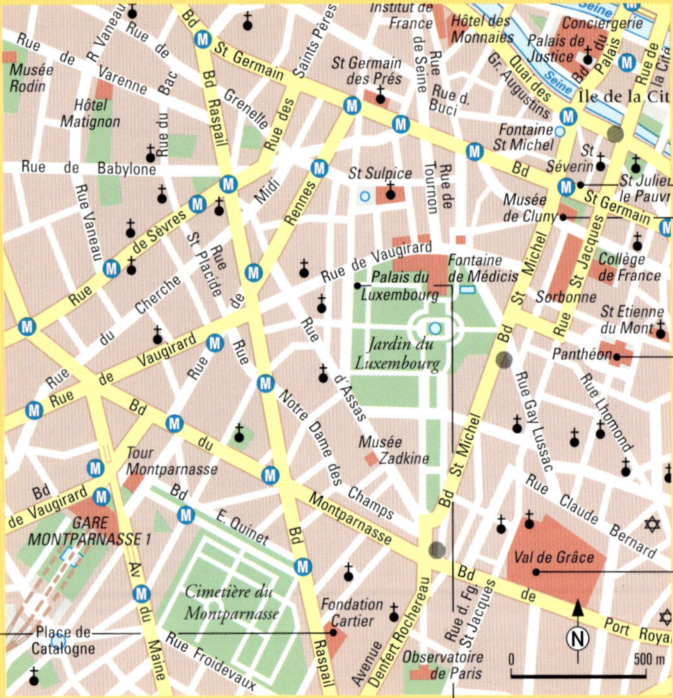

Jardin et palais du Luxembourg, 19, rue de Vaugirard, p. 287 *sq.*

Fondation Cartier, 261, boulevard Raspail, p.304 *sq.*

Saint-Séverin, rue des Prêtres-Saint-Séverin, p. 269

Hôtel de Cluny/musée national du Moyen Âge, 6, place Paul-Painlevé, p. 270 *sqq.*

Autres attractions touristiques

1 Fontaine Saint-Michel, place Saint-Michel, p. 265
2 Boulevard Saint-Michel, p. 268
3 Église de la Sorbonne, place de la Sorbonne, p. 277
4 Bibliothèque Sainte-Geneviève, 10, place du Panthéon, p. 278 *sq.*
5 Saint-Étienne-du-Mont, place Sainte-Geneviève, p. 284
6 Fontaine de Médicis, p. 288
7 Saint-Sulpice, place Saint-Sulpice, p. 292 *sq.*
8 Boulevard Saint-Germain, p. 294 *sq.*
9 Saint-Germain-des-Prés, place Saint-Germain-des-Prés, p. 296 *sq.*
10 Boulevard Montparnasse, p. 301

Panthéon, place du Panthéon, p. 279 *sq.*

Val-de-Grâce, 277, rue Saint-Jacques, p. 302 *sq.*

Boulevard Saint-Michel

« La place Saint-Michel vous étreint. Elle ouvre ses bras. Elle vous enlace comme une maîtresse. Elle est la porte ouverte sur le Quartier latin. Le port dans lequel je voulais accoster. Je suis chez moi. » notait Wolfgang Koeppen (1906-1996) au cours de l'un de ses voyages à Paris. Le large et très animé boulevard Saint-Michel coupe le Quartier latin et s'inscrit dans l'axe nord-sud qui va de la gare de l'Est à Montparnasse en passant par l'île de la Cité. Le baron Haussmann a considérablement rénové le boulevard et, en édifiant une fontaine (1858-1860) sur la place Saint-Michel, lui a donné un tout nouvel accent architectural qui déjoue avec brio le lien problématique au niveau du carrefour avec le boulevard du Palais. Au Moyen Âge déjà, les étudiants de l'université de la Sorbonne toute proche habitaient des deux côtés du boulevard et définissaient le rythme de vie du quartier. En mai 1968, le boulevard Saint-Michel fut le théâtre de la révolution étudiante qui se solda par une grève générale et contribua à la démission du président Charles de Gaulle (1969). Depuis 1970, les étudiants n'ont plus guère les moyens de payer les loyers élevés dans le secteur universitaire du Quartier latin et de l'intérieur de Paris. Cependant, les jeunes intellectuels se sentent toujours chez eux dans le quartier, autour du « Boul-Mich ».

Saint-Séverin

L'église Saint-Séverin, édifiée du XIIIe au XVIe siècle, a donné son nom au quartier situé à l'est du boulevard Saint-Michel. Elle est l'une des plus belles églises paroissiales de Paris. Malgré sa longue période de construction, elle dégage aujourd'hui une impression générale d'unité : en effet, l'architecte inconnu qui dirigea la restauration au XVe siècle intégra de façon très réussie les éléments existants dans le nouveau bâtiment. Il réalisa un édifice sacré de style gothique flamboyant dont les cinq travées et le transept sont décorés richement. Les piliers du double déambulatoire sont particulièrement spectaculaires et s'ouvrent sur la voûte tels des éventails formant un réseau végétal. L'un des piliers se présente même sous la forme d'une colonne torse. Joris-Karl Huysmans (1848-1907) comparait l'impressionnante voûte de Saint-Séverin à une palmeraie – métaphore qui rend très bien l'impression donnée par l'intérieur de l'église. Comme de coutume au Moyen Âge, la paroisse possédait des charniers. On peut les visiter aujourd'hui en passant par la rue de la Parcheminerie. Les défunts étaient enterrés, puis les crânes et les ossements étaient stockés dans les charpentes. C'est dans ce cimetière que, en 1474, la première opération chirurgicale sur un condamné à mort souffrant de calculs rénaux fut effectuée en public. Le patient survécut, fut gracié et reçut même un don d'argent provenant des caisses royales.

Musée national du Moyen Âge dans l'hôtel de Cluny

Le musée consacré à l'art médiéval est installé dans des bâtiments dont l'architecture marque les limites chronologiques précises de l'époque des œuvres qui y sont exposées. Il s'agit des ruines des thermes gallo-romains de Lutèce (vers 200 ap. J.-C.) et de l'ancienne résidence des abbés de Cluny (fin du xve siècle). Ce fastueux hôtel particulier fut édifié entre 1485 et 1510 par Jacques d'Amboise, directeur de la célèbre abbaye bourguignonne de Cluny, afin de servir de pied-à-terre parisien aux abbés. L'hôtel de Cluny est, avec l'hôtel de Sens, l'un des rares bâtiments gothiques profanes à avoir été conservé à Paris. Digne d'intérêt, la cour, avec ses fontaines et sa tour de l'escalier, se prolonge le long du boulevard Saint-Germain par un jardin médiéval et dégage une impression d'intimité abbatiale. Le fonds du musée national du Moyen Âge provient essentiellement du célèbre collectionneur Alexandre du Sommerard (1779-1842), qui vécut dans l'hôtel à partir de 1833 et qui faisait admirer son impressionnante collection uniquement à titre privé. À la mort de ce dernier, la Ville de Paris racheta l'hôtel avec sa précieuse collection et ouvrit deux ans plus tard un musée, qui appartient aujourd'hui à l'État. Après sa réorganisation en 1977, la collection se concentre exclusivement sur les objets du Moyen Âge, judicieusement accompagnés de quelques pièces datant de l'Antiquité.

Pilier des nautes (représentant un naute parisien)
Calcaire, 110 x 80 x 80 cm, entre 14 et 37 ap. J.-C., découvert à Notre-Dame, Paris

Le pilier votif antique exposé dans le frigidarium, partie des thermes où l'on prenait des bains froids, a été découvert au XVIIIe siècle pendant des fouilles effectuées sous le chœur de la cathédrale Notre-Dame de Paris. Les inscriptions figurant sur les blocs cubiques indiquent qu'il s'agissait d'un monument public que la corporation des Nautes de la Seine avait fait ériger en l'honneur du dieu romain Jupiter. Les reliefs du pilier comportent, en plus des dieux romains, des dieux gaulois comme Esus, le dieu bûcheron. La tolérance religieuse des Romains semble surprenante, mais pourrait en fait avoir été utilisée comme instrument politique pour stabiliser les provinces.

La Dame à la licorne
Laine et soie, 300 x 330 cm,
vers 1485-1500

La tapisserie de *La Dame à la licorne,* est une série composée de six pièces et exposée dans sa propre rotonde, fut tissée à la fin du XVe siècle vraisemblablement à Bruxelles pour l'opulent Jean Le Viste, personnage proche de Charles VII, comme cadeau de mariage. Une licorne, symbole de pureté et de chasteté, et un lion, figurant sur les armes de la famille du marié, apparaissent sur chacun des tableaux aux côtés d'une dame élégamment vêtue. Au premier plan d'un exubérant décor floral, appelé « millefleurs », animé de multiples végétaux et animaux, les cinq sens – l'odorat, l'ouïe, la vue, le toucher et le goût – sont représentés de façon allégorique. Les plaisirs des sens sont ainsi associés aux vertus (féminines) de la vie à la cour. La sixième et dernière tapisserie montre la mariée debout sous une tente bleue en train de regarder dans son coffre à bijoux. L'inscription figurant sur la tente « À mon seul désir » renvoie à l'amour qui crée des liens plus forts que la richesse et les objets précieux. Le mode de représentation témoigne de l'influence d'écrits emblématiques diffusés vers 1500, prove-

nant surtout d'Italie mais aussi de Hollande. En outre, le réalisme tout en détail et nuances de la tapisserie s'allie à l'abstraction caractéristique de la fin du Moyen Âge. De telles pièces – dont très peu ont été conservées dans leur totalité – comptaient parmi les articles de luxe les plus appréciés de l'époque et répondaient simultanément au désir de posséder une décoration coûteuse et au besoin de se protéger du froid et des courants d'air dans les glaciaux palais en pierre. L'auteur anglaise Tracy Chevalier, qui s'est fait connaître dans le monde entier grâce à son premier roman inspiré de la *Jeune fille à la perle* de Jan Vermeer, a publié en 2005 un autre ouvrage intitulé *La Dame à la licorne*, dont le fil conducteur est la célèbre œuvre d'art. La romancière y raconte l'histoire fictive de la naissance des six tapisseries de l'hôtel de Cluny. Il s'y tisse un réseau passionnant de relations entre le commanditaire, un parvenu appartenant à la cour parisienne, le peintre qui a dessiné les motifs, le tisserand bruxellois qui les a réalisés ainsi que leurs épouses, filles et servantes. Il y est tout naturellement question d'un amour secret, de désirs impossibles, de pouvoir et d'intrigues, mais elle y traite également de la dure réalité du travail dans les ateliers des tisserands flamands et du pouvoir magique de la créature fabuleuse, sujet central de la tapisserie.

L'université de Paris au Moyen Âge – essor et déclin d'un centre intellectuel,

par Oliver Burgard

De la vie d'un étudiant du Moyen Âge : fils d'un prince désargenté, il a grandi dans une ville de province. Comme il traduit et parle le latin couramment, il est considéré comme l'un des élèves les plus doués de l'école de sa paroisse. Ses professeurs voient en lui un futur évêque, peut-être même un cardinal. Dès qu'il a fêté son dix-septième anniversaire, ils l'envoient vers l'inconnu. « Va à Paris ! lui disent ses professeurs, étudie la théologie à l'université, tu y trouveras les meilleurs maîtres. » Le garçon se met donc en route et avec lui d'autres étudiants venant de tous pays, de tous horizons : seuls, sans bagages, pauvres en biens matériels mais riches en talents et suffisamment ambitieux pour être prêts à accepter ce long voyage.

Des semaines plus tard, ils arrivent à destination, ils sont enfin à Paris. Au début du XIIIe siècle, la ville sur les rives de la Seine est une métropole médiévale dans laquelle on reconnaît déjà des structures urbaines modernes. Le roi Philippe II Auguste fait construire le Louvre, les rues sont en cours de pavement, des halles couvertes font leur apparition. La population, environ quatre-vingt mille âmes, est en croissance constante, le commerce est florissant. Pourtant, Paris est bien plus qu'un carrefour économique en plein essor ; elle est le centre intellectuel de l'Europe. Son université, la plus ancienne du continent avec celle de Bologne, est réputée car les plus grands maîtres occidentaux y dispensent leur enseignement : Albert le Grand (1206-1280) et Thomas d'Aquin (1225-1274) à la faculté de théologie, et le scientifique Roger Bacon (1214-1294), célèbre pour ses travaux sur la réfraction de la lumière et les mathématiques. La faculté de théologie est considérée comme la plus grande école pour les ecclésiastiques. Elle bénéficie d'une politique papale universitaire qui privilégie Paris par rapport aux autres établissements afin d'obtenir un enseignement uniforme. Ainsi, la communauté initialement désorganisée d'enseignants et d'étudiants se transforme-t-elle en quelques décennies en une véritable institution dont la renommée traverse les frontières. En 1208, le pape Innocent III envoie une lettre aux doctores parisiens dans laquelle il s'adresse à eux en tant qu'*universitas vestra* – « vous, tous autant que vous êtes ». En 1231, une bulle papale confirme l'*universitas magistrorum et scoliarum parisiensium.* À partir de ce moment, Paris est établie comme le premier lieu de formation théologique en Europe.

Le roi soutient aussi la jeune université car la capitale de son royaume a besoin d'experts : des théologiens, mais aussi des avocats et des médecins. Avec Oxford et Cambridge, Paris est au XIIIe siècle le seul établissement européen à posséder les quatre facultés d'une université médiévale classique : théologie, droit, médecine et arts libéraux. Les études de théologie, qui durent entre dix et quinze ans, sont les plus longues et les plus exigeantes ; en comparaison, des études d'arts libéraux ne prennent que quatre ans.

Albertus Magnus (1206-1280), aussi appelé saint Albert le Grand, enseigna de 1240 à 1248 à la faculté de théologie de l'université de Paris. Tommaso da Modena (vers 1325-1379), Albertus Magnus, *fresque,* XIV*e siècle, Seminario Vescovile, Trévise.*

Ces dernières sont divisées en un trivium comprenant le latin, la rhétorique et la logique, et en un quadrivium composé de la géométrie, l'astronomie, la musique et l'arithmétique. Le droit et la médecine sont déjà considérés au Moyen Âge comme des disciplines pratiques, leurs étudiants pouvaient espérer une carrière professionnelle assurée avec des perspectives de revenus très intéressants. Notre étudiant passe nombre d'années en *lectiones* et *disputationes*, qui sont les conférences et groupes de débat des études de théologie. À la fin de son cursus, il doit passer un examen oral et prouver ses connaissances. Il réussit et est maintenant parfaitement préparé pour une carrière ecclésiastique, mais aussi lourdement endetté car les études universitaires coûtent cher : plus le professeur est renommé, plus les droits universitaires sont élevés. Dans la société médiévale, l'université créait un sous-système social fonctionnant selon ses propres règles. Elle regroupait des étudiants venant des toutes les couches de la société, de tous les ordres et de tous les pays – le provincial rencontrait à Paris les fils bien éduqués de la noblesse française mais aussi des immigrants étrangers sans ressources qui, comme lui, vivaient misérablement, sans revenus ni domicile fixe.

Certains empruntaient de l'argent pour payer ces droits, d'autres mendiaient ou volaient. Aucun ne faisait de manières. « Qui, en effet, n'aurait pitié de ceux qui se sont exilés par amour de la science ? » aurait déclaré l'empereur Frédéric Barberousse à propos des étudiants du Moyen Âge. Les plus chanceux étaient hébergés dans les collèges, des foyers pour étudiants qui se transformèrent par la suite en véritables centres d'apprentissage. Ainsi Robert de Sorbon, le confesseur de Louis IX, fonda-t-il en 1258, sur la rive gauche de la Seine, un collège pour étudiants en théologie et en droit canon, le futur collège de la Sorbonne.

À son apogée, vers la fin du XIIIe siècle, l'université de Paris comptait plus de trois mille membres. Son déclin commença lorsque, quelques années plus tard, des tensions politiques apparurent entre les souverains français et la curie romaine. En 1378, la couronne installa un antipape à Avignon, démonstration de pouvoir qui allait avoir des conséquences fatales sur la vie universitaire : des centaines de professeurs et d'étudiants fidèles à Rome quittèrent la ville. Avec eux, l'université de Paris perdit sa réputation au profit des grandes écoles italiennes et allemandes qui ouvrirent grandes leurs portes aux intellectuels immigrés.

Carlo Crivelli, le retable Demidoff avec un portrait de Thomas d'Aquin sur le tableau en haut à droite, 1476, construit à l'origine pour San Domenico à Ascoli Piceno, National Gallery, Londres.

Église de la Sorbonne

De l'ancien bâtiment universitaire que Richelieu, en sa qualité de proviseur de la Sorbonne, fit construire au XVIIe siècle, il ne reste aujourd'hui que l'église. Elle fut édifiée de 1585 environ jusqu'à 1654 par Jacques Lemercier, dans le style baroque typiquement italien. La consécration eut lieu en 1648, après la mort du cardinal. La façade située du côté de la cour présente un corps à deux ordres superposés au décor festif. Son portique antique à colonnes surmonté d'un fronton triangulaire et sa coupole à tambour lui donnent une apparence majestueuse, impression renforcée par les sculptures allégoriques au niveau supérieur. Le modèle de cet édifice fut plusieurs fois copié pour d'autres églises parisiennes, dont le Val-de-Grâce, le dôme des Invalides ou le Collège des Quatre-Nations. À l'intérieur de l'église malheureusement fermée au public, se trouve le tombeau de Richelieu qui ne fut terminé que plus de cinquante ans après sa mort, en 1694, par François Girardon (1628-1715). Il représente le cardinal agonisant dans les bras de la Religion. La personnification de la Science est allongée, affligée par la mort du grand homme, et des anges en larmes portent les armoiries du défunt. Tous les ornements intérieurs de l'église, rebaptisée « Temple de la Raison » en 1794, furent victimes de la Révolution. Alexandre Lenoir (1761-1839), qui avait mis en sécurité dans le musée des Monuments français de nombreux objets sacrés et profanes avant les pillages des sans-culottes, réussit aussi à sauvegarder le monument édifié en l'honneur de Richelieu. Il fut par la suite de nouveau installé dans le transept sud. Par ailleurs, le crâne de Richelieu y a été inhumé. Après l'exhumation de la dépouille par les révolutionnaires, il avait été considéré comme disparu, avant de réapparaître au XIXe siècle.

Bibliothèque Sainte-Geneviève

Seuls le nom de cette bibliothèque et quelques manuscrits précieux qui y sont conservés rappellent l'importante abbaye médiévale qui se trouvait initialement à proximité. Les ossements de sainte Geneviève, patronne de la ville, étaient présentés dans un précieux reliquaire dans l'église abbatiale et portés en procession festive dans les rues pendant les périodes difficiles, en cas de catastrophes naturelles, de guerres ou d'épidémies par exemple. Le reliquaire fut détruit durant la Révolution et les restes de la sainte se trouvent aujourd'hui dans la chapelle de Saint-Étienne-du-Mont. Le site de la bibliothèque Sainte-Geneviève tire surtout son importance dans l'histoire des sciences : elle abrita jusqu'à la Révolution l'un des collèges parisiens les plus stricts et les plus célèbres, le Collège de Montaigu, qui compta parmi ses étudiants de grands intellectuels comme l'humaniste

Érasme, le réformateur Calvin ou encore Ignace de Loyola, fondateur de l'ordre des jésuites. Le nouveau bâtiment de la bibliothèque fut construit entre 1844 et 1850 par Henri Labrouste, ensuite chargé de la conception de la salle de lecture de la Bibliothèque nationale. La longue façade du bâtiment semble plutôt dépourvue d'ornements, mais la salle de lecture au premier étage est spectaculaire et se pose en chef-d'œuvre de l'utilisation de la fonte en architecture. Labrouste conçut une salle à deux travées et hauts plafonds qui peut accueillir six cent cinquante visiteurs et caractérisée par sa construction métallique ouverte. Dans cette riche atmosphère, on peut notamment consulter des manuscrits de Baudelaire, Verlaine ou Rimbaud.

Le Panthéon

Posé sur un socle et visible de loin, le Panthéon est situé sur la montagne Sainte-Geneviève. Dès l'Antiquité, une tour sacrée gallo-romaine avait été érigée sur l'ancien *mons* Luticius, puis au VIe siècle, au tout début du christianisme, une église dans laquelle sainte Geneviève (vers 422-512), patronne de la ville de Paris, fut enterrée. Lorsque Louis XV tomba gravement malade en 1744, il voulut faire construire une nouvelle église pour la sainte et, une fois guéri, en confia la réalisation à l'architecte Jacques-Germain Soufflot (1713-1780), l'un des plus grands représentants du classicisme. Soufflot dessina une église au dôme monumental, censée rivaliser avec d'autres grands édifices sacrés internationaux comme la basilique Saint-Pierre de Rome, la cathédrale Saint-Paul de Londres ou le dôme des Invalides de Louis XIV. La façade présente un majestueux péristyle qui porte et structure le portique de style antique et le haut fronton. Pendant la longue période de construction, des problèmes de stabilité apparurent au niveau du dôme et retardèrent l'avancement des travaux. Soufflot mourut avant d'avoir vu l'achèvement de son ambitieux projet. L'église ne fut terminée que dix ans après sa mort, en plein chaos révolutionnaire, et affectée un an plus tard aux « Grands Hommes de l'époque de la Liberté française ». Pour répondre à sa nouvelle vocation de sépulture et de mémorial, quarante-deux fenêtres furent obturées. Le bas-relief du fronton réalisé entre 1831 et 1837 par David d'Angers porte l'inscription suivante : « Aux Grands Hommes, la Patrie reconnaissante. » Au cours des années suivantes, les différents régimes politiques qui se succédèrent décidèrent quelles dépouilles devaient être enterrées dans la crypte – ou en être exhumées. De l'époque de la Révolution, seules les tombes de Voltaire et Rousseau ont été conservées. Au XIXe siècle, le Panthéon fut au centre du rapport de force entre l'Église, la royauté et la République : l'édifice retrouva par deux fois sa vocation religieuse (en 1823 et 1852), avant que la mort de Victor Hugo en 1885 ne fournisse l'occasion de redonner au Panthéon sa « vocation républicaine ». À ce jour y sont enterrés notamment l'architecte Soufflot, Alexandre Dumas, Émile Zola, Pierre et Marie Curie et l'écrivain et homme politique André Malraux (1901-1976), dernière personnalité inhumée au Panthéon.

Intérieur

Le majestueux intérieur de l'édifice en forme de croix grecque se distingue par ses colonnes : cinquante-deux colonnes cannelées d'ordre corinthien et soixante-seize piliers muraux dont la base repose sur un piédestal circulaire caractérisent et structurent l'ensemble. À l'époque de la construction du bâtiment, les premiers visiteurs décrivirent la première impression laissée par la largeur, la clarté et la majesté de l'intérieur comme étant inspirée par l'esprit des Lumières et considérèrent l'édifice comme l'une des plus grandes réalisations de l'architecture française. Avec l'obturation des fenêtres et la sécularisation de l'église – la châsse de Sainte-Geneviève devait s'élever à la croisée du transept –, la réalisation de Soufflot est devenue pratiquement méconnaissable. Aujourd'hui, le Panthéon n'est plus qu'un mausolée, certes imposant mais austère et sombre. Les peintures murales du XIXe siècle représentent des scènes de la vie de sainte Geneviève. Les fresques de Puvis de Chavannes (1824-1898), qui ont inspiré le jeune Picasso pendant sa « période bleue », sont remarquables.

Entre physique et métaphysique – le pendule de Foucault,

par Jörg Völlnagel

Un fin câble métallique mesurant environ 67 mètres de longueur, un pendule pesant 28 kilos, un sac de sable fin – le matériel pour la sensationnelle expérience de pendule de 1851 était on ne peut plus simple. Afin de réunir une audience suffisante pour son expérience, le physicien français Jean-Bernard-Léon Foucault avait choisi avec soin le lieu de sa démonstration scientifique.

Né à Paris le 18 septembre 1819 et décédé dans la même ville quarante-neuf ans plus tard, Foucault mit en évidence la rotation de la Terre à l'aide d'un pendule suspendu à la coupole du Panthéon. Cette expérience n'était certes pas la première du genre et la démonstration qu'elle faisait n'avait rien de surprenant.

Une expérience similaire avait en effet déjà été menée en 1661 à l'accademia del Cimento de Florence, station d'observation de la nature créée par Léopold de Médicis. Cependant, l'époque ne se prêtait pas encore à une telle découverte et l'expérience n'eut alors pas le retentissement mérité.

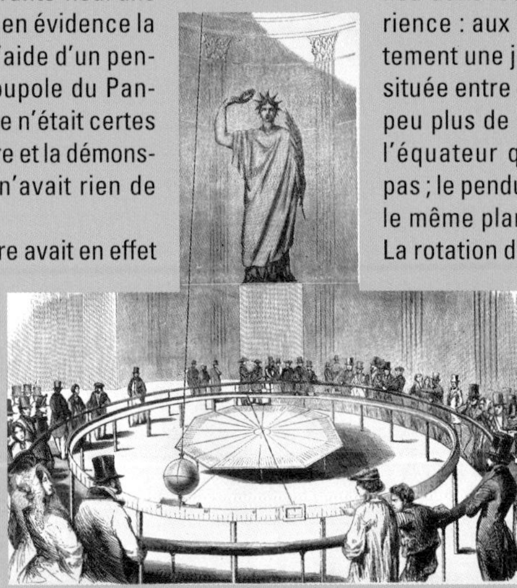

L'expérience du pendule de Foucault de 1851 au Panthéon, reproduction d'une gravure d'un artiste anonyme, Bibliothèque nationale de France, Paris.

Le pendule, une fois lâché et maintenu en mouvement constant par un aimant sur le sol, oscille majestueusement à travers la pièce. Le plan d'oscillation du pendule change progressivement, son tracé effectue lentement une rotation, comme peut le faire l'aiguille d'une montre. Dans l'expérience de Foucault, une pointe fixée sur le dessous du pendule traçait les modifications dans le sable. La durée d'une rotation complète dépend de la latitude du lieu dans lequel est menée l'expérience : aux pôles, elle prend exactement une journée, à Paris, qui est située entre 48 et 49° de latitude, un peu plus de 32 heures. Il n'y a qu'à l'équateur que le tracé ne bouge pas ; le pendule y oscille toujours sur le même plan.

La rotation du pendule dont l'observateur prend conscience est provoquée par la force de Coriolis qui impose une accélération latérale visible à un corps lorsqu'il est en mouvement – vers la droite dans l'hémisphère nord, vers la gauche au sud de l'équateur –, quand on l'observe de la

Terre, c'est-à-dire à partir d'un référentiel en rotation.

En fait, le pendule conserve son plan de rotation par rapport à la position des étoiles fixes, tandis que le plan de référence situé sous le pendule, la Terre, tourne. L'interprétation de l'expérience est en conséquence une abstraction intellectuelle : quel que soit l'endroit dans lequel le pendule est suspendu, il est soumis à l'influence de la rotation terrestre, comme si la suspension du pendule était un point fixe dans l'univers, pour ainsi dire le nombril du monde.

Cette réflexion servit d'amorce au roman à succès d'Umberto Eco, *Le Pendule de Foucault*. Umberto Eco prend le pendule, qui au sens métaphorique est le seul point fixe dans un océan sans rivages de religions, de pensées philosophiques, de visions du monde, d'histoires, de mythes et de spéculations, comme point de départ de son récit d'un plan de domination mondiale émanant de l'ordre des Templiers et du complot qui en résulte.

Le pendule de Foucault sous la coupole du Panthéon.

Avec ce roman, Umberto Eco a prouvé son exceptionnel talent narratif et contribué à immortaliser Léon Foucault et le pendule qui porte son nom. Il lui a assuré une place dans les salles sacrées d'un panthéon scientifique imaginaire.

Saint-Étienne-du-Mont

La population du quartier situé autour de l'église Saint-Étienne augmenta énormément au XVe siècle, grâce notamment aux nombreux étudiants de l'université. L'église paroissiale édifiée en 1222, appartenant alors à l'abbaye Sainte-Geneviève attenante, dut être reconstruite. Les travaux durèrent plus de cent vingt ans. Marguerite de Valois posa en personne la première pierre de la façade en 1610 et l'église fut consacrée en 1626. La longue période de construction aboutit à un amalgame de styles, mêlant le gothique flamboyant à des éléments du début du baroque. La façade que Claude Guérin ajouta finalement devant le corps de bâtiment gothique a, avec son architecture à frontons sur plusieurs étages, une symbiose de différents éléments ornementaux : le portique de style antique à fronton triangulaire surmonté d'un fronton circulaire orné d'une rosace gothique, surplombé à son tour d'un haut fronton percé d'un oculus. De fastueuses sculptures, remplacées au XIXe siècle, ainsi que des vases et des volutes animent la façade dont l'axialité est renforcée par la position asymétrique de la tour.

Intérieur avec jubé

L'intérieur, dont le plan est clairement inspiré de celui de Notre-Dame, présente des ogives gothiques dans le chœur, la nef et le transept, mais aussi des éléments architecturaux typiques de la Renaissance. Le jubé, construit entre 1530 et 1535 vraisemblablement par Philibert Delorme et le seul à avoir été conservé à Paris, s'étire au-dessus de la nef centrale en un grand arc surbaissé. Il possède une balustrade délicatement ciselée. Deux escaliers à vis artistiquement sculptés mènent à la tribune d'où les lectures étaient faites et ouvrent sur le triforium situé au-dessus. Les reliefs de grande qualité situés dans les écoinçons du jubé sont particulièrement remarquables.

Jardin et palais du Luxembourg

Après l'assassinat de son époux le roi Henri IV en 1610, Marie de Médicis acheta une grande parcelle de terrain à François de Luxembourg pour se faire construire un palais emblématique loin du Louvre. Marie de Médicis confia le projet à l'architecte Salomon de Brosse (vers 1571-1626), lui demandant de s'inspirer du palais Pitti à Florence où la reine avait passé son enfance. Les plans du château florentin furent envoyés à Paris et les croquis de Brosse furent validés en Italie. Cependant, la résidence – avec un corps de logis et deux ailes en retour autour d'une cour d'honneur – présente le plan typique d'un château à la française. L'influence italienne se ressent surtout dans les ornements muraux du palais avec les bossages et l'ordonnance colossale des pilastres. Marie de Médicis emménagea dans le palais en 1625, avant même la fin des travaux. Ce refuge fut d'ailleurs le théâtre de violentes altercations avec son fils Louis XIII et le cardinal de Richelieu qu'elle avait installé en tant qu'allié présumé dans le Petit-Luxembourg attenant. En 1631, un an seulement après l'achèvement des travaux du palais du Luxembourg, la veuve de Henri IV dut partir en exil. Elle mourut en 1642 sans revoir ni le château ni le grand cycle Médicis, aujourd'hui exposé au Louvre, que le peintre flamand Pierre Paul Rubens avait peint entre 1622 et 1625 pour la galerie de l'aile droite du palais. Le jardin, l'un des préférés des Parisiens aujourd'hui, est un exemple typique de l'horticulture à la française : des allées bordées de plates-bandes disposées symétriquement dans la verdure partent du grand bassin octogonal qui marque l'axe principal. Après la démolition d'un ancien couvent des Chartreux pendant la Révolution, l'axe principal fut allongé vers le sud jusqu'à l'observatoire et rejoint aujourd'hui le boulevard du Montparnasse.

Fontaine de Médicis

Du parc inspiré par le jardin de Boboli, adjacent au palais Pitti à Florence, il ne reste aujourd'hui plus que la fausse grotte. Il fut énormément modifié au cours du XIXᵉ siècle, lorsque le palais fut rénové afin d'accueillir le Sénat. Jean-François Chalgrin, qui dirigea les travaux, fit installer une fontaine à l'intérieur de la grotte. Même le groupe de sculptures central représentant le géant Polyphème en train de surprendre sa bien-aimée Galatée avec Acis a été ajouté au XIXᵉ siècle. Le faune et la chasseresse, installés dans les niches à gauche et à droite de la grotte, furent sculptés vers 1860. Seuls le fronton portant les armes des Médicis et les deux divinités des fleuves, le Rhône et la Seine, sont des répliques des originaux. Malgré tout, l'ensemble de cette fontaine de Médicis transmet l'idée de proximité par rapport à la nature caractéristique des jardins italiens, étrangers à toute rigueur géométrique.

« L'Amérique est ma patrie, mais à Paris je suis chez moi. » – la scène américaine sur la *left bank*,

par Martina Padberg

La fuite des contraintes familiales ou sociales, l'aspiration à une plus grande liberté, l'espoir de trouver une nouvelle inspiration artistique – les raisons étaient nombreuses pour se rendre à Paris durant la première moitié du XXe siècle. Une foule internationale affluait dans « la capitale culturelle de l'Europe » : étudiants en art, peintres reconnus ou moins chanceux, écrivains talentueux ou non, danseurs et musiciens, tous venaient tenter leur chance dans la « Ville lumière ». Les Américains y formaient un important et puissant réseau. Le puritanisme et l'étroitesse d'esprit de la société américaine fondée sur la réussite, et peut-être aussi la prohibition, encouragèrent la jeune élite intellectuelle à investir la scène parisienne. En fonction de leurs moyens, ils vivaient soit dans un luxueux hôtel particulier soit dans une petite chambre sordide, mais toujours sur la rive gauche, cœur intellectuel de la ville, à proximité de la Sorbonne, là où la vie était à l'époque encore très bon marché et dans laquelle régnait une atmosphère universitaire.

À peine installé, l'immigrant débordant d'enthousiasme commençait à vivre la vie dont il avait toujours rêvé : pour beaucoup, Paris représentait un tournant, voire un point de non-retour. Gertrude Stein par exemple (1874-1946), l'une des figures emblématiques de la scène littéraire et artistique, ne retourna jamais aux États-Unis.

Dès qu'elle fut installée avec ses frères Leo et Michael sur les rives de la Seine en 1903, elle arrêta ses « ennuyeuses » études de médecine pour mener une existence d'écrivain et fit de son appartement de la rue de Fleurus l'un des

Man Ray (Emmanuel Radnitzky, 1890-1976), portrait par Gertrude Stein, vers 1930.

Lieu de rencontre de l'avant-garde américaine à Paris : le café Le Sélect *à Montparnasse, vers 1926-1927.*

lieux de rencontre les plus exclusifs et les plus importants de la ville. Grâce à son flair et à son goût très précurseur, elle commença vers 1905 à acheter les œuvres d'artistes avant-gardistes totalement inconnus à l'époque. Elle fit ainsi partie des premiers collectionneurs des tableaux de Henri Matisse, Pablo Picasso et Georges Braque. Lors de ses soirées hebdomadaires, elle réunissait les artistes et les critiques influents, les acheteurs potentiels et les jeunes étudiants en art. Pour de nombreux écrivains américains, comme Ernest Hemingway ou Ezra Pound, Gertrude Stein représentait une aide précieuse concernant des questions aussi bien privées que professionnelles.

Dans le milieu artistique parisien, il était acceptable pour quiconque de mener une existence non conventionnelle ; il n'est donc pas surprenant que de nombreuses femmes se sentant policées et domestiquées dans leur pays d'origine soient venues s'installer à Paris. En 1919, la jeune Américaine Sylvia Beach (1887-1962), qui allait aussi rester dans la capitale française jusqu'à sa mort, surprit ses parents en leur envoyant à Princeton un télégraphe pour leur annoncer qu'elle avait ouvert une librairie à Paris.

Shakespeare and Company, située dans la rue de l'Odéon, devint en peu de temps une véritable institution. On n'y achetait pas seulement des livres, on y écrivait aussi l'histoire de la littérature. Ernest Hemingway, F. Scott Fitzgerald, John Dos Passos, E. E. Cummings et Henry Miller – pour tous, la librairie de Sylvia Beach était comme une seconde maison. Elle leur prêtait gratuitement les toutes dernières publications en anglais et leur accordait même des crédits en période de crise. Si leurs problèmes d'argent étaient particulièrement importants, ils pouvaient s'adresser à la richissime, excentrique et généreuse Natalie Clifford Barney (1876-1972). Elle occupait une luxueuse maison dans la rue Jacob et « sévissait » depuis 1902 à Paris en tant que briseuse de cœur auprès d'innombrables femmes.

Dépasser ses limites, briser les tabous et faire des expériences risquées dans la sphère artistique aussi bien que privée, ainsi se résumait la vie parisienne de nombreux Américains. Mais on ne faisait pas que boire, souffrir et aimer ; on travaillait dur. Les artistes y créèrent souvent leur première véritable œuvre d'importance et y obtinrent parfois succès et renommée. C'est à Paris que Hemingway commença à écrire son roman *Fiesta*, que John Dos Passos développa, avec *Manhattan Transfer*, une nouvelle structure narrative de type collage, que Henry Miller, avec *Tropique du Cancer*, démolit toutes les normes formelles et morales, que Man Ray fit une carrière impressionnante en tant que photographe, qu'Alexander Calder construisit ses premiers mobiles, qu'Isadora Duncan fit sensation avec ses danses modernes, que Cole Porter travailla sur ses compositions de jazz et que George Gershwin ébaucha ses premières idées pour la comédie musicale *Un Américain à Paris* qui devait par la suite recevoir un oscar. Lorsque la Seconde Guerre mondiale commença, les lumières s'éteignirent. Après 1945, la vie culturelle ne retrouva jamais son intensité d'antan. D'après les rétrospectives présentées par les innombrables autobiographies publiées depuis lors, il ressort que, pour de nombreux artistes, « Paris [était] une fête » (Hemingway).

L'éditrice et libraire d'origine américaine Sylvia Beach, fondatrice de Shakespeare and Company, 1920.

Saint-Sulpice

Pendant une période longue de plus de deux cents ans, cinq maîtres d'œuvre s'occupèrent de la construction de l'église paroissiale de Saint-Germain qui débuta en 1646 lorsque Anne d'Autriche posa la première pierre de l'édifice. Le manque d'argent, la Fronde et enfin la Révolution française ralentirent constamment l'avancée des travaux. La nef et le transept de l'église furent terminés sous Languet de Gergy, qui exerça en tant que prêtre entre 1714 et 1748 et dont la tombe un peu grotesque se trouve dans l'une des chapelles de l'église, bien qu'elle ne soit plus complète aujourd'hui. Le concours lancé en 1732 pour la conception de la façade de l'édifice fut remporté par le Florentin Giovanni Niccolò Servandoni et sa proposition de style classique. Spécialisé dans les décors de théâtre, celui-ci créa une façade qui, avec ses deux portiques superposés – l'un d'ordre dorique, l'autre d'ordre corinthien –, rappelle l'architecture romaine et dégage une impression d'austérité mais également de grandeur monumentale. La façade n'a toutefois pas été achevée : seule une des deux tours a été terminée et le fronton entre les tours a été détruit par un obus. Sur la place de l'église se dresse depuis 1844 une fontaine de Louis Visconti représentant quatre évêques, qui souligne l'austérité de l'architecture de l'édifice.

La chapelle de la Vierge

Il ne reste que peu de choses de l'ancienne décoration intérieure de cette très riche paroisse qui fut pillée pendant les soulèvements révolutionnaires de 1793 et devint le « temple de la Raison ». Pour son inauguration, on porta en procession une jeune femme légèrement vêtue et les seins dénudés, personnification de la Raison, dans la nef et dans les rues autour de l'église.
En 1790, on célébra à Saint-Sulpice le mariage du célèbre révolutionnaire Camille

Desmoulins avec sa compagne Lucile. À peine quatre ans plus tard, son propre témoin, Robespierre, envoya le couple à la guillotine en compagnie de Danton. En 1800, alors que les tourments dus à la Révolution s'étaient calmés, Saint-Sulpice retrouva sa vocation première. L'année précédente, Napoléon y avait fait donner un banquet pour fêter son retour de la campagne d'Égypte très controversée. Aujourd'hui, le visiteur est ébloui par la chapelle de la Vierge, ornée de marbre de couleur et de tableaux de Carle Van Loo, et par son plafond doré aux fastueux ornements ; elle est l'un des rares exemples de l'art sacré de la fin de la période baroque à avoir survécu à Paris. Visible dès que l'on pénètre dans l'église, la mère de Dieu apparaît sur le globe terrestre, magnifique œuvre du sculpteur Jean-Baptiste Pigalle (1714-1785), dans une niche décorée richement de pilastres corinthiens. Dans la première chapelle sud du transept se trouvent des fresques réalisées par Eugène Delacroix, peintes deux ans avant sa mort en 1863, représentant des scènes bibliques : le combat de Jacob avec l'ange et le pilleur de temple Héliodore.

Boulevard Saint-Germain

Le boulevard Saint-Germain est l'artère principale de la rive gauche, qu'il traverse d'est en ouest du 5e au 7e arrondissement. Ce véritable cœur de la ville, avec ses nombreux cinémas et bistros, s'étend entre l'intersection avec le boulevard Saint-Michel et l'église conventuelle Saint-Germain-des-Prés. En face de l'église se trouvent les deux célèbres cafés, *Les Deux Magots* et le *Café de Flore*, dans lesquels se réunit depuis les années 1920 l'illustre scène artistique et littéraire de la capitale. Les surréalistes, autour d'André Breton et de Max Ernst, comptèrent parmi les habitués de ces établissements, tout comme Pablo Picasso, Alberto Giacometti, Albert Camus ou Antoine de Saint-Exupéry. Après-guerre, les cafés se transformèrent en lieux de travail publics pour le cercle des existentia-

Étal du marché dans la très animée rue de Buci.

Le café Les Deux Magots.

À l'intérieur du café Les Deux Magots *sur le boulevard Saint-Germain.*

listes autour de Jean-Paul Sartre et Simone de Beauvoir : dans leurs salles bien chauffées, on écrivait, on devisait et on se querellait.

De l'autre côté de la rue se trouve la brasserie *Lipp* où Ernest Hemingway avait coutume de déjeuner durant ses premières années à Paris (1921-1926) quand il avait suffisamment d'argent. Aujourd'hui, cette brasserie fondée au XIXe siècle par un Alsacien reste le lieu de rendez-vous des célébrités parisiennes. D'innombrables petites rues, dans lesquelles sont installées de nombreuses boutiques d'antiquités, maisons d'édition et galeries d'art, partent sur la droite et la gauche du boulevard. La célèbre librairie Shakespeare and Company fondée en 1921 par Sylvia Beach, seconde maison de nombreux auteurs anglais et américains à Paris, est située rue de l'Odéon. Ernest Hemingway la fréquentait tout comme James Joyce, dont Sylvia Beach fit imprimer le roman à clé *Ulysse* malgré l'immense risque financier que cela représentait, aucune maison d'édition n'ayant accepté le projet.

Saint-Germain-des-Prés

L'ancienne abbaye Saint-Germain-des-Prés
Gravure sur cuivre, vers 1640, Bibliothèque nationale de France

Mis à part l'église et le presbytère datant du XVIe siècle dans la rue de l'Abbaye, il ne reste pratiquement plus rien de l'ancienne grande abbaye des bénédictins qui fut fortifiée au début du Moyen Âge après avoir été pillée et attaquée de nombreuses fois par les Normands. La tour ouest fortifiée, qui date du XIe siècle et est aujourd'hui la plus ancienne tour d'église de Paris, témoigne toutefois de la nécessité de protéger l'abbaye autrefois située à l'extérieur de l'enceinte de la ville. Pendant la Révolution française, l'abbaye fut sécularisée avant d'être, en septembre 1792, le théâtre d'un massacre sanglant qui fit plus de trois cents victimes. Les tombeaux des rois mérovingiens qui avaient été inhumés dans l'édifice aux VIe et VIIe siècles furent détruits, tout comme les sculptures du portail ouest que l'on soupçonnait représenter une iconographie du pouvoir. La décoration autre-

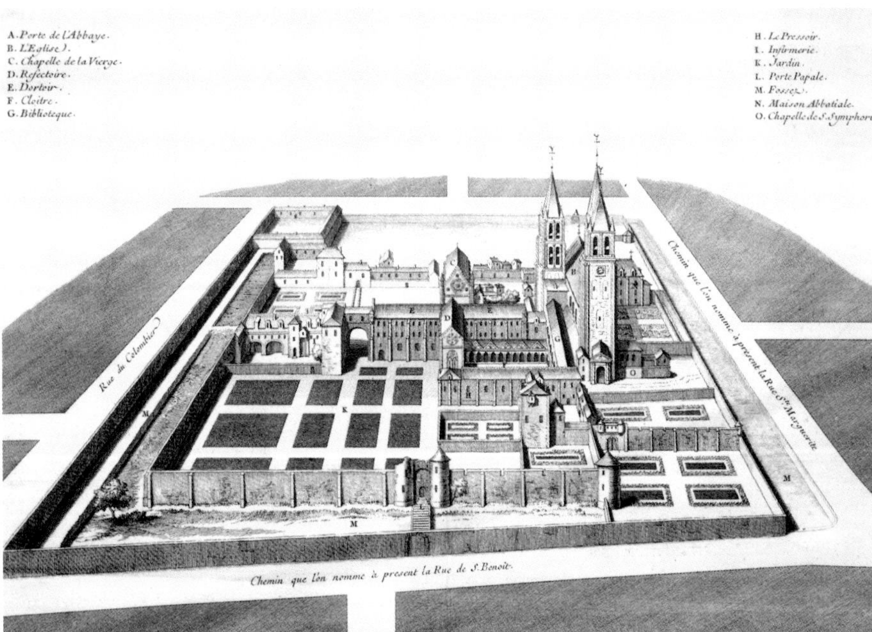

fois fastueuse de l'église mérovingienne qui comprenait vraisemblablement des colonnes en marbre, de riches dorures sur les murs et la charpente ainsi qu'un fabuleux sol en mosaïque, est décrite dans un texte du IXe siècle. L'abbaye de Saint-Germain-des-Prés s'est développée pendant plusieurs siècles jusqu'à devenir une communauté autonome sous l'autorité directe du pape, économiquement et culturellement prospère. D'illustres spécialistes des lettres et des sciences humaines qui faisaient partie du couvent firent de Saint-Germain-des-Prés l'un des principaux centres intellectuels de la France. La grande bibliothèque était déjà accessible au XVIIe siècle pour la recherche.

De l'édifice roman du XIe siècle, il ne subsiste aujourd'hui plus que la nef à cinq travées qui n'était à l'origine couverte que d'une charpente ouverte plate, la voûte n'ayant été réalisée qu'au XVIIe siècle. Lors de cette modification, la façade sud fut aussi reconstruite pour des raisons de stabilité. Les fragments originels des chapiteaux romans sont conservés au musée de Cluny, mais les reproductions transmettent aussi une idée des ornements d'origine de l'abbaye. Le chœur du début de l'époque gothique avec ogive et cintre fut consacré par le pape Alexandre III en 1163, année de la pose de la première pierre de la cathédrale Notre-Dame. Il présente un plan à trois étages avec arcades, triforium et clair-étage. Les fenêtres du clair-étage furent agrandies postérieurement pour faire entrer plus de lumière dans l'église. Les arcades ogivales du triforium furent victimes de cette décision. Les imposants piliers ronds du chœur, qui soutiennent les chapiteaux représentant en alternance des acanthes et des figures humaines ou animales, ne passent pas inaperçus. La jolie statue en marbre Notre-Dame de Consolation datant de 1340 environ est également digne d'intérêt ; représentant la Vierge avec son fils, elle est placée à droite en entrant dans le bas-côté sud.

Le prince de Saint-Germain-des-Prés – Boris Vian et son temps,

par Nicole Colin

La courte vie de Boris Vian (1920-1959), atteint d'une maladie cardiaque, semble avoir été une course infinie contre le temps. La surabondance fébrile et l'aspect contradictoire de son œuvre traduisent le sentiment de toute une génération d'artistes et d'intellectuels qui sont entrés dans l'histoire sous le nom d'« existentialistes ».

C'est l'amour du jazz qui propulsa Boris Vian, qui avait eu une enfance et une adolescence protégées, sur la scène artistique. Cet ingénieur aux multiples talents se produisit d'abord comme trompettiste de jazz, puis travailla en tant que critique, écrivain et traducteur. Il publia neuf romans, d'innombrables poèmes et plus de cinq cents chansons de styles variés – des chants antimilitaristes aux chansons proches du nonsens. Il écrivit des pièces de théâtre et des opéras, des scénarios et des sketchs, mais travailla aussi comme acteur et parolier. L'infatigable génie universel se passionnait aussi pour les mathématiques et la physique, la poésie et la philosophie. En tant que membre de l'élitiste Collège de pataphysique, il combattit aux côtés de Marcel Duchamp, Max Ernst, Joan Miró, Michel Leiris, Man Ray et Eugène Ionesco pour la diffusion de la logique de l'absurde prônée par Alfred Jarry.

Les cafés de Saint-Germain-des-Prés, *Les Deux Magots*, *La Rhumerie* et surtout le *Café de Flore*, formaient le centre de la vie littéraire, artistique et intellectuelle de l'époque. Roi sans couronne et figure intellectuelle centrale de ce royaume, Jean-Paul Sartre, qui avait su capter le nerf de l'époque avec sa philosophie, se transforma en un véritable mythe. L'existentialisme, le mode de vie en vogue, partit de Paris et gagna finalement toute l'Europe. Cependant, les gens se passionnaient peu pour les exposés compliqués de Sartre. Était existentialiste tout ce qui s'opposait aux conventions sociales. Dans son *Manuel de Saint-Germain-des-Prés*, Boris Vian caricatura les idées bourgeoises de la vie de bohème des existentialistes qui, après leur bain de soleil matinal au *Café de Flore*, prenaient leur café de midi aux *Deux Magots* avant de se retrouver vers minuit dans des caves pour des fêtes endiablées jusqu'au petit matin.

Et pourtant, la vie de Boris Vian ressemblait peu ou prou à ce qu'il décrivait. Contrairement à Sartre, le « prince Boris », comme on l'appelait, refusait en sceptique convaincu de participer aux débats politiques, et se concentrait sur sa carrière de musicien. En 1942, il forma avec Claude Abadie un groupe de jazz amateur avec lequel il se produisit dans les petits bars et cafés de Saint-Germain-des-Prés et devint bientôt le roi des clubs de jazz les plus populaires du quartier. En 1947, Frédéric Chauvelot l'engagea en tant que trompettiste et programmateur pour le club Le Tabou, la « cave la plus célèbre après la libération » (Boris Vian), où l'élite intellectuelle, qui comptait des célébrités comme Maurice Chevalier, Yves Montand ou Martine Carol,

Le Café de Flore, *lieu de rencontre des intellectuels parisiens dans les années 1950.*

se retrouvait pour danser. Boris Vian y programma la jeune Juliette Gréco qui devint la muse des existentialistes et pour laquelle Sartre, Albert Camus et François Mauriac écrivirent des textes.
Le charme licencieux des cafés et des caves d'artistes ne put toutefois être préservé que pendant peu de temps. Ces lieux de rendez-vous furent bientôt connus de tous et fréquentés par de plus en plus de badauds qui voulaient plonger pendant une soirée dans un monde au-delà de toute morale bourgeoise. Les véritables protagonistes se virent forcés de fuir. En 1948, Chauvelot abandonna *Le Tabou* et ouvrit *Le Saint-Germain-des-Prés*, un club exclusif dans lequel Boris Vian présenta des stars de la scène jazz internationale comme Duke Ellington, Charlie Parker et Miles Davis.
Grâce à ses succès en tant que musicien, Boris Vian accéda à la notoriété, mais ses œuvres littéraires ne suscitèrent pas un grand intérêt. Déçu par cette indifférence vis-à-vis de ses romans, Vian fit un pari et écrivit en seulement deux semaines le subversif roman policier *J'irai cracher sur vos tombes* qu'il publia en 1946 sous le pseudonyme de Vernon Sullivan. Avec le scandale suscité par ce livre dans lequel se côtoient sexe, sang et whisky, il connut son plus grand succès, qui lui rapporta finalement plus d'ennuis que d'argent. Après un long procès, le roman fut finalement interdit en 1949. Lorsque Michel Gast en fit en 1959 une adaptation cinématographique sentimentale, Vian fut scandalisé. Il se rendit à la première du film au cinéma Marbeuf afin de faire enlever son nom du générique. Il s'effondra dans la salle, victime d'une crise cardiaque, et mourut.

Boris Vian, 1956.

Boulevard du Montparnasse

Auguste Rodin, *Monument à Balzac*
Bronze, hauteur : 297 cm, 1891-1897

Le grand boulevard du Montparnasse, toujours animé, marque la frontière nord du quartier Montparnasse qui fut aménagé par le baron Haussmann au XIXe siècle et supplanta le quartier de Montmartre au début du XXe siècle comme quartier préféré des artistes. Montparnasse connut ses années les plus folles pendant l'entre-deux-guerres et devint le creuset d'une scène cosmopolite fréquentée par des Américains comme Alexander Calder et Man Ray, les surréalistes espagnols autour de Salvador Dalí, Joan Miró et Luis Buñuel, l'Italien Amadeo Modigliani, des Allemands comme Max Ernst et Max Beckmann ainsi que de nombreux artistes russes dont Sergueï Eisenstein ou Ossip Zadkine. Au carrefour Vavin se trouvent aujourd'hui encore les anciens lieux de rencontre de l'avant-garde internationale : les cafés et brasseries *La Coupole*, *Le Sélect*, *La Rotonde* et *Le Dôme*, dans lesquelles des fêtes et des bals enfumés étaient organisés. Au croisement avec le boulevard Raspail, on ne remarque qu'au second coup d'œil la statue de l'écrivain Honoré de Balzac (1799-1850) qu'Auguste Rodin sculpta au terme d'un long processus de création entre 1891 et 1897 sur une commande de la Société des gens de lettres. Lorsqu'elle fut présentée au public au Salon de la Société nationale des beaux-arts, cette statue monolithique fit s'élever un cri d'indignation dans la salle. La sculpture, entièrement enveloppée dans un manteau et présentant un visage charnu, passionné et marqué par la vie, ne correspondait pas du tout à l'idée que l'on se faisait d'un monument commémoratif. Le premier bronze ne fut achevé qu'en 1930 mais la statue ne trouva son emplacement actuel dans un lieu public de la ville que neuf ans plus tard.

Val-de-Grâce

Anne d'Autriche légua cet édifice à la communauté des bénédictines après avoir donné naissance en 1638, après vingt ans de mariage, à l'héritier du trône et futur Roi-Soleil Louis XIV. La cour d'honneur, entourée de deux pavillons d'angle et située devant l'église, est isolée de la rue par une grille en fer forgé. Surplombant la façade à deux étages au portique corinthien s'élève un tambour richement ornementé avec coupole et lanterne. Le bâtiment, qui unit des conceptions françaises et romaines, fut dessiné par l'architecte François Mansart en 1645 puis légèrement modifié par Jacques Lemercier la même année. Aujourd'hui, l'église du Val-de-Grâce à l'imposante décoration intérieure n'est accessible que lors de visites organisées, car l'ancien ensemble conventuel abrite, depuis l'hôpital d'instruction des armées du Val-de-Grâce, le service de santé de l'armée française ainsi qu'un musée.

L'abbaye du Val-de-Grâce
Gravure sur cuivre, 1668, Bibliothèque nationale de France, Paris

Anne d'Autriche (1601-1666), infante d'Espagne et fille de Philippe III d'Espagne, épousa Louis XIII dans le cadre d'une alliance entre la France et l'Espagne, alors qu'elle était encore enfant. Sa position à la cour sera toujours particulièrement problématique, car le roi et son plus proche conseiller, Richelieu, la considéraient comme une ennemie dans leur propre maison du fait de ses origines espagnoles. L'union royale sembla pendant longtemps être condamnée à rester sans enfant. Anne se fit donc aménager dès 1621 un refuge dans un couvent bénédictin qui venait de s'installer sur le faubourg Saint-Jacques. Elle lança en 1655 la construction d'un nouvel ensemble conventuel qui, avec sa façade allongée le long du parc et ses pavillons d'angle, rappelait l'Escorial espagnol. À cette époque, la régente logeait la majeure partie du temps dans ce complexe situé alors loin de la ville et prévit d'y faire construire un palais qui ne devait jamais voir le jour. Aujourd'hui, l'ancien couvent est entouré d'habitation et accessible à partir de la rue Saint-Jacques.

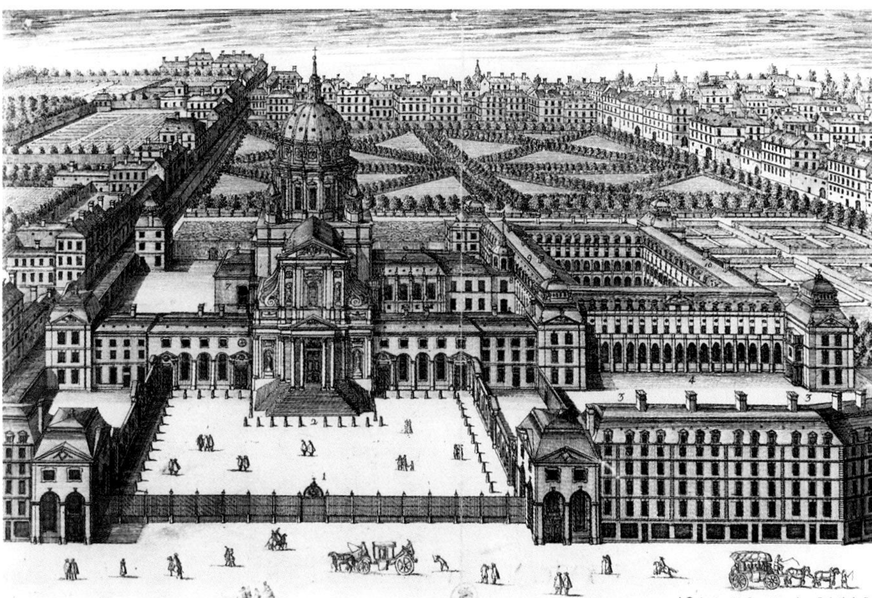

Fondation Cartier

Le bâtiment édifié par l'architecte de renommée internationale Jean Nouvel en 1994 sur le boulevard Raspail abrite le siège administratif du groupe Cartier et la fondation du même nom qui se consacre à la promotion de l'art contemporain. Ce cadre architectural recherché permet de présenter la collection Cartier ainsi que des expositions temporaires centrée sur l'art contemporain.
Jean Nouvel, qui avait déjà conçu en 1987 l'Institut du Monde arabe à Paris, développa pour Cartier un bâtiment composé de plaques de verre superposées qui semblent surgir du sol sans aucun support mural. Le matériau transparent est disposé en plusieurs couches et dépasse comme une membrane de verre des dimensions du bâtiment en longueur et en largeur : le corps bâti en ces endroits est complètement translucide. La préoccupation de Nouvel pour l'immatérialité de l'architecture à notre époque

marquée par la surabondance des médias virtuels semble avoir été honorée ici. La construction minimaliste du bâtiment a toutefois ses imperfections : l'immense incidence de la lumière et l'absence de surfaces murales closes représentent des obstacles non négligeables pour l'installation des expositions.
Une autre façade vitrée protège le bâtiment côté rue et s'ouvre sur un cèdre du Liban planté par Chateaubriand (1768-1848), écrivain romantique et homme politique, il y a près de deux cents ans. Le visiteur doit passer sous les branches de l'arbre majestueux afin de pénétrer dans le bâtiment qui, par sa structure complexe se veut aussi énigmatique que le jardin qui l'entoure, et qui justifie à lui seul une visite. L'artiste allemand Lothar Baumgarten y a réalisé un *Theatrum botanicum*, une installation qui change constamment suivant les saisons et abrite trente-cinq essences d'arbres et plus de deux cents espèces végétales de la flore française.

La tour Eiffel

et ses environs

La tour Eiffel et ses environs

Foire aux marchandises, cabinet de curiosités, zoo, jardin botanique, musée et parc d'attractions – les six Expositions universelles qui furent organisées à Paris sur le Champ-de-Mars entre 1855 et 1937 répondaient de multiples manières à la soif de connaissances et à la quête de sensations fortes des visiteurs. On s'y émerveillait des dernières innovations techniques et l'on s'y prenait à rêver sur les articles de luxe hors de prix et les produits exotiques en provenance des colonies. Vers 1900 régnait une atmosphère mêlant l'euphorie suscitée par les progrès réalisés, les nouvelles inventions présentées sans discontinuer et une grande incertitude face aux importants bouleversements causés par la révolution industrielle. Ces réactions ambivalentes provoquèrent les conflits internes caractéristiques de la fin de siècle.

Le Champ-de-Mars vu de la tour Eiffel.

Pour la présentation des Expositions universelles, de fastueux pavillons et de spectaculaires bâtiments furent édifiés, comme la Galerie des machines (1889), dont la halle de verre atteignait, avec son squelette de fer, une largeur sensationnelle de 115 mètres, ou le palais du Trocadéro (1878), fantastique édifice circulaire de style néobyzantin avec ses tours et ses ailes en demi-cercle. Seuls deux édifices, la tour Eiffel (1889) et le palais de Chaillot (1937), existent encore aujourd'hui et jalonnent l'important axe urbanistique transversal allant de la rive nord surélevée de la Seine à l'École militaire en passant par le Champ-de-Mars.

Inauguré en 2006, le musée du quai Branly, situé non loin de la tour Eiffel, impose un nouvel accent architectural. Jean Nouvel remporta de nouveau le contrat pour ce projet soutenu à titre personnel par Jacques Chirac. Selon sa philosophie – une architecture dialectiquement ouverte sur son

environnement –, il a conçu un mur en verre de 12 mètres de hauteur et de plus de 200 mètres de largeur pour isoler le musée du quai très passant tout en offrant aux badauds une vue sur l'ensemble de l'édifice, composé de cinq bâtiments indépendants. Dans ce monument, les arts africain, asiatique, américain et océanien, autrefois exposés aux confins de la ville à la Porte dorée et au musée anthropologique du Trocadéro, trouvent une nouvelle demeure à leur mesure. Le lieu, où se retrouvait la société du XIXe siècle, reste ainsi le point de rencontre avec l'inconnu, tandis que pour une fois, la perspective du XXIe siècle permet un regard sans préjugés ni projections eurocentristes.

Double page précédente : la tour Eiffel vue du pont Alexandre III.

À l'ouest, de l'autre côté de la Seine, débute l'élégant 16e arrondissement formé sous Haussmann à partir des trois communes rurales de Chaillot, Passy et Auteuil. Dans sa courte autobiographie intitulée *Paris* (1983), l'écrivain Julien Green, qui passa son enfance à Passy, se remémore dans un style très vivant les étroites rues du village avec leurs vieux pavés et la tranquillité de ces quartiers éloignés du tumulte de la grande ville. Il n'en reste rien aujourd'hui depuis que le terrain a été aménagé avec l'ouverture de larges axes comme la célèbre avenue Foch au nord ou les grands boulevards. L'époque des grandes constructions a laissé au contraire une empreinte très forte avec les grands immeubles d'habitation de l'historisme et de l'art nouveau et rend la promenade particulièrement intéressante.

La tour Eiffel et ses environs

Musée Guimet, 6, place d'Iéna, p. 342 *sq.*

Palais de Tokyo/musée d'Art moderne de la Ville de Paris, 13, avenue du Président-Wilson, p. 332 *sq.*

Musée du quai Branly, p. 336 *sq.*

Autres attractions touristiques

1 Unesco, 7, place de Fontenoy, p. 312 *sq.*

2 Champ-de-Mars, p. 324

3 École militaire, avenue La Motte-Piquet, p. 325

4 Musée des Monuments français, p. 330 *sq.*

Tour Eiffel, quai Branly, p. 326 *sq.*

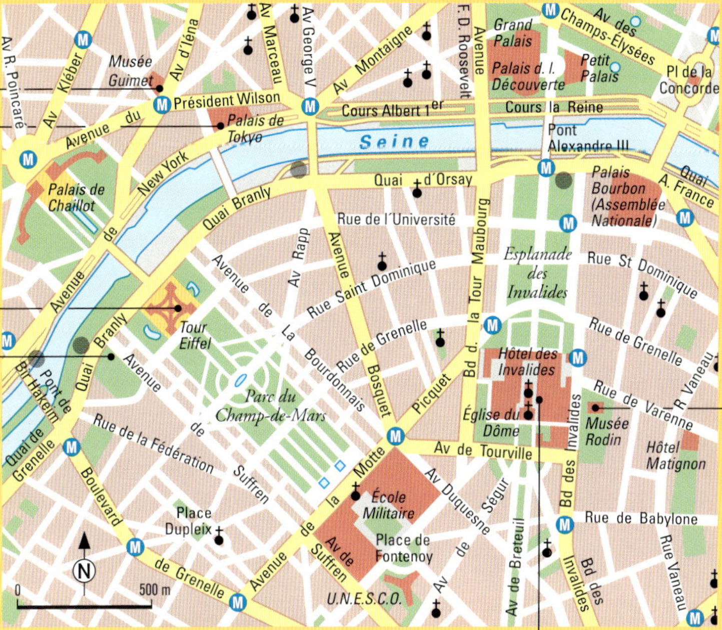

Hôtel des Invalides/église du dôme, avenue de Tourville, p. 314 *sq.*

Musée Rodin, 79, rue de Varenne, p. 318 *sq.*

Unesco

La plus grande organisation internationale de Paris, l'Unesco (United Nations Educational, Scientific and Cultural Organization), est située depuis 1958 rue de Fontenoy. Fondée en 1946 à Londres dans l'immédiat après-guerre, l'Unesco s'est fixée pour but d'améliorer le niveau d'éducation partout dans le monde, motivée par la prise de conscience du fait que les hommes étaient moins manipulables et moins susceptibles de se laisser diriger par des systèmes totalitaires lorsque leurs connaissances et leurs qualifications leur donnaient un pouvoir de décision autonome. L'imposant ensemble comprenant un bâtiment pour le secrétariat, un autre bâtiment pour la salle de la conférence générale et un dernier destiné aux délégations a été construit entre 1955 et 1958 dans le cadre d'un projet international. L'architecte hongrois Marcel Breuer (1902-1981), qui avait travaillé au Bauhaus de Dessau dans les années 1920 avant de s'installer aux États-Unis en 1937, l'Italien Pier Luigi Nervi (1891-1979) et le Français Bernard Zehrfuss (1911-1996) participèrent au projet. Ils créèrent un bâtiment principal en forme de Y dit « étoile à trois branches » reposant sur de massifs pilotis en béton. Au-dessus du rez-de-chaussée ouvert s'élèvent sept étages dont la division extérieure est structurée par des montants verticaux en béton et un treillis horizontal. Les murs aveugles aux extrémités et le toit-terrasse donnent au bâtiment, qui est doté de plus de mille fenêtres, une forme cubique austère qui remonte à la tradition du Bauhaus. L'ar-

chitecte Le Corbusier, qui travailla à Paris dans les années 1920 et 1930, fut cependant le véritable précurseur de la Maison de l'Unesco. Dans ses célèbres *Cinq points de la nouvelle architecture* publiés en 1927, il cite les critères primordiaux des constructions modernes : les pilotis en béton, le squelette métallique autoportant, le plan libre, la façade libre avec de larges baies et le toit-terrasse ; principes architecturaux qui furent appliqués pour le siège de l'Unesco. Malheureusement, le bâtiment présente aujourd'hui d'importants signes d'usure.

De nombreux artistes de renommé internationale participèrent à la décoration intérieure et extérieure de l'édifice et du jardin, mais une partie seulement des œuvres est visible de l'extérieur. On trouve ainsi à l'intérieur du bâtiment la fresque de Pablo Picasso *La Chute d'Icare* et les murs en céramique de Juan Miró représentant le soleil et la lune. On ne peut pas non plus admirer le relief de Hans Arp, les tentures murales de Jean Lurçat et Le Corbusier, lorsque l'on visite les lieux. En revanche, le magnifique jardin japonais dessiné par l'artiste américano-japonais Isamu Noguchi est visible de l'avenue de Saxe. Dans l'avenue de Suffren, le regard des passants est attiré par une monumentale sculpture d'Henry Moore et un mobile tout aussi imposant d'Alexander Calder. Dans le tout dernier bâtiment annexe cubique sont exposés des travaux d'Alberto Giacometti, Eduardo Chillida, Jesús Rafael Soto et Ellsworth Kelly. Ainsi d'importantes personnalités artistiques internationales sont entrées dans la collection de l'Unesco ; leurs œuvres enrichissent la vie quotidienne de l'organisation et lui donnent une orientation qui n'est pas seulement esthétique.

L'hôtel des Invalides et l'église du Dôme

Louis XIV et Louvois, son secrétaire d'État à la Guerre, entreprirent une réorganisation totale et une modernisation de l'armée française qui inclurent notamment l'édification de l'hôpital des Invalides, destiné à soigner les soldats blessés et à héberger les mutilés de guerre. L'immense complexe de type conventuel, dont les cours intérieures sont reliées entre elles par des couloirs parcourant au total 17 kilomètres, fut édifié entre 1671 et 1674 d'après des plans de l'architecte Libéral Bruant devant les portes de la ville sur la plaine de Grenelle. L'ensemble accueillit rapidement jusqu'à six mille pensionnaires qui s'y trouvaient à l'abri de la pauvreté grâce à des subventions de l'État, mais devaient tout de même se soumettre à une organisation stricte et militaire de leur journée. Toute sortie ou visite devaient être autorisées par le gouverneur. La participation aux services religieux, les exercices physiques et les services de garde, obligatoires pour tous ceux qui en étaient physiquement capables, faisaient partie des devoirs de chaque pensionnaire. Le musée des Armées, hébergé aujourd'hui dans une partie du bâtiment et consacré à l'ensemble de l'histoire militaire française, présente les conditions de vie dans l'hôtel des Invalides à l'époque. Dans la galerie des Plans-Reliefs sont exposés des maquettes et les plans du bâtiment fortifié français.

Esplanade et façade nord

Le complexe de l'hôtel des Invalides est isolé de la ville et de la Seine par une vaste esplanade qui mène au pont Alexandre III. Autrefois, les pensionnaires ne pouvaient rejoindre les Invalides qu'en prenant un bateau qui partait de l'autre côté de la Seine et approvisionnait la pension. Les espaces verts furent dessinés par Robert de Cotte entre 1704 et 1720, en même temps que la façade nord. On accède à l'ensemble des Invalides par une grille d'honneur aux riches décorations et par des remparts sur lesquels sont alignés des canons. Le grand portail principal fait l'apologie des succès militaires du roi Louis XIV, avec ses fastueux ornements dont une statue équestre flanquée de personnifications de la Sagesse et de la Justice érigée dans la cour. Toutefois, il ne s'agit aujourd'hui que d'une copie, car l'original de Guillaume Coustous a été détruit pendant la Révolution. L'inscription gravée sur le socle en relief désigne le roi comme le généreux fondateur de l'édifice.

Dôme des Invalides

Pour achever les longs travaux de construction, Louvois commanda en 1676 au jeune architecte Jules Hardouin-Mansart la construction d'une chapelle destinée à la cour pour la célébration des fêtes religieuses. Le bâtiment devait être contigu à la modeste église des soldats tout en formant la façade principale de l'ensemble de l'édifice. Jules Hardouin-Mansart s'acquitta de cette tâche avec brio en ajoutant un bâtiment central en forme de croix grecque à la nef de l'église des soldats, sur le modèle des églises de pèlerinage baroques.
La nouvelle église de l'hôtel des Invalides est un chef-d'œuvre en termes de proportions mathématiques : le rayon de la rotonde est reporté dans toutes les autres parties de l'édifice. Il en résulte une construction unique qui présente une façade à deux étages ornée majestueusement de deux ordres superposés, l'un ionique l'autre corinthien.

Intérieur

Vraisemblablement prévue pour servir de mausolée à Louis XIV, l'église du Dôme, terminée en 1706, devint en 1840 celui de Napoléon Ier, dont la dépouille fut rapatriée à Paris depuis l'île de Sainte-Hélène où l'empereur avait été exilé et était mort en 1821. Louis Visconti aménagea ultérieurement en dessous de la coupole une crypte ouverte qui reçut enfin en 1861 le monumental sarcophage en porphyre. Tout l'aménagement de la crypte vise à la glorification de l'empereur. Autour de son tombeau ont été érigées douze statues en marbre ornées de symboles de victoire ; dans la galerie, dix bas-reliefs illustrent les succès de la politique napoléonienne. L'entrée de la crypte, gardée par deux statues en bronze, est accessible par un escalier situé derrière l'autel.

L'inscription qui le surplombe : « Je désire que mes cendres reposent sur les bords de la Seine au milieu de ce peuple français que j'ai tant aimé », est tirée du testament de Napoléon.

Les modifications de Visconti ont profondément métamorphosé l'église : si le projet originel d'Hardouin-Mansart attirait le regard du visiteur vers l'impressionnant dôme à triple paroi décoré de fresques de Charles de La Fosse, c'est aujourd'hui la crypte et le tombeau qui sont au premier plan.

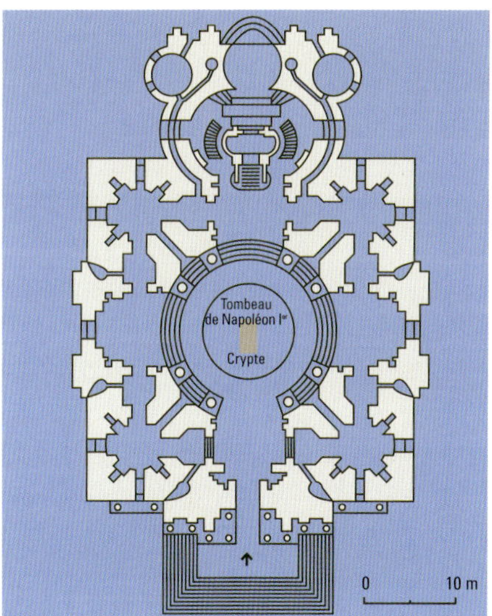

Musée Rodin

Ce fut le poète autrichien Rainer Maria Rilke qui encouragea Auguste Rodin à s'installer dans l'hôtel Biron. Le 31 août 1907, le poète écrivit en effet la lettre suivante au sculpteur, dont il était le secrétaire : « Vous devriez, très cher ami, voir ce splendide bâtiment et la chambre que j'y occupe depuis aujourd'hui. Ses trois ailes avancent magnifiquement sur un jardin sauvage dans lequel on peut de temps à autre apercevoir des lapins en liberté traverser la pelouse en sautant comme sur les anciennes tapisseries murales. » L'hôtel semblable à un château, construit entre 1728 et 1731 par Jean d'Aubert pour Abraham Peyrenc de Moras, perruquier enrichi dans la spéculation sur le papier-monnaie, est un exemple typique de l'architecture des hôtels particuliers parisiens du XVIIIe siècle. L'édifice à trois ailes – neuf axes côté jardin et onze sur la rue de Varenne – présente une structure claire et est discrètement orné d'élégants décors rococo. Les pavillons d'angle en saillie encadrent l'agréable hôtel où le duc de Biron résida à partir du milieu du XVIIIe siècle. Il transforma le vaste terrain entourant la bâtisse en l'un des plus jolis parcs de la ville. Après de nombreux occupants dont le légat du pape, l'ambassade de Russie et une pension pour filles de la congrégation du Sacré-Cœur de Jésus, l'État français racheta en 1905 l'hôtel fortement délabré et mit certaines de ses salles à la disposition d'artistes. Jean Cocteau, Henri Matisse et la célèbre danseuse Isadora Duncan travaillèrent dans l'hôtel de Biron, mais aussi la sculptrice Clara Westhoff, qui céda son atelier à son mari, Rainer Maria Rilke, en 1907. Auguste Rodin (1840-1917), qui emménagea dans cet hôtel à l'âge de 68 ans et le racheta à peine un an plus tard, projeta rapidement d'y installer un musée. Afin de réaliser ce projet, Rodin fit une généreuse donation à l'État français dans son testament. Cette collection, exposée publiquement à partir de 1919, permet d'avoir une vue d'ensemble du travail pictural et sculptural de Rodin.

Auguste Rodin, *L'Âge d'airain*
Bronze, 178 x 59 x 61 cm,
1876-1877

Cette œuvre, réalisée par Rodin au début de sa carrière, fut sa toute première sculpture de grande taille. Il réussit à modéliser le corps qui, grâce à l'utilisation du bronze qui réfléchit la lumière, se démarque par sa vibrante vivacité. Par ailleurs, Rodin renonça totalement à adopter un point de vue narratif ou contextuel : ni le personnage ni ses gestes de désespoir ne se prêtent à une quelconque interprétation, pour laquelle il manquerait en outre d'autres attributs significatifs, voire un titre explicatif. La vitalité clairement exprimée dans l'œuvre en devient le thème central. La sculpture fut achetée en 1880 par l'État français, et Rodin reçut dans le même temps une commande d'une grande importance. Rodin devait dessiner une porte monumentale pour le futur musée des Arts décoratifs. La construction ne fut jamais réalisée mais la *Porte de l'Enfer* devint l'œuvre de sa vie.

Musée Rodin

Auguste Rodin, *Le Baiser*, p. 322

Auguste Rodin, *La Cathédrale*
Marbre,
64 x 31,8 x 35 cm,
1908

Auguste Rodin, *L'Âge d'airain*, p. 319

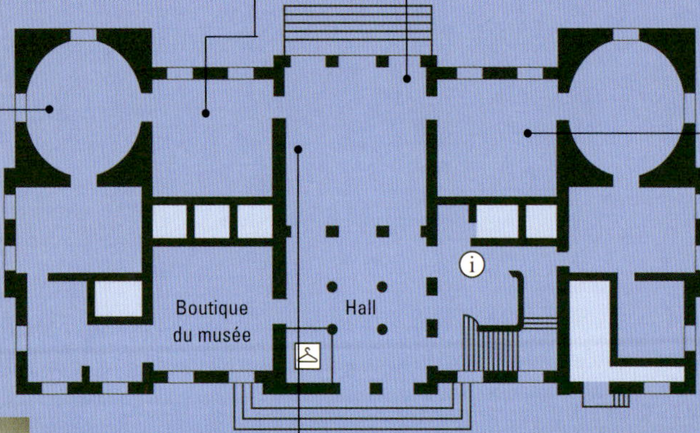

Auguste Rodin, *L'homme qui marche*
Bronze, 213,5 x 71,7 x 156,5 cm, 1900-1907

Auguste Rodin, *Le Monument aux bourgeois de Calais*
Bronze, 217 x 255 x 177 cm, 1889

Camille Claudel, *Buste de Rodin*
Plâtre patiné à la cire,
42 x 26 x 30 cm, 1886-1892

Auguste Rodin, *Le Penseur*
Bronze, 71,5 x 40 x 58 cm,
1881

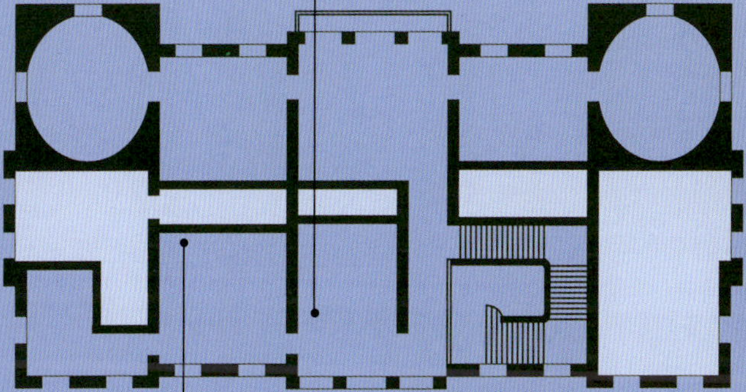

Camille Claudel, *Clotho*, p. 323

Bureaux

Auguste Rodin, *Le Baiser*
Marbre, 181,5 x 112,3 x 117 cm, 1888-1889

Le célèbre couple d'amants fait partie d'un ensemble d'œuvres initialement créées pour la *Porte de l'Enfer*, une commande du gouvernement destinée à l'entrée du musée des Arts décoratifs, mais que Rodin isola par la suite pour en faire des sculptures indépendantes.

Cette sculpture représente en réalité le couple Paolo Malatesta et Francesca da Rimini, immortalisé par Dante dans *La Divine Comédie*. Les deux amants vont mourir alors qu'ils s'embrassent pour la première fois. Ils seront en effet bientôt surpris par le mari de Francesca, également frère aîné de Paolo, qui va les tuer.

Rodin supprime ce contexte narratif : les personnages historiques deviennent un couple anonyme pris d'une passion absolue.

Cette grande sculpture en marbre, dont il existe deux répliques, l'une à Copenhague et l'autre à Londres, est l'une des œuvres les plus connues et les plus appréciées de Rodin. L'artiste lui-même la considérait pourtant d'un œil critique et exprima en 1907 lors d'une interview son grand scepticisme vis-à-vis du thème et de son traitement, selon lui très traditionnel et académique.

L'expression artistique est finalement ici en contradiction avec la quête continuelle de Rodin d'une sculpture ouverte, inachevée et vivante.

Camille Claudel (1864-1943),
Clotho
Plâtre, hauteur : 90 cm, 1893

Camille Claudel commença à travailler dans l'atelier de Rodin à l'âge de 19 ans. L'élève talentueuse devint rapidement le modèle préféré de l'artiste et aussi sa maîtresse.

Les deux amants entretinrent pendant près d'une décennie une liaison artistique et érotique intense qui se termina en drame personnel pour Camille Claudel. Rodin, qui avait à l'époque 43 ans, n'était pas prêt à quitter sa compagne Rose Beuret, avec laquelle il avait un fils. En outre, malgré de régulières participations à des expositions et des critiques positives, la toute jeune Camille Claudel ne parvenait pas à sortir de l'ombre de son maître sur le plan artistique et acquérir une reconnaissance de ses pairs.

Elle se sépara de Rodin en 1893 et s'installa dans son propre atelier sur le boulevard d'Italie. Nombre de ses sculptures de l'époque trahissent la douleur et l'impuissance dont elle était victime. Elle représente ainsi le personnage mythologique de Clotho, l'une des trois Parques qui tissent le fil de la vie et en cela président au destin des hommes, en vieillarde, et pose un regard sans concession sur son corps flétri.

Camille Claudel fut internée en 1913 dans un asile psychiatrique dans le Sud de la France pour grave dépression et hallucinations par sa mère et son frère, le célèbre écrivain Paul Claudel. Elle y mourut trente ans plus tard, en 1943.

Champ-de-Mars

Pierre-Antoine Demachy (1723-1807), ***La Fête de l'Être suprême au Champ-de-Mars le 8 juin 1714***
Huile sur toile, 53 x 88 cm, 1794, musée Carnavalet, Paris

Le grand espace vert situé entre l'École militaire et la tour Eiffel, très apprécié des joggeurs aujourd'hui, servit à partir de 1765 de terrain d'entraînement et de parade et fut pour cette raison baptisé d'après le dieu romain de la guerre. À partir de 1780, le Champ-de-Mars fut aussi utilisé de temps à autre pour de grandes manifestations publiques, par exemple des courses de chevaux ou comme piste d'envol pour des montgolfières. Le 14 juillet 1790, premier anniversaire de la Révolution française, on y célébra la fête de la Fédération, cérémonie spectaculaire qui devait unifier la nation postrévolutionnaire divisée et que le peintre Jacques-Louis David mit en scène avec beaucoup de talent. Des délégations de tous les départements français, la garde nationale ainsi que le roi lui-même prêtèrent serment sur la nouvelle constitution devant trois cent mille personnes sur l'« autel de la patrie ». Près de quatre ans plus tard, en pleine période de la Terreur, Robespierre organisa au même endroit la fête de l'Être suprême. Jacques-Louis David fut de nouveau chargé de trouver de nouvelles formes d'expression artistique pour établir une nouvelle religion d'État dans la société française, radicalement sécularisée depuis 1789 : il fit construire un « temple de l'Immortalité » et érigea sur une colline artificielle un « arbre de la Liberté » ainsi qu'une statue d'Hercule censée symboliser la force révolutionnaire. Malgré tous les efforts visant à recentrer la Révolution française en train de s'essouffler, Robespierre fut exécuté seulement six semaines plus tard, le 9 Thermidor (27 juillet 1794). Le Champ-de-Mars servit encore aux XIXe et XXe siècles pour les Expositions universelles. L'espace qui leur était alloué fut rétréci entre 1907 et 1927 puis entouré de rues résidentielles et d'un parking.

École militaire

L'École militaire, fruit d'un projet de soutien de Louis XV, avait pour mission d'offrir à de jeunes nobles désargentés une formation d'officier gratuite. Le roi commanda à l'architecte Jacques Ange Gabriel la construction d'un bâtiment de grande envergure qui devait, par ses dimensions, égaler l'hôtel des Invalides de Louis XIV, situé à proximité. Les premiers cadets furent acceptés en 1777, mais les travaux continuèrent jusqu'à la période prérévolutionnaire. Napoléon Bonaparte, nommé lieutenant d'artillerie à l'âge de seize ans après une formation de seulement douze mois, fut le pensionnaire le plus célèbre de l'École militaire. Dans son évaluation, on retrouve cette phrase qui sonne aujourd'hui comme une prophétie : « Si les circonstances le permettent, il est promis à un grand avenir. » Le grand complexe, dont la façade principale est soulignée par huit monumentales colonnes corinthiennes et couronnée par une coupole, abrite aujourd'hui encore une école militaire renommée.

La tour Eiffel

« Nous venons, écrivains, peintres, sculpteurs, architectes amateurs passionnés de la beauté jusqu'ici intacte de Paris, protester [...] contre l'érection, en plein cœur de notre capitale, de l'inutile et monstrueuse tour Eiffel. [...] Il suffit, d'ailleurs, pour se rendre compte de ce que nous avançons, de se figurer une tour vertigineusement ridicule, dominant Paris ainsi qu'une noire et gigantesque cheminée d'usine, écrasant de sa masse barbare [...] tous nos monuments humiliés, toutes nos architectures rapetissées qui disparaîtront dans ce rêve stupéfiant. » Ce pamphlet publié le 14 février 1887 dans le journal *Le Temps* et signé entre autres par Charles Garnier, Joris-Karl Huysmans et Émile Zola, exprime sans ambiguïté les réactions des contemporains de l'ingénieur Gustave Eiffel (1832-1923) face à son projet d'ériger d'une tour de 300 mètres de hauteur censée représenter les performances de l'industrie métallurgique française à l'Exposition universelle. Ce devait être la première fois qu'un édifice serait construit sans que son squelette en acier soit caché derrière une façade décorative. Une nouvelle façon de penser l'architecture, qui devrait marquer de manière décisive son développement à l'époque moderne, fut ainsi exprimée publiquement. En utilisant des treillis ajourés en fer, Eiffel, qui était jusqu'alors connu pour ses ponts, réussit à obtenir un maximum d'étirement en hauteur avec un minimum de matériaux. En outre, il utilisa des pièces préfabriquées qui pouvaient être montées rapidement sur place. Lorsque la tour Eiffel fut terminée, elle fut perçue comme l'emblème de la volonté de progrès qui caractérisait un XIXe siècle clinquant, mais tout aussi marqué par le profond rejet du changement de paradigme esthétique qu'elle représentait. Aujourd'hui, la tour Eiffel, visitée par plus de dix mille personnes par jour, est devenue le véritable symbole de la métropole et incarne l'atmosphère d'effervescence qui régnait à Paris au XIXe siècle. Contrairement à l'accueil critique qu'elle reçut au départ, la tour Eiffel enthousiasma de plus en plus d'artistes au début du XXe siècle : Guillaume Apollinaire et Jean Cocteau écrivirent des poèmes à sa gloire, Maurice Utrillo, Henri Rousseau et surtout Robert Delaunay la peignirent plusieurs fois. L'historien d'art Sigfried Giedion identifia même de manière métaphorique la tour Eiffel comme la structure de la prise de conscience de l'architecture moderne : « Les escaliers de la tour Eiffel balayés par le vent [...] nous confrontent à l'élément esthétique fondamental de la construction d'aujourd'hui : à travers la fine résille de fer tendue dans l'espace aérien coulent à flots les choses, bateaux, mer, maisons, mâts, paysages, ports. Elles perdent tout contour nettement délimité : leur circonvolution descendant en cascade les intègrent les unes aux autres jusqu'à les faire se confondre. » (*Construire en France en fer, en béton*, Éditions de la Villette, Paris, 2000).

Palais de Chaillot

Le palais de Chaillot fut construit en 1937 pour l'Exposition universelle sur l'emplacement de l'ancien palais du Trocadéro. Avec son plan symétrique, le palais de Chaillot servait d'entrée au grand espace d'exposition. Sur chacun de ses côtés s'élève un pavillon qui se prolonge en une longue aile curviligne. Le langage architectural est clairement imprégné de l'esprit des années 1930 et combine le pragmatisme de la Nouvelle Objectivité à une certaine monumentalité qui n'est pas sans rappeler les édifices bâtis à la même époque dans des pays totalitaires comme l'Allemagne, l'Italie ou l'Union soviétique. Le musée des Monuments français est fermé depuis le grand incendie qui détruisit l'intérieur du palais en 1997. Il sera rouvert à l'automne 2007 et rebaptisé Cité de l'architecture et du patrimoine. Le musée de la Marine présente l'histoire de la marine et le musée de l'Homme expose une collection anthropologique.

Détail de la façade

La pompeuse mise en scène de l'architecture s'exprime surtout dans la forte mise en relief des lignes verticales de l'édifice et dans les rampes qui mènent de la Seine au complexe et mettent en valeur la grandiose vue sur la rive gauche de la Seine.

De nombreux peintres et sculpteurs furent chargés de la décoration du bâtiment qui semble dépouillé. Les huit statues art déco en bronze doré érigées sur la terrasse du palais sont les premières à attirer le regard. Un monumental Apollon sculpté par Henri Bouchard (1875-1960), dont l'ancien atelier peut être visité non loin de là dans la rue de l'Yvette, s'élève devant le pavillon gauche. Les quatres inscriptions qui indiquent la vocation muséale du palais de Chaillot ont été réalisées par l'écrivain Paul Valéry.

Le jardin du Trocadéro, s'étend quant à lui jusqu'au pont d'Iéna. Il est également agrémenté de fontaines et de sculptures.

Passé et identité – Eugène Viollet-le-Duc et le musée des Monuments français,

par Martina Padberg

La visite d'un musée promet généralement une rencontre avec des objets uniques, créés grâce au potentiel créatif individuel d'artistes. Toutefois, dans le musée des Monuments français, les choses sont différentes : il présente en effet tout ce que l'architecture et la sculpture françaises ont à offrir de plus spectaculaire, cependant, on n'y trouve pas un seul original. Il s'agit au contraire exclusivement de moulages de portails, de chapiteaux, de fragments de voûtes et de sculptures ainsi que de copies de fresques murales et de peintures sur verre. Le parcours permet de découvrir ce que tout historien de l'art étudie au début de ses études : le regard comparatif. Les tympans romans de Vézelay et Autun, le *Puits de Moïse* de Claus Sluter à Dijon mais aussi les fresques de la voûte en plein cintre de l'abbaye de Saint-Savin-sur-Gartempe font partie des moments forts de la visite. Comme on peut embrasser d'un seul regard des objets qui sont en réalité distants les uns des autres de plusieurs centaines de kilomètres, des liens, des influences et des rapports de dépendance apparaissent plus clairement entre les époques

Le musée de la Sculpture comparée, photographie d'Alfred Mieusement, vers 1889.

Eugène Viollet-le-Duc, La Sainte-Chapelle pendant la Restauration, *dessin inachevé.*

et les styles. Les lignes de développement des écoles et la personnalité de chaque artiste se conçoivent aisément. Les pères fondateurs du musée, dont le grand amateur d'art gothique et restaurateur Eugène Viollet-le-Duc (1814-1879), s'intéressaient déjà à ce type de processus cognitifs. Suivant le modèle du Victoria & Albert Museum de Londres, inauguré en 1852, une collection de moulages d'œuvres d'art exceptionnelles doit avant tout servir d'orientation et d'inspiration pour la jeune génération d'artistes. Il ne s'agit pas d'un retour éclectique aux formes artistiques historiques, bien au contraire : en suscitant une confrontation avec l'art médiéval, Eugène Viollet-le-Duc espérait donner une impulsion artistique afin de mettre en marche, voire de renforcer, une évolution progressiste. Il voyait dans l'architecture médiévale une perfection des constructions et un fonctionnalisme qui pouvaient être mis à profit avec les matériaux modernes comme le fer ou le verre. Ce regard en arrière servait alors à poursuivre cette évolution de façon moderne. D'après lui, les constructions ultramodernes en fonte ne s'affirmaient pas en contradiction avec l'architecture gothique mais s'inscrivaient au contraire dans son prolongement. Viollet-le-Duc compila dans son *Dictionnaire raisonné de l'architecture française du XIe au XVIe siècle* en dix volumes, dont le premier tome fut publié en 1854, toutes les connaissances qu'il avait acquises au cours de son activité en tant que restaurateur. À Paris, il dirigea les travaux de restauration de Notre-Dame, de la Sainte-Chapelle, du château de Vincennes et de Saint-Denis, et développa des normes obligatoires en matière de conservation qui font encore leurs preuves aujourd'hui. Son rapport vis-à-vis de l'architecture ancienne, marqué par un intérêt rationnel et analytique pour la recherche et la science, reposait sur des connaissances approfondies. La redécouverte ainsi que la conservation de l'architecture gothique en tant que monument historique furent l'œuvre de sa vie. La fondation et la réouverture du musée des Monuments français (1882) entre dans ce contexte : une vision comparative et « conscientisante » rendue possible par une vaste collection de moulages facilite la compréhension de l'histoire (de l'art) et donc d'une partie de l'identité nationale. Et seul ce que l'on comprend apparaît digne d'être conservé.

Eugène Viollet-le-Duc, fondateur de la conservation du patrimoine en France.

Palais de Tokyo, Site de création contemporaine

Depuis que le Site de création contemporaine a ouvert ses portes dans l'aile ouest du palais de Tokyo, Paris dispose enfin d'un lieu dédié au jeune art contemporain. L'idée de concevoir un musée dans le sens traditionnel du terme a été d'emblée rejetée en ce lieu où flexibilité et désir d'expérimentation semblent primer pour offrir à la dynamique scène artistique contemporaine un lieu d'exposition à sa mesure. L'intérieur ressemble donc sciemment plus à un chantier qu'à un vénérable musée. Des murs et des plafonds bruts, des canalisations apparentes et une caravane en guise de guichet invitent et obligent les artistes à prendre possession du lieu. Leurs

installations, qui se succèdent rapidement, redéfinissent sans cesse l'espace intérieur. Le dialogue engagé avec les visiteurs est lui aussi innovant : des vidéos d'interviews des artistes exposés remplacent l'épais catalogue habituel. Le contact direct est privilégié, voire recherché ; douze « médiateurs » se substituent aux gardiens et se mettent à la disposition des visiteurs pour les renseigner sur les objets exposés, le but premier étant d'établir un échange avec eux et non de leur faire un cours. Les heures d'ouverture ne sont pas traditionnelles mais sont bien plus adaptées aux besoins en matière de loisirs des citadins modernes : la culture pouvant surtout être consommée le soir, le site est ouvert de midi à minuit. L'art concurrence ainsi volontairement le cinéma ou le théâtre et il est possible de combiner la visite d'une exposition avec un dîner pris dans l'élégant restaurant du foyer.

Palais de Tokyo, musée d'Art moderne de la Ville de Paris

L'aile est du palais de Tokyo abrite la collection municipale d'art moderne qui s'étend du fauvisme à l'époque actuelle. Les premiers projets concernant la création d'un musée sur le développement de l'art à partir du XIXᵉ siècle remontent aux années 1920 et se sont concrétisés dans le cadre de l'Exposition universelle de 1937.
Le palais de Tokyo fut construit dans cet objectif, mais le musée lui-même ne fut inauguré qu'en 1961. Le bâtiment néoclassique, caractérisé surtout par sa monumentale colonnade, s'ouvre en direction de la Seine sur un perron et une cour d'entrée avec des bassins. L'architecture blanche et lumineuse de l'intérieur offre un écrin idéal aux œuvres d'art exposées.

Amedeo Modigliani (1884-1920),
La Femme à l'éventail
(Lunia Czechowska)
Huile sur toile, 100 x 65 cm, 1919

Modigliani, originaire de Livourne, s'installa à Paris en 1906 où il mourut précocement en 1920. Il y côtoya l'avant-garde internationale et travailla dans la cité d'artistes La Ruche, à Montparnasse. Modigliani développa un style personnel unique qui s'exprime surtout dans ses nus et ses portraits. *La Femme à l'éventail*, portrait de sa compagne Lunia, est caractérisé par l'allongement et la stylisation des lignes. Le corps entier semble inscrit dans des ellipses et bordé par un tracé fermé. Tous les détails répondent à la composition d'ensemble. La posture calme et le visage semblable à un masque transmettent une impression générale de mélancolie qui n'est pas atténuée par les couleurs lumineuses des vêtements et des murs de la pièce. Au contraire, les contrastes forts font paraître la carnation claire encore plus transparente et le modèle plus éthéré.

Fernand Léger (1881-1955),
Les Disques
Huile sur toile, 240 x 180 cm, 1918

À la fin de la Première Guerre mondiale, Léger découvrit le monde des machines, qui devint le thème central de ses créations. Le tableau *Les Disques* est un merveilleux exemple de cette phase de son travail qui prit fin dans les années 1920 avec les grands nus. Léger représente une superposition et un emboîtement sur plusieurs couches de disques, de roues, de cylindres et de pièces de remblai des réseaux routier et ferré. La vitalité et le dynamisme de cet ensemble de type « collage », qui semble composé sans considération de sa fonctionnalité selon des principes formels, sont renforcés par les couleurs signalétiques choisies. Le tableau se fait l'expression de la fascination de Léger pour le monde technique moderne.

Musée du quai Branly

Le concept du dernier musée parisien, à ce jour le plus grand de la capitale, repose sur le principe de la joie de la découverte et du dialogue ouvert avec l'ensemble des cultures non européennes. Conçu par Jean Nouvel, le complexe comprend cinq bâtiments. Situé en plein cœur de la ville, juste au bord de la Seine, il abrite désormais une très vaste collection d'œuvres d'art et d'objets culturels africains, asiatiques, américains et océaniens.

Des expositions temporaires, dont le thème est étroitement lié à la vocation du musée, abordent des questions précises. En outre, un programme varié de pièces de théâtre, de spectacles de danse et de concerts invite à la rencontre avec les arts de la scène et les rites et rituels de différentes ethnies. Le cinéma projette des documentaires et des longs-métrages et le musée propose par ailleurs de nombreux séminaires, conférences et débats.

L'architecture de l'ensemble transmet dès le jardin, qui s'étend tel un vaste paysage vallonné animé de fougères, de bosquets de bambous et d'arbres, l'idée d'un voyage de découverte sur des continents lointains. Les immenses piliers en béton, sur lesquels repose une barre de bâtiments, semblent eux aussi pousser dans ce paysage bucolique.

Le hall d'entrée est dominé par une tour en verre qui abrite la réserve des instruments de musique et s'harmonise de façon exemplaire avec la richesse de la collection dans ses diverses influences. Une longue rampe conduit vers le niveau des expositions. Des séquences audio et vidéo réalisées spécialement pour le lieu préparent le visiteur pendant son ascension à ces modes de pensée et de représentation totalement différents des nôtres et replacent les objets exposés dans leur contexte de signification.

L'ensemble de la collection permanente est ensuite organisée autour d'un axe principal que Nouvel a baptisé « La Rivière » et qui mène aux quatre continents. Le Serpent, un long meuble de cuir brun à mi-hauteur, sillonne le parcours. Ce serpent sert de support à des sièges et des bornes interactives qui permettent de faire de petites pauses informatives pendant la visite. Nouvel a placé certaines pièces particulièrement significatives dans des boîtes colorées qui surgissent de la façade et sont bien visibles de l'extérieur : naissent ainsi des lieux de culte modernes destinés à préserver la sacralité des objets exposés dans le musée. Le caractère mystérieux et inconnu de ce à quoi le visiteur est confronté ici se transmet aussi par l'obscurité qui règne dans tout l'étage. Il s'agit d'un rapprochement « tactile » – et non exclusivement métaphorique et intellectuel – avec l'inconnu. En totale contradiction avec cette mise en scène intéressante, la grande majorité des œuvres est exposée de façon classique dans des vitrines.

Une période troublée – occupation et résistance de 1940 à 1944,

par Stephan Padberg

La déclaration de guerre de la France et de l'Angleterre au Reich allemand le 3 septembre 1939, en réaction à l'attaque de la Pologne, fut suivie par huit longs mois d'attente : la France poursuivait depuis les années 1920 une stratégie militaire défensive et la ligne Maginot, puissant mur de défense construit sur la frontière ouest du pays, semblait garantir protection et sécurité. Pourtant, pendant que l'armée mobilisée se tenait parée à toute éventualité, les Allemands purent préparer en toute quiétude leur offensive de guerre éclair dans les Ardennes. Avantagées par quelques heureux hasards, leurs unités de chars et d'avions rapides réussirent, le 10 mai 1940, à percer le front français en deux endroits puis à l'encercler par l'arrière. Au même moment débuta la bataille de Dunkerque, qui se solda par le retrait des troupes anglaises et le départ de quelques milliers de soldats français pour l'autre rive de la Manche. Bilan accablant des premiers mois de conflit dans le camp français : quatre-vingt-douze mille morts, deux cent mille blessés et deux millions cinq cent mille prisonniers de guerre. Un exode massif du nord-est de la France vers le centre et le sud du pays commença ; huit millions de personnes déferlèrent sur les routes, freinant les déplacements des troupes, et furent mitraillées par les pilotes de chasse ennemis ou capturées par les soldats allemands. Le 10 juin, le gouvernement français déclara Paris « ville ouverte » et déplaça son siège à Bordeaux, puis à Vichy. La capitale se vida pendant des mois de la moitié de ses habitants, les Parisiens ayant pris la fuite dans la panique la plus totale. Le 14 juin, le drapeau à croix gammée flottait en haut de la tour Eiffel. L'armistice fut signé une semaine plus tard.

Défilé allemand sur les Champs-Élysées sous l'Occupation, 1940-1944.

Les Allemands divisèrent alors la France en plusieurs zones : à l'est, ils cherchèrent à annexer certaines parties du pays. Le nord, l'ouest et la ville de Paris furent placés sous l'autorité directe du gouvernement mili-

Des civils ramassent des restes de légumes dans la rue devant les Halles de Paris, 1940-1944.

taire allemand, et ils laissèrent dans le centre et le sud du pays une « zone libre », administrée par le gouvernement de Vichy jusqu'en novembre 1942. Avec le slogan « travail, famille, patrie », le gouvernement s'ingénia à réveiller le sentiment d'indépendance nationale pour un véritable renouvellement de la France, bien que l'appareil d'État et la presse fussent sous contrôle. Après le choc de la défaite, les Français aspiraient à plus de sécurité et de confiance en eux. Le maréchal Pétain, héros de guerre vieillissant de Verdun et chef de file du gouvernement de Vichy, semblait symboliser les deux. Dans l'espoir de pouvoir être un jour sur un pied d'égalité avec l'Allemagne dans l'Europe nouvellement organisée, le régime de collaboration aida les occupants à piller le pays. Dès le mois de juillet 1940, il promulgua sans aucune pression les lois raciales et antisémites.

Avec efficacité et en recourant à la brutalité s'ils le jugeaient nécessaire, les Allemands transformèrent leur voisin en une source presque intarissable de biens et de services pour alimenter leur économie de guerre. La France devait chaque jour verser à l'Allemagne un dédommagement de vingt millions de Reichsmarks, le taux de change ayant été arbitrairement fixé à 1 pour 20. Denrées alimentaires, matières premières, textiles, machines et même la main d'œuvre, tout ce qui pouvait l'être fut transporté dans le Reich. Les Français devaient se débrouiller avec le rationnement alimentaire et leur talent d'improvisation. Le lait et le beurre manquaient pour les enfants. Les boulangers ne pouvaient plus préparer de pain blanc, un mélange indéfinissable de céréales remplaçant la farine de blé. Les Parisiens utilisaient chaque parcelle de terre de la ville ou des communes avoisinantes pour faire pousser des légumes et des pommes de terre pendant les mois les plus chauds de l'année pour leur propre consommation ; le rutabaga, autrefois utilisé pour nourrir les animaux, devint l'aliment de base. Pendant les rudes hivers, de nombreuses personnes souffrirent du froid dans les appartements non chauffés. Comme il n'y avait plus de carburant et que presque toutes les voitures et tous les camions avaient été réquisitionnés, des gazogènes furent construits comme moteurs d'appoint. Des vélos avec remorque servaient de taxis. Les entreprises débordaient d'ingéniosité pour créer de nouvelles matières premières ou inventer des méthodes jusqu'alors inconnues pour produire de l'énergie. Le marché noir était florissant, des opportunités d'ascension sociale insolites et plus que douteuses s'offraient à tous.

Les occupants ne bénéficiaient certes d'aucune forme de sympathie – les soldats souriant sur les affiches de propagande et les touristes de la Wehrmacht flânant, disciplinés et se comportant avec correction les poches pleines de devises, ne dupaient pas les Parisiens – mais la pression exercée par l'Occupation provoqua aussi un certain réflexe de survie. Le taux de suicide chuta, mais le taux de natalité augmenta entre 1940 et 1944, et le besoin de distractions et de stimulations culturelles se renforça. Cela répondait parfaitement à la volonté des Allemands de préserver la bonne humeur de la population grâce à des divertissements de masse comme des courses de chevaux, des défilés de mode, des projections de films et des spectacles de danse. Toutefois, le contrôle de la vie intellectuelle ne leur réussit que partiellement : alors que la *Nouvelle Revue française*, journal littéraire réputé, était dirigée par l'auteur fasciste Drieu La Rochelle, des journaux de résistance illégaux comme *Le Combat*, qui avait pour rédacteur en chef Albert Camus, étaient publiés dans la clandestinité. Le cinéma français connut son apogée, avec des œuvres centrées plutôt sur le passé ou sur un monde imaginaire, tandis que les pièces de théâtre existentialistes de Jean-Paul Sartre exprimaient les sentiments d'insécurité et de déréliction ressentis par la population.

Sous l'apparence de la normalité quotidienne, les fronts se séparèrent lentement. De son exil londonien, le général de Gaulle lança en juin 1940 un appel à ses compatriotes pour qu'ils continuent le combat. Cependant, ils furent peu à le suivre au départ. Les communistes, habitués à la clandestinité, furent les premiers à résister avec des tracts, des opérations de sabotage et la mise en place d'une organisation opérationnelle. Les Allemands réagirent par des menaces, des exhortations à la dénonciation, des tortures et des exécutions. À partir de l'été 1941, les membres de la Wehrmacht n'eurent plus le droit de se promener seuls dans les rues de la capitale pour des raisons de sécurité. Plus la population souffrait de privations, plus les

Des Parisiens font la queue devant le magasin Au Bon Marché *pour échanger de vieux chiffons contre des points-textile, octobre 1943.*

occupants punissaient la résistance avec des mesures de répression et de représailles ; à partir de 1943, plus le nombre d'hommes obligés de partir en service obligatoire en Allemagne augmentait et plus la France de Vichy prenait part aux déportations dans le cadre de la « solution finale de la question juive », plus les Français furent nombreux à prendre de la distance par rapport à leur gouvernement. Seul environ 1 % de la population s'engagea dans la résistance active, mais les combattants clandestins purent de plus en plus se déplacer « comme des poissons dans l'eau » dans tout le pays. En mai 1943, les différents groupes se réunirent en un Conseil national de la résistance. Un an plus tard, les actions violentes prirent les proportions d'une guerre civile à laquelle la Wehrmacht et les SS répondirent par une terreur blanche en détruisant des villages entiers et en massacrant la population civile. La véritable Libération ne put commencer qu'après le 6 juin 1944, date à laquelle les Alliés débarquèrent en Normandie. Le général de Gaulle imposa que ce fût une division de chars français qui soit la première à atteindre Paris le 25 août. Les résistants commencèrent à expulser les occupants une semaine auparavant. Ils pénétrèrent dans les mairies et les préfectures de police, réquisitionnèrent des camions, des munitions et des armes, érigèrent plus de quatre cents barricades et se livrèrent à des fusillades contre les Allemands et la milice française. Paris offrit pendant ces jours-là un visage hétérogène : les femmes faisaient la queue devant les magasins dans lesquels il n'y avait presque plus rien à acheter pour manger, des curieux attendaient dans les cafés et au coin des rues que quelque chose se passe, des convois funéraires rendaient hommage à ceux qui étaient morts pour la patrie, des infirmiers sillonnaient la ville avec leurs voitures, mais à tout moment des coups de feu pouvaient retentir, des hommes armés se ruer dans une maison et des civils innocents être touchés par une balle. Lorsque les troupes françaises et alliées pénétrèrent dans la ville et que les dernières positions allemandes se rendirent, la guerre n'était pas encore terminée. Toutefois, pour la plupart des Parisiens, des semaines d'euphorie et de triomphe commencèrent. Le cauchemar de l'Occupation étrangère était terminé, le sentiment de liberté permettait de refouler plus facilement les contradictions de la collaboration et d'oser envisager la reconstruction de la nation sur le mythe de la résistance.

La libération de Paris, 25 août 1944.

Musée Guimet/musée national des Arts asiatiques

Ce musée, qui présente aujourd'hui la plus vaste collection d'art extrême-oriental hors d'Asie, est né sur l'initiative d'un industriel lyonnais, Émile Guimet (1836-1918), qui avait participé à de nombreuses expéditions et commencé à collectionner des objets antiques égyptiens, bouddhistes et hindouistes, par intérêt pour l'histoire et les religions. Sa collection servit de fonds de départ au musée actuel. Vinrent s'y ajouter le fonds de l'ancien musée indochinois du Trocadéro, celui du département des arts asiatiques du Louvre ainsi que quelques donations privées.

Le bâtiment de style classique qui abrite le musée a été construit en 1889 ; son entrée est située dans une rotonde terminée par l'un des *tholos* (mot grec désignant un édifice circulaire avec des colonnes) sortant du bâtiment.

Dans les années 1920, la collection se concentrait uniquement sur la zone asiatique et fut enrichie par des porcelaines, des céramiques, des meubles laqués, des paravents, des masques, des textiles et des peintures. Aujourd'hui, le musée offre un regard unique sur la production artistique en Asie. Après un vaste chantier de restauration de l'espace intérieur (1996-2001) par les architectes Henri et Bruno Gaudin, le musée expose ses objets par zone culturelle dans d'élégantes salles éclairées par la lumière du jour.

Bouddha protégé par le nâga Mucilinda

Art khmer, Cambodge, pierre, XIIIe siècle

L'art khmer du Cambodge est représenté au musée Guimet par une collection sans commune mesure en Occident. Cette sculpture datant de l'apogée de la civilisation khmère figure un épisode de la vie de Bouddha. Alors que l'Éveillé était en train de méditer sur les rives d'un fleuve, il ne vit pas venir le danger quand les eaux commencèrent à monter et fut sauvé *in extremis* par le nâga Mucilinda, une créature fabuleuse à plusieurs têtes vivant dans le fleuve.

Shiva Nataraja
Inde du Sud, bronze, 96 x 80 cm,
XIe siècle

Ce bronze artistiquement travaillé représente le dieu Shiva dans son rôle de « seigneur de la danse » (Nataraja). Intégré dans le cercle de feu qui l'entoure, il incarne et préside le cycle cosmique de l'être et du devenir. La puissante dynamique de sa danse est schématisée et renforcée par la multiplication des bras. Contrastant avec son corps en mouvement, le dieu hindouiste, qui de par sa nature double peut apparaître en tant que créateur ou destructeur, fixe celui qui l'observe avec quiétude et un sourire entendu.

Utamaro Kitagawa (1753-1806),
Musashi, Ise monogatari
Japon, xylogravure sur papier, 37,2 x 24,2 cm,
vers 1798 (période d'Edo)

Utamaro, qui fait partie des maîtres japonais les plus renommés de l'estampe, illustre sur cette xylogravure un épisode des célèbres *Contes d'Ise* : il s'agit de deux amants qui n'ont pas la permission de se retrouver. Ils s'enfuient devant leurs poursuivants puis se cachent dans les roseaux de la plaine de Musashi. Le tracé soigné, les contours presque organiques et la planéité des personnages sont typiques d'Utamaro et de la xylogravure ukiyoe, art qu'il maîtrisait parfaitement. Les estampes ukiyoe, qui figurent surtout des scènes de la vie quotidienne mais aussi des paysages et des illustrations de contes populaires, furent intensivement collectionnées par la société japonaise des XVIIe et XVIIIe siècles. Utamaro s'est en outre spécialisé dans les sujets érotiques et a réalisé le portrait de courtisanes et de couples d'amants dans le quartier des plaisirs d'Edo (Tokyo). Ses estampes étaient très appréciées à Paris au XIXe siècle, principalement pour leur exaltation de la beauté féminine et de la sensualité.
Le vif intérêt suscité à cette époque pour la culture et l'art japonais s'exprimait également dans la création d'importants magasins d'objets importés d'Asie orientale, la constitution de grandes collections et l'organisation de nombreuses expositions et publications (autour de 1860).

Les artistes de l'avant-garde française s'inspirèrent des estampes japonaises. Les impressionnistes comme Monet, mais également Seurat, Cézanne et Van Gogh s'enthousiasmèrent pour les estampes. C'est ainsi que Gauguin décora son atelier d'œuvres d'Utamaro et que Toulouse-Lautrec trouva la légitimation de ses créations d'affiches et du choix de ses sujets dans le travail d'Utamaro.

Vase « Mille Fleurs » tricolore
Chine, dynastie des Ming, porcelaine, hauteur : 48 cm

Les quelque quinze mille pièces de la collection de céramiques et de porcelaines chinoises du musée Guimet représentent l'un des temps forts de la visite et donnent une idée de l'incroyable qualité obtenue dans ce secteur en Chine, patrie de la fabrication de porcelaine.
Ce vase « Mille Fleurs » est un merveilleux exemple des prouesses de l'artisanat d'art et de l'exigence esthétique de plus en plus affinée sous les incitations massives des empereurs chinois. Les porcelaines chinoises comptaient déjà aux XVIIe et XVIIIe siècles parmi les objets de l'Empire du milieu les plus exportés, essentiellement vers les cours européennes.

Au bois de Boulogne

Musée Marmottan, 2, rue Louis-Boilly, p. 352 *sq.*

Bois de Boulogne, p. 354 *sq.*

Castel Béranger, 14, rue La-Fontaine, p. 349

Villa La Roche/Fondation Le Corbusier, 8-10 square du Docteur-Blanche, p. 350 *sq.*

Parc André-Citroën, p. 348

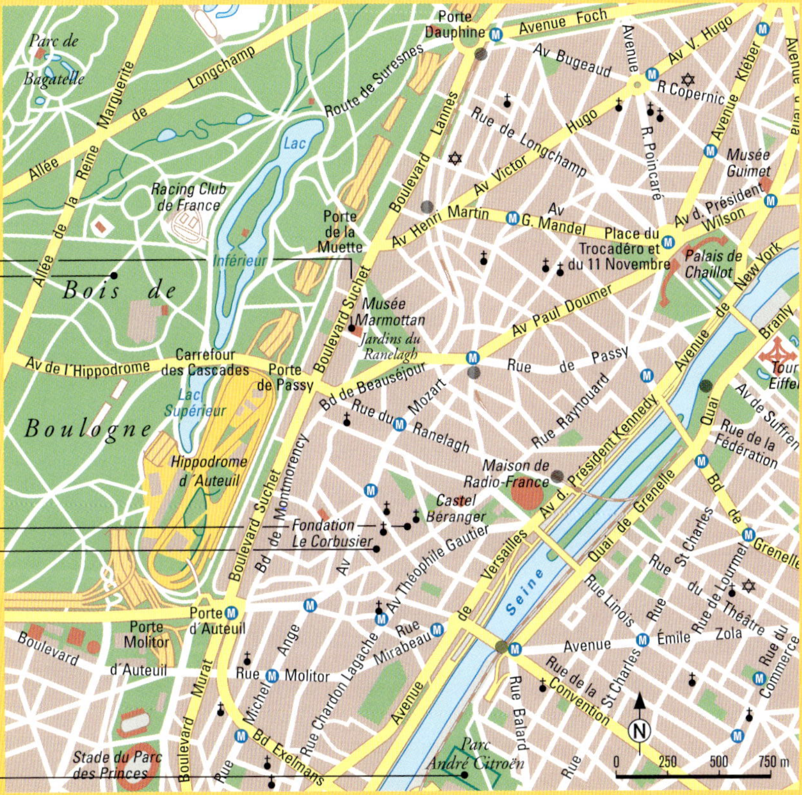

Parc de Bagatelle
Allée de la Reine Marguerite
Allée de Longchamp
Route de Suresnes
Porte Dauphine
Avenue Foch
Av Bugeaud
Avenue
Av V. Hugo
R Copernic
Avenue Kléber
Lac
Racing Club de France
Boulevard Lannes
Rue de Longchamp
Av Victor Hugo
R. Poincaré
Musée Guimet
Av d. Président Wilson
Porte de la Muette
Av Henri Martin
Av G. Mandel
Place du Trocadéro et du 11 Novembre
Palais de Chaillot
Inférieur
Bois de Boulogne
Boulevard Suchet
Musée Marmottan
Jardins du Ranelagh
Av Paul Doumer
Avenue de New York
Branly
Tour Eiffel
Av de l'Hippodrome
Carrefour des Cascades
Porte de Passy
Bd de Beauséjour
Rue de Passy
Lac Supérieur
Rue du Ranelagh
Mozart
Rue Raynouard
Av d. Président Kennedy
Quai
Av de Suffren
Rue de la Fédération
Hippodrome d'Auteuil
Bd de Montmorency
Maison de Radio-France
Castel Béranger
Fondation Le Corbusier
Av Théophile Gautier
Avenue de Versailles
Seine
Quai de Grenelle
Bd de Grenelle
Rue St Charles
Rue Linois
Rue du Théâtre
Rue de Lourmel
Porte d'Auteuil
Porte Molitor
Boulevard d'Auteuil
Rue Michel Ange
Rue Molitor
Rue Chardon Lagache
Rue Mirabeau
Avenue Émile Zola
Rue du Commerce
Rue de la Convention
Rue Balard
Boulevard Murat
Bd Exelmans
Stade du Parc des Princes
Parc André Citroën
Rue
N
0
250
500
750 m

Parc André-Citroën

L'ancienne usine du constructeur automobile Citroën a été transformée en vaste espace vert entre 1988 et 1995 ; c'est aujourd'hui l'un des parcs les plus beaux et les plus appréciés de Paris. Des éléments de l'horticulture française, anglaise et japonaise ont été mélangés puis combinés à une architecture moderne. De multiples références symboliques ainsi que l'association de plantes, de points d'eau et de rochers ont été les fils conducteurs dans la conception de ce parc, qui est divisé en plusieurs sections.
Le Jardin blanc, avec ses arbustes à fleurs blanches, trouve son pendant dans le Jardin noir où ne poussent que des plantes touffues à fleurs sombres et des conifères. Une sorte de labyrinthe ouvre sur une petite place entourée de jets d'eau. Le centre du parc est une vaste pelouse qui finit sa course en pente douce sur la rive de la Seine.
Deux tours d'observation en granit massif offrent un contraste saisissant avec les deux grandes serres transparentes de l'architecte Patrick Berger. Entre les deux serres en verre, d'immenses jets d'eau jaillissent sur un plan oblique percé de plus d'une centaine d'ouvertures.
Enfin, des jardins sériels ont été aménagés dans des zones closes ; ils sont chacun associés à l'un des cinq sens, à un métal et à une couleur. On trouve ainsi les jardins argenté (la vue), rouge (le goût), orange (le toucher) et vert (l'ouïe).

Castel Béranger

L'immeuble de rapport de six étages construit en 1897 et 1898 par Hector Guimard (1867-1942) dans la rue La-Fontaine est un exemple parfait de la plus pure architecture de style Art nouveau.

Guimard conçut une façade animée et variée, articulée à chaque étage par des saillies et des retraits avec des balcons et des encorbellements irréguliers. Les matériaux les plus divers (briques rouges, briques émaillées ou pierres brutes) ainsi que de nombreux ornements en fer figurant des motifs végétaux sur les grilles et les gouttières caractérisent ce bâtiment primé. L'entrée, qui ressemble à une grotte, est particulièrement remarquable avec ses majestueuses grilles en fer et ses colonnes organiques s'élevant dans les airs.

Le peintre Paul Signac, l'un des premiers occupants des luxueux appartements équipés d'une baignoire et du téléphone, fut enthousiasmé par la création excentrique de Guimard. À proximité, au 17-21 rue La-Fontaine, se trouve un autre bâtiment d'habitation construit en 1911 par Guimard, qui présente une façade beaucoup plus fermée et au rythme plus défini.

Fondation Le Corbusier

L'architecte suisse Charles-Édouard Jeanneret (1887-1965), dit Le Corbusier, s'installa définitivement à Paris en 1917 après s'être formé auprès d'Auguste Perret et de Peter Behrens. Il est considéré comme l'un des plus grands théoriciens de l'architecture moderne.

Dès 1914, il développa un principe de construction basé sur la fabrication industrielle et l'utilisation d'armatures en béton, qui devait être mis en œuvre surtout dans la conception de logements sociaux. Son premier bâtiment réalisé à Paris fut cependant la maison-atelier privée de son ami peintre et théoricien de l'art Amédée Ozenfant, avec lequel Le Corbusier s'efforça d'imposer un style puriste dans la peinture et l'architecture par le biais d'un journal d'avant-garde intitulé *L'Esprit nouveau* qu'ils publiaient ensemble.

À la même époque, Le Corbusier exposa ses réflexions théoriques sur l'architecture et l'urbanisme. Il présenta son programme pour la première fois en 1922 *(Vision d'une architecture)*, puis en 1926 dans son célèbre ouvrage *Les Cinq points d'une nouvelle architecture*.

Ses édifices fonctionnels réalisés partout dans le monde ont considérablement influencé l'évolution de l'architecture au niveau international. Son œuvre architecturale mais aussi ses créations picturales et plastiques (moins connues) sont présentées à la villa La Roche, qui abrite aujourd'hui la fondation Le Corbusier. On peut notamment y voir les croquis de ses grands projets architecturaux, ainsi que des tableaux et des meubles.

Villa La Roche, Paris, 1923

Cet ensemble architectural composé de deux villas fut construit entre 1923 et 1925 par Le Corbusier pour son frère, le musicien Albert Jeanneret, et un ami banquier, Raoul La Roche.

Les maisons ont la forme de corps cubiques structurés efficacement par de grandes fenêtres, animés par une aile saillante et coiffés d'un toit-terrasse.

Certaines parties de la zone d'habitation reposent déjà sur des pilotis en béton, élément caractéristique de l'architecture de Le Corbusier. La façade blanche ne présente aucun ornement, l'agencement intérieur est clair et rationnellement organisé.

La villa La Roche donne une idée de ce que doit être la vie dans une maison selon Le Corbusier.

Pavillon de l'Esprit nouveau, Paris, 1925

L'architecte prit en compte les besoins du propriétaire, qui possédait une vaste collection de tableaux et souhaitait que sa maison ait des pièces privées aussi bien que publiques.

Il développa dans l'agencement intérieur un riche vocabulaire de formes plastiques, une « promenade architecturale » qui mène le visiteur d'escaliers en rampes et de terrasses en estrades. Cela permet d'obtenir continuellement des vues intéressantes sur d'autres parties de la maison. Même les fenêtres dépouillées présentent de nombreuses variations : bandeaux étroits et grandes baies vitrées par exemple. Les œuvres d'art exposées et le mobilier mettent en valeur le mode de vie fonctionnel et puriste de Le Corbusier dans tous ses aspects.

Musée Marmottan

Cet hôtel particulier de style Empire construit au début du XIXe siècle servait à la fois de résidence et de musée privé au collectionneur et historien Paul Marmottan (1856-1932).

À sa mort, Paul Marmottan légua sa propriété accompagnée de l'ensemble de sa collection à l'Académie des beaux-arts. Cette collection était composée essentiellement de tapisseries et de sculptures de la Renaissance ainsi que de peintures, de meubles et de porcelaines de l'époque napoléonienne.

Aujourd'hui, le musée est connu pour son impressionnante collection de tableaux impressionnistes. Les premiers tableaux du cercle des amis de Claude Monet, provenant de la succession de Georges de Bellio, médecin et ami de nombreux artistes, intégrèrent le fonds du musée Marmottan en 1957.

En 1971, Michel Monet offrit au musée soixante-cinq toiles de son père. Ainsi, ce musée désormais mondialement connu possède à ce jour la collection d'œuvres de Monet la plus importante au monde.

Pierre Auguste Renoir (1841-1919),
Claude Monet lisant
Huile sur toile, 61 x 50 cm, 1872

Assis confortablement en train de lire son journal une pipe à la bouche, vêtu d'un costume bourgeois avec un chapeau et une canne – c'est ainsi que Renoir choisit de faire le portrait de son ami Claude Monet. Il n'y apparaît pas comme le peintre révolution-

naire que ses contemporains ont vu en lui.

Ce tableau a été réalisé précisément à l'époque charnière des débuts de la peinture impressionniste : la même année, Monet peignait son célèbre tableau *Impression, soleil levant*, qui fait partie de la collection du musée Marmottan. Cette œuvre permit aux visiteurs de la première exposition consacrée aux impressionnistes (1874) de comprendre sans équivoque ce que signifiait la peinture en extérieur.

Le procédé de peinture très schématique, impliquant la dissolution des contours, voire du sujet, fut perçu comme choquant. L'artiste fut rejeté et ne connut pas le succès attendu. Pendant des années, Monet vécut dans la misère. Renoir, qui accentuait dans toutes ses œuvres le côté ensoleillé et enjoué de la vie, choisit pourtant pour son portrait un moment de contemplation intérieure et de satisfaction.

Claude Monet (1840-1926), *Les Nymphéas*
Huile sur toile, 130 x 152 cm, 1916-1919

À la fin des années 1880, Monet entama une série de tableaux représentant un même sujet à différents moments de la journée, sous une lumière et des conditions climatiques différentes. Lorsque, après quelques ventes réussies, le peintre put s'acheter une maison à Giverny en 1890, il y fit aménager un jardin japonais avec un bassin aux nénuphars, élément central d'une grande série de tableaux.

En vieillissant, il se concentra exclusivement à ce projet et, adoptant un processus radical d'abstraction, acquit une liberté picturale de plus en plus grande : les détails, représentés volontairement en très gros plan, annihilent tout contexte spatial. La couleur et le trait deviennent l'objet central du tableau et créent la beauté sensuelle de ses dernières œuvres, beauté que le visiteur du musée Marmottan perçoit parfaitement dans la salle qui leur est consacrée.

Bois de Boulogne

Le bois de Boulogne était déjà une réserve de chasse royale à l'époque mérovingienne. Par la suite, pendant des siècles, il servit de lieu de retraite aux différents rois français et à leur cour.

Ainsi, Henri IV y installa son ancienne maîtresse Catherine de Verdun, qui devint supérieure de l'abbaye de Longchamp, fondée dans la réserve royale au XIIIe siècle par la sœur de Saint Louis.

Le château de Madrid fut construit au XVIe siècle sur ordre de François Ier et mais ne fut achevé que sous le règne d'Henri II. Il ne reste plus aujourd'hui qu'un chapiteau de pierre de ce splendide édifice.

Louis XV fit construire un château de plaisance dans le même but et commença à autoriser la haute noblesse à bâtir des maisons de campagne. De nombreux manoirs furent construits, avant d'être démolis pendant la Révolution.

Le bois de Boulogne fut ouvert au public sous Napoléon III, suivant le modèle de Hyde Park à Londres, et devint ainsi le « poumon vert de Paris », projet soutenu par le socialiste Louis Blanc pour la population de la capitale qui souffrait de l'industrialisation galopante.

Le baron Haussmann chargea Jean-Charles Alphand (1817-1891) de concevoir un immense jardin paysager. Pour ce faire, Alphand fit détruire le mur d'enceinte qui clôturait autrefois le bois et aménagea deux

lacs ainsi que des cascades artificielles et un dense réseau d'allées. Vers 1860, Gabriel Davioud vint ajouter à l'ensemble toute une série de pavillons, de kiosques et de restaurants de style Belle Époque.
Les hippodromes de Longchamp et d'Auteuil, construits à l'anglaise, vinrent enrichir le panel des divertissements, réservés en premier lieu aux plus riches et aux privilégiés. Ils participent encore aujourd'hui au rayonnement culturel de la capitale.

Dans son roman *Nana* (1880), Émile Zola dépeint de façon très réaliste l'affluence dominicale du « tout Paris » dans cette oasis verte en lisière de la ville.

Bagatelle, orangerie

Le château de Bagatelle, avec son trianon et son orangerie, est le successeur du château de plaisance construit par Louis XV mentionné précédemment.
Il doit son existence à un spectaculaire pari : le comte d'Artois, frère de Louis XVI et futur Charles X, alors à peine âgé de dix-huit ans, était connu pour son style de vie dépensier et libertin. En 1775, il paria cent mille livres avec la jeune reine Marie-Antoinette qu'il pourrait faire construire un nouveau château de plaisance avec un jardin anglais et des jeux d'eau fastueux en seulement soixante-quatre jours.
Il confia la réalisation de cet ambitieux projet à François-Joseph Bélanger (1745-1818), un architecte chevronné. En réquisitionnant sans scrupules tous les matériaux de construction qui étaient livrés à Paris à l'époque, il remporta son pari. Cependant, le projet avait déjà coûté plus de un million deux cent mille livres ; la somme gagnée semblait donc bien dérisoire.
Le petit château fut jusqu'à la Révolution le théâtre des fêtes somptueuses de la cour de l'Ancien Régime condamnée à disparaître définitivement.
Aujourd'hui, le très joli jardin qui entoure l'orangerie est l'une des attractions les plus prisées du bois.

Du parc Monceau

à Montmartre

Du parc Monceau à Montmartre

Au cours de la dernière décennie de la Révolution française, le duc de Chartres, Louis Philippe d'Orléans (1747-1793), fit aménager devant les portes de la ville, au sud du petit hameau de Monceau, un jardin paysager dont l'agencement exubérant, avec ses temples antiques, ses pagodes chinoises, ses grottes artificielles et ses fausses ruines, reflétait parfaitement sa personnalité.
Cet aristocrate et officier très cultivé, dont les nombreuses aventures alimentaient régulièrement les conversations parisiennes, ne faisait pas mystère de son éviction de la cour et se sentait proche des idées des Lumières. Pendant la Révolution, il rejoignit le Club des jacobins, prit le nom de Philippe Égalité après la chute de la monarchie et fut élu député à la Convention nationale. En janvier 1793, il vota la mort du roi, mais devait le suivre quelques mois plus tard sur l'échafaud après qu'on lui eut reproché de vouloir être lui-même élu roi.
« La folie de Chartres », surnom donné à son célèbre parc à l'atmosphère luxueuse en accord avec la sensibilité exacerbée du XVIIIe siècle, survécut quant à lui aux bouleversements de la Révolution. Réduit de moitié au XIXe siècle, il fut modifié par Adolphe Alphand pour être ouvert au public.
Certains éléments comme sa naumachie, un bassin ovale bordé d'une colonnade, ou la belle grille d'entrée de style rocaille sur le boulevard de Courcelles ont été conservés et donnent encore aujourd'hui un aspect particulier au parc Monceau, entouré d'élégants hôtels particuliers. L'un des derniers bureaux d'octroi du XVIIIe siècle, une rotonde éri-

La colonnade de la naumachie dans le parc Monceau.

Double page précédente : vue sur Montmartre et le Sacré-Cœur.

gée par Claude-Nicolas Ledoux, l'architecte de la Révolution, s'élève à l'entrée nord du parc.

À proximité se trouvent deux petits musées privés : le musée Cernuschi, qui présente une collection d'art chinois, et le musée Nissim de Camondo et sa précieuse décoration rococo.

À l'instar de l'ancien Monceau, Montmartre fut pendant bien longtemps un paisible village perché sur une colline, hors des murs de la capitale. Sa situation élevée garantissait de la fraîcheur en plein cœur de l'été. C'est la raison pour laquelle au XVIIIe siècle de nombreux Parisiens fortunés s'y firent construire de vastes maisons de campagne au milieu des jardins potagers et des moulins. Il n'en reste aujourd'hui plus grand-chose. En revanche, les dancings et les cabarets qui s'y installèrent pour divertir le public d'aristocrates et de grands bourgeois ont fait la renommée de la « Butte », surnom donné à juste titre à Montmartre.

Henri de Toulouse-Lautrec (1864-1901),
Moulin-Rouge – La Goulue.
Dessin au pastel, vers 1890,
musée Henri-de-Toulouse-Lautrec, Albi.

Au XIXe siècle, une sous-culture libertaire s'y propagea. Le peintre et dessinateur Henri de Toulouse-Lautrec (1864-1901) devint le chroniqueur de ce mouvement. Il développa également un style innovant inspiré des estampes japonaises, qui se révéla particulièrement précurseur dans le domaine de la création d'affiches. Ses portraits de danseuses capricieuses, d'impresarios douteux et de personnages louches du quartier sont autant de témoignages de la Belle Époque et contribuent à faire en sorte que le mythe de Montmartre soit encore vivant aujourd'hui.

Du parc Monceau à Montmartre

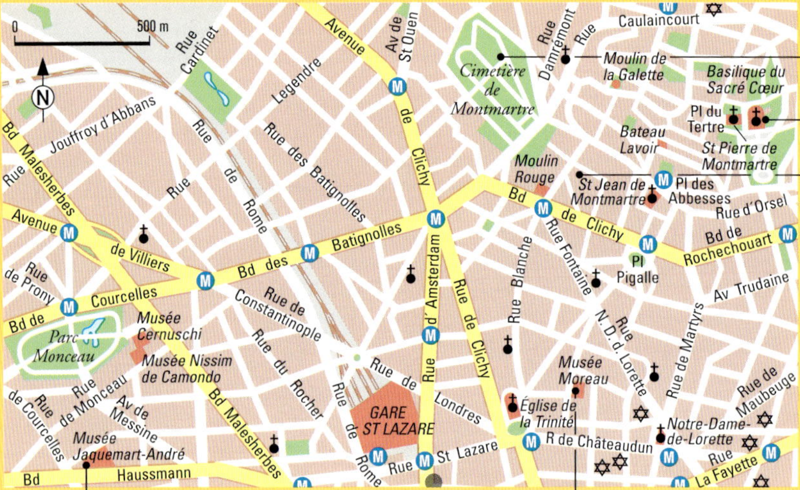

Musée Jacquemart-André, 158, boulevard Haussmann, p. 362 *sq.*

Musée Gustave Moreau, 14, rue de La-Rochefoucauld, p. 366 *sq.*

Cimetière de Montmartre,
20, avenue Rachel, p. 378 *sq.*

Sacré-Cœur, 35, rue
du Chevalier-de-la-Barre,
p. 373

Butte Montmartre, p. 368 *sq.*

Autres attractions touristiques

1 Parc Monceau, p. 358 *sq.*

2 Place des Abbesses, p. 369

3 Place du Tertre, p. 374

4 Moulin de la Galette, p. 378

Musée Jacquemart-André

En 1875, Édouard André (1833-1894) organisa une fête pour inaugurer son luxueux hôtel particulier dessiné par l'architecte Henri Parent dans l'esprit de l'époque avec des emprunts stylistiques aux modèles classiques du XVIIIe siècle. Le faste impressionnant de la façade et les généreuses dimensions de la rampe située en retrait du boulevard Haussmann s'harmonisent avec l'élégant agencement intérieur de la somptueuse demeure, que le visiteur découvre aujourd'hui pratiquement dans son état d'origine.

Édouard André, issu d'une famille particulièrement aisée de banquiers, et son épouse, la jeune peintre Nélie Jacquemart, se passionnèrent pour l'art et constituèrent une incroyable collection dont les pièces sont exposées dans une ambiance adaptée. Les salles de réception tout comme les salons privés furent luxueusement décorés par leurs soins. Le couple se concentra d'abord sur des tableaux de style rococo et exposa dans des pièces au décor typique du XVIIIe siècle des peintures de François Boucher, Jean-Baptiste Chardin et Élisabeth Vigée-Lebrun. Par la suite, André et sa femme collectionnèrent surtout des œuvres d'art italiennes du début de la Renaissance et réunirent de sensationnels trésors, qui sont présentés, comme dans un musée, dans trois galeries. L'ancienne bibliothèque abrite un autre point fort de la collection, des tableaux de Rembrandt, Frans Hals et Anton van Dyck.

Jardin d'hiver et escalier

Les jardins d'hiver, ces pièces claires et fraîches qui apportaient une touche d'exotisme dans les maisons grâce à leurs plantes méridionales et à leurs palmiers, étaient fort appréciés au XIXe siècle.

Le jardin d'hiver de la maison Jacquemart-André possède un fastueux décor de marbre et de stuc. La cage d'escalier attenante, en forme d'ellipse avec colonnes, présente un spectaculaire escalier à double révolution menant à l'étage supérieur et orné d'une fresque de Giambattista Tiepolo (1696-1770). Cette peinture murale, dont l'effet en trompe-l'œil est toujours efficace, provient de la villa Contarini en Vénétie d'où elle a été exportée en 1893. Elle représente la visite d'Henri III de France chez les doges de Venise.

Fer et vapeur – la gare, plaque tournante de la métropole moderne,

par Martina Padberg

Lorsque les impressionnistes organisèrent en avril 1877 leur troisième exposition de groupe dans la rue Le Peletier non loin du boulevard des Italiens, Claude Monet présenta à lui seul six tableaux figurant la gare Saint-Lazare. Ils faisaient partie d'une série de douze toiles réalisées peu de temps auparavant, montrant l'architecture de la gare à partir de différentes perspectives. Pour pouvoir faire des études sur site, Monet avait loué une chambre à proximité de la gare. Le thème était à la mode. En effet, depuis que le réseau ferré avait commencé à se développer en France, depuis 1850 environ, de nouvelles gares surgissaient pour ainsi dire du sol de Paris et devenaient, d'un point de vue esthétique et fonctionnel, l'incarnation moderne des anciennes portes de la cité. Les architectes de la gare du Nord (1861-1865), de la gare de Lyon (reconstruite en 1899) et de la gare d'Orsay (1900) essayèrent de se surpasser avec des façades monumentales, de spectaculaires constructions en fer et en verre, de luxueux agencements intérieurs et des décors exubérants. Il n'est pas surprenant que les contemporains de ses édifices aient parlé de « cathédrales modernes ». De par leur immense force d'attraction, les nouvelles gares étaient comparables aux lieux de culte médiévaux. Des foules gigantesques de voyageurs avançaient tels des pèlerins vers les machines sifflant leur jet de vapeur, créations vivantes de l'ère industrielle permettant d'augmenter considérablement le rayonnement individuel de leurs utilisateurs. L'atmosphère du XIXe siècle est encore palpable aujourd'hui lorsque l'on arrive dans la gare du Nord ou que l'on visite la gare d'Orsay, transformée en musée. Le somptueux décor datant du début de l'ère des chemins de fer du spectaculaire restaurant *Le Train bleu* dans la gare de Lyon est sans doute le plus impressionnant. L'établissement n'était au départ ouvert qu'aux passagers de première classe.

La gare du Nord, construite entre 1861 et 1865 par Jacques Ignace Hittorf, photographie d'époque.

Claude Monet (1840-1926), La Gare Saint-Lazare. *Huile sur toile, 75,5 x 104 cm, 1877, musée d'Orsay, Paris.*

Page précédente : Marius Toudoire, décor du plafond du restaurant Le Train bleu *dans la gare de Lyon, 1900-1901.*

Musée Gustave Moreau

Sa maison était pour lui un lieu de retraite et d'étude, un atelier et un cabinet de curiosités : Gustave Moreau (1826-1898), l'un des peintres majeurs de la fin du siècle, imagina et réalisa lui-même la transformation de son habitation en musée. Quelques années avant sa mort, il fit ajouter deux étages à son étroite maison de la rue La-Rochefoucauld pour pouvoir y conserver et y exposer son œuvre colossale. Près de mille tableaux et environ cinq mille dessins et aquarelles, suspendus ou installés dans des vitrines spéciales, donnent une vision multiple de l'univers particulier de ce peintre symboliste.

Moreau, solitaire notoire et collectionneur enthousiaste d'objets rares qui fuyait sans cesse la scène artistique parisienne pour l'intimité de sa maison, était un artiste à succès et célébré. Il prenait régulièrement part aux salons artistiques annuels et participa également à l'Exposition universelle de 1867.

Il reçut la Légion d'honneur en 1883, fut accepté quelques années plus tard à l'Académie des beaux-arts puis nommé professeur à l'École des beaux-arts en 1892. Dès lors, Moreau se consacra ardemment à l'enseignement et fut considéré au sein de l'Académie conservatrice comme une personnalité particulièrement libérale, qui s'efforçait de stimuler chacun de ses élèves individuellement. « Quel fantastique professeur c'était ! Lui au moins pouvait s'enthousiasmer et même s'emporter avec passion », se rappelait en 1925 son ancien élève Henri Matisse, qui avait vécu sa formation académique précédente auprès de William Bougereau comme frustrante et contraignante.

Gustave Moreau (1826-1898), ***Les Licornes***
Huile sur toile, 115 x 90 cm, vers 1888

Le monde pictural de Moreau se nourrit de sources mythologiques et bibliques et montre une représentation de rêves et de fantasmagories que l'artiste exprime sur la toile dans une peinture dense et chatoyante. Parallèlement au réalisme de Courbet et aux impressionnistes intéressés uniquement par la perception visuelle directe, Moreau développa un genre de peinture singulier qui témoigne de la joie de vivre de la génération de la fin du siècle : le retour de la sentimentalité face aux difficultés causées par la modernisation industrielle et sociale, un recentrage sur le Moi au cœur des expériences de la collectivité et de l'anonymat dans les grandes métropoles urbaines et enfin le besoin de plonger visuellement dans un monde mythique au-delà de la société rationnelle et organisée.

Les couches les plus profondes de la conscience qui s'expriment dans l'imagination humaine et dans les rêves livraient à Gustave Moreau les archétypes de l'imaginaire desquels il tirait les thèmes de ces tableaux.

Cette peinture apparemment tournée vers l'arrière exerça pourtant une influence certaine jusqu'au XXe siècle : dans les années 1920, les surréalistes, autour de Salvador Dali et Max Ernst, découvrirent en Gustave Moreau un modèle inspirant et accueillirent ses tableaux comme les premières manifestations d'une peinture irrationnelle et surréelle.

Butte Montmartre

Au milieu du XIXe siècle, la « Butte » était encore un paradis à la campagne, un village aux portes de la ville. « On y jouit d'un air très pur, de perspectives variées, et l'on y découvre des horizons magnifiques [...]. Cependant, il nous reste encore un certain nombre de coteaux ceints d'épaisses haies vertes [...]. Il y a là des moulins, des cabarets et des tonnelles, des Élysées champêtres et des ruelles silencieuses, bordées de chaumières, de granges et de jardins touffus », écrivait Gérard de Nerval en 1854 dans son livre *Promenades et Souvenirs* à propos de ce quartier situé au nord de la ville. Annexé à la capitale en 1860 seulement, celui-ci resta épargné par les grands travaux d'aménagement haussmanniens. L'ancienne structure urbanistique a été conservée jusqu'à aujourd'hui et il faut donc gravir de nombreux escaliers et descendre d'étroits lacets pour découvrir ce quartier dont le nombre d'habitants explosa au XIXe siècle. Fuyant la vertigineuse augmentation des loyers dans le « Nouveau Paris » rénové des grands boulevards, les populations les plus indigentes affluèrent à Montmartre. Il y avait encore des logements bon marché et l'on pouvait espérer trouver un travail dans les carrières voisines ou sur le grand chantier du Sacré-Cœur.

Les conditions de vie simples mais abordables et le climat libéral qui régnait sur la Butte, où, dans le demi-monde des cabarets et des cafés, on pouvait espérer entrer en contact avec des modèles potentiels, attirèrent de nombreux artistes et galeristes au tournant du siècle : Degas et Renoir, Seurat et Toulouse-Lautrec, Van Gogh et Picasso, Braque et Matisse – tous vécurent et travaillèrent pendant un temps à Montmartre et donnèrent au lieu une aura de changement et de non-conformisme.

Malgré quelques mesures de réhabilitation dans les années 1980, le faubourg ouest, situé à l'écart du parcours touristique, a conservé sa mixité sociale. Il est aujourd'hui caractérisé par sa diversité culturelle, qui offre une alternative à l'augmentation de la ghettoïsation des banlieues parisiennes.

Place des Abbesses

Deux ouvrages représentent ici l'époque du tournant du siècle : l'une des dernières bouches de métro réalisées par Hector Guimard (1867-1942) à avoir été conservée dans son état d'origine, dont les grilles en fer au motif floral abstrait offrait une décoration de style Art nouveau totalement nouvelle, et l'église Saint-Jean-de-Montmartre construite entre 1894 et 1904. Cet édifice sacré en béton armé était pour la première fois le fruit d'une conception globale dans laquelle les possibilités architecturales du nouveau matériau avaient été déclinées.

L'architecte Anatole de Baudot (1834-1915), disciple d'Henri Labrouste et de Viollet-le-Duc, fit reposer son église sur vingt-six piliers constitués de briques très peu épaisses. La paroi extérieure, qui s'élève pourtant à plus de 25 mètres, mesure seulement 25 centimètres d'épaisseur grâce à l'ossature métallique. La façade présente un décor de bandes ondulées vertes en grès flammé entrelacées, qui rehaussent les briques rouges et démontrent l'étonnante malléabilité du nouveau matériau.

Le métro, artère névralgique de la ville,

par Oliver Burgard

Pour Franz Kafka, le sous-sol parisien est un lieu plein de mystères. Dans son journal intime de 1911, il s'étonne de « l'indifférence surnaturelle des passagers pendant leur trajet dans le métro parisien ». Le philosophe André Glucksmann voit les choses différemment. Pour lui, le métro est le vrai centre culturel de la France dans lequel les peuples, les cultures et les formes d'expression se mélangent. Le métro est surtout surchargé le matin et dans la soirée. Dans les autres métropoles, ceux qui peuvent se le permettre préfèrent voyager en voiture pour éviter les accès de claustrophobie dans les sous-sols. Mais à Paris, le trafic en surface est en permanence saturé depuis des années. Par conséquent, tous, de la jeune cadre dynamique habillée en Dior des pieds à la tête aux vieux vétérans de guerre pour lesquels des places sont réservées dans les wagons, plongent dans la fosse.

Le métro est le lieu de tous les superlatifs : moyen de transport le plus rapide de la ville et donc le plus fréquenté, il transporte cinq millions de personnes par jour, presque toutes pressées. Dans les souterrains parcourant plusieurs kilomètres dans les véritables carrefours que sont les stations Châtelet/Les Halles ou Montparnasse par exemple, les gens ont l'air de voler à travers les couloirs. Sur le quai, tout se passe très vite. Vous ratez votre train ? Ce n'est pas grave, le prochain arrive dans deux minutes. Quand, derrière les vitres du wagon, les passagers semblent entassés comme du bétail, certains, même pressés, attendent parfois le métro suivant – dans l'espoir trompeur qu'il sera moins plein.

La première ligne du métro parisien fut inaugurée en juillet 1900 à l'occasion de l'Exposition universelle. Elle reliait la porte Maillot, située à l'ouest de la ville, à la porte de Vin-

Hector Guimard (1867-1942), entrée de métro sur la place des Abbesses, 1895-1900.

ser entrer la lumière – hygiène et luminosité pour le sous-sol.

Au contraire, les stations hypermodernes de la ligne 14 dégagent aujourd'hui une aura évoquant une forme de propreté clinique : depuis 1998, un train fantôme futuriste, entièrement automatisé et sans chauffeur, relie la gare Saint-Lazare à la station Olympiades, dans le 13e arrondissement.

Le réseau est dense sur les quatorze lignes du métro parisien qui fonctionne entre 5 h 30 et 1 heure du matin. Chaque ligne a sa propre fréquentation et son odeur typique. Les lignes portent le nom de leurs terminus et sont représentées par des couleurs différentes, ce qui facilite l'orientation dans le réseau de la RATP. La durée du trajet : une minute d'une station à l'autre, ce qui est juste suffisant pour lire quelques pages d'un livre, écouter un morceau de musique ou pour feuilleter *Le Monde*.

Comme Paris ne saurait fonctionner sans métro, son absence se fait tout particulièrement sentir. Et comme en France, la grève est une tradition politique, chaque année Paris plonge dans un véritable chaos lorsque les agents de la RATP arrêtent de travailler. Les Parisiens ont appris à déjouer le problème : ils font appel à la solidarité et lèvent le pouce dans la rue pour faire de l'auto-stop.

Construction du métro le long de la rue de Rivoli, 1898.

cennes, située de l'autre côté. L'architecte Hector Guimard dessina les premières stations : il créa des constructions florales en verre et en acier de style Art nouveau, que de nombreux Français trouvèrent d'une laideur déplacée à l'époque et dont la beauté est aujourd'hui en conséquence d'autant plus appréciée, notamment à l'entrée des stations Abbesses à Montmartre ou Passy dans le 16e arrondissement, conservées dans leur état d'origine. La station Louvre-Rivoli possède les quais les plus attractifs car on peut y admirer une mini-exposition d'œuvres d'art majeures, avant-goût du plus grand musée du monde. En comparaison, les stations habillées de carreaux blancs datant des premières heures du métropolitain paraissent fonctionnelles et dénudées. Les architectes choisirent ces carreaux pour deux raisons : leur facilité de nettoyage et leur capacité à lais-

Sacré-Cœur

Après la défaite contre l'Allemagne en 1871, des catholiques patriotes chargèrent l'architecte Paul Abadie (1812-1884) de construire une église expiatoire, qui serait érigée symboliquement au-dessus de la ville sur la butte Montmartre.

Conformément à une conception historiciste de l'architecture, on eut recours de manière éclectique à des modèles byzantins, maures et romans. Haut perché, l'édifice d'un blanc irradiant, avec son immense dôme et ses quatre petites coupoles, est visible de loin, tel un campanile aux multiples visages. Dans l'axe central de la façade se dresse un Christ monumental dont le cœur incandescent, entouré d'une couronne d'épines, indique le patronage. Ce bâtiment, consacré en 1919 – année de la création du Bauhaus en Allemagne –, essuie depuis toujours les critiques les plus rudes : « style pâtissier » est sans doute l'expression la moins dure qui fut utilisée pour définir le manque de modernité de cette architecture totalement régressive et son inadéquation à son époque.

Aujourd'hui, la basilique du Sacré-Cœur est avant tout considérée comme un emblème et un point de repère topographique. Elle n'est bien souvent visitée que pour le panorama qu'elle offre sur la ville. L'association théâtrale de styles totalement différents pour créer un nouveau genre est toutefois très révélatrice des séquelles laissées par l'ère de l'historicisme, déjà terminée avant 1900.

Intérieur

Dans le vaste intérieur, l'immense mosaïque, sur le modèle des églises byzantines, saute immédiatement aux yeux. L'adoration du cœur de Jésus est au centre thématique de l'église, symbole d'une dévotion mystique particulière au Christ remontant au Moyen Âge. Le Christ apparaît comme un Seigneur spirituel protecteur et sanctificateur, aux pieds duquel Marie, quelques papes et des représentants des cinq continents sont assemblés. À sa droite se tiennent saint Michel et Jeanne d'Arc, tels des personnifications de la France à genoux.

Place du Tertre

Cette petite place, avec ses nombreux cafés et restaurants, est le cœur de la Butte. D'innombrables portraitistes et « silhouettistes » proposent leurs services à tous ceux qui souhaitent rapporter chez eux un souvenir réalisé en un tour de main de cet ancien quartier des artistes. Le jeune peintre Émile Bernard (1868-1941), qui avait étudié avec Toulouse-Lautrec dans l'atelier de Fernand Cormon sur le boulevard de Clichy avant de travailler avec Paul Gauguin, s'installa dans la rue Cortot, à l'angle de la place du Tertre, en 1885. L'autodidacte Suzanne Valadon (1865-1938), qui servit de modèle à Renoir et Toulouse-Lautrec avant de devenir elle-même, sous leur influence, une peintre expressionniste, habita aussi à proximité de la place. En 1893, elle réalisa le portrait du célèbre compositeur Erik Satie, qui occupait une toute petite chambre dans la maison voisine. Son fils, Maurice Utrillo (1883-1955), peignit à son tour des vues de Montmartre paisibles et très inspirées, dont un tableau représentant la place du Tertre avec la maison d'Hector Berlioz en 1909.

Le cabaret *Au lapin agile*, lieu de rencontre fort apprécié des artistes avant la Première Guerre mondiale, provisoirement dirigé en 1902 par le poète Aristide Bruant, se trouve à quelques pas de la rue Cortot. Pablo Picasso et Maurice de Vlaminck fréquentèrent l'établissement pendant leurs années les plus productives sur la Butte.

Une curiosité attend le promeneur sur le trottoir d'en face : la dernière vigne « miniature » de Paris. On y produisait encore au XVIIIe siècle un vin équilibré appelé Goutte d'or, qui donna son nom à la partie est du 18e arrondissement. Aujourd'hui, seules cinq mille bouteilles sont encore fabriquées. Les vendanges ont lieu le premier dimanche d'octobre et sont l'occasion d'une petite fête populaire.

Le Bateau-Lavoir – l'Art Factory de Montmartre,

par Martina Padberg

Une simple cabane en bois délabrée fut, en 1907, le théâtre d'une véritable révolution artistique. Au printemps 1907, Pablo Picasso (1881-1973) commença à travailler au Bateau-Lavoir, ainsi baptisé par le poète Max Jacob (1876-1944) en référence aux bateaux-lavoirs en activité sur la Seine, sur un tableau qui allait entrer dans l'histoire comme l'une des premières œuvres du modernisme : *Les Demoiselles d'Avignon.* Les conditions de travail eurent leur importance dans la création de ce tableau : une joyeuse bande d'artistes s'était installée au début du XXe siècle dans les anciens locaux d'un facteur de pianos dans la rue Ravignan, à l'angle de la place Émile-Goudeau, en plein cœur de Montmartre. Au cours des années suivant l'installation de son atelier dans l'étroit bâtiment en 1904, le jeune Espagnol fut rejoint notamment par son compatriote Juan Gris, mais aussi par le Français Georges Braque, le Hollandais Kees Van Dongen, l'Italien Amedeo Modigliani et l'Allemand Otto Freundlich. La collaboration devint particulièrement intense entre Picasso, Gris et Braque, et il se développa une véritable amitié. Le noyau du cubisme était formé. Les tableaux des trois artistes datant de cette époque sont caractérisés par une réduction du sujet à des formes cubiques simples, le renoncement à l'illusion de la profondeur et un spectre nuancé de couleurs gris-brun, et annonçaient un style de groupe. Les artistes avaient le sentiment d'être, comme Braque le déclarera de nombreuses années plus tard lors d'une interview, « tels une cordée dans la montagne » ; c'est-à-dire sur un chemin dangereux et reculé dont on ne peut venir à bout qu'en collectivité.

Portrait de Pablo Picasso, photographie vers 1907.

En raison des difficiles conditions de vie et de travail au Bateau-Lavoir, le groupe resta soudé,

Montmartre, Le Bateau-Lavoir, vers 1915.

en tout cas pendant un certain temps. Le seul point d'eau de la maison, utilisé par tous les habitants du « bateau », était situé dans un coin sombre, juste à côté d'un raide escalier en bois. Lorsque l'on pénétrait dans cette maison labyrinthique, une odeur nauséabonde de moisi et de renfermé et la puanteur des nombreux chats vous assaillaient. Les petites fenêtres laissaient à peine entrer l'air et la lumière dans les pièces, et l'exiguïté pesante du lieu faisait de chaque occupant le témoin involontaire des querelles qui avaient lieu dans les pièces voisines. Le confort général était également bien loin de nos standards actuels : il n'y avait ni gaz ni électricité, ainsi Picasso, qui travaillait le plus souvent la nuit, devait-il se contenter d'une lampe à huile posée devant son chevalet. Les artistes y restaient en général jusqu'à ce qu'ils puissent s'offrir un logement plus confortable ou qu'ils n'arrivent même plus à mettre de côté les quelques francs nécessaires pour louer leur part de l'atelier montmartrois. Pourtant, l'époque du Bateau-Lavoir marqua pour Picasso et nombre de ses colocataires un tournant artistique dans leur carrière. L'atmosphère non conventionnelle et pittoresque de Montmartre offrait à ces artistes en quête d'idées nouvelles une source inépuisable d'inspiration et de stimulation.

Les nombreux cafés et petits restaurants, comme le *Lapin agile* qui existe encore, étaient autant de lieux où l'on pouvait se retrouver entre artistes ou rencontrer des écrivains, des comédiens et des musiciens. Les échanges avec Guillaume Apollinaire (1880-1918), poète et critique d'art, ou Max Jacob, cité précédemment, permettaient d'enrichir et d'affiner le vocabulaire artistique théorique et d'élargir l'horizon intellectuel. En outre, Picasso et ses amis trouvèrent en Apollinaire un défenseur acharné de leur art qui fit connaître la peinture cubiste dans ses essais et critiques. La concentration sur les principes de la composition et l'abandon de l'illusionnisme marquèrent des jalons pour le développement de l'art au XXe siècle et ouvrirent les portes à la peinture non-figurative. L'improbable maison qui abrita la première Art Factory de l'histoire de l'art fut détruite par un incendie en 1970.

Guillaume Apollinaire dans l'atelier de Picasso au Bateau-Lavoir.

Moulin de la Galette

« Le pinceau effleure la toile comme le soleil la foule dansant sous les arbres. [...] La joie seule semble suffire à comprendre de tels tableaux. » Julius Meier-Graefe, critique d'art, décrivit en ces termes le tableau de Pierre Auguste Renoir intitulé *Bal du moulin de la Galette* (1876, musée d'Orsay, *voir* p. 80) en 1929 dans sa monographie sur l'artiste, rendu célèbre par sa toile sur le moulin et le bal de la rue Lepic.

À la fin du XIXe siècle, les ouvriers du quartier s'y retrouvaient pour danser, régulièrement rejoints par des artistes et gens de lettres qui cherchaient à s'amuser à l'écart de la société bourgeoise. C'est surtout le soir que la salle de bal au riche passé se transformait en un lieu plutôt louche où les bas-fonds de Paris se réunissaient.

Le moulin construit entre 1621 et 1628 fut le théâtre d'un fait-divers particulièrement sordide : Nicolas-Charles Debray, propriétaire du moulin à partir de 1809, avait eu l'idée d'ouvrir un débit de boissons dans un bâtiment voisin car ici, à l'extérieur des murs de Paris, il n'y avait pas de taxe sur l'alcool. En 1814, pendant la dernière phase des guerres napoléoniennes, il défendit vaillamment son affaire face aux attaques des troupes cosaques. Alors qu'il s'opposait farouchement aux pillards, les soldats le crucifièrent sur les ailes de son moulin.

Aujourd'hui, le moulin de la Galette comme le moulin Radet tout proche ne sont plus ouverts au public. Ils abritent désormais des appartements.

Cimetière de Montmartre

Le cimetière situé au nord-ouest de la Butte fait partie, avec les cimetières du Montparnasse et du Père-Lachaise, des constructions nouvelles du XVIIIe siècle grâce auxquelles l'interdiction d'enterrer les corps à l'intérieur des murs de la ville pour des raisons d'hygiène put enfin être levée. On choisit un terrain sur le versant de la Butte car les carrières de calcaire y avaient déjà été complètement exploitées. Le cimetière fut agrandi, surtout pendant le XIXe siècle, pour devenir une nécropole, si typique de la ville de Paris, dans laquelle de nombreuses personnalités trouvèrent leur dernière demeure. On y trouve les sépultures des peintres Jean-Baptiste Greuze et Jean-Honoré Fragonard, de l'écrivain Henri Beyle, connu sous le pseudonyme de Stendhal, et de la célèbre Madame Récamier, dont le portrait fut maintes fois réalisé. Heinrich Heine, qui s'installa à Paris en 1831 et se consacra à la mise en place d'un dialogue culturel franco-allemand, y est également enterré, tout comme le compositeur Hector Berlioz, les frères Jules et Edmond Goncourt, connus en tant qu'écrivains et critiques, ainsi que le grand romancier Alexandre Dumas fils.

Le compositeur Jacques Offenbach (1819-1880) originaire de Cologne, qui ne devait plus jamais connaître un aussi grand succès que pour sa première représentation de son chef-d'œuvre *Les Contes d'Hoffmann*, a été inhumé dans le cimetière de Montmartre. Il mourut dans la pauvreté et la solitude après avoir fait faillite avec son propre théâtre, les Bouffes-Parisiens.

De la Villette

au bois de Vincennes

De la Villette au bois de Vincennes

Quartier perdu, tel est le titre de l'un des romans de Patrick Modiano (né en 1945) dont les livres traitent toujours du départ et du retour, de migrations incessantes, migrations dans et vers Paris. Le nord-est de la capitale, le 19e et le 20e arrondissement, est sans doute le témoin privilégié de ces allées et venues. L'ancienne commune autonome de Belleville, située aujourd'hui à la frontière entre les deux arrondissements, est depuis toujours considérée comme un centre d'accueil et une halte pour les immigrants qui ne possèdent souvent rien d'autre que le souhait de trouver le bonheur à Paris. Autrefois, ils arrivaient de la province, aujourd'hui, d'Afrique du Nord et d'Asie. Ici, à l'ancienne frontière de la ville où personne d'autre ne voulait habiter, à proximité du grand abattoir de la Villette au milieu des industries et du trafic, on construisit des immeubles d'habitation modestes qui devinrent un refuge pour tous ceux qui avaient échoué dans le rude combat de l'existence et avaient dû quitter le centre de la ville.
Le canal Saint-Martin et le canal de l'Ourcq, grâce auxquels Napoléon Ier voulait amélio-

La rotonde de la Villette, ancien bureau d'octroi à l'entrée du parc de la Villette, fut construite par Claude Nicolas Ledoux en 1789.

rer l'alimentation en eau potable des Parisiens, attirèrent des industries utilisant beaucoup d'eau comme des tanneries, des fabriques de papier et des manufactures de faïence. Dans cet environnement, des faubourgs ouvriers firent leur apparition. Ils étaient considérés au XIXe siècle comme des quartiers explosifs où régnaient la misère et la pauvreté. En 1871, Belleville participa en bloc aux soulèvements de la Commune et ses barricades furent les dernières à résister à la garde nationale. Napoléon III essaya donc sans surprise de valoriser l'infrastructure de la zone. La création de l'agréable parc des Buttes-Chaumont fut l'un de ses projets phare. La décision de transformer l'ancien abattoir de la Villette après sa fermeture en 1974 en un centre culturel et pédagogique fut également motivée par le souhait de donner un nouvel élan à ce quartier jusqu'alors délaissé. Des visiteurs que l'on n'y avait encore jamais vus commencèrent à affluer : des touristes, des promeneurs, des personnes en quête de renouveau – c'est-à-dire des voyageurs qui n'allaient pas rester, mais allaient emporter avec eux l'impression d'un autre Paris, d'un Paris simple, prolétaire et multiculturel.

Double page précédente : la Géode, le « cinéma-sphère » dans le parc futuriste de la Villette.

Le canal Saint-Martin se jette dans la Seine derrière la place de la Bastille dans un port de plaisance ; il coule sous terre sur près de la moitié de sa longueur.

De la Villette au bois de Vincennes

Parc de la Villette, p. 386 *sqq.*

Bois de Vincennes, p. 396

Château de Vincennes, avenue de Paris, p. 397

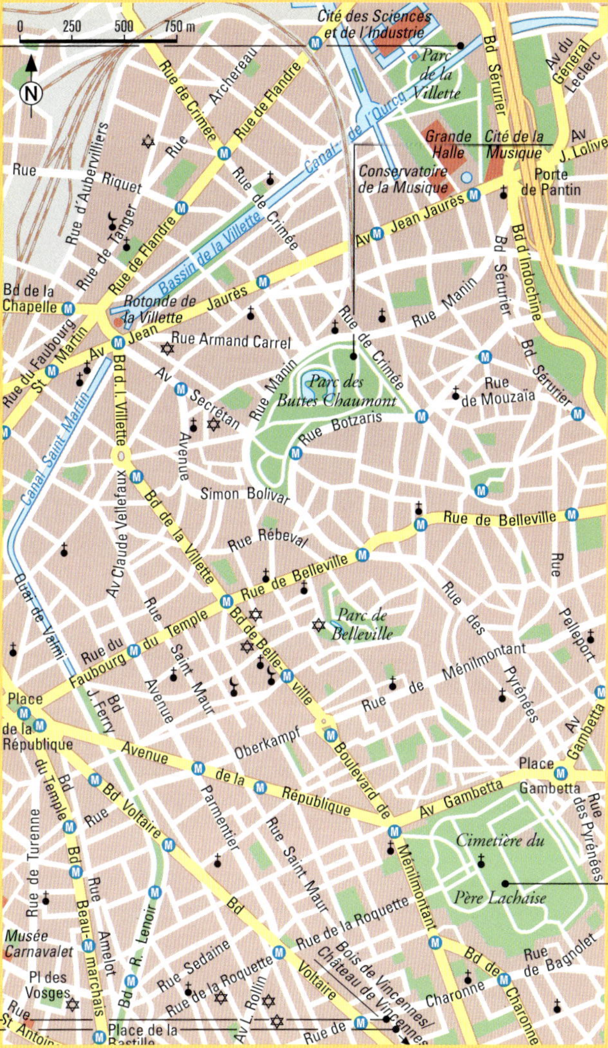

Parc des Buttes-Chaumont, p. 391

Cimetière du Père-Lachaise, boulevard de Ménilmontant, p. 394 *sq.*

Parc de la Villette

Le parc de la Villette est un « parc d'activités » pour le XXIe siècle, fruit d'un projet soutenu par François Mitterrand. Le site de l'ancien abattoir fut choisi et la construction dura de 1982 et 1993. Dès le début, on n'envisagea pas un paradis naturel artistique mais plutôt qu'un centre culturel vivant pour enrichir le 19e arrondissement prolétaire et relativement défavorisé.
L'architecte suisse Bernard Tschumi dessina un vaste ensemble ouvert au caractère multifonctionnel avec de grands espaces verts pour jouer, pique-niquer, courir ou simplement profiter du soleil.
De petites sculptures rouges, surnommées « Folies », sont disséminées un peu partout et doivent encourager le visiteur à s'adonner à diverses activités : on peut y emprunter des jeux et des matelas, s'informer sur les manifestations ou encore acheter quelque chose à manger. Certaines Folies servent de belvédères ou de têtes de pont. Dix jardins thématiques, dont le jardin des bambous, le jardin du dragon, le jardin des dunes, le jardin des îles ou le jardin des miroirs sont situés un peu à l'écart du complexe. On y accède par une promenade pavée de bleu qui serpente de façon ludique à travers le parc.
Pendant la Promenade dans les jardins, organique et vivante, la Galerie de la Villette, grande allée rectiligne, marque l'axe nord-sud et relie les deux portes et leurs stations de métro.
Les nombreux bâtiments du parc ont été conçus par différents architectes. De l'ancien abattoir, seule la Grande Halle, construction en fer datant du XIXe siècle, a été conservée pour être transformée en un centre d'exposition. Les nouvelles créations incluent le spectaculaire et rutilant cinéma hémisphérique de la Géode, la Cité des Sciences et de l'Industrie, la Cité de la Musique ainsi qu'une salle de concert.

Le canal Saint-Denis

Le jardin des bambous

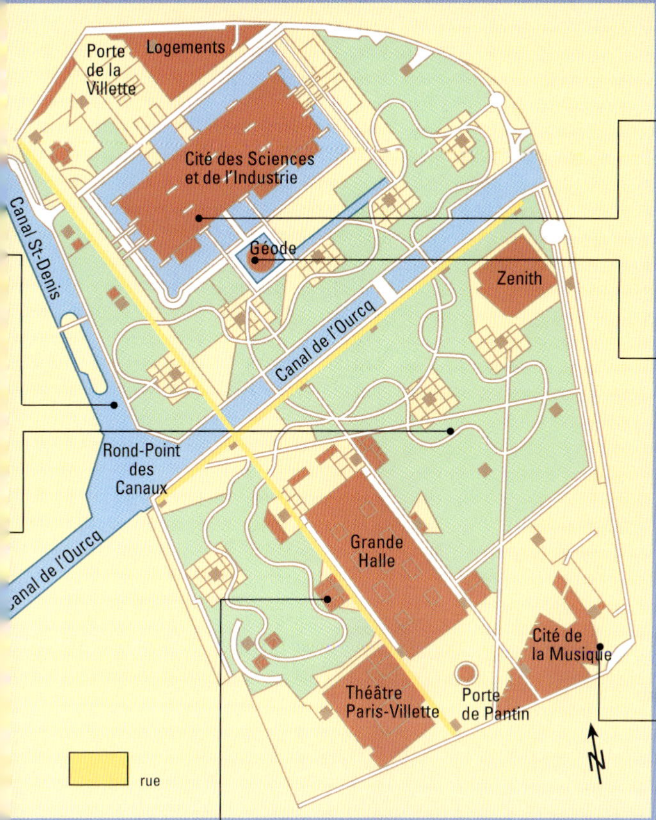

Cité des Sciences et de l'Industrie, p. 390

La Géode, cette salle de cinéma possède un écran hémisphérique.

Folie n° 5 sur l'axe nord-sud du parc

Cité de la Musique, p. 388

Cité de la Musique

En entrant dans le parc de la Villette par la porte de Pantin, le visiteur tombe directement sur la Cité de la Musique. Celle-ci fut construite par Christian de Portzamparc entre 1990 et 1994 pour abriter un conservatoire comprenant des salles d'étude, une bibliothèque, une résidence universitaire, un musée des instruments, l'Institut de pédagogie musicale et, bien entendu, une grande salle de concert.

Ce bâtiment postmoderne aux lignes variées se veut ouvert et dynamique. Par souci de cohérence avec la finalité du lieu, la conception et la collaboration s'est faite en étroite collaboration avec le maître français de la musique contemporaine Pierre Boulez. L'ensemble a été imaginé comme une suite musicale : le complexe asymétrique présente de multiples visages, tous réunis sous un grand toit ondulé. Christian de Portzamparc reçut d'ailleurs pour cet ambitieux projet le prix Pritzker, sorte de prix Nobel de l'architecture.

Musée de la Musique

Avec ses quatre mille cinq cents objets exposés, le musée offre une vision quasi exhaustive de l'histoire de la musique de la Renaissance au XIXe siècle. Des incursions dans l'histoire extra-européenne enrichissent le parcours qui prend la forme d'une véritable expérience auditive grâce à l'audioguide. L'agencement intérieur, mêlant bois et béton brut de décoffrage, accompagne de manière élégante et pragmatique la collection exposée. Parallèlement à l'exposition permanente, des expositions temporaires sur des époques données ou des cercles culturels précis sont organisées.

Cité des Sciences et de l'Industrie

Adrien Fainsilber construisit entre 1980 et 1987 la gigantesque Cité des Sciences et de l'Industrie à la sortie du parc, sur le site de l'ancien abattoir. Le gigantesque bâtiment cubique entouré d'un fossé rempli d'eau pourrait abriter l'équivalent de quatre centres Pompidou. Il héberge un musée des Sciences et des Techniques privilégiant une approche interactive et ludique du monde des sciences. L'exposition permanente Explora propose vingt complexes thématiques sur l'univers, l'eau et la terre, l'homme et la santé, l'industrie et la communication. Des zones didactiques dédiées

ont été installées pour les enfants de 3 à 12 ans. On peut à tout endroit voir, entendre, toucher, tester quelque chose, et donc accéder à la compréhension par la manipulation. Un planétarium, un simulateur de mouvements dans le Cinaxe et un cinéma en 3D viennent élargir l'offre. Une seule visite ne suffit pas à appréhender celle-ci dans son ensemble.

Parc des Buttes-Chaumont

Paris doit certains de ces parcs, conçus ou rénovés pendant le Second Empire, à l'admiration que Napoléon III vouait aux jardins citadins anglais, en particulier à Hyde Park, situé à Londres. Le vaste parc des Buttes-Chaumont, créé par Adolphe Alphand entre 1864 et 1867 sur les terres incultes d'anciennes carrières de calcaire épuisées, devint le lieu de villégiature des habitants du quartier ouvrier de Belleville et l'un des parcs les plus romantiques de Paris. Grottes artificielles, cascades et un grand lac au milieu duquel émerge une île en rocher avec un temple corinthien circulaire – toutes les caractéristiques des parcs anglais transposées ici se conjuguent pour créer un paradis naturel que l'on découvre au détour de chemins en lacets, de ponts suspendus et de nombreux escaliers. L'aménagement du parc, avec des kiosques, un café, une brasserie et le temple de la Sybille, réplique du temple de Vesta à Tivoli, a été conçu par Gabriel Davioud, qui avait également travaillé avec Adolphe Alphand sur le projet du bois de Boulogne.

Elle ne regrette rien – Édith Piaf, la reine de la chanson française,

par Oliver Burgard

Elle est du bois dont les légendes sont faites : née pendant le deuxième hiver de la guerre, le 19 décembre 1915 au soir, sous un bec de gaz de la rue de Belleville, avec un flic pour sage-femme et un père trop ivre pour emmener sa femme enceinte à temps à l'hôpital. Édith Gassion, qui deviendra Piaf, a travaillé très tôt à sa légende bien qu'il soit écrit sur son certificat de naissance qu'elle a ouvert les yeux à l'hôpital Tenon.

Il est vrai que la plus célèbre des chanteuses françaises est partie de très loin. À 18 ans, écrit-elle dans son autobiographie, elle ne connaît que « les bas-fonds de la société » et n'a « rien vu d'autre que la laideur et la misère ». Elle apprend dans la rue tout ce qu'il faut savoir sur la vie. Son père, un acrobate de rue, lui fait fredonner des chansons pour retenir les passants. Mais dans la rue, elle n'apprend pas que le chant : « Je croyais qu'une fille ne devait jamais dire non quand un garçon lui parlait. Je pensais que cela faisait partie du rôle de la femme. »

Piaf dit « oui » pendant toute sa vie. « J'ai toujours cherché fébrilement le grand, le véritable amour, et si j'ai eu dans ma vie autant d'hommes, c'est peut-être parce que je n'ai jamais voulu me résigner au mensonge et à la médiocrité de la plupart de mes aventures. » Elle avait peur de la solitude, « de cette terrible solitude qui étreint le cœur aux premières heures du jour et de la nuit, lorsque l'on se demande si cela vaut la peine de continuer à vivre ou pourquoi l'on vit ».

Édith Piaf et Yves Montand, 1945.

Elle a 19 ans lorsqu'elle est découverte. Un dandy homosexuel la recueille dans la rue pour la faire chanter dans son cabaret, le *Gerny's*. Elle a l'air sage et modeste lorsqu'elle fait ses débuts sur scène en 1935, avec sa robe noire et un pull qu'elle a tricoté elle-même. Son style plaît. L'enfant de la rue, pas plus grande qu'une petite fille même adulte, séduit les spectateurs dans les music-halls et les variétés, mais aussi sur les stations de radio et dans l'industrie du

disque. Son succès rapide transforme la jeune fille en diva. Elle s'entoure d'une véritable cour de vrais et faux amis qui doivent supporter ses humeurs et ses accès de colère. À Paris, on la surnomme le « monstre sacré ». Son répertoire comprend deux cents chansons, autant de variations sur le même thème : l'amour insatisfait, qui fait mal et se termine en tragédie, l'amour qui brise les êtres humains, comme elle-même a été anéantie. 28 octobre 1949 : l'homme qu'elle aime plus que tout, le champion de boxe Marcel Cerdan, meurt dans le crash de son avion alors qu'il allait la rejoindre. Il voulait prendre le bateau, mais elle ne pouvait pas attendre ; « prends l'avion », avait-elle insisté.

Six mois plus tard, elle a besoin chaque jour de deux injections de cortisone et de morphine, et consomme une trop grande quantité d'alcool. Elle fait une cure de désintoxication ; ce n'est ni la première, ni la dernière. Dans les années 1950, elle est à son apogée artistique, elle est une chanteuse adulée et joue au cinéma. Et pourtant, son corps épuisé est aussi faible que celui d'une vieille femme. Elle souffre d'un ulcère à l'estomac et d'un cancer du foie. Piaf met en scène sa chute comme une chanson, elle glisse sur scène, oublie ses textes, s'effondre, continue de chanter.

Le 14 octobre 1963, une journée ensoleillée d'automne : quarante mille personnes se pressent au cimetière du Père-Lachaise pour lui faire un dernier adieu. « Il est vrai que j'ai mené une vie terrible, mais elle a été magnifique aussi, car je l'ai aimée – oui, la vie avant tout. »

Édith Piaf (1915-1963) sur scène, 1961, Paris.

Cimetière du Père-Lachaise

Sans doute le cimetière le plus célèbre de France, le Père-Lachaise doit son nom au confesseur de Louis XIV, le père jésuite François de la Chaise. Il se situe dans l'est de Paris, sur une grande parcelle de terrain qui appartenait à l'homme d'Église au XVIIe siècle. Plus d'un million de personnes y ont été enterrées depuis son ouverture en 1804. Une immense nécropole est ainsi apparue, qui se transforma pendant des mois, pendant la répression de la Commune en 1871, en un vaste champ de bataille où les derniers communards se cachaient entre les tombes. Lorsque la révolte fut définitivement écrasée le 28 mai 1871, cent quarante-sept survivants furent fusillés sur le mur des Fédérés, à l'angle nord-est du cimetière.

Les nombreuses sépultures de personnalités, parfois de fastueux tombeaux, ainsi que les arbres centenaires, les chemins pavés et les magnifiques panoramas sur la ville font du cimetière un lieu de promenade unique, poétique et mélancolique. Flâner au Père-Lachaise revient aussi un peu à feuilleter le *Who's who* de l'histoire de la culture française et européenne. On y trouve les tombes du célèbre couple d'amants Abélard et Héloïse, celles d'Édith Piaf, d'Oscar Wilde, de Colette, du baron Haussmann, de Guillaume Apollinaire, d'Honoré de Balzac et de Jim Morrison. Il est indispensable de se munir d'un plan pour s'orienter dans le vaste ensemble dont l'étendue dépasse tous les autres parcs de la capitale. Le développement du tourisme mortuaire, l'augmentation du vandalisme et la nature luxuriante ont participé à la dégradation des tombes au cours des dernières années, et des mesures de rénovation et de conservation sont désormais nécessaires. La Ville de Paris attribue des parrainages pour les tombes afin de financer leur restauration. De nombreux enterrements ont encore lieu aujourd'hui, mais il n'existe plus de concessions à vie que pour les personnalités.

Tombe d'Oscar Wilde

Tombe d'Édith Piaf

Tombe d'Yves Montand

Tombe de Jim Morrison

Monument aux Morts

Tombe de Frédéric Chopin

Bois de Vincennes

Réserve de chasse royale, place forte défensive, résidence du roi, prison, manufacture de porcelaine, arsenal militaire – l'histoire mouvementée du bois de Vincennes remonte au Vᵉ siècle, lorsque les rois francs venaient y chasser. Philippe II Auguste fit entourer le terrain par un mur en 1183 et construire un manoir. Le bois fut ensuite pendant environ cinq cents ans un terrain de chasse privé du roi.

Le vaste bois, qui comprend notamment un jardin zoologique dont les plantations changent à chaque saison, un parc floral, un hippodrome et divers terrains de sport pour les Parisiens à la recherche de détente, fut, comme le bois de Boulogne, transformé en parc sur le modèle anglais par Napoléon III au XIXᵉ siècle.

Pour ce projet, l'empereur travailla avec Adolphe Alphand, qui créa deux lacs artificiels, des chutes d'eau et des allées pour les promeneurs et les cavaliers. Gabriel Davioud, conformément aux goûts architecturaux de l'époque, édifia un petit temple circulaire de style antique sur le lac Daumesnil.

Lorsque l'on quitte le bois en allant vers le nord, on se dirige vers la ville de Vincennes et son château.

Château de Vincennes

Ce château très disparate, conservé jusqu'à aujourd'hui et dont l'intérieur est accessible au public, comprend le donjon, construit au XIVe siècle, la chapelle indépendante, édifiée sur le modèle de la Sainte-Chapelle au XVIe siècle, et les bâtiments classiques que Louis Le Vau fit ériger au XVIIe siècle.

Le puissant cardinal Mazarin, qui fut nommé gouverneur de Vincennes en 1652 et mourut au château en 1661 au faîte de sa gloire politique après avoir signé la paix d'Oliva, occupa le pavillon de la reine.

Avant que le château de Versailles ne soit terminé, le jeune Louis XIV habita avec son épouse, l'infante d'Espagne Marie-Thérèse, dans le pavillon du roi.

Plus tard, le donjon servit de prison très exclusive : s'y sont notamment trouvés incarcérés Mirabeau, Denis Diderot ou encore le marquis de Sade.

Sous Napoléon Bonaparte, une école de cadets fut finalement installée dans le château et l'ensemble fut de nouveau fortifié. L'intransigeant général Daumesnil, qui avait perdu une jambe lors d'un combat contre les Autrichiens, en fut le plus célèbre de ses gouverneurs. Il défendit le fort en 1814 contre les surpuissantes troupes alliées commandées par Blücher et rétorqua lors des pourparlers, alors qu'on allait capituler : « Je rendrai Vincennes quand on me rendra ma jambe. » Paris tomba le 30 mars 1814, mais Daumesnil ne céda pas.

De Bercy au quartier

du Jardin des plantes

De Bercy au quartier du Jardin des plantes

Sur les plans actuels de Paris, une grande zone blanche s'étend autour de la Bibliothèque nationale : des panneaux « secteur en travaux » sont disséminés un peu partout sur de longues bandes de terrain situées entre la gare d'Austerlitz et le quai d'Ivry. Un gigantesque projet d'urbanisme a été lancé à cet endroit, dans le quartier de Tolbiac, et est pour ainsi dire terminé à Bercy, de l'autre côté de la Seine.

Au cours des dernières années, d'ambitieux programmes de construction, comme le Palais omnisports, la Cinémathèque française et le ministère des Finances, ont été réalisés et intégrés dans un nouveau quartier résidentiel moderne autour de la rue de Bercy.

La cour Saint-Émilion dans le parc de Bercy.

Le parc de Bercy, un vaste espace vert avec de grandes étendues de pelouses et un réseau rigoureusement géométrique d'allées, a surgi au bord de la Seine. Une terrasse en hauteur invite à une jolie promenade en surplomb du fleuve. Les immeubles d'habitation avoisinants, qui présentent des façades à la structure verticale-horizontale rationnelle, s'ouvrent en U sur le parc.

Le quartier de Bercy était autrefois un important centre de transit pour le vin français qui, arrivant de divers vignobles, était stocké provisoirement avant d'être revendu. Au cours de ces dernières années, il s'est développé pour devenir le parfait exemple d'une conception moderne de l'urbanisme. Les installations culturelles, le palais omnisports accueillant matchs de football, combats de boxe, compétitions d'équitation et concerts, le quartier d'affaires et le parc offrant un lieu de détente unique s'associent pour former un nouvel environnement de vie fonctionnel et sans passé historique.

La tradition du commerce viticole, remontant au XVIIe

Double page précédente : la Bibliothèque nationale de France – site François-Mitterrand, vue du quai de la Seine.

Chantier dans le quartier de Tolbiac.

siècle dans les anciennes communes situées à l'extérieur des murs de la ville où il n'y avait pas de taxes, n'est aujourd'hui pratiquée que dans peu d'endroits. À l'intérieur du parc de Bercy, les Jardins de la mémoire ont été aménagés avec des chais restaurés, un quai de déchargement et quelques vieux platanes. Un concept similaire est en cours d'étude sur la rive gauche : les Grands Moulins de Paris ainsi qu'un immense entrepôt frigorifique des années 1920 y ont été conservés.

Tout autour de la nouvelle Bibliothèque nationale, des immeubles d'habitations et de bureaux ont été construits, ainsi qu'une élégante promenade sur les quais et une passerelle piétonne qui mène directement dans le parc de Bercy. Un ancien terrain industriel à l'abandon a ainsi pu être réhabilité en un lieu de vie, de travail et de repos. Les travaux devraient durer jusqu'en 2025.

L'immense hôpital de La Salpêtrière touche au nord l'ancien quartier du Jardin des plantes, qui s'étend des limites du Quartier latin à la Seine. Un vaste réseau de petites rues étroites à l'allure presque provinciale a été conservé, en particulier autour de la rue Mouffetard.

À proximité se trouvent aussi les ruines des arènes de Lutèce qui remontent à l'Antiquité et qui, grâce à leurs quinze mille places assises, pouvaient accueillir tout l'empire romain lors des jeux du cirque et des combats de gladiateurs.

De Bercy au quartier du Jardin des plantes

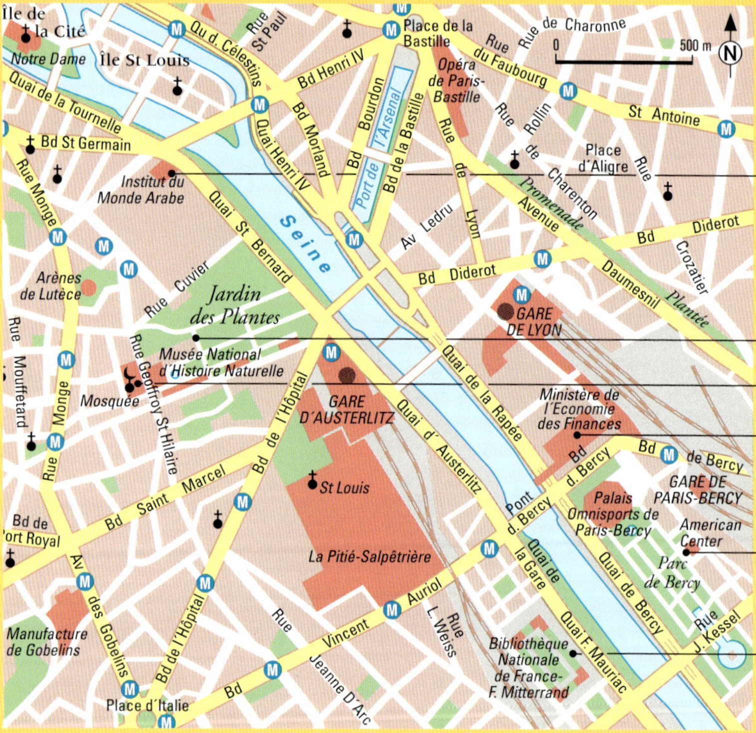

Autres attractions touristiques

1 Parc de Bercy, p. 400

2 La Pitié-Salpêtrière, 47 bd de l'Hôpital, p. 408

Institut du Monde arabe, 1, rue des Fossés-Saint-Bernard, p. 418 *sq.*

Mosquée, 39, rue Geoffroy-Saint-Hilaire, p. 416 *sq.*

Muséum national d'histoire naturelle, 57, rue Cuvier, p. 409 *sqq.*

Ministère de l'Économie et des Finances, 139 rue de Bercy, p. 405

Bibliothèque nationale de France – site François-Mitterrand, quai François-Mauriac, p. 406 *sq.*

Cinémathèque française, 51, rue de Bercy, p. 404

Cinémathèque française

Le spectaculaire bâtiment construit en 1994 abritait initialement l'American Center. L'architecte américain Frank O. Gehry, l'un des représentants les plus en vue de la déconstruction, dessina un solitaire, sorte de point de mire au cœur du nouveau quartier. Le complexe édifice utilise de façon optimale le terrain aux dimensions relativement réduites et se compose de segments basculants, glissants et fuyants qui surgissent du corps fermé du bâtiment. Le grès jaune doré ainsi que le revêtement du toit en zinc rappellent fortement les formes architecturales historiques de Paris, les anciens hôtels particuliers du Marais et les résidences du XIXe siècle. La Cinémathèque Française et sa collection de plus de quarante mille films y ont aujourd'hui élu domicile. Des projections de films sont régulièrement proposées dans plusieurs salles de cinéma et le centre propose en outre un vaste programme pédagogique sur l'histoire du cinéma et sur le rapport élémentaire au support cinématographique. Deux studios et un centre audiovisuel permettent l'organisation d'ateliers. Des expositions dans la grande galerie et une bibliothèque enrichissent l'offre globale de la cinémathèque accessible à tous les visiteurs. Le bâtiment Gehry, dont les points centraux restent sans aucun doute le lumineux escalier et l'atrium qui s'ouvre sur le jardin et offre une vue imprenable sur la Seine, s'intègre au mieux d'un point de vue fonctionnel dans son environnement en pleine expansion vers Bercy d'une part et vers le quartier de Tolbiac d'autre part.

Ministère de l'Économie et des Finances

Lorsque les projets d'agrandissement du musée du Louvre nécessitèrent le déménagement du ministère des Finances de l'aile Richelieu, l'administration choisit pour sa nouvelle structure d'accueil un terrain situé entre le pont de Bercy et la gare de Lyon. L'ambitieux projet devait donner un nouvel élan de développement à la partie est de la ville. Paul Chemetov et Borja Huidobro remportèrent l'appel d'offre public avec un concept original : contrairement aux constructions habituelles le long des fleuves, le bâtiment ne serait pas érigé en parallèle des quais, mais à la perpendiculaire. L'une des ailes du grand complexe administratif, où près de six mille cinq cents personnes travaillent, avance même dans l'eau, supportée par d'immenses pylônes. Ainsi le ministère responsable du recouvrement et du calcul des impôts se dresse-t-il, tel un poste douanier, au cœur du trafic sur le fleuve et sur le quai de Bercy. D'ailleurs, un bureau d'octroi se trouvait autrefois à cet endroit : le rapprochement avec une porte médiévale où les droits d'entrée dans la ville étaient traditionnellement perçus ne sont peut-être pas tout à fait innocents, François Mitterrand évoqua même, de manière un peu profane, une barrière de péage sur l'autoroute. Le ministère des Finances quitta le Louvre en 1989 pour s'installer à Bercy ; depuis cette date, le ministre rejoint l'Assemblée nationale en bateau.

Bibliothèque nationale de France – site François-Mitterrand

Depuis le Moyen Âge, collectionner les livres et les manuscrits fait partie intégrante de la politique culturelle royale et fit l'objet d'un décret promulgué par François Ier en 1537. Jusqu'à aujourd'hui, un exemplaire de tous les livres imprimés en France doit être transmis à la Bibliothèque nationale. En 1666, Colbert, l'influent ministre de Louis XIV, fit construire pour le fonds royal, qui comprenait alors deux cent mille ouvrages, une bibliothèque nationale qui allait devenir l'une des collections de livres les plus précieuses au monde. Elle possède aujourd'hui plus de douze millions de volumes. Depuis 1995, ce trésor est conservé en majeure partie entre les murs de la nouvelle bibliothèque construite dans le quartier de Tolbiac. En 1989, Dominique Perrault, alors âgé de 36 ans, fut chargé de ce projet difficile. Ses croquis, comprenant un socle et quatre gigantesques tours en verre dont la forme en L rappelle des livres ouverts surgissant aux quatre coins de ce piédestal, furent dès le début controversés. L'architecture présentait en effet de graves imperfections fonctionnelles : le stockage des livres sensibles à la lumière et à la température, initialement prévu dans les tours en verre, n'était pas possible pour des raisons évidentes de conservation et nécessita l'ajout de jalousies en bois, ce qui dérangeait le désir de transparence de Perrault. Les salles de lecture installées en sous-sol, censées accueillir jusqu'à dix mille visiteurs par jour, sont au contraire fâcheusement trop sombres. On lui reprocha également l'atmosphère élitiste du lieu, obtenue notamment par une décoration intérieure luxueuse faite de bois précieux, d'acier inoxydable et de verre. L'étroite entrée du complexe dans la rue Émile-Durkheim ressemble presque à une écluse et la pente des rampes menant aux services d'aide et d'information fut également interprétée comme l'expression architecturale d'un manque d'ouverture. Toutefois, les étudiants et les chercheurs se plaignent surtout des nombreux obstacles bureaucratiques à surmonter pour obtenir une carte d'utilisateur et faire enfin sortir un livre des étagères.

L'une des plus belles idées que Perrault réalisa dans le cadre de cette nouvelle bibliothèque fut la cour carrée intérieure. Des arbres provenant de plusieurs pays européens y ont été plantés et s'élèvent gracieusement dans les airs, créant une sorte de forêt enterrée. Des profondeurs du souterrain surgit une verdure foisonnante qui offre aux salles de lecture un paysage apaisant. Perrault fait référence à la fresque exposée dans la salle de lecture de l'ancienne Bibliothèque nationale de la rue de Richelieu, qui représente une forêt. La forêt est considérée depuis toujours comme un lieu mythologique à la frontière entre le connu et l'inconnu dans lequel les chercheurs bibliophiles se déplacent de façon métaphorique.

La Pitié-Salpêtrière

La misère régnait partout à Paris sous l'Ancien Régime. Nombreux étaient ceux qui, sans logement ni travail, devaient s'en remettre à la charité d'autrui. Au XVIIe siècle, environ cinquante-cinq mille mendiants vivaient dans les rues de la capitale. Venaient s'y ajouter une horde de prostituées et un nombre incalculable d'enfants abandonnés par leurs parents à cause de la pauvreté. La situation sociale ne cessait de se détériorer à la veille de la Révolution et des milliers de personnes perdaient chaque jour leurs dernières possessions. Le système étatique d'assistance aux pauvres et aux malades n'avait cependant pas pour but de s'occuper des faibles ou de réinsérer les nécessiteux, mais au contraire de contrôler et sanctionner les sans-abri. Plusieurs établissements d'internement furent créés dans cette optique au XVIIe siècle, dont le grand complexe de La Salpêtrière que Louis Le Vau fit ériger en 1656 sur ordre de Louis XIV à la place d'un ancien arsenal où l'on fabriquait de la poudre à canon. La chapelle Saint-Louis, édifiée en 1670, dont la coupole surmontée d'une lanterne octogonale surplombe la façade de l'actuel hôpital, a été dessinée par Libéral Bruant, qui travaillait en même temps sur l'hôtel des Invalides. Le bâtiment octogonal central peut accueillir quatre mille personnes. On y parquait de force et dans des conditions inhumaines toutes les femmes souffrant de maladies physiques et psychiques ou bien handicapées, mais aussi les orphelins et les jeunes filles « difficiles », c'est-à-dire les prostituées. Jusqu'à vingt mille personnes pouvaient être entassées, parfois enchaînées, dans les immenses salles. Ce lieu, imposant le respect par son architecture, était souvent le foyer d'une vie trop courte et dénuée de tout espoir.

Muséum national d'histoire naturelle

Le Jardin royal des herbes médicinales, créé en 1635 par Louis XIII, est devenu au fil du temps le Muséum d'histoire naturelle. Avec son grand jardin botanique, son zoo, son vivarium et sa collection de minéraux et de fossiles, il est l'un des complexes de ce genre les plus importants au monde. L'ossature en fer de la Grande Galerie de l'Évolution conçue par Louis-Jules André (1886) était au départ camouflée derrière une façade en pierre, conformément au style de l'époque. Le grand bâtiment d'exposition tombait en ruine au XXe siècle ; il fut touché pendant la guerre et dut être fermé en 1965 pour des raisons de sécurité. Les travaux de rénovation globale et de construction de nouveaux bâtiments ne commencèrent qu'en 1990 et durèrent jusqu'en 1994. Ils furent menés par les architectes du nouveau ministère des Finances, Paul Chemetov et Borja Huidobro, en collaboration avec le scénographe et metteur en scène René Allio.

Jardin des plantes

Au cours des XVIIe et XVIIIe siècles, des botanistes furent plusieurs fois envoyés dans les régions les plus reculées du globe pour enrichir la collection du Jardin royal des herbes médicinales de spécimens de plantes exotiques rares.

Les trois frères Jussieu, qui donnèrent leur nom au quartier entourant le jardin botanique, participèrent à ces expéditions. L'éminent naturaliste Georges-Louis Leclerc, comte de Buffon, dirigea l'établissement entre 1739 et 1788 en tant qu'administrateur du Jardin royal. Il l'agrandit jusqu'à la Seine, en fit un centre de recherches renommé et ouvrit le jardin-école au public.

Une zone du jardin conserva un style français classique avec des chemins et allées rectilignes et des parterres rectangulaires, tandis qu'un jardin à l'anglaise et un labyrinthe posé sur une butte artificielle furent aménagés.

Après la Révolution, le jardin fut transformé en Muséum d'histoire naturelle.

On y ajouta un zoo dans lequel on introduisit les animaux de la ménagerie royale de Versailles et des exhibitions itinérantes d'animaux désormais interdites. Les Parisiens purent voir pour la première fois des espèces exotiques comme des éléphants, des ours ou des girafes.
Les immenses serres accueillaient des milliers de plantes tropicales. Construites en 1830 par Hector Horeau, elles sont des exemples primitifs et précurseurs de l'architecture des ingénieurs utilisant le fer et le verre.

La Grande Galerie de l'Évolution

La grande halle du Muséum national d'histoire naturelle, avec ses galeries circulaires sur quatre niveaux, est consacrée à la diversité de la vie sur notre planète, à l'évolution des différentes espèces et au rôle des hommes dans l'évolution. La présentation utilise de nombreux médias interactifs assistés par ordinateur. Outre l'explication de la théorie de l'évolution de Darwin, le visiteur découvre les procédés et techniques de travail dans le domaine des sciences naturelles. Le cortège des animaux de la savane naturalisés est particulièrement impressionnant et comprend l'animal empaillé le plus ancien de la collection, un rhinocéros de 1770. Une installation sonore suggestive simule différentes conditions météorologiques comme la pluie, un orage ou une tempête et projette le visiteur aux débuts de l'histoire naturelle le temps d'un parcours sensoriel qui prend la forme d'une journée se répétant à l'infini. La science est présentée d'une façon tellement vivante que la visite peut intéresser tous les groupes d'âge.

Précieux tableaux de laine, de soie et d'or – la Manufacture nationale des Gobelins,

par Birgit Sander

Gobelin, tel était le nom de la famille de teinturiers parisiens dont la propriété servit à la construction d'une manufacture de tapisseries au début du XVIIe siècle. Les ateliers du faubourg Saint-Marcel qui existent encore aujourd'hui peuvent s'enorgueillir d'un glorieux passé. La manufacture fit des tapisseries le symbole le plus fastueux de l'absolutisme et ses réalisations décoraient toutes les grandes résidences européennes. Le terme « Gobelins » servit dès lors à désigner non plus uniquement les produits de la célèbre manufacture, mais toutes les tapisseries murales. Les tentures murales ornées de motifs étaient connues depuis le Moyen Âge et servaient à décorer les intérieurs et à se protéger du froid. Elles étaient fabriquées avec des fils colorés d'après la technique de la tapisserie, un procédé textile selon lequel un fil vertical et un fil horizontal, la chaîne et la trame, sont croisés suivant un modèle sur un métier à tisser. Le confort des habitations croissant pendant la Renaissance, le besoin de tentures murales augmenta lui aussi. Les ateliers flamands devinrent leaders de la production de tapisseries. La magnificence de la décoration intérieure à l'époque baroque puis rococo entraîna l'explosion de cet artisanat de luxe.

Pour concurrencer les Flamands, le roi français Henri IV encouragea au début du XVIIe siècle la fabrication de tapisseries dans son pays. En 1607, il installa à Paris des tapissiers venus des Flandres et leur garantit des privilèges particuliers et de généreuses aides financières. Les maîtres flamands Marc de Comans et François de la Planche s'engagèrent en retour à installer soixante métiers à tisser à Paris, à former des apprentis et à commercialiser leurs tapisseries au prix usuel du marché. Sous Louis XIV, les ateliers et tout ce qui était lié à la décoration intérieure furent réunis en 1662 en une grande manufacture placée sous l'autorité de la couronne. Le style fastueux de l'architecture et de la décoration intérieure sous le règne du Roi-Soleil versaillais et de ses successeurs détermina le goût de toute l'Europe. La Manufacture des Gobelins allait sans conteste donner le ton artistique et artisanal sur tout le continent jusqu'à la Révolution française.

Des peintres renommés comme Charles Le Brun (1619-1690), Jean-Baptiste Oudry (1686-1755) et François Boucher (1703-1770) dirigèrent la manufacture et créèrent des modèles pour les tapisseries. Réussir la transposition des nuances des peintures sur les tapisseries requérait un immense savoir-faire. Plus de deux cent cinquante tapissiers, flamands aussi bien que français, étaient employés dans les ateliers. La teinturerie attenante leur livrait de la laine et de la soie dans des couleurs naturelles. On travaillait aussi avec des fils recouverts d'or et d'argent. La palette de couleurs, qui comprenait au XVIIe siècle environ cent vingt teintes, fut considérablement enrichie au XVIIIe siècle, au détriment cependant de leur résistance à la lumière sur le long terme.

Tapisserie représentant Louis XIV lors d'une visite à la Manufacture royale des Gobelins le 15 octobre 1667, atelier Leblond, d'après un modèle de Charles Le Brun, 375 x 580 cm, 1729-1734, Châteaux de Versailles et du Trianon, Versailles.

La technique de la tapisserie

Les monumentales tapisseries, avec leur structure en trame et en chaîne, sont fabriquées sur de gigantesques métiers à tisser. Les fils de chaîne sont positionnés dans le sens de la longueur. Plus ils sont serrés, plus la tapisserie sera fine. On fait passer les fils de trame, c'est-à-dire la couleur, entre les fils de chaîne en perpendiculaire, on les entrecroise avec la chaîne en suivant le modèle, puis on les récupère. Dans la technique de tissage classique, ils passent au contraire sur toute la largeur du tissage. Le changement de couleur se fait rapidement pour obtenir le même rendu qu'en peinture. En liant les fils de trame qui couvrent la chaîne, on ferme les trous dans le tissage.

La Manufacture de Paris employait deux techniques de tissage : la haute lice et la basse lice. La haute lice utilise des métiers à tisser verticaux dans lesquels le modèle original, appelé « carton », est placé derrière la chaîne

verticale qui est déplacée à la main. Ainsi le licier peut-il contrôler immédiatement l'image, avantage considérable dans la reproduction de peintures qui entraîna la préférence pour cette technique.
La technique de la basse lice avec des métiers horizontaux, qui permet un travail plus rapide, fut introduite à Paris par les Flamands. La chaîne se déplace ici horizontalement autour de rouleaux qui sont déplacés avec des pédales. Le licier peut alimenter la trame avec les bobines de couleur en utilisant ses deux mains. Le carton est placé en miroir sous la chaîne, l'artisan regarde l'envers de la tapisserie, celle-ci ne sera visible qu'une fois décrochée du métier.

Tapisserie représentant la découverte de Moïse, atelier Plancken-Cormans, d'après un modèle de Simon Vouet, vers 1630, musée du Louvre, Paris.

Production de la Manufacture

La cour, la noblesse et le clergé affichaient leur préférence pour les tapisseries de luxe présentant de somptueuses bordures décoratives, brochées de soie, d'or et d'argent. La Manufacture fabriquait aussi des reproductions de compositions célèbres qui permettaient de faire des économies sur les matériaux et coûtaient moins cher à fabriquer. Cependant, il s'agissait dans tous les cas d'objets de prestige que seule une clientèle privilégiée pouvait s'offrir.
Les représentations de dieux et héros de l'Antiquité, les sujets tirés des légendes et de la Bible décoraient à grand renfort de couleurs les pièces des somptueuses demeures baroques. Les thèmes étaient à la fois divertissants et édifiants. De grands ensembles comme *L'Histoire de Louis XIV* en quatorze pièces glorifiaient le Roi-Soleil. Les tapisseries devinrent de plus en plus des éléments d'une conception cohérente de l'intérieur et, en tant que partie intégrante d'un ensemble, elles ne furent plus des pièces d'aménagement mobiles mais furent fixées aux murs.
Le pathos baroque céda la place à l'espièglerie du rococo. Des scènes pastorales, des représentations des amours divins ou de voyages exotiques décorèrent dès lors les médaillons des tapisseries murales

*Atelier de haute lice dans la Manufacture royale de Paris dans l'*Encyclopédie *de Diderot, vol. 26, 1771.*

aux délicates couleurs. Les bordures vaporeuses ornées de guirlandes de fleurs et d'oiseaux, appelées « alentours », firent fureur en France et surtout dans les demeures de l'aristocratie anglaise. Cependant, la cour de France, avec Louis XV et Madame de Pompadour puis Louis XVI et Marie-Antoinette, resta, comme par le passé, la principale cliente de la Manufacture, à qui elle commandait de précieuses tapisseries pour les offrir aux autres cours européennes comme cadeaux diplomatiques.

La Révolution française n'interrompit que provisoirement la production. Alors que Napoléon revint à la figuration de personnages héroïques, l'Art nouveau libéra au début du XXe siècle la tapisserie du joug de la peinture et l'appréhenda en tant qu'art à part entière ; des artistes comme Picasso ou Matisse lui donnèrent alors un nouvel élan. Les matériaux synthétiques ne furent utilisés que peu de temps. La Manufacture travaille aujourd'hui encore selon les anciennes techniques, en utilisant de la laine et de la soie teintées avec des colorants naturels. À notre époque où règne la production industrielle de masse, elle reste la garante d'une tradition artisanale française séculaire.

Mosquée

La grande mosquée de Paris, située à proximité du Jardin des plantes, ne passe pas inaperçue avec son minaret qui se dresse dans les airs et son architecture d'inspiration hispano-mauresque. Elle fut construite entre 1922 et 1926 par le groupe d'architectes Heubès, Fournez et Mantout. Le complexe de trois bâtiments comprend une salle de prières, une école coranique et l'Institut musulman de théologie. Dans les constructions qui les entourent se trouve le hammam nécessaire à la purification rituelle.

Cour intérieure

À l'intérieur de l'enceinte, on trouve une cour entourée de colonnes doubles et décorée de dalles colorées, ainsi qu'un joli jardin maure. Dans l'architecture islamique, ce type de jardin est traditionnellement considéré comme une allégorie du paradis. Un petit souk est accessible directement aux visiteurs. Il propose des objets d'art oriental et un salon de thé. La décoration de la mosquée, avec des mosaïques, des sculptures sur bois, des ciselures et des incrustations, a été réalisée en grande partie par des artisans marocains qui se sont inspirés de l'ancienne ville royale de Fès.

Institut du Monde arabe

Dans les années 1980, une fondation initiée par la France et dix-neuf pays arabes se donna pour but de raviver les relations entre la France et le monde arabe, relations difficiles en raison des différences culturelles et de la politique colonialiste. Dans cette optique, ils s'entendirent sur l'édification d'un institut culturel commun. Ils choisirent un complexe invitant au dialogue culturel et comprenant un musée, une bibliothèque et des salles de spectacle. L'ambitieux programme de Jean Nouvel élu par François Mitterrand comme le premier de ses Grands Projets lança la carrière internationale de l'architecte. Il avait dessiné deux corps de bâtiment imbriqués l'un dans l'autre : le musée fut installé dans un bâtiment en arc et en pointe avec une façade en verre, tandis que la bibliothèque se trouve dans un long parallélépipède rectangle dans l'alignement de la faculté de sciences naturelles voisine. Les deux parties du bâtiment de l'Institut sont séparés par une profonde crevasse aboutissant dans une cour intérieure carrée pavée de miroirs dont l'axe est dirigé vers l'abside de la cathédrale Notre-Dame, située juste en face – geste discret qui établit un contact, au moins visuel, entre les religions catholique et musulmane.

Façade sud

Le lien entre la tradition arabe et la modernité servit de thème général au concept architectural de Nouvel et l'amena à imaginer une sensationnelle solution pour le revêtement de sa façade : les moucharabiehs en bois traditionnellement placés devant les balcons et les fenêtres dans les pays arabes pour tamiser la lumière et empêcher les regards indiscrets de pénétrer dans la sphère privée des femmes ont été transposés ici sous la forme de petits pare-soleil en métal commandés par des capteurs. Les lamelles se ferment ou s'ouvrent selon l'apport de lumière et créent un jeu d'ombres à l'intérieur de la bibliothèque. La désintégration des murs – paradigme de l'architecture de Nouvel – a été mise en scène comme un « crossover » culturel. Tandis que la collection du musée offre un panorama de l'histoire de l'art arabe de ses origines à aujourd'hui, la bibliothèque met à disposition près de soixante mille livres sur l'histoire et la culture arabes, ainsi que mille deux cents périodiques actuels. Les ouvrages sont stockés dans une tour qui s'élève en spirale dans les airs et rappelle les minarets des mosquées. On y jouit d'une vue incroyable sur la Seine et l'île de la Cité, de même que depuis le restaurant situé au dernier étage qui se transforme en salon de thé l'après-midi.

Versailles

et Saint-Denis

Versailles

Château de Versailles

Versailles marque sans conteste l'apogée de l'architecture des châteaux européens. L'immensité de l'édifice baroque et de son parc, leur grandiose conception générale et le titanesque déploiement de moyens pour leur édification et leur entretien ont fait du siège du gouvernement de Louis XIV (1643-1715) une manifestation unique de sa volonté d'hégémonie politique. En 1662, soit peu de temps après le début de son règne, le roi chargea les artistes les plus renommés de son époque, l'architecte Louis Le Vau, le paysagiste André Le Nôtre et le peintre et décorateur Charles Le Brun, de la transformation et de l'aménagement du petit pavillon de chasse de Louis XIII. Les coûts inhérents à ce projet accablèrent tellement le budget de l'État pendant des décennies que Jean-Baptiste Colbert, l'influent ministre des Finances, dut sans cesse inciter le roi à la modération. Mais Versailles était pour Louis XIV bien plus qu'un simple bâtiment : il faisait partie intégrante de sa politique, ce qui en soi justifiait tous les investissements.

Double page précédente : château de Versailles, colonnades de François Girardon dans le parc du château.

Cour de Marbre

L'imposant faste déployé dans le château et le parc servait à transmettre l'idée que le roi se faisait de la monarchie. Louis XIV détenait le pouvoir de décision sur toutes les affaires politiques du pays et se mettait en scène en tant que souverain ne devant rendre de comptes qu'à Dieu. Sa résidence se devait d'être l'expression et le prolongement rhétoriques de cette position exclusive. L'agencement des trois cours qui mènent au centre du château et réglementent l'accès des visiteurs en est la première manifestation. La première, très large, appelée cour des Ministres, qui était initialement encadrée par deux ailes destinées aux officiers de la cour et du gouvernement, était accessible au trafic général. La cour Royale, plus petite, était au contraire fermée par une grille imposante et ne pouvait être traversée en carrosse que par les princes et les ministres plénipotentiaires. L'étroit carré de la cour de Marbre, située juste devant les appartements royaux et qui doit son nom au précieux matériau de son dallage, était quant à lui réservé à quelques élus. Le niveau du sol était à l'origine surélevé de quelques marches, ce qui forçait même les invités les plus prestigieux à avancer vers le roi à pied. Les somptueux décors de la façade, en particulier les bustes d'empereurs romains, et le balcon doré du pavillon central soutenu par des colonnes doubles soulignent l'importance du château royal.

Château de Versailles

Le plan présente un ensemble à trois ailes avec une cour d'honneur et d'autres ailes dans le sens de la largeur et de la longueur, construites à partir de 1678 par Jules Hardouin-Mansart. Les avancées et les ailes latérales abritaient autrefois l'intendance ainsi que les hébergements des gardes, des domestiques, des membres du gouvernement et des courtisans. Les membres de la haute aristocratie et la famille royale occupaient ici aussi de nombreux appartements dont la proximité avec les appartements royaux dépendait de la position de chacun dans la hiérarchie de la cour. Les appartements des dauphins étaient situés dans le corps central, au rez-de-chaussée, le premier étage étant réservé au roi et à la reine. Une enfilade de salons luxueusement décorés menait aux grands appartements du roi. Cette succession impressionnante de pièces devait préparer à la rencontre imminente avec le roi. La grande chapelle du château ne fut terminée qu'en 1710 par Robert de Cotte.

Galerie des Glaces, p. 426

La Méridienne

Chambre du roi, p. 426

François Mansart et Charles Le Brun, salon de la Guerre, 1678-1686

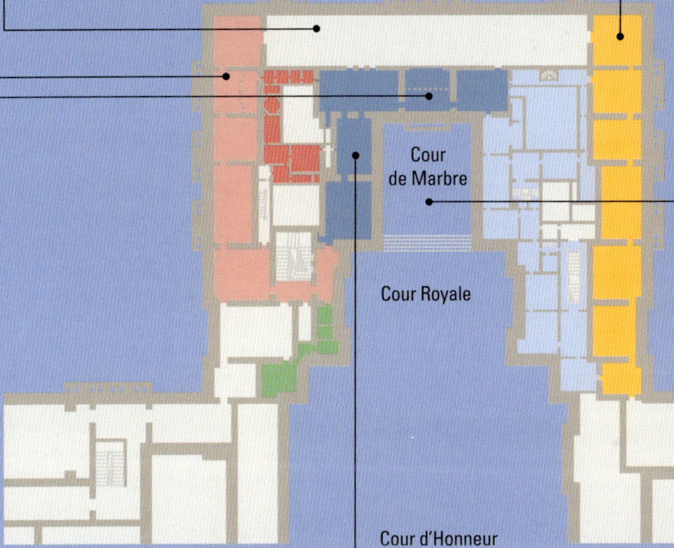

Cour de Marbre, p. 423

Bureau de Louis XIV

François Mansart et Robert de Cotte, chapelle du château, 1689-1710

Chambre du roi

La chambre du roi, accolée à une antichambre et au cabinet du Conseil, se situe au milieu de la galerie, c'est-à-dire en plein cœur de l'édifice. L'aménagement actuel de la pièce, avec ses alcôves aux magnifiques ornements et la sculpture en plâtre doré de Nicolas Coustou, est tel qu'en 1701. Après la construction de la galerie de Glaces, les fenêtres ouvrant sur le jardin ont été supprimées, ce qui nécessita une réorganisation de la chambre. Louis XIV mourut dans sa chambre le 1er septembre 1715.

Il laissa un pays lourdement endetté et affaibli par vingt-cinq années de guerre. Agonisant et épuisé, le roi aurait donné à son petit-fils et héritier le conseil de se tenir à l'écart des guerres ainsi que des constructions.

Galerie des Glaces

À la mort de Louis Le Vau en 1670, le jeune Jules Hardouin-Mansart reprit la direction des constructions. La galerie des Glaces, achevée en 1686, est l'une de ses plus brillantes idées. Reliant les appartements du roi à ceux de la reine, elle fut utilisée comme salle du trône, mais aussi pour de spectaculaires fêtes, réceptions ou mariages princiers. Dix-sept fenêtres percées sur le jardin répondent aux dix-sept arcades ornées de grands miroirs qui réfléchissent la lumière sur le mur opposé et donnent une impression vertigineuse de profondeur à la pièce. Le soir, à la lumière des nombreuses bougies, les effets de lumière devaient être plus époustouflants encore.

La fastueuse décoration, avec son mobilier précieux, ses sculptures et ses fresques au plafond représentant la victoire de la France sur l'Allemagne, la Hollande et l'Espagne ainsi que la signature du traité de Nimègue (1678), apogée du règne de Louis XIV, a été réalisée par Charles Le Brun et son atelier.

Ainsi, l'iconographie développé dans les enfilades est reprise ici, afin de célébrer la puissance militaire de la France tout en soulignant l'aspiration politique à un équilibre pacifique.

Façade sur le parc

La façade côté parc, qui mesure plus de 670 mètres, a été terminée en 1678 par Jules Hardouin-Mansart. Elle symbolise, par ses monumentales dimensions, son homogénéité monolithique et sa décoration impériale, l'absolutisme monarchique de Louis XIV. Comme pour les colonnades du Louvre, un classicisme français strict, satisfaisant au mieux le besoin de représentativité du roi, s'exprime ici. Il fut salué comme une performance unique des architectes français.

Le parc attenant, qui s'étend à perte de vue, reproduit à l'infini le schéma organisationnel de l'architecture du château. André Le Nôtre conçut un parc fait de lignes et de cercles dans lequel même la nature semble se plier symboliquement à l'autorité royale. Son aménagement mobilisa une main d'œuvre inimaginable : trente mille ouvriers – incluant les troupes royales – furent réquisitionnés pour déplacer la terre et construire les canalisations. Au centre du parc, un réseau symétrique d'axes et de terrasses émerge du sol. Les nombreux bassins, fontaines, bosquets et pavillons de plaisir furent aussi le majestueux théâtre de fêtes spectaculaires.

C'est dans ce cadre que les opéras de Jean-Baptiste Lully (1632-1687), compositeur de la cour, et les comédies de Molière (1622-1673) furent présentés pour la première fois. L'assemblée s'émerveillait devant des jeux d'eau et de lumière encore inédits.

Les sculptures disséminées dans le parc figurent des scènes de la mythologie antique. Des représentations du dieu du soleil Apollon illustrent la mise en scène de Louis XIV en tant que Roi-Soleil.

Parc

Les vastes jardins étaient certes le théâtre de la vie officielle de la cour, mais ils servaient aussi de lieux de retraite au roi quand il souhaitait s'isoler de ses courtisans omniprésents. Louis XIV fit ainsi construire le Grand Trianon où il rencontrait très souvent Madame de Maintenon qui fut sa dernière maîtresse et qu'il épousa en secret en secondes noces en 1683. L'âge avançant et sous l'influence de la « reine sans couronne », les mœurs du roi changèrent. Madame de Maintenon n'appréciait ni les fêtes démesurées ni les divertissements frivoles de la cour et insista pour que le roi se retire plus souvent dans la sphère intime et privée du Trianon. Son successeur, Louis XV, commanda à Jacques Ange Gabriel le Petit Trianon pour Madame de Pompadour et y passa fréquemment plusieurs jours après qu'il eut été terminé en 1768. Entre 1783 et 1785, Marie-Antoinette se fit enfin construire un véritable petit village, le Hameau, qui comprenait douze fermes et un moulin. Suivant la devise de Jean-Jacques Rousseau qui prônait « le retour à la nature », la reine se complaisait dans la vie simple et idyllique à la campagne qui était mise en scène dans les fermes du Hameau. Dans l'isolement de Versailles, elle ne se rendait cependant pas compte des conditions de vie insupportables du monde paysan de l'époque.

Parc de Versailles

Jacques Ange Gabriel, Petit Trianon, 1762-1768, façade sud sur la cour d'honneur

Richard Mique, théâtre de Marie-Antoinette, 1780, Versailles, Petit Trianon

François Girardon, *Apollon servi par les nymphes*, 1666-1675, marbre et rocher, parc du château de Versailles

François Girardon, Colonnades (détails), 1684, parc du château de Versailles

Régnaudin, bassin de Cérès ou de l'Été, 1672-1679, plomb doré, parc du château de Versailles

Bosquet des Rocailles, parc du château de Versailles

Façade sur le parc, p. 428

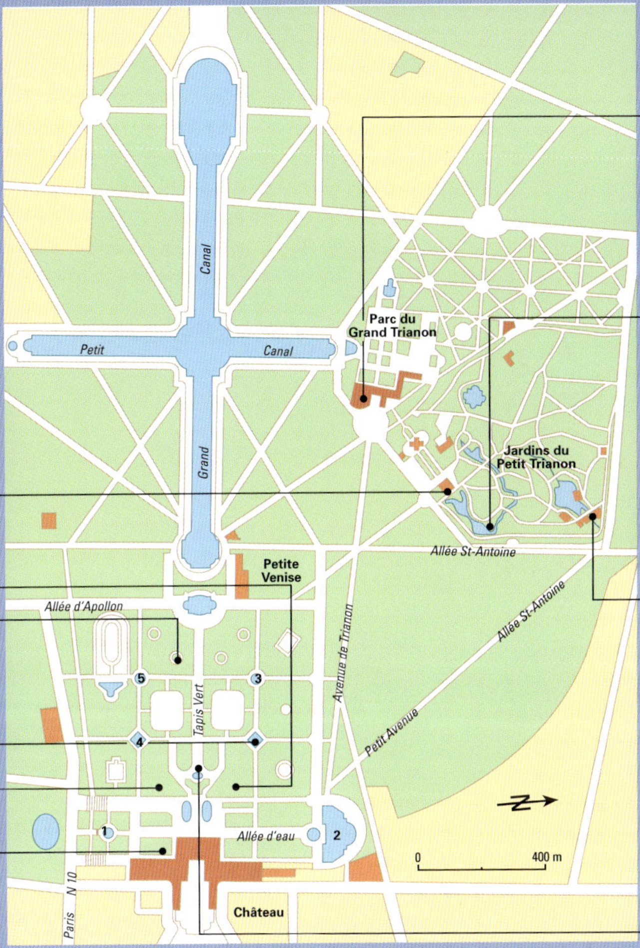

1 Orangerie
2 Bassin de Neptune
3 Bassin de Flore
4 Bassin de Bacchus
5 Bassin de Saturne

Jules Hardouin-Mansart, colonnades du Grand Trianon, 1687-1688, parc du château de Versailles

Richard Mique, temple de l'Amour, 1775, parc de Marie-Antoinette

Richard Mique, Hameau de la reine, 1728-1794, parc de Marie-Antoinette

Le Nôtre/Hardouin-Mansart, bassin de Latone, 1668-1686, parc du château de Versailles

Le roi et l'étiquette – vingt-quatre heures dans la vie de Louis XIV,

par Oliver Burgard

Le soleil se lève sur Versailles. La chambre de Sa Majesté Louis XIV, roi de France (1643-1715), est en plein cœur du château. Tout est encore calme dans le centre névralgique du pouvoir. À 8 h 30 précises, le valet de chambre réveille son maître et le cérémonial quotidien de la cour se met en marche. Le déroulement de la journée du roi impose son rythme à la vie de la cour et lui donne un sens : une pièce de théâtre à la mise en scène fastueuse dans laquelle Louis est à la fois acteur et metteur en scène.

Sa scène est le majestueux château avec son vaste parc. Ses accessoires et ses costumes sont élégants et précieux. Les aristocrates qui vivent à la cour forment son public et tiennent le rôle de figurants dans sa mise en scène personnelle. Pourtant, l'étiquette est bien plus qu'une pièce de théâtre sophistiquée. La monarchie absolue a privé les membres de la noblesse de leur pouvoir politique et les a intégrés au cérémonial de la cour par le biais de nombreux postes de valets. Le rigide protocole est un mécanisme de contrôle très efficace.

Hyacinthe Rigaud (1659-1743), Louis XIV, *huile sur toile, 277 x 194 cm, 1694, musée du Prado, Madrid.*

Chaque matin, le roi procède à sa toilette complète : le festif « lever » est le premier acte administratif de la journée. Selon l'étiquette, six groupes différents de courtisans pénètrent les uns après les autres dans la chambre pour assister à cette représentation. Ce public trié sur le volet et composé de trente à quarante personnes, jouit du privilège inouï de pouvoir voir le roi dès le matin.

La toilette du matin dure deux heures

Dès qu'il se réveille, le roi se fait poser sa perruque – il ne se montre jamais sans celle-ci en public. Les premiers courtisans peuvent alors entrer. Ses médecins personnels viennent lui frotter le corps avec des serviettes, puis un valet de chambre lui tend un linge humide avec lequel il se rafraîchit les mains. Un autre valet lui donne un bol d'eau bénite et une Bible pour la prière du matin. Après la première prière, le roi sort de son lit et la longue procédure d'habillement commence. Dès qu'il est habillé, le roi se rend dans une alcôve pour faire une seconde prière. Pendant toute la durée du « lever », qui peut prendre jusqu'à deux heures, le silence règne dans la pièce. Personne ne parle, l'étiquette l'interdit. Seul le roi fait entendre sa voix : il discourt de sujets sans importance ou adresse un mot agréable à son public.

Adam Frans van der Meulen (1632-1690), Louis XIV recevant les ambassadeurs des treize cantons suisses le 11 novembre 1663, *huile sur toile, XVIIe siècle, musée national du Château et des Trianons, Versailles.*

Après le « lever », il assiste à une messe dans la chapelle royale. Ensuite, il reçoit les ministres et les ambassadeurs étrangers dans son bureau, mais donne aussi des instructions à ses servants. « Il y donnait l'ordre à chacun pour la journée, ainsi on savait, à un demi-quart d'heure près, tout ce que le roi devait faire », écrit le duc de Saint-Simon dans ses mémoires. On dit à raison qu'en France, on pouvait savoir l'heure qu'il était en observant le roi, ou que la vie à la cour était réglée comme une pendule.

Louis XIV est connu pour être un monarque discipliné. Pourtant, il est aussi épicurien et ne se fixe aucune limite sur les plans gastronomiques et amoureux. « Il était galant, écrit sa belle-sœur Liselotte du Palatinat dans une de ses fameuses lettres, mais sa galanterie frôlait souvent le libertinage. Tout lui convenait, il suffisait d'être une femme – fermière, fille de jardinier, dame de rang. »

Louis se réservait l'heure du déjeuner pour rendre visite à ses favorites, avant de prendre dans sa chambre le repas du midi. Il y fait preuve d'un solide appétit : « J'ai vu le roi manger quatre assiettes de soupe différentes, un faisan entier, une perdrix, une grande assiette de salade, deux tranches de jambon, du mouton à l'ail avec du bouillon, une assiette de pâtisseries puis des fruits et des œufs durs », écrit Liselotte. Même le « très petit couvert » comprend au moins trois plats et un copieux dessert, car le roi aime par-dessus tout manger des potages et des sucreries. Des mets raffinés, de la porcelaine fine et du cristal donnent au roi une aura de luxe et d'opulence. Le fait qu'il mange avec les doigts et dégage une odeur désagréable ne nuit en rien à son charisme. Parfois, le roi demande à l'un de ses favoris ou voisins de table de lui tenir sa serviette ; c'est l'une des plus hautes distinctions que puisse espérer un aristocrate français à Versailles.

Après le repas du midi, Louis XIV se consacre à ses affaires administratives. Dans son cabinet de travail, les conseillers de l'État se succèdent par spécialité pour lui présenter les dernières évolutions de son domaine.

Son existence pompeuse pourrait faire penser à un roi d'opérette, mais il est un chef d'État expérimenté qui dispose d'une bureaucratie efficace, et ce grâce à son intelligente politique. En temps de paix, il peut donc se permettre de laisser de côté certains après-midi les affaires du gouvernement. Ensuite, le roi passe le reste de la journée à chasser ou à se promener dans le parc de Versailles en carrosse.

Le soir, divertissement de rigueur

Tous les lundis, les mercredis et les vendredis, en fin d'après-midi, Louis XIV ouvre ses salons pour recevoir des invités. Le programme de ces « soirées d'Appartement » est toujours le même : dans le salon de Diane, les invités peuvent regarder le roi jouer au billard ou aux cartes. L'assemblée se déplace ensuite dans le salon de Vénus où un bal est donné.

L'étiquette régit tout le soir aussi : « Ceux d'entre nous, qui, comme moi, ne dansaient pas, restaient assis pendant des heures sans quitter leur place et ne voyaient et n'entendaient rien d'autre qu'un interminable menuet », se plaint Liselotte.

École française, Louis XIV suivi du Grand Dauphin passant à cheval devant la grotte de Thétys à Versailles, *96 x 96 cm, XVIIe siècle, musée national du Château et des Trianons, Versailles.*

Les Appartements se terminent vers 22 heures, mais pas la journée. Le dîner dure deux heures, puis le roi se retire vers minuit.

Comme le lever, le coucher est une représentation publique à laquelle assiste un vaste auditoire. Saint-Simon écrit à propos du coucher qu'il était « semblable à une revue de troupes dans laquelle le gardien de la chaise percée royale [...] semblait tenir le rôle d'organisateur de la parade ».

La journée du Roi-Soleil se termine aux environ d'une heure du matin. À ses pieds, un valet de chambre compte les heures pour réveiller le roi à 8 heures précises le lendemain matin.

Antoine Trouvain, Louis XIV jouant au billard, *estampe, 1696, Bibliothèque nationale de France, Paris.*

Antoine Trouvain, Soirée musicale dans le cadre d'un « Appartement », *estampe, 1696, Bibliothèque nationale de France, Paris.*

Saint-Denis

Basilique

La ville de Saint-Denis est considérée comme le lieu de sépulture de saint Denis. Envoyé par le pape comme évêque à Paris, il mourut martyr à Montmartre à la fin du IIIe siècle. D'après la légende, son corps décapité aurait marché du lieu de son exécution jusqu'à l'endroit où il voulait être enterré. En 475, sainte Geneviève fit construire une petite église en son honneur ; elle fut agrandie aux VIIe et VIIIe siècles, notamment par la fondation d'une abbaye bénédictine. Les ruines du bâtiment carolingien ont été conservées dans la crypte. Dès 639, le roi franc Dagobert Ier choisit Saint-Denis comme lieu de sépulture et fut ainsi l'instigateur d'une tradition cultivée à partir du XIIIe siècle, qui perdura jusqu'à la mort de Louis XVIII en 1824. Lieu de sépulture des rois français, la basilique de Saint-Denis s'est ensuite développée pour devenir un sanctuaire national important au niveau politique. Du point de vue de l'histoire de l'art, le chœur et la partie ouest du bâtiment sont considérés comme des édifices fondateurs du style gothique français. Des caractéristiques spécifiques de l'architecture des cathédrales gothiques, comme l'utilisation systématique de la voûte d'ogive, la disparition des murs pleins et le déambulatoire à chapelles rayonnantes, apparaissent pour la première fois. L'abbé Suger (vers 1080-1151), considéré comme le fondateur spirituel de la basilique de Saint-Denis, s'efforça de créer un édifice imposant qui représenterait la puissance de la couronne française et mettrait en scène l'Église en tant qu'incarnation de la Jérusalem céleste. Les symboliques politiques et religieuses se mêlent en une architecture rhétorique forte. La façade à trois portails, probablement la première de ce genre, détermine autant le style que la représentation du Jugement dernier dans le tympan du portail central.

Vue intérieure de la nef avec le chœur

Après l'achèvement et la consécration de la façade ouest, l'abbé Suger lança la rénovation du chœur qui fut terminé entre 1140 et 1144.

Louis VII (1137-1180), qui connaissait l'ecclésiastique depuis l'enfance, soutint pleinement ses ambitieux projets. Le roi lui-même tint à démarquer l'abbaye ; il nomma l'abbé Suger régent lorsqu'il partit en croisade en 1147, faisant de lui le deuxième homme du royaume.

Des innovations réalisées dans le chœur ouvrirent la voie au style gothique. Le double déambulatoire du chœur n'est divisé que par d'élégantes colonnes, ce qui agrandit l'espace ; la voûte sur croisée d'ogives contribue à l'impression de légèreté et relie le déambulatoire extérieur aux chapelles attenantes ; enfin, de grandes fenêtres touchant presque le sol éclairent le chœur et plongent l'église dans une lumière métaphysique, colorée et miroitante.

Cette luminosité devait sûrement impressionner et exalter les fidèles habitués à l'obscurité des églises romanes.
Au XIIIe siècle, après la mort de l'abbé Suger, de nouveaux travaux furent réalisés car la partie supérieure du chœur menaçait de s'effondrer. En outre, une modernisation semblait nécessaire pour assurer la position privilégiée de la basilique en tant que monument religieux et sanctuaire royal. Dans le cadre des travaux de restauration engagés par Eudes-Clément, l'abbé de l'époque, la nef fut transformée tout en conservant l'esprit de Suger. Ainsi, entre 1231 et 1281, le triforium fut percé de fenêtres, on mit en place un nouveau système de soutènement avec des colonnes engagées et pour la première fois un transept à cinq travées avec des rosaces, dans le plus pur style gothique rayonnant.
La basilique put ainsi défendre pendant longtemps sa place en tant que pionnière de la nouvelle esthétique architecturale et sépulture des rois français.

Tombeau de Louis XII et d'Anne, duchesse de Bretagne

La basilique de Saint-Denis offre un panorama très complet de l'évolution architecturale des monuments mortuaires français. Contrairement aux sarcophages médiévaux en pierre avec leurs gisants stylisés, les tombes servent depuis le début de la Renaissance de monuments commémoratifs temporels du fait de leur caractère pictural.
Le sculpteur florentin Giovanni Giusti a réalisé une œuvre impressionnante avec le double tombeau de Louis XII (1498-1515) et de sa femme Anne, duchesse de Bretagne (décédée en 1514), à partir de 1516 d'après un dessin de Guido Mazzoni.
Au-dessus du catafalque contenant les gisants, s'élève une architecture en arcade sur laquelle le couple royal apparaît en train de prier. Les bas-reliefs décoratifs et les statuettes des prophètes renforcent l'impression générale de magnificence qui se dégage de ce tombeau.

La basilique de Saint-Denis

Giovanni et Antonio Giusti, tombeau de Louis XII et d'Anne de Bretagne, marbre, 1515-1531

Portail du transept nord, appelé portail des Valois, milieu du XIIe siècle

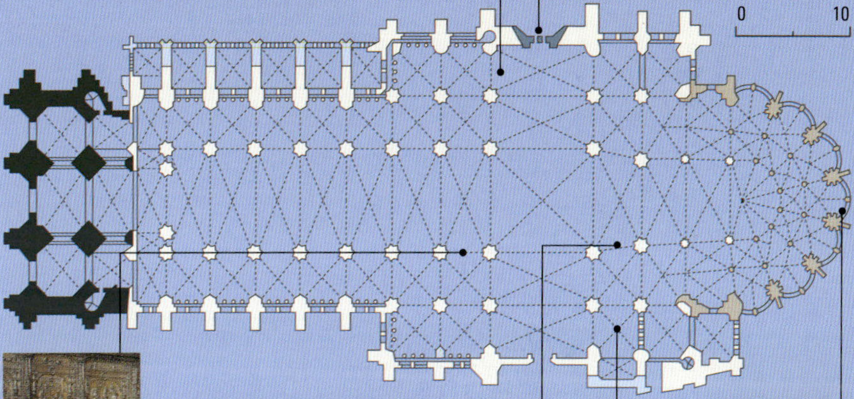

Stalles provenant de la chapelle du château de Gaillon, bois et marqueterie colorée, 1508-1509

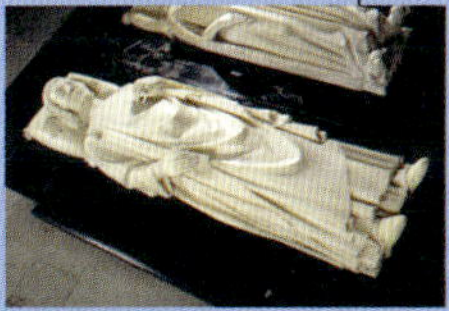

André Beauneveu, gisant de Charles V, marbre, 180 x 50 x 30 cm, 1364-1366

Tombe du roi Dagobert, pierre, vers 1250

Vitraux représentant l'arbre de Jessé, verre coloré et grisaille, vers 1144-1151

Annexes

Styles architecturaux à Paris du Moyen Âge au XIXe siècle

par Hans-Joachim Kuke

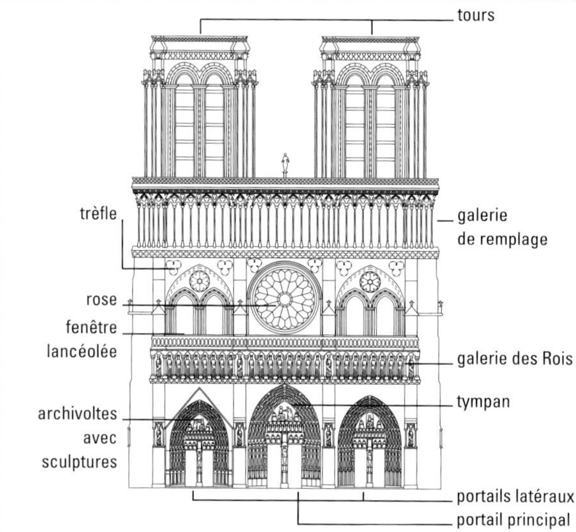

Façade principale de Notre-Dame de Paris, 1163-1245

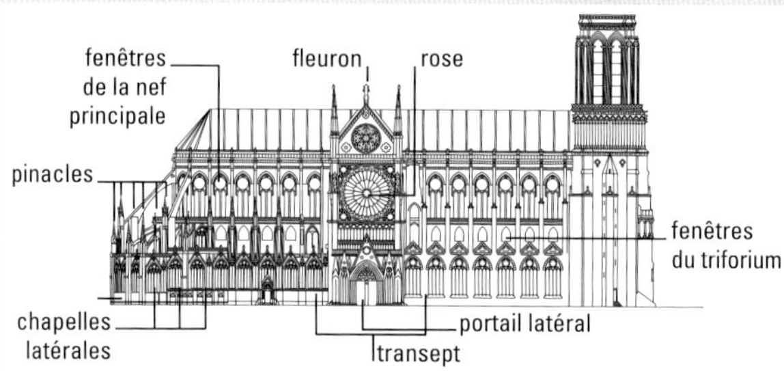

Transept nord de Notre-Dame de Paris, 1163-1245

L'édifice sacré gothique

Façade des cathédrales

Avec sa façade principale à trois axes et deux tours, la cathédrale Notre-Dame de Paris a servi de modèle à de nombreuses autres cathédrales. Les portails latéraux et principal en ogive conduisent à l'intérieur de l'édifice. Les tympans sont décorés de nombreuses sculptures. Au-dessus des portails s'élève la galerie des Rois. La lumière pénètre dans la nef principale par l'une des toutes premières rosaces de l'époque gothique. Les deux tours viennent compléter l'image globale. Notre-Dame fut l'une des premières cathédrales à posséder un déambulatoire à chapelles rayonnantes intégré entre les contreforts. La nef centrale est considérablement plus haute que les deux nefs latérales. La rose de la façade du transept est un exemple typique du style gothique rayonnant raffiné.

Double page précédente : vue sur les toits de Paris et la butte Montmartre.

Contrebutement gothique

L'architecture gothique aspire à la transparence. Les murs pleins s'effacent de plus en plus et se percent d'un nombre grandissant de fenêtres. Il ne reste plus qu'une ossature de fragments muraux indispensable à la statique de l'ensemble. Pour obtenir la hauteur et la légèreté souhaitées, le contrebutement est développé. Il accumule, répartit et stabilise les forces statiques divergentes et les dirige vers le sol en toute sécurité.

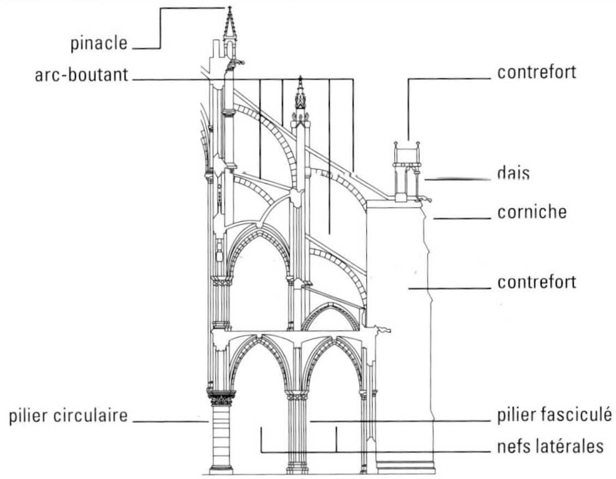

Coupe transversale du contrebutement de Notre-Dame, après 1230

Chapelle palatine gothique

La dissolution des murs est plus avancée encore dans la Sainte-Chapelle, joyau du gothique. Cette double chapelle sur deux niveaux – édifiée pour abriter des reliques de la Passion du Christ – est un reliquaire vitré où les éléments de soutènement ne semblent plus être que de minces faisceaux. Toutes les formes architecturales soulignent la verticalité et sont développées pour obtenir un aspect le plus élancé possible. La flèche et les ornements du toit sont des répliques des constructions d'origine datant de 1834-1867.

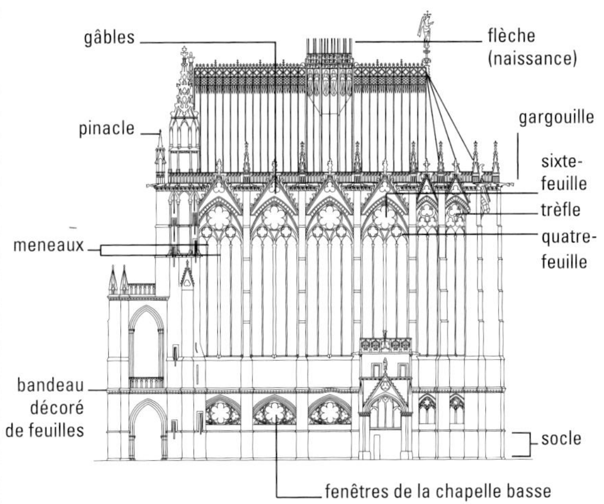

Façade latérale de la Sainte-Chapelle, 1241-1248

Façades des résidences

Renaissance

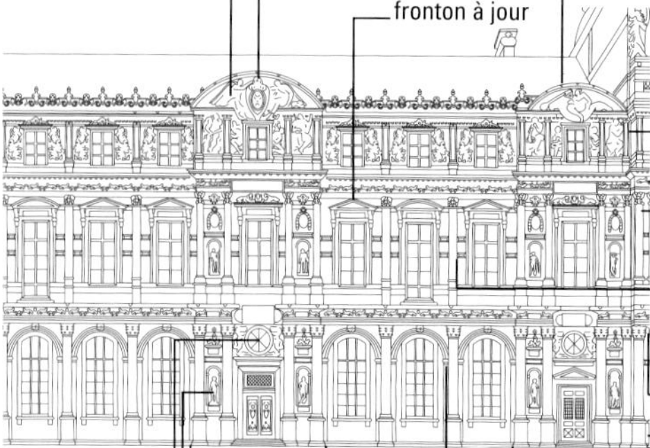

Aile Lescot dans la Cour carrée du Louvre, 1546-1551

L'aile Lescot à deux étages avec attique influença l'architecture des châteaux du classicisme baroque. Les pilastres corinthiens, revalorisés en colonnes au niveau des entrées, structurent et rythment l'ensemble. Selon la hiérarchie des ordres, des colonnes composites sont placées au-dessus des pilastres. Les axes sont accentués par la plasticité plus importante des piliers. Un attique décoré avec des frontons en segment allant jusqu'au centre complète le tout.

Façade est du Louvre, 1667-1673

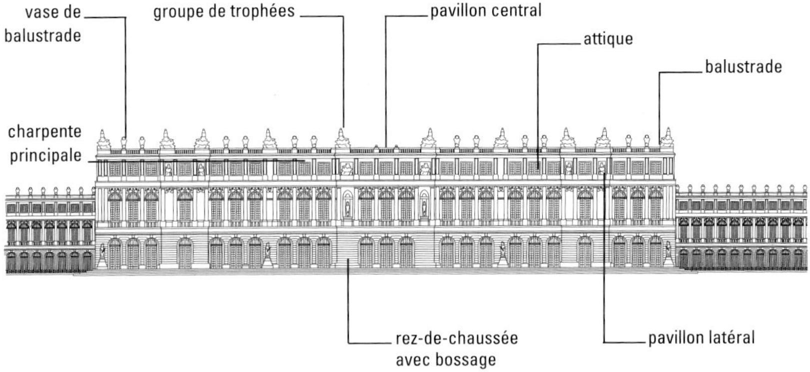

Façade sur les jardins du château de Versailles, 1678-1684

« Style classique » (page ci-contre, en bas)

La colonnade du Louvre orne le palais des rois français et donne à l'architecture une prestance à la mesure de la fonction du bâtiment. La partie centrale en est le pavillon d'entrée, surmonté d'un fronton triangulaire. De nombreuses sculptures glorifient le roi. Entre le pavillon central et les deux pavillons d'angle encadrant la façade s'étend la colonnade. Présentant des colonnes colossales géminées, elle a donné son nom à l'édifice et repose sur un rez-de-chaussée conçu comme un socle. Le bâtiment est emblématique du classicisme de l'architecture française. L'écartement des colonnes dépasse tout ce qui était connu jusqu'alors et ne fut rendu possible que grâce à de nouvelles techniques.

Palais et jardin (ci-dessus)

Le château baroque possédant la façade la plus large est celui de Versailles si l'on considère le côté jardins.
La délimitation horizontale franche des étages et les colonnes d'ordre ionique font écho au caractère « non officiel » du jardin. L'impression de grandeur provenant de la largeur monumentale est soulignée par l'attique horizontal, clairement dessiné, orné de trophées d'armes et de groupes sculptés.
La naissance du toit est masquée de sorte que la façade sur les jardins semble posséder un toit-terrasse. Celui-ci fait allusion aux modèles méridionaux et antiques, très appréciés à l'époque de la construction.

L'hôtel particulier

Hôtel baroque primitif

L'hôtel Carnavalet est l'un des premiers palais citadins construits par la suite par l'aristocratie et la haute bourgeoisie. Les bossages à l'entrée datent du XVIe siècle. Le bâtiment est divisé en une aile centrale et deux pavillons. Le socle de la façade à deux étages ne présente pas d'ordre architectural porteur (colonnes, piliers ou lisière). L'étage d'apparat situé au-dessus, le « bel étage », se caractérise par ses pilastres ioniques. Les pavillons latéraux ne possèdent qu'un axe, mais ils sont soulignés par leurs frontons triangulaires et leurs toits élevés.

Hôtel entre cour et jardin

L'hôtel de Soubise est l'hôtel particulier « entre cour et jardin » type. Une résidence majestueuse et harmonieuse a pu être construite sur une minuscule parcelle de terrain en y intégrant des bâtiments déjà existants. La cour est entourée de murs bruts sur l'extérieur et d'une colonnade aérienne à l'intérieur, en accord avec la somptueuse résidence.
L'hôtel lui-même présente des façades relativement sobres. L'entrée principale est ornée de colonnes géminées, comme sur la colonnade du Louvre, et d'un fronton. Les fenêtres qui descendent jusqu'au sol éclairent l'intérieur de façon optimale.

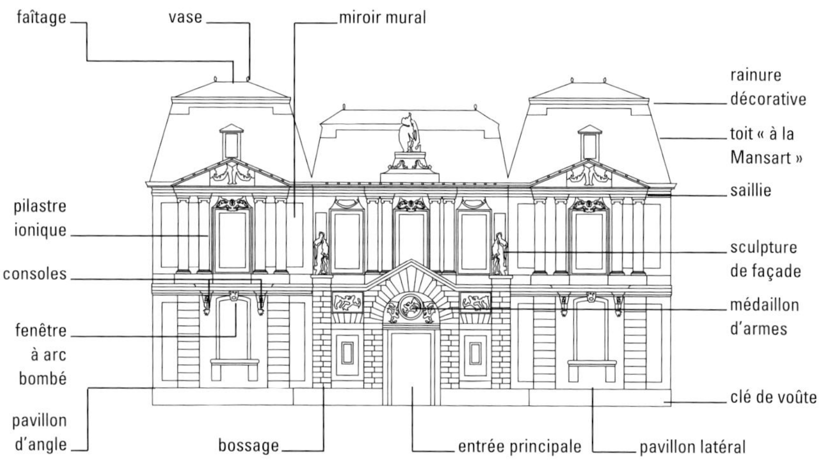

Façade principale de l'hôtel Carnavalet, 1655

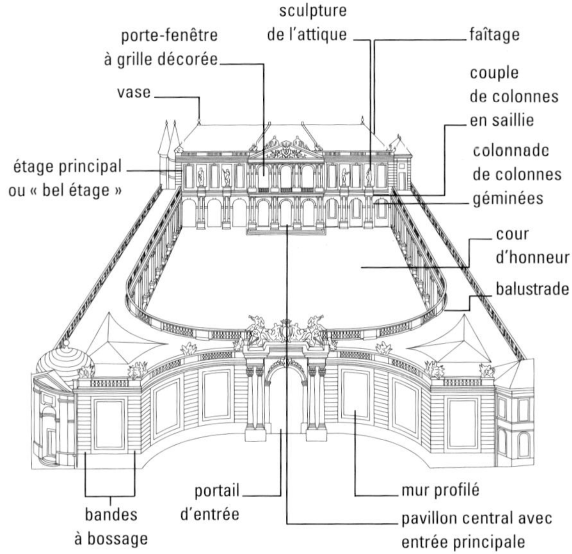

Hôtel de Soubise, 1705-1709

Une élégance enjouée – les intérieurs rococo (ci-dessous)

La décoration intérieure de l'hôtel de Soubise marque le premier apogée du style rococo européen. Les formes irrégulières de style rocaille forment la base de ce genre de décoration. Les lignes onduleuses supplantent les lignes droites et symétriques du style Louis XIV. Ornements en stuc, sculptures sur bois, lambris, dorures, peintures et mobilier sont assortis et doivent transmettre une impression d'enjouement espiègle, de clarté, d'éclat et de joie de vivre insouciante.

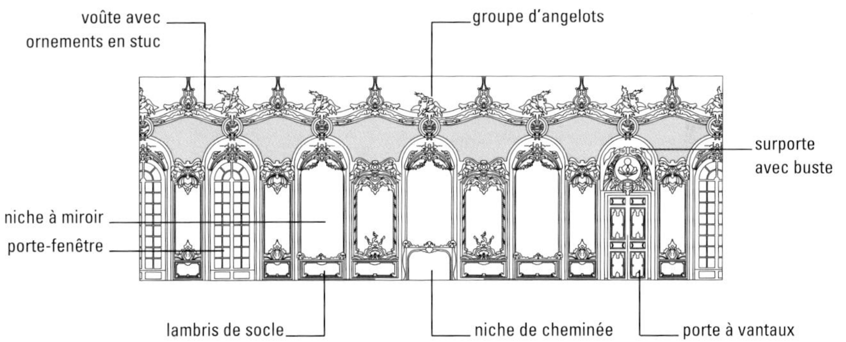

Salon dans l'hôtel de Soubise, 1736-1739

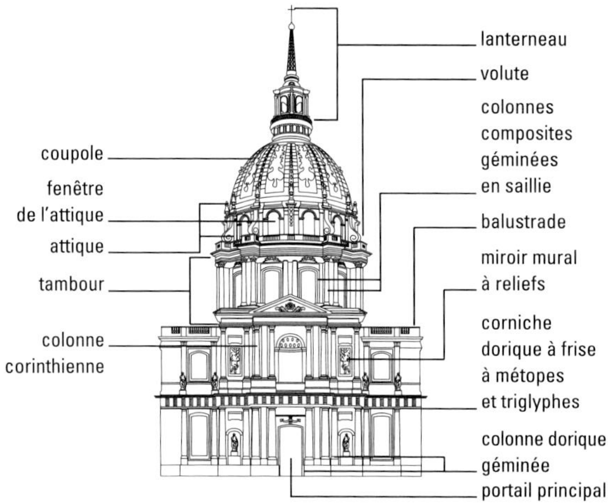

Façade extérieure du dôme des Invalides, 1677-1715

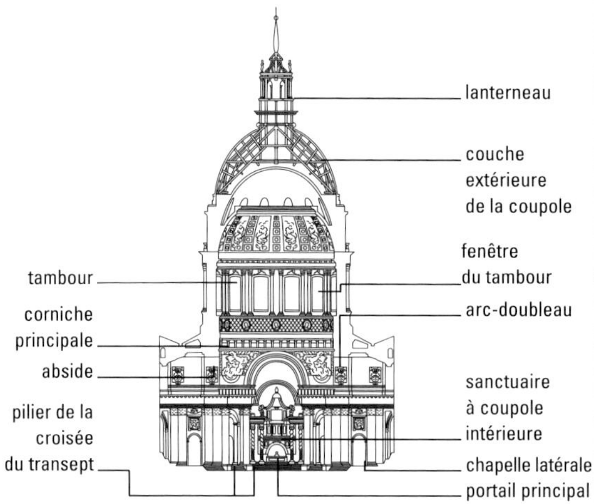

Coupe transversale du dôme des Invalides, 1677-1715

La nef baroque

Le dôme des Invalides est l'édifice sacré le plus important du classicisme baroque français. Les piliers de soutènement vont jusqu'au milieu de la façade. Trois parois, placées devant le cube mural, encadrent et soulignent les entrées principales. La façade est composée de deux ordres superposés : au-dessus de l'ordre dorique représentant des hommes et des soldats s'élèvent des colonnes corinthiennes figurant des rois. Le tambour du dôme est rythmé par des colonnes géminées en saillie du mur ou des contreforts, et le dôme est subdivisé en douze sections dorées ornées de bas-reliefs. Les dimensions du dôme des Invalides sont fondées sur le diamètre de la coupole.

La coupole possède une structure triple, la couche externe est en bois. La coupole, dont l'intérieur est éclairé par des fenêtres percées dans l'attique, est surmontée par un lanterneau.

La monumentale élégance de l'ensemble repose sur les proportions étudiées et le rapport équilibré entre les lignes horizontales et verticales.

Façades d'apparat de la Belle Époque

L'opéra Garnier a été construit au croisement des grands boulevards qui ont émergé à peu près à la même époque. Une colonnade encadrée de pavillons latéraux se dresse au-dessus d'une arcade. Un attique orné de somptueux reliefs complète en hauteur la façade qui dissimule les escaliers et les foyers. Une coupole aplatie portée par des pilastres recouvre la salle ; la scène se trouve derrière. Les foyers et les restaurants ovales et ronds sont ajoutés sur la droite et sur la gauche. Les frises, les arcs, les linteaux des portes et des fenêtres sont fastueusement décorés, les zones extérieures et le plafond ornés de mâts de drapeau, de chapiteaux, de rubans, de boutons, de lucarnes et autres décorations, tandis que les points d'articulation sont soulignés par des sculptures. Toutes les formes utilisées proviennent de modèles de l'histoire de l'architecture depuis l'Antiquité. Pourtant l'Opéra est un édifice unique en son genre.

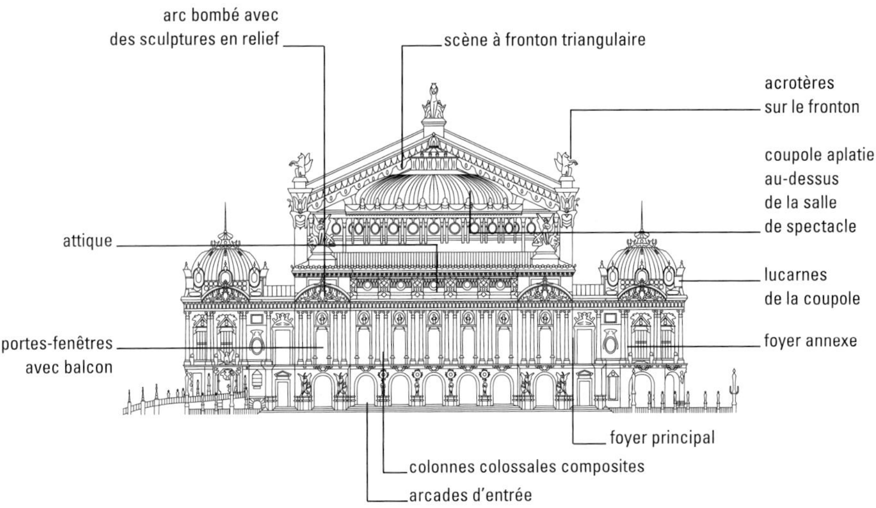

Façade de l'opéra Garnier, 1860-1875

Glossaire

Abside (du gr. *hapsis*, « voûte »), niche édifiée sur un plan hémisphérique ou polygonal et surmontée d'un hémicycle, où l'on peut placer un autel. Une voûte absidale en forme d'hémicycle est dite en calotte. Lorsqu'elle est accolée au chœur réservé aux ecclésiastiques, l'abside est aussi appelée exèdre ou chevet.

Académie (du lat. *academia* ; du gr. *akademia*), établissement, institution ou société ayant pour objectif la promotion des études artistiques et scientifiques. Les premières grandes académies furent créées en Italie à la Renaissance sur le modèle des écoles antiques. Le concept de l'académie se propagea dans toute l'Europe à l'époque de l'absolutisme. L'Académie française (fondée par Richelieu en 1635) et l'Académie royale de peinture et de sculpture firent office de modèles. La dernière fut fondée sous la forme d'une institution d'État en 1648 par Anne d'Autriche à l'instigation du peintre français Charles Le Brun (1619-1690).

Apollon, dieu gréco-romain, fils de Jupiter et de Latone, frère jumeau de Diane. Au fil du temps, Apollon incarna de nombreux dieux locaux et s'appropria leurs attributs, si bien que de multiples représentations religieuses s'expriment en sa personne. Il est notamment le dieu de la prophétie, de la musique et des arts, ainsi que le maître des muses (Apollon musagète), de la lumière et du soleil (Phébus Apollon). Il incarna pendant des siècles l'idéal de beauté de l'Antiquité.

Appartement, désigne une zone d'habitation composée de plusieurs chambres, souvent reliées entre elles en groupe de pièces ou en enfilade. Selon les besoins et le statut des habitants de la demeure, le nombre et la taille des pièces varient. Dans les châteaux de l'époque de la monarchie absolue, les appartements sont très fastueux et possèdent de nombreuses pièces. On trouve souvent plusieurs appartements par étage, comme dans les hôtels particuliers des XVIe, XVIIe et XVIIIe siècles.

Arcade (du lat. *arcus*, « arc [arme de chasse] »), arc ou succession d'arcs reposant sur des contreforts latéraux.

Arc de triomphe, à l'origine arc d'honneur construit pour un empereur ou un général romains, ayant la forme d'une arcade avec un ou trois passages ; reliefs, sculptures et inscriptions indiquent les raisons de la distinction. On peut citer en exemples l'arc de Titus, l'arc de Septime Sévère et l'arc de Constantin à Rome. Cette forme architecturale fut reprise en France à l'époque baroque et classique, avec en point d'orgue l'Arc de triomphe de Paris édifié sous Napoléon Ier, en 1836.

Architecture néoclassique, mouvement architectural français de la fin du XVIIIe siècle qui recherche de nouvelles formes d'expression architecturale. L'architecture néoclassique se caractérise par sa sobriété, son dénuement et le concept d'« architecture parlante ». Elle vise à exprimer les fonctions d'un bâtiment ainsi que des concepts donnés (réformes sociales, siècle des Lumières, etc.), à travers son aspect extérieur. Le cénotaphe de Newton (1784) d'Étienne Louis Boullée, une boule de 150 mètres de hauteur, et la saline royale de Chaux (1775-1779) de Claude Nicolas Ledoux en sont des exemples marquants.

Architecture de verre et de fer ou architecture « des ingénieurs », forme architecturale caractérisée par de grandes surfaces vitrées soutenues par une ossature en fer en filigrane. Le développement de l'architecture de fer et de verre fut lié à deux facteurs essentiels : le progrès technique et industriel, en particulier la fabrication d'alliages de fer malléables (l'acier) et la production de grandes quantités de verre plat, combiné à l'apparition de nouveaux domaines d'application. Les Expositions universelles, les gares, les passages ou encore les entrepôts nécessitaient des bâtiments spacieux et fonctionnels, pour lesquels les ingénieurs-architectes durent trouver des solutions de recou-

Art déco : Ivanna Lemaître, André Herbert, Eugène Printz, le salon du maréchal français Louis Hubert Gonzalve Lyautey (1854-1934) décoré avec des meubles Art déco ; à l'arrière-plan, une peinture murale représente des personnages mythiques et religieux asiatiques autour de Bouddha, Confucius et Krishna, musée national des Arts d'Afrique et d'Océanie, Paris.

vrement. Déjà mises à l'épreuve dans la construction des ponts, les ossatures en fer aux multiples qualités furent éprouvées dans la construction de serres dès le début du XIXe siècle. Ainsi le célèbre Crystal Palace fut-il édifié à Londres pour la première Exposition universelle de 1851 par Joseph Paxton, un constructeur de serres. L'architecture des ingénieurs gagna en popularité pendant la deuxième moitié du XIXe siècle : halls de gare, salles de bibliothèque, halles couvertes, passages, entrepôts et pavillons d'exposition, tous se prêtaient particulièrement bien à l'utilisation de constructions légères en fer avec un revêtement de verre. Ce type d'architecture était également très apprécié d'un point de vue esthétique à cause du rôle prédominant de la lumière, comparable à celui qu'elle joue dans la peinture impressionniste.

Arrondissement (d'arrondir), désigne d'une manière générale une subdivision du département français. L'arrondissement est dirigé par un sous-préfet et un conseil. Il leur incombe surtout des tâches politiques et administratives. Dans les grandes villes comme Marseille, Lyon ou Paris, les arrondissements municipaux sont des subdivisions des communes.

Art déco (art décoratif), terme générique désignant l'ensemble des tendances artistiques prépondérantes entre 1920 et 1940 en France dans le domaine des arts décoratifs, de l'architecture d'intérieur et des objets décoratifs. En réaction à l'Art nouveau français, l'Art déco, avec ses structures géométriques, ses formes symétriques, ses bords aigus, ses lignes droites et ses couleurs lumineuses, fait référence à l'environnement de plus en plus technicisé. L'utilisation de matériaux coûteux et luxueux comme la pierre polie, les bois précieux, l'émail et le chrome ne permet la production que d'un nombre réduit de pièces. Les représentants les plus importants de l'Art déco furent le designer Jacques-Émile Ruhlmann (1879-1933), le bijoutier et maître verrier René Lalique (1860-1945), le dinandier et ciseleur Jean Dunand (1877-1942) et l'orfèvre Jean Puiforcat (1897-1945). Le terme, qui vient de l'Exposition internationale des arts décoratifs et industriels modernes organisée à Paris en 1925, n'est cependant passé dans le langage courant qu'en 1966.

Attique (du lat. *atticus*), étage de dimensions moindres que l'étage inférieur, placé au-dessus d'un ordre de colonnes ou de pilastres ou pour recouvrir la naissance du toit ; à l'époque baroque, demi-étage avec des fenêtres.

Cour d'honneur : Grand Projet pour la reconstruction du château de Versailles *(extrait), crayon, encre de Chine, aquarelle, 12,5 x 9,6 cm, vers 1780-1785, département architecture, musée national du Château et des Trianons, Versailles.*

Avant-garde, terme générique désignant les artistes qui défendent des idées et des modes d'expression artistique nouvelles et souvent radicales.

Baroque (du portugais *barocco*, « perle irrégulière »), style qui s'est développé en Europe entre la fin du maniérisme vers 1590 et le début du rococo vers 1725. Le terme vient au départ de l'orfèvrerie qui utilise le mot « barocco » pour désigner une perle de forme irrégulière.

Beau style, ou style doux, ou *weicher Stil* **ou** *schöner Stil*, courant de l'art européen entre 1380-1390 et 1420-1430, phase du gothique tardif à la charnière avec la Renaissance primitive. Le « beau style » est caractérisé par un nouveau mode de représentation du personnage pictural et plastique selon lequel la lourdeur des corps est abandonnée au profit d'une gracilité et d'une légèreté plus importantes. En sculpture apparaît un modelage tridimensionnel plus matériel des plis ; en peinture, c'est une nouvelle intensité de la couleur et de l'impact de la lumière qui est valorisée. Les « belles madones », commandées surtout pour des maisons patriciennes et des résidences princières, sont emblématiques de ce style ; les premiers centres de ce courant sont Sienne, Avignon, les cours parisienne et bourguignonne, Cologne et Prague.

Bel étage, étage principal d'une demeure seigneuriale dans lequel se trouvent les appartements d'apparat. Dans la plupart des cas, le bel étage est placé au-dessus du rez-de-chaussée. Des structures de proportions moindres et en comparaison plus discrètes encadrent le bel étage. En italien, le premier étage d'apparat est appelé *piano nobile*.

Belle Époque, en France, période allant d'environ 1890 à 1914 caractérisée par un bien-être général accru. Les causes de ce bien-être sont la paix extérieure, les progrès techniques et une monnaie stable. Tous ces facteurs assurent la croissance économique qui influence aussi la vie sociale. Les bals, les dîners et les soirées sont au centre des intérêts de chacun. Dans les appartements bourgeois, le salon devient un lieu de première importance.

Bossage (de bosse), saillie à la surface d'un moellon formant un ornement mural.

Cathédrale (du gr. *kathedra*, « siège »), terme générique en France, en Espagne et en Angleterre pour désigner les églises épiscopales.

Chœur (du lat. *chorus* et du gr. *khoros*, « ronde, danse en cercle »), zone située à l'intérieur d'une église, en général surélevée, délimitée dans l'espace, et réservée à la prière commune des ecclésiastiques ou aux chantres. Depuis l'époque carolingienne, le terme chœur désigne l'allongement de la nef centrale – y compris l'abside – par-delà la croisée du transept.

Claire-voie, rangée de fenêtres située en haut de la nef centrale d'une basilique.

Classicisme (du lat. *classicus*, « de première classe »), courant esthétique et intellectuel européen visant à promouvoir le retour à l'Antiquité classique (Vᵉ-IVᵉ siècle av. J.-C.). La désignation est courante pour certaines tendances architecturales allant du XVIᵉ au XVIIIᵉ siècle et pour la période comprise entre 1760 et 1830. D'un point de vue formel, le classicisme met l'accent sur le corps et les lignes par l'usage de couleurs froides et les compositions rigoureuses. Le classicisme vise l'expression de l'élégance naturelle et de l'autorité, du rationalisme et de la sincérité.

Collage, terme désignant un procédé artistique selon lequel une image est constituée d'éléments d'usage quotidiens collés ensemble. Ces matériaux incluent par exemple le tissu, le papier imprimé ou non, le film plastique et les photographies. Le principe du collage remonte aux « Papiers collés » de Georges Braque (1882-1963) et Pablo Picasso (1881-1973). De nouvelles formes de collage font leur apparition au XXᵉ siècle (photocollage, assemblage, *combine painting*). Le pendant du collage est le « décollage ».

Colonnade, alignement de colonnes à entablement droit sans arc.

Colonne engagée, dans l'architecture gothique demi-colonne, voir quart ou trois-quarts de colonne, cantonnant en général les piles ou un mur (colonne engagée dans le mur), sur laquelle reposent les arcs-doubleaux (arc séparant la voûte), les nervures (éléments porteurs d'une voûte) ou les archivoltes (arcs bandés sur les piles). Elles sont dites « fasciculées » lorsqu'elles sont réunies en faisceau et « accouplées » lorsqu'elles se présentent par deux. Les piliers autour des colonnes engagées sont appelés les « piliers à colonnes engagées ».

Commune de Paris, nom initialement donné au gouvernement révolutionnaire qui régna de 1789 à 1795. Par la suite, l'organisation ouvrière qui s'imposa provisoirement à Paris du 18 mars au 28 mai 1871, face à la République bourgeoise qui venait d'être créée, prit aussi le nom de Commune de Paris. Cette Commune introduisit une « politique artistique prolétaire ». Une commission artistique indépendante, sous la direction de Gustave Courbet (1819-1877), se concentra sur une nouvelle organisation démocratique de l'art et sur la continuation d'une commission artistique à orientation républicaine.

Contrebutement, arcs et piliers qui supportent avec les murs la poussée de la voûte et du toit à l'extérieur d'un édifice.

Corps de logis, bloc principal d'un château baroque mis en évidence par rapport aux ailes et aux pavillons, qui contient les pièces d'habitation et d'apparat.

Cour d'honneur, cour d'accueil dans les châteaux français. Intégrée dans l'ensemble, elle se différencie de l'avant-cour, souvent située à l'extérieur. La cour d'honneur atteint son apogée architectural à l'époque baroque. L'espace de la cour est en général encadré par une aile principale et deux ailes perpendiculaires plus petites. Le quatrième côté reste ouvert pour permettre de voir le bâtiment principal et le portail.

Croisée du transept, dans une église, espace où se rejoignent le transept et la nef.

Cubisme, terme en usage depuis 1911-1912 pour désigner un mouvement artistique initié par Pablo Picasso (1881-

1973) et Georges Braque (1882-1963), puis repris et modifié par un groupe de peintres français, russes et espagnols, qui vise la dissolution radicale de tout contexte optique défini par le biais de l'abstraction et de la réduction. Le cubisme analytique (1910-1912) est caractérisé par la décomposition du sujet en petites formes fragmentées qui se superposent et s'interpénètrent, et par sa représentation à partir de plusieurs perspectives. Le cubisme synthétique (après 1912) offre une construction de l'objet par le recours à de grands aplats de couleur ; de nouveaux contextes formels et signifiants surgissent des juxtapositions ; l'ajout de lettres peintes, de coupures de journaux, de bandes de papier ou de morceaux de tissu collés donnent naissance à un nouveau rapport à la réalité.

Donjon (du lat. *domus dominiationis*, « tour maîtresse »), désigne une tour d'habitation ou de défense imposante dans un château fort. Les donjons viennent du nord-ouest de la France (Loches, Étampes). L'Angleterre compte aussi un grand nombre de donjons, de même que le sud de l'Italie (Paternò, Aderno). En Allemagne, le terme utilisé est *bergfried*. Contrairement au donjon français, la tour de défense allemande n'abritait pas d'habitations à long terme.

Église abbatiale ou abbatiale (du lat. *abbatial* dérivé de l'araméen *abba*, « père »), lieu de la prière commune dans les monastères ou les abbayes isolés de l'environnement extérieur. Dans l'esprit de *La Règle* rédigée par saint Benoît de Nursie (v. 480-v. 547) à l'abbaye du Mont-Cassin au VIe siècle, le schéma architectural bénédictin place l'abbatiale médiévale avec son cloître attenant dans le sud du complexe.

Empire (du lat. *imperium*, « autorité, commandement »), au sens général, le règne de Napoléon Ier (1804-1814/1815) et de Napoléon III (1852-1870) ; d'un point de vue historique et culturel, style décoratif, forme du classicisme qui s'est développée sous Napoléon Ier et a dominé l'art européen jusqu'en 1830 environ. Le style Empire se caractérise par une rigueur tournée vers la représentation, allégée par des motifs décoratifs de style antique. Le style Empire s'exprime surtout dans les arts décoratifs, la décoration intérieure et la mode vestimentaire.

Enfilade, succession de pièces dont les portes sont alignées en axe de sorte que l'on puisse voir toutes les pièces lorsqu'elles sont ouvertes. Développée vers 1650 en France, l'enfilade est caractéristique des châteaux et hôtels particuliers baroques.

Exposition universelle, exposition organisée pour la première fois à Londres en tant qu'exhibition internationale en 1851 et tenue depuis à intervalles de un à huit ans dans différentes villes, lors de laquelle les pays du

Voûte : voûte d'arêtes gothique construite à partir de 1163, cathédrale Notre-Dame de Paris.

monde entier entrent en concurrence dans les domaines de la technique, de la science et de la culture. Les différents bâtiments et pavillons construits pour les expositions, comme la tour de Gustave Eiffel édifiée pour l'Exposition universelle de 1889 par exemple, reflètent le niveau technique de l'architecture de l'époque.

Fauvisme (de fauve), courant de la peinture française créé pendant la première décennie du XXe siècle par Henri Matisse (1869-1954) et un groupe de peintres postimpressionnistes, qui renoncèrent à la plasticité et à la spatialité et prirent la couleur pure et vive comme point de départ.

Flamboyant, style caractéristique de l'architecture gothique tardive, où certains ornements sont en forme de flamme.

Flâneur (de flâner), se dit en général d'une personne qui se promène sans but. Le mode de vie du dandy anglais apparu au XIXe siècle est comparable à celui du flâneur. Le dandy est un aristocrate extravagant qui accorde une grande importance à son apparence et suit la mode de près. La vie du flâneur tourne autour de ses loisirs la journée et le soir.

Fronde, opposition politique de la haute aristocratie française et du Parlement qui luttaient pour une monarchie parlementaire. Pendant le première Fronde (1648-1649), la cour du roi Louis XIV, encore mineur, dut fuir Paris. La deuxième Fronde (1649-1653) fut soutenue par l'Espagne et aboutit à des faits de guerre. Les intrigues et la violence privèrent rapidement l'opposition de sa puissance et de son prestige. En 1952, Louis XIV put retourner à Paris où il s'efforça dès lors d'asseoir son pouvoir absolu.

Gâble (du scandinave *gafl*, « plafond »), dans l'architecture gothique, couronnement ornemental surmontant les fenêtres et les portails, souvent doté de meneaux (ornement géométrique gothique) ou d'autres décorations.

Fenêtres à meneaux.

Galerie, espace plus long que large percé de fenêtres sur l'une des deux longueurs. La galerie en tant que pièce d'apparat et de réception est apparue au XVIe siècle dans les châteaux français (Fontainebleau). Les couloirs supérieurs des théâtres, les tribunes des églises ainsi que les allées et corridors ouverts sont appelés « galeries ».

Gothique (du bas lat. *gothicus*, « relatif aux Goths »), style européen datant du Moyen Âge, apparu vers 1150 dans le nord de la France. Il y prit fin vers 1400 tandis qu'il perdura dans d'autres régions jusqu'au début du XVIe siècle. Le terme vient de la tribu germanique des Goths. Le style gothique se définit par l'introduction de l'arc en ogive (arc brisé formé par une voûte) et de la voûte d'ogive (division perpendiculaire de deux voûtes en plein cintre de même taille), et par le transfert des contreforts (les arcs et les piliers qui supportent en plus des murs la poussée de la voûte et le poids du toit) vers l'extérieur. L'augmentation de la hauteur ainsi que l'allégement et l'ouverture des murs pour faire entrer la lumière caractérisent les édifices gothiques. La cathédrale est un édifice très intéressant à étudier, car elle résume l'ensemble des caractères du style gothique. La sculpture est dans une certaine mesure en harmonie avec l'architecture. La nature est idéalisée, et les corps et les vêtements, souvent exagérément allongés,

Place de la Concorde, obélisque de Louxor (XIIIe siècle av. J.-C.).

sont des éléments essentiels de la décoration. La peinture, quant à elle, s'exprime surtout sur des panneaux et sur le verre.

Historicisme (du lat. *historia*, « connaissance, histoire »), conception de l'histoire apparue en 1839 qui considère tout événement dans son cadre historique. Du point de vue de l'histoire de l'art, l'historicisme désigne un principe artistique qui s'est affirmé surtout à partir du XIXe siècle. On réutilisa sciemment, totalement ou partiellement, des courants plus anciens de l'art. En France, la Néorenaissance débute avec Claude-Nicolas Ledoux (1736-1806) et pendant l'Empire. À partir de 1830, la Renaissance française est elle-même copiée. L'Hôtel de Ville de Paris, de style Renaissance primitif aux somptueux ornements, en est un parfait exemple.

Hôtel (du lat. *hospitum*, « auberge »), au XVIIe siècle désigne la maison d'un aristocrate dans une ville (surtout Paris). Par la suite, terme générique pour les édifices de type palais à vocation privée ou publique (hôtel privé, « grande résidence », hôtel de ville, hôtel-Dieu, « hôpital »). Aujourd'hui, le mot « hôtel » désigne un bâtiment destiné à l'accueil et à l'hébergement de pensionnaires.

Impressionisme (d'impression), forme d'expression picturale qui s'est imposée en France dans le dernier quart du XIXe siècle en réaction à la doctrine figée de l'Académie et aux peintures de genre, d'histoire et d'atelier centrées sur le contenu. Le nom vient du tableau *Impression, soleil levant* de Claude Monet (musée Marmottan, Paris, 1872) et fut d'abord utilisé par les critiques d'art sous forme de raillerie pour désigner un groupe de peintres qui, exclus du Salon officiel de Paris, organisèrent une première exposition de groupe en 1874 dans le studio du photographe parisien Nadar. En tant que nouvelle forme du naturalisme, l'impressionisme s'affranchit des supports classiques et interprète – en se basant sur les théories physiques contemporaines – l'objet naturel d'une manière révolutionnaire, en le traitant comme une apparition colorée. Le principe suprême des impressionnistes est la peinture en plein air qui permet aux peintres de capturer une impression spontanée du sujet.

Lisière, saillie légère et verticale servant à diviser une surface murale, souvent surmontée d'arcades aveugles (posées sur le mur) ou encore de frises (décorations murales horizontales) avec des arcs en plein cintre.

Lumières, mouvement intellectuel amorcé à la fin du XVIIe siècle qui dura jusqu'au XIXe siècle. Basée sur l'humanisme et sur une conception du monde tournée vers la nature, sa philosophie voit la raison comme l'essence même de l'être humain. Ce mouvement intellectuel parti d'Europe occidentale et transmis surtout par la bourgeoisie en plein développement domina le XVIIIe siècle et toucha fortement tous les domaines de la vie culturelle ; les villes et les universités furent les épicentres de ce phénomène.

Meneau, ornement géométrique de l'architecture gothique mesuré au compas, utilisé pour diviser la baie des grandes fenêtres puis des frontons, des murs ou d'autres surfaces (*voir* p. 455).

Mezzanine (de l'italien *mezzano* ; du lat. *medianus*, « moyen »), plancher intermédiaire de dimensions moins grandes que la pièce qu'il surplombe et qui abrite en général des pièces de moindre importance. La mezzanine se trouve au-dessus du rez-de-chaussée ou de l'étage principal, ou au-dessous de la corniche. Pour des raisons fonctionnelles et surtout à cause de la possibilité offerte de proportionner esthétiquement le corps du bâtiment par l'ajout d'étages intermédiaires, la mezzanine est un attribut de l'architecture des châteaux baroques comme classiques.

Nature morte, genre de peinture particulièrement important dans la peinture hollandaise du XVIIe siècle, qui se consacre à la représentation la plus fidèle possible d'objets inanimés, immobiles. Selon le type de sujets, on distingue les natures mortes aux fleurs, aux fruits… Classée comme genre inférieur dans la peinture académique du XVIIIe siècle, elle est redécouverte par les impressionnistes. Ils ne s'intéressent plus à l'illusion mais cherchent à exprimer la quête de l'apparition colorée et la qualité picturale d'objets apparemment sans importance.

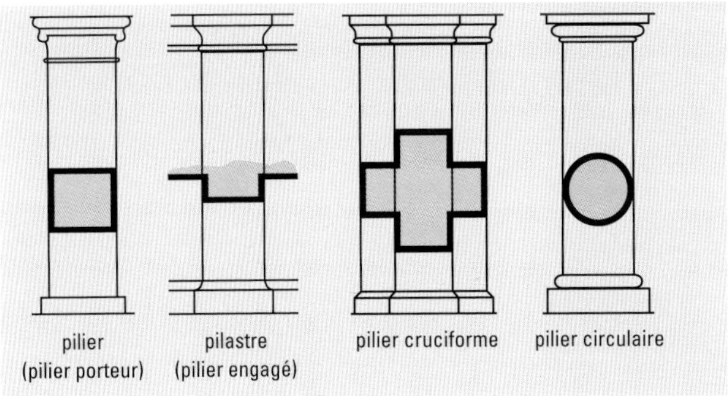

Obélisque (du lat. *obeliscus* et du gr. *obeliskos*, « broche »), pilier quadrangulaire en pierre en forme d'aiguille surmontée d'un pyramidion. À l'origine, il était en Égypte un symbole du culte du dieu du soleil ; depuis la Renaissance, il sert en Europe de monument commémoratif.

Œuvre, désigne l'ensemble d'une production artistique, quelle qu'elle soit.

Ordre architectural, système architectural antique selon lequel les colonnes, les chapiteaux, l'architrave (partie inférieure de l'entablement qui porte directement sur le chapiteau de colonnes) et la corniche (ornement horizontal en saillie d'un mur) sont coordonnés. L'architecture grecque distingue l'ordre dorique, l'ordre ionique et l'ordre corinthien. L'architecture romaine reprend ces ordres et ajoute quelques variations comme l'ordre toscan, avec des éléments doriques, et l'ordre composite, mêlant des formes ioniques et corinthiennes.

Palais (du lat. *palatium*), bâtiment semblable à un château situé le plus souvent en ville, résidence (par exemple d'un ambassadeur) ou vaste édifice public (Palais de Justice ou palais des expositions). En France, l'architecture palatine connut son apogée au XVIIe siècle. Le palais est fondamentalement comparable à l'hôtel particulier bien que ce dernier soit en général plus modeste en termes de dimensions et d'ornements.

Passage, construction le plus souvent recouverte de verre, considérée comme une invention parisienne. Le passage relie les rues et les places, il est en général bordé de magasins des deux côtés. À l'étage supérieur, on peut trouver des ateliers, des bureaux et des appartements.

Avec le développement de l'architecture moderne de fer et de verre, le passage prend une importance architecturale particulière au XIXe siècle (comme la galerie d'Orléans à Paris, construite en 1828-1830 et rasée en 1935). Ces zones de lèche-vitrines et de calme au milieu de la ville jouent de nouveau un rôle important dans l'architecture contemporaine.

Pavillon (« tente de campement », du lat. *papilio, onis,* « papillon »), au sens originel, édifice « volant », c'est-à-dire rapidement repliable. Le mot pavillon désigne, au plus tard à partir du XIVe siècle, un petit bâtiment fixe, intégré dans un contexte architectural plus vaste (château, parc). Au XXe siècle, la désignation de petits édifices selon leur fonction, « pavillon d'information » par exemple, est courante.

Haut-relief, Les Chevaux d'Apollon, *au-dessus de l'entrée des écuries, palais de Rohan.*

Peinture de genre ou scène de genre, type d'œuvre picturale qui représente des scènes de la vie quotidienne, un groupe professionnel donné ou une classe sociale.

Peinture historique (du lat. *historia,* « connaissance, histoire »), genre académique très apprécié depuis le XVIIe siècle qui s'inspire de scènes issues de l'histoire de l'humanité. Parallèlement aux mythes, des événements historiques réels (comme la campagne de Russie de Napoléon) trouvent leur place en peinture. Dans la succession des genres, la peinture historique s'est affranchie des thèmes chrétiens. De la représentation d'événements historiques, on a déduit des principes universellement valables qui restent vérifiables encore aujourd'hui. Au XIXe siècle, avec le déclin de la tradition académique, la peinture historique a lentement périclité à cause de l'avènement des courants réalistes et naturalistes : les derniers grands représentants de la peinture historique en France sont Thomas Couture (1815-1879) et Jean-Léon Gérôme (1824-1904).

Pilastre (de l'italien *pilastro*, du lat. *pila*, « pilier »), pilier engagé, non porteur et quadrangulaire, formant une légère saillie et composé d'une base (pied), d'un fût (partie centrale) et d'un chapiteau, qui segmente les parois murales. Il est souvent cannelé, c'est-à-dire doté de rainures verticales au niveau du fût.

Pilier (du latin *pila*), élément vertical de soutien, à section circulaire, quadrangulaire, rectangulaire, ou polygonale. Il se décompose en une base (pied), un fût (partie centrale) et un chapiteau. Contrairement à la colonne, le pilier circulaire ne présente pas de renflement ou de rétrécissement.

Pinacle (du lat. *pinnaculum, pinna,* « pignon »), petite tour élancée, élément architectural décoratif du gothique. Il possède souvent un toit carré ou octogonal, haut et terminé en flèche, et sert surtout de couronnement à un contrefort ou d'ornement à des fenêtres ou à des portails.

Pointillisme (de point), courant pictural apparu à la fin du XIXe siècle en France. Le procédé des néo-impressionnistes consistant à accoler des couleurs pures les unes aux autres pour ne laisser la teinte apparaître à l'œil de l'observateur qu'à une certaine distance a été élevé au rang de principe suprême par Georges Seurat (1859-1891). Il composait ses tableaux en plaçant de petites touches schématiques de couleurs primaires en points ou en virgules les unes à côté des autres. Cette nouvelle technique picturale, appelée divisionnisme par Seurat lui-même, fut présentée pour la première fois au public en 1884 à Paris lors d'une exposition des artistes indépendants.

Portique (du lat. *porticus*), avancée le plus souvent ouverte, portée par des piliers ou des colonnes, située à l'entrée principale d'un bâtiment. Le portique est souvent doté d'un fronton.

Quartier (de quart), terme désignant d'une manière générale une division administrative d'une ville. Au sens militaire, lieu où logent les troupes dans les casernes ou les maisons privées (cantonnement).

Rayonnant (de rayonner), disposition d'éléments en rayons depuis un centre. Dans l'architecture gothique, chapelles disposées en collerettes autour de l'abside ou du déambulatoire, ou fenêtres divisées en rayons (basilique de Saint-Denis).

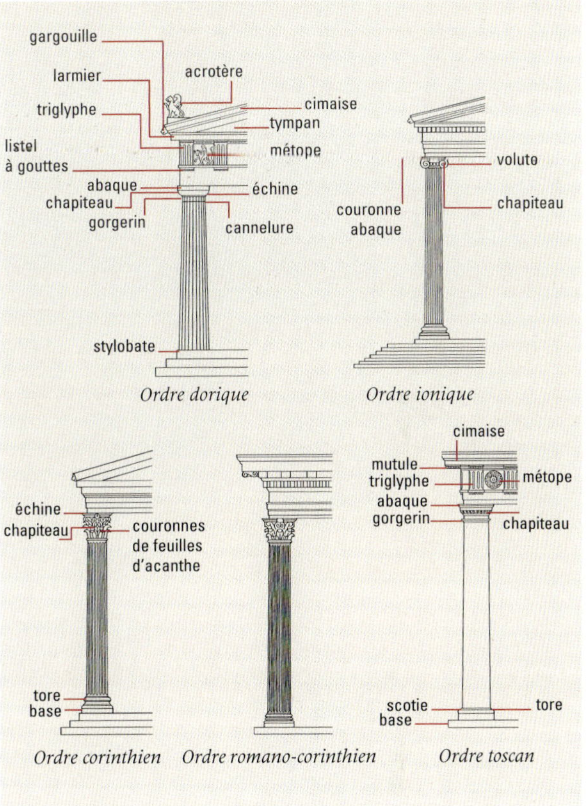

Ordres architecturaux

Relief (de relever), technique de la sculpture selon laquelle la représentation est travaillée en saillie en modelant ou en taillant une surface au ciseau. Selon la profondeur et la saillie, on fait la distinction entre bas-reliefs, bas-reliefs méplats et hauts-reliefs.

Relique (du lat. *reliquiae*, « restes »), fragment du corps d'un saint ou objet dont il a eu l'usage et qui fait l'objet d'un culte.

Rocaille, ornement asymétrique de style rococo constitué de lignes contournées rappelant les volutes des coquillages.

Rococo (de rocaille), style européen caractéristique de décoration (1720-1730 et 1770-1780) privilégiant la légèreté, l'espièglerie et les détails. En peinture, il est marqué par un éclaircissement de la palette de couleurs.

Roman (du lat. *romanus*, « romain »), concept introduit en France dans le premier tiers du XIXe siècle pour désigner l'architecture occidentale du début du Moyen Âge aux formes romanes (arcs en plein cintre, piliers, colonnes, voûtes). Il englobe une période allant environ de l'an 1000 à la moitié du XIIIe siècle, et a abouti à la formation de particularités et de caractéristiques stylistiques régionales. L'utilisation de pierres posées taillées et l'alternance marquée entre les formes cubiques et cylindriques sont déterminantes. En France, le gothique primitif a supplanté l'architecture romane dès le milieu du XIIe siècle.

Romantisme, terme désignant toutes les productions littéraires, artistiques et musicales apparues entre 1790 et 1830. Ce mouvement est caractérisé par la libération de l'art en réaction contre les courants classiques et les Lumières, mue par le renouveau de la littérature médiévale, de l'art (folklorique) et de la religion ; la méthode préconisée consiste en un développement du rationnel à l'aide de l'inconscient et des émotions individuelles. Dans l'art figuratif, style qui s'exprime surtout en peinture et reste en étroite relation avec la poésie, le lien très fort qui existe entre l'homme et la nature est mis en avant, de même que les folklores, les légendes et les scènes religieuses. Ces dernières sont surtout représentées par les préraphaélites. Parmi les romantiques français célèbres, on peut citer François-René de Chateaubriand et Eugène Delacroix.

Rotonde (de l'italien *rotonda*), pavillon circulaire, nef sur un plan en croix ou encore pièce circulaire à l'intérieur d'un bâtiment.

Salon (de l'italien *salone*, à l'origine « grande salle »), terme introduit dans la langue française aux XVIIIe et XIXe siècles désignant une salle d'exposition et l'exposition d'art académique organisée à partir de 1667 dans le salon d'Apollon au Louvre. À partir de 1737, les expositions furent organisées tous les deux ans puis tous les ans après la Révolution française, dans le salon Carré du Louvre à Paris. Vers la fin du XIXe siècle, le jury officiel du Salon prit congé et laissa sa place à un comité d'anciens artistes du Salon approuvé par l'État qui se réunit pour former la Société des artistes français.

Salon des indépendants, association « d'artistes méconnus et refusés » créée en 1884 pour s'opposer au Salon officiel de Paris. Elle servira par la suite d'inspiration aux artistes désirant faire sécession dans les grandes métropoles artistiques européennes. Contrairement au Salon des refusés, son organisation est indépendante de l'État.

Salon des refusés, exposition organisée en 1863-1864 et 1873 en opposition à la politique artistique conservatrice du Salon officiel ; on y exposa des œuvres refusées par le Salon. Le Salon des refusés fut organisé par Napoléon III ; Édouard Manet, Paul Cézanne, Henri Fantin-Latour, Camille Pissarro et James McNeill Whistler entre autres y participèrent.

Sans-culottes, à l'origine sobriquet donné pendant la Révolution française (1789) aux insurgés prolétaires qui, contrairement à la mode de l'aristocratie, ne portaient pas de culottes mais de longs pantalons, plus adaptés aux travaux manuels. Au sens actuel, le terme désigne un groupe de petit-bourgeois et d'ouvriers qui soutinrent les Jacobins pendant la Terreur de Robespierre.

Sarcophage (du gr. *sarkophagos*, « qui mange les chairs »), tombeau décoré en bois, en métal, en argile ou en pierre.

Spolia (du lat. *spolium*, « butin »), réemploi d'une partie d'une œuvre d'art ou d'un bâtiment.

Symbolisme , courant artistique né en France vers la fin du XIXe siècle s'opposant au réalisme et à l'impres-

Exposition universelle de 1900 : lors de l'Exposition, des sculptures, réalisées spécialement pour l'occasion, furent montrées dans la nef du Grand Palais, 1900.

sionnisme. Le symbolisme exige de l'œuvre d'art une signification plus profonde et cherche à exprimer des concepts subjectifs et intellectuels par des symboles compréhensibles par tous ou des allusions suggestives. Ce n'est pas l'objet considéré avec objectivité qui doit être représenté mais l'idée sous-jacente ; en conséquence, des personnages mythologiques ou imaginaires sont pris comme sujets. Gustave Moreau (1826-1898), dont les mystérieux portraits de Salomé peuvent être considérés comme la quintessence du symbolisme, Odilon Redon (1840-1916) et Pierre Puvis de Chavannes (1824-1898) comptent parmi les représentants les plus célèbres du symbolisme en France.

Tapisserie, désigne une tenture murale ou d'ameublement réalisée sur un métier à tisser et représentant un motif. La tapisserie a connu son apogée sous le règne de Louis XIV (1638-1715) et de Louis XV (1710-1774), dans la Manufacture nationale des Gobelins.

Toit « à la Mansart » », toit à pans brisés dont la partie inférieure est plus abrupte que la partie supérieure et se prête donc plus facilement à l'aménagement de pièces à vivre. Cette forme de toit doit son nom à l'architecte français François Mansart (1598-1666).

Trophée (du gr. *tropaion*, « signe de victoire »), objet attestant une victoire en particulier sous la forme d'armes ou de drapeaux pris à l'ennemi (dôme des Invalides, Paris). Les trophées étaient souvent exposés lors de célébrations de la victoire ou intégrés dans des monuments construits pour symboliser cette victoire. Il devint par la suite courant de reproduire les trophées en matériaux durables et de les reprendre dans l'héraldique (armoiries). Aujourd'hui, le terme trophée est surtout utilisé en rapport avec la chasse ou le sport.

Tympan (du gr. *tumpanon*, « tambourin »), espace triangulaire entre la corniche et les deux rampants d'un fronton.

Volute (du lat. *voluta*, de *volvere* « rouler »), ornement en spirale utilisé au départ sur les chapiteaux ioniques, mais aussi sur les frontons, puis comme zone intermédiaire entre les maçonneries verticales et horizontales.

Voûte, ouvrage de maçonnerie cintré, fait de pierres spécialement taillées. Contrairement à la coupole, la voûte peut surplomber des édifices longitudinaux. Les butées, murs ou piliers par exemple, supportent la pression et la poussée de la voûte. On distingue de multiples formes de voûtes, comme la voûte d'arêtes ou la voûte en plein cintre.

Biographies

Alphand, Jean-Charles (Grenoble 1817 – Paris 1891), compte parmi les paysagistes majeurs de la deuxième moitié du XIXe siècle. Après l'arrivée au pouvoir de Napoléon III, l'urbaniste Georges Eugène Haussmann fut chargé en 1852 de moderniser Paris. Alphand s'occupa alors du nouvel aménagement du bois de Boulogne. Il dessina aussi de nombreux parcs, lieux et avenues qui définissent aujourd'hui encore la physionomie de la ville.

Baltard, Victor (Paris 1805 – Paris 1874), étudia à partir de 1823 à Paris avec son père, l'architecte Louis-Pierre Baltard. Il remporta en 1833 le grand prix de Rome pour son projet d'école militaire. Après son retour d'Italie, il dessina le tombeau de Napoléon Ier (1839), ce qui lui apporta ses premiers succès artistiques. Ses œuvres principales, les halles en verre et en fer construites en 1852-1859 (rasées en 1971-1973) et l'église Saint-Augustin (1860-1868), édifice à coupole et ossature en fer à l'intérieur, sont des réalisations magistrales de l'histoire de l'architecture.

Benjamin, Walter (Berlin 1892 – Port-Bou 1940), vécut pendant toute son existence dans des conditions matérielles précaires en tant que critique d'art et auteur d'écrits théoriques sur l'art. Après son essai sur la critique d'art à l'époque romantique (1919), il s'efforça sans succès de mener une carrière universitaire. Il embrassa la cause communiste dans les années 1920. Il immigra à Paris en 1933 et y rédigea entre 1936 et 1939 un essai intitulé *L'œuvre d'art à l'époque de sa reproductibilité technique* ainsi qu'un traité sur les passages parisiens. Il fuit les nazis et se suicida en Espagne le 27 septembre 1940.

Bernini, Gian Lorenzo, dit Le Bernin (Naples 1598 – Rome 1680), est considéré comme l'un des plus grands et plus influents maîtres du baroque roman. Il exerça à Rome en tant que sculpteur à partir de 1606. Sa renommée grandit avec des groupes de sculptures bibliques et mythologiques ainsi que des fontaines romaines, commandées à partir de 1615-1616 par plusieurs cardinaux et papes. Durant la deuxième moitié de sa vie, il travailla de plus en plus sur des projets architecturaux et concurrença Borromini. Entre 1624 et 1679, Bernini dirigea les programmes de reconstruction et d'aménagement de la basilique Saint-Pierre. En 1665, Louis XIV l'invita en France pour qu'il fasse des croquis en vue de l'agrandissement du Louvre. L'œuvre de Bernini se définit par un virtuose travail du marbre, une gestion efficace de la lumière et des mises en scène théâtrales de l'agencement intérieur. Son travail est caractérisé par une dynamique et une proportionnalité rigoureuses des constructions et par l'unité de l'architecture et des sculptures.

Boffrand, Germain (Nantes 1667 – Paris 1754), a laissé une importante œuvre en tant qu'architecte de la cour française. Il travailla d'abord sous la direction de Jules Hardouin-Mansart dont il s'émancipa rapidement. Il reçut de nombreuses commandes de l'aristocratie, surtout pour la construction d'hôtels particuliers (décoration de l'hôtel de Soubise par exemple), mais aussi des contrats publics.

Boucher, François (Paris 1703 – Paris 1770), est l'un des plus grands représentants du style rococo en France. Ses professeurs, Lemoine et Watteau, eurent une influence décisive sur son travail. Après un séjour en Italie de 1727 à 1731, il débuta sa brillante carrière en entrant à l'Académie royale dont il devint directeur avant d'être nommé Premier Peintre du roi. Ses œuvres décoratives s'inspirant de thèmes mythologiques et sociaux de même que ses tableaux érotiques expriment grâce et joie de vivre. Ils répondaient ainsi au goût de la cour mais se heurtèrent aux vives critiques de la bourgeoisie des Lumières.

Bruant, Libéral (Paris vers 1636 – Paris 1697), fut l'un des architectes les plus importants du règne de Louis XIV. Parmi ses réalisations, on peut citer l'église des Petits-Pères (aujourd'hui Notre-Dame-des-Victoires) et la chapelle de l'hôpital de la Salpêtrière. En 1670, il dessina un

Pierre Petit, Le Peintre Gustave Courbet, *1865, musée des Beaux-Arts, Paris.*

complexe destiné à accueillir cinq mille soldats âgés et malades. L'hôtel des Invalides, achevé en 1691, est après le château de Versailles le deuxième plus grand projet architectural réalisé sous Louis XIV. La maison privée de l'architecte, l'hôtel Libéral Bruant construit en 1685, abrite aujourd'hui le musée de la Serrurerie qui présente une collection considérable de clés et de serrures.

Carpeaux, Jean-Baptiste (Valenciennes 1827 – Courbevoie 1875), étudia la sculpture dans l'atelier de François Rude à partir de 1844. Un séjour dans la Ville éternelle, rendu possible grâce au grand prix de Rome qu'il remporta en 1854, lui permit de 1856 à 1863 d'approfondir ses connaissances sur l'œuvre de Michel-Ange et de Bernini, qui eurent une grande influence sur son travail. La présentation de son chef-d'œuvre, *La Danse* (1869), destiné à la façade de l'opéra Garnier, fit scandale : on lui reprocha son réalisme et sa modernité déplacés. Carpeaux combine un langage innovant avec des éléments traditionnels grâce à la métamorphose picturale de la surface et à l'intégration du jeu de la lumière ; il fait partie des sculpteurs les plus importants de la deuxième partie du XIXe siècle.

Chardin, Jean-Baptiste Siméon (Paris 1699 – Paris 1779), fut l'élève de différents peintres à partir de 1720. Il fut accepté dans la Guilde de Saint-Luc en 1724 puis à l'Académie royale en 1728, où il occupa des postes importants jusqu'en 1774. Chardin privilégiait les natures mortes et les peintures de genre, styles méconnus à l'époque. Son travail leur apporta une reconnaissance grandissante. Les couleurs finement nuancées et les compositions hâtives caractérisent son style.

Colbert, Jean-Baptiste, (Reims 1619 – Paris 1683), incarna la doctrine du mercantilisme dans ses fonctions d'homme d'État et de réformateur de l'économie. En tant que surintendant des Finances et ministre du Commerce sous Louis XIV, il œuvra à la centralisation de la France en construisant des infrastructures de transport dirigées vers Paris, centre névralgique du pays. Colbert fit aménager un réseau de routes pavées et construire des canaux et des ports. Il encouragea l'économie en abolissant les douanes intérieures et en réformant la fiscalité.

Courbet, Gustave (Ornans 1819 – La Tour-de-Peilz, Suisse 1877), se forma seul à la peinture après 1840, copiant des œuvres de Vélasquez, Hals et Rembrandt puis peignant d'après nature. Influencé par son ami socialiste Pierre-Joseph Proudhon, Courbet s'efforça de trouver un mode de représentation le plus proche de la réalité possible, ce qui reflétait l'esprit de l'époque. Il peignait donc de façon pragmatique et dénuée de sentiments des sujets jusqu'alors inconnus empruntés à la vie quotidienne des agriculteurs et des ouvriers. Il s'opposa ainsi à l'Académie et à la peinture historique « officielle », et fut à l'origine du réalisme. Malgré la critique, il connut ses premiers succès vers 1850, en particulier en Allemagne où il se rendit à plusieurs reprises. En 1871, il entra dans la Commune de Paris, fut emprisonné après la défaite et fuit en Suisse en 1873.

Coysevox, , Antoine (Lyon 1640 – Paris 1720), compte avec François Girardon parmi les grands maîtres de la sculpture monumentale française du XVIIe siècle. Il accéda à la notoriété grâce à ses nombreux bustes de personnalités. Il travailla au service de Louis XIV (1643-1715) à partir de 1679. Parmi ses œuvres les plus célèbres, on peut citer les monumentaux groupes de sculptures du château de Marly, aujourd'hui exposés au musée du Louvre.

David, Jacques Louis (Paris 1748 – Bruxelles 1825), est le plus célèbre représentant du classicisme français. Sur les conseils de son ami Boucher, il devint l'élève de Joseph-Marie Vien en 1766. L'étude des antiquités romaines lui fournit l'impulsion déterminante lors de son premier séjour en Italie de 1775 à 1780. David s'engagea politiquement et devint en tant que Jacobin actif l'artiste de la Révolution française. Par la suite, il rallia la cause de Napoléon Ier qui le nomma Premier Peintre en 1804. Après la chute de l'empereur, il s'exila en Belgique en 1816.

Degas, Edgar (Paris 1834 – Paris 1917), de son vrai nom Hilaire Germain Edgar de Gas, issu d'une famille aisée de banquiers, étudia de 1853 à 1855 à Paris avec les successeurs d'Ingres, Louis Lamothe et Hippolyte Flandres, qui lui transmirent leurs connaissances sur l'art d'Ingres, si importantes pour son œuvre. Degas entretenait une amitié avec Monet et Renoir et participa aux expositions des impressionnistes. Son thème principal était le corps humain, surtout féminin ; il en considérait les poses et les mouvements comme des incarnations de la perfection et de l'harmonie. Le traitement de l'espace et de la lumière dans ses représentations de jockeys, de danseuses et de blanchisseuses, qu'il réalisait surtout aux pastels à la fin des années 1870, le différencie de ses modèles classiques et caractérise sa proximité avec l'impressionnisme. Ses figures de cire réalisées à partir de 1865 – figurant pour la plupart des danseuses – n'ont pas été créées pour être dévoilées au public et n'ont été coulées en bronze qu'après sa mort.

Delacroix, Eugène (Saint-Maurice, près de Paris 1798 – Paris 1863), se forma pendant ses études à Paris en observant les œuvres de Rubens et de Véronèse. Constable fut pour lui une autre source d'inspiration. Il séjourna à Londres en 1825, puis voyagea en Afrique et dans le sud de l'Espagne en 1832. Delacroix était le chef de file de la peinture romantique française. Il s'affranchit du classicisme « officiel » par une grande maîtrise de la lumière et de la couleur et se posa en précurseur de la peinture impressionniste.

Delaunay, Robert (Paris 1885 – Montpellier 1941), occupa une place particulière dans le cubisme analytique. Contrairement à Georges Braque et Pablo Picasso, Delaunay, tout en disloquant les objets, resta attaché au rôle constitutif de la lumière et de la couleur, qui, en contraste l'une avec l'autre, créent un mouvement rythmé. Ses thèmes de prédilection ne sont pas des natures mortes mais les grandes

Louis Michel Van Loo (1707-1771), Portrait de Denis Diderot*, huile sur toile, 81 x 65 cm, non daté, musée du Louvre, Paris.*

villes, le sport et la technique. En raison du caractère poétique et musical de ses toiles, Apollinaire créa en 1912 le terme d'« orphisme » en référence à Orphée, le chantre de la mythologie, pour désigner un mouvement initié par Sonia et Robert Delaunay au sein du cubisme.

Delorme, Philibert (Lyon vers 1510 – Paris vers 1570), fait partie des architectes français les plus importants du XVIe siècle, même si beaucoup de ses œuvres ont été détruites. À partir de 1547, il prit la direction générale des chantiers de construction sous Henri II, mais il fut démis de ses fonctions de façon inattendue à la mort de ce dernier en 1559. En 1563, Catherine de Médicis réussit à le faire de nouveau accepter au service du roi et lui confia la construction du palais des Tuileries. Le vaste parc est le seul vestige de l'édifice, détruit par un incendie en 1871.

Diderot, Denis (Langres 1713 – Paris 1784), développa dans ses traités philosophiques les modèles de pensée des Lumières en y intégrant le rêve, l'aliénation et l'inconscient. Avec d'Alembert, il fonda et dirigea l'*Encyclopédie* qui, sous la forme d'un dictionnaire, contenait l'ensemble des connaissances scientifiques, philosophiques et artistiques de l'époque. Vingt-huit tomes furent publiés entre 1751 et 1772. En raison de sa vision anthropocentrique du monde, l'*Encyclopédie* fut interdite par l'Église.

Eiffel, Gustave (Dijon 1832 – Paris 1923), architecte et ingénieur moderne, conçut des constructions en acier. Il dessina la tour Eiffel, édifice de 300 mètres de hauteur, pour l'Exposition universelle de Paris de 1889 qui marqua le centenaire de la Révolution française. Avec son ossature en acier visible, elle était réduite à des éléments purement fonctionnels. En ayant recours à des éléments préfabriqués devant être assemblés sur site, Eiffel réussit à ériger la tour Eiffel en vingt-six mois et en employant seulement deux cent cinquante ouvriers. Très controversée à l'époque, la tour Eiffel est aujourd'hui le véritable symbole de Paris.

Fragonard, Jean-Honoré (Grasse 1732 – Paris 1806), faisait partie, en tant que peintre, dessinateur et graphiste, des représentants majeurs de l'art rococo français. Il commença son apprentissage auprès de Chardin avant d'être accepté dans l'atelier de Boucher. Après un séjour à Rome de 1756 à 1761, il fut reçu à l'Académie royale en 1765. Cependant, il travailla surtout pour des particuliers pour lesquels il réalisa de monumentales décorations intérieures. Thèmes mythologiques, paysages et portraits de mœurs érotiques et enjoués de la haute société caractérisent son œuvre. Il est enterré au cimetière de Montmartre.

Aimé Morot (1850-1913), Gustave Eiffel, ingénieur, *huile sur toile, 140,5 x 98 cm, 1905, musée national du Château et des Trianons, Versailles.*

Gabriel, Jacques Ange (Paris 1698 – Paris 1782), était l'architecte de la cour de Louis XV. Ses œuvres marquèrent le passage du rococo au classicisme primitif. Ses commandes parisiennes les plus importantes comprennent l'École militaire ainsi que le réaménagement de la place de la Concorde qui revêt une importance particulière en termes d'urbanisme : la place, au plan irrégulier, est limitée d'un seul côté par deux grands bâtiments (l'hôtel Crillon et le Garde-meuble, aujourd'hui le ministère de la Marine). Elle reste donc ouverte sur ses trois autres côtés, ce qui crée un lien avec son environnement naturel.

Garnier, Charles (Paris 1825 – Paris 1898), étudia l'architecture à l'École des beaux-arts. Garnier acquit une notoriété inattendue lorsque, en 1861, il remporta le concours pour l'édification d'un opéra, le contrat de construction le plus important de son époque. L'aménagement fastueux de la façade de style néobaroque incarna l'esprit du Second Empire sous Napoléon III. Comme Garnier contrôlait lui-même les travaux dans les moindres détails, ses autres réalisations sont peu nombreuses. En 1881, il publia une monographie sur la construction de l'opéra, l'une des descriptions les plus complètes d'un chantier au XIXe siècle.

Goujon, Jean (Normandie 1510 – Bologne vers 1565), fait partie des sculpteurs français les plus importants du XVIe siècle. Après l'arrivée au pouvoir d'Henri II en 1547, il travailla au service du roi avec l'architecte Pierre Lescot. Ses œuvres les plus connues incluent des sculptures réalisées pour la fontaine des Innocents, l'hôtel Carnavalet et la rénovation du Louvre (Cour carrée) avec la salle des cariatides. La première traduction française du traité de Vitruve *De architectura* en 1547 est illustrée de gravures de Goujon qui témoignent de ses connaissances sur l'Antiquité.

Green, Julien (Paris 1900 – Paris 1998), fils d'un immigrant américain, grandit à Paris. Dans son œuvre, Green thématise la lutte entre les conceptions morales catholiques et le désir sexuel. Cet antagonisme entraîne souvent les protagonistes des romans de Green dans la folie, l'aliénation ou la criminalité. Membre de l'Académie française à partir de 1971, il démissionna en novembre 1996, ce qui fit scandale. Parmi ses œuvres majeures, on peut citer *Adrienne Mesurat*, *Moïra*, *Léviathan*, ainsi que son journal.

Guimard, Hector (Lyon 1867 – New York 1942), étudia à l'École des arts décoratifs à partir de 1882, puis à l'École des beaux-arts (architecture) de 1889 à 1893. Guimard, qui connut également un certain succès dans le domaine des arts appliqués avec des meubles, des objets en verre et des céramiques, était influencé par l'architecte belge Victor Horta. Sa principale réalisation est le bloc d'habitation castel Béranger (1894-1898) à Paris, dont la façade conventionnelle dissimule un intérieur où métal, faïence et verre sont utilisés de manière audacieuse. Guimard est surtout célèbre pour les entrées de métro (1899-1904) qui caractérisent aujourd'hui encore la physionomie de Paris.

Hardouin-Mansart, Jules (Paris 1646 – Marly 1708), prit part à de nombreux projets de construction en tant qu'architecte de la cour sous Louis XIV. Ses croquis pour la place des Victoires et la place Vendôme jouèrent un rôle majeur dans l'urbanisme public. Le dôme des Invalides est son projet religieux le plus important. En tant que successeur de Le Vau, il participa à la même époque au projet du château de Versailles où il travaillait la plupart du temps. Hardouin-Mansart fait partie des représentants les plus éminents de l'architecture baroque classique qui renoncèrent aux détails ornementaux au profit d'une large impression de surface.

Haussmann, Georges Eugène, baron (Paris 1809 – Paris 1891), en tant qu'urbaniste, fut chargé par Napoléon III de faire de Paris une métropole moderne. Par le biais de larges avenues et de boulevards, il créa un nouveau système de rues dont les artères principales se rejoignent sur des places en étoile. Sa conception de l'urbanisme inclut l'aménagement d'espaces verts publics. De nombreux quartiers historiques de la ville aux rues étroites et aux bâtiments serrés furent rasés au cours des travaux qu'il mit en œuvre. Les projets haussmanniens marquent aujourd'hui encore la physionomie de Paris.

Hittorff, Jacques Ignace (Cologne 1792 – Paris 1867), travailla en France en tant qu'architecte. Il commença son apprentissage dans sa ville natale auprès du chanoine du dôme, le professeur d'université Wallraf, avant de partir étudier à l'École des beaux-arts de Paris. De nombreux croquis témoignent de son talent d'urbaniste, mais sa contribution resta réduite car il ne réussit pas à s'imposer face à Haussmann. Il est à l'origine des fontaines qui flanquent l'obélisque central de la place de la Concorde.

Ingres, Jean Auguste Dominique (Montauban 1780 – Paris 1867), étudia à Paris auprès de Jacques Louis David. De 1806 à 1824, il vécut à Florence et à Rome avant de retourner à Paris. En 1835, il répondit à l'appel de l'Académie de Rome où il enseigna jusqu'en 1841. Fortement influencé par la peinture de David à ses débuts, Ingres se tourna vers l'art de la Renaissance. Il chercha dans son style à harmoniser formes idéales et simplicité. En tant que représentant de la fin du classicisme, il s'opposait à Delacroix qui protestait avec véhémence contre cet art « officiel ».

Le baron Georges Eugène Haussmann (1809-1891), musée Carnavalet, Paris.

Le Brun, Charles (Paris 1619 – Paris 1690), fils d'un sculpteur, était l'un des artistes les plus influents de son époque. À 13 ans, il fit son apprentissage avec François Perrier, puis vers 1635 avec le peintre de la cour Simon Vouet. Il trouva des sources d'inspiration lors d'un voyage à Rome qu'il fit avec Poussin de 1642 à 1646. Il y étudia notamment les œuvres d'Annibale Carracci et de Raphaël. En 1648, il fut l'un des membres fondateurs de l'Académie royale de Paris, qui devint grâce à lui la première école d'art française. Son travail pour la cour à partir de 1660 lui apporta de nombreux contrats et des responsabilités, comme sa nomination en tant que Premier Peintre du roi et la direction de la Manufacture royale des Gobelins. Par ses diverses réalisations, Le Brun participa à la formation du style Louis XIV.

Le Corbusier (La Chaux-de-Fonds 1887 – Roquebrune-Cap-Martin 1965), de son vrai nom Charles-Édouard Jeanneret, architecte suisse, travailla à Paris dans les années 1920 et 1930 et joua un rôle important en tant que théoricien de l'architecture. Dans l'idée d'une architecture fonctionnelle, il développa en 1914 le système de l'ossature en béton armé basé sur une fabrication industrielle. Ses œuvres sont caractérisées par des formes géométriques élémentaires aux dimensions humaines. Il construisit une villa pour le banquier La Roche. Elle abrite aujourd'hui la Fondation Le Corbusier qui expose, en plus de ses croquis d'architecture, ses peintures et les meubles qu'il a dessinés.

Le Nôtre, André (Paris 1613 – Paris 1700), apparaît comme paysagiste sous Louis XIV et est considéré comme le véritable créateur du style horticole français, devenu obligatoire dans toute l'Europe jusqu'au XVIIIe siècle. Dès 1637, il prit la succession de son père comme directeur des jardins des Tuileries. Parmi ses réalisations majeures, on peut citer le parc du château de Versailles, avec son système de places centrales et d'allées parallèles ou en étoile, dans lequel la nature semble maîtrisée et qui peut être considéré comme l'expression même de la monarchie absolue.

Lescot, Pierre (Paris 1515 – Paris 1578), architecte français de la Renaissance, travailla au service de François Ier et de Henri II. Il construisit l'hôtel Carnavalet en collaboration avec Jean Bullant. Ses œuvres majeures comprennent une partie de la rénovation du Louvre (cour Carrée) et la fontaine des Innocents. Il travailla avec le sculpteur Jean Goujon pour les sculptures ornementales. Lescot définit un style architectural français particulier alliant des formes romaines antiques à des ornements fastueux dont le nombre va croissant comme l'on s'élève dans l'édifice.

Le Vau, Louis (Paris 1612 – Paris 1670), fait partie avec François Mansart des architectes les plus importants sous le règne de Louis XIV. Il construisit l'hôtel Lambert au début de sa carrière. Par ses relations privilégiées avec le cercle du cardinal Mazarin, Le Vau devint en 1654, peu de temps après la nomination de ce dernier en tant que ministre, Premier Architecte de la cour. Il obtint la direction des travaux du Louvre et fut plus tard responsable de la construction du château de Versailles. Le collège Mazarin, aujourd'hui Institut de France, qu'il dessina, est d'une importance capitale. Ses bâtiments baroques se démarquent par leur dynamisme.

François Mitterrand, 1994.

Maillol, Aristide (Banyuls-sur-Mer 1861 – Banyuls-sur-Mer 1944), après ses études de peinture auprès de Jean-Léon Gérôme et Alexandre Cabanel, définit, sous l'influence de Gauguin, un style pictural plan, souligné par des lignes. Il entretint à partir de 1893 des contacts avec le groupe des nabis. Il créa des tapisseries murales, des gravures et de petites sculptures en bois et en argile. Sculpteur autodidacte, Maillol réalisa de grandes sculptures en pierre et en bronze. Des silhouettes lourdes, volumineuses et renfermées sur elles-mêmes, aux formes rigoureuses et à la simplicité classique antique, caractérisent la vision du sculpteur le plus important du tournant du siècle.

Manet, Édouard (Paris 1832 – Paris 1883), étudia de 1850 à 1856 dans l'atelier de Thomas Couture. Comme Fantin-Latour, il étudia les anciens maîtres au Louvre et pendant ses voyages à travers l'Europe, copiant Titien, Tintoretto, Rembrandt et Vélasquez. Avec ses œuvres *Le Déjeuner sur l'herbe* (1862) et *Olympia* (1863), qui s'inspirent sciemment de modèles célèbres, Manet créa le scandale en 1863 et 1865 et fut perçu comme un peintre réaliste influencé par la peinture espagnole. Dans ses œuvres ultérieures qui comprennent des portraits, des paysages et des natures mortes, une peinture claire et spontanée s'exprime, caractérisée par le soulignement de la surface et la réduction des aplats de couleurs, annonciatrice de l'impressionnisme.

Mansart, François (Paris 1598 – Paris 1666), fait partie en tant qu'architecte français des représentants les plus importants du style baroque primitif. À partir de 1636, il était au service du roi, responsable de la construction et de la rénovation de nombreux châteaux, églises et palais. Ses réalisations les plus importantes à Paris comprennent l'église et l'abbaye du Val-de-Grâce et la rénovation de l'hôtel Carnavalet. C'est à lui que le toit « à la Mansart », permettant une meilleure exploitation des combles, qui fit son apparition au XVIIe siècle, doit son nom. Il fut utilisé de façon privilégiée par François Mansart.

Marcel, Étienne (Paris vers 1315 – Paris 1358), prévôt des marchands de Paris, essaya sans succès de limiter le pouvoir royal français en instaurant une monarchie contrôlée par les États. Pour asseoir sa position dans l'administration de la Ville de Paris face au dauphin et futur roi Charles V, il s'allia avec les paysans insurgés du nord de la France (surnommés les Jacques) et avec Charles le Mauvais de Navarre. Il fut assassiné en 1358 par des partisans du dauphin lors d'une révolte populaire contre les troupes royales.

Matisse, Henri (Le Cateau-Cambrésis 1869 – Nice 1954), avec sa peinture expressive, compte parmi les artistes avant-gardistes du fauvisme du début du XXe siècle. Son style est basé sur la prise de conscience de la valeur intrinsèque de la couleur. Ses tableaux, construits de façon ornementale, soulignent le caractère bidimensionnel de la toile et laissent agir les aplats de couleurs pures, positionnées en contraste les unes avec les autres. Matisse travailla aussi comme sculpteur et dans différents domaines artistiques. Sa créativité s'exprimait dans l'expérimentation avec de nouveaux matériaux.

Mazarin, Jules, duc de Nevers (Pescina 1602 – Vincennes 1661), conseiller de la cour royale à partir de 1640, fut nommé cardinal en 1641. En 1642, à la mort de Richelieu, Louis XIII le nomma Principal Ministre de l'État. Il régna pour le roi mineur Louis XIV avec la mère de ce dernier, Anne d'Autriche, et réussit à établir l'hégémonie de la France en Europe grâce à la paix de Westphalie en 1648 et à la paix des Pyrénées en 1659. Avec la répression de la Fronde, une révolte de la haute aristocratie et des cours de justice, Mazarin affermit la monarchie absolue à l'intérieur des frontières du pays.

Mitterrand, François (Jarnac 1916 – Paris 1996), occupa différents ministères sous Charles de Gaulle entre 1947 et 1957. Après la formation de la Ve République (1958), il rassembla les forces de gauche et devint président de la Gauche démocrate et socialiste (FGDS). En 1971, il est le premier secrétaire du tout nouveau Parti socialiste. En tant que président de la République (1981-1995), il fit construire de nombreux bâtiments prestigieux à Paris, qui devinrent rapidement des symboles de la ville : l'Opéra Bastille, la pyramide du Louvre, la Grande Arche de La Défense et la nouvelle Bibliothèque nationale.

Monet, Claude (Paris 1840 – Giverny 1926), grandit au Havre où il s'intéressa à la peinture en plein air de Boudin. À partir de 1859, il étudia à Paris à l'Académie suisse où il rencontra Pissarro, puis à l'École des beaux-arts. Avec Bazille, Renoir et Sisley, il peignait essentiellement en extérieur. Lors d'un voyage durant la guerre en 1870-1871, il découvrit la peinture de Turner à Londres. De 1872 à 1878, il habita à Argenteuil, puis à Vétheuil, à Poissy près de Paris et à Giverny à partir de 1883. L'ensemble de l'œuvre de Monet incarne la quintessence de l'impressionnisme.

Moreau, Gustave (Paris 1826 – Paris 1898), étudia dans l'atelier de François Édouard Picot et Théodore Chassériau. De 1857 à 1859, Moreau voyagea en Italie par ses propres moyens et exposa ses œuvres de façon irrégulière au Salon de Paris, pour la dernière fois en 1886 à la galerie Goupil. Dans ses visions mystiques, fantastiques et oniriques où se mêlent draperies exotiques et décors orientaux, il développait des thèmes mythologiques et religieux comme symboles de l'irrationnel et de l'impénétrable. Influencé par les préraphaélites anglais et le quattrocento italien, Moreau est considéré comme l'un des représentants les plus importants du symbolisme. Henri Matisse et Georges Rouault passèrent par son atelier.

Napoléon Ier (Ajaccio 1769 – île de Sainte-Hélène 1821), se proclama Premier consul des Français en 1799 après un coup d'État. La constitution de son consulat créa un système administratif centralisé. En 1804, il se fit couronner empereur et réforma le droit civil français (Code civil). Après une défaite lors de la campagne de Russie en 1812, l'hégémonie française sur l'Europe prit fin. En 1814, Napoléon fut exilé sur l'île d'Elbe. Il reprit le pouvoir en 1815, essuya une dernière défaite à Waterloo puis fut de nouveau exilé sur l'île de Sainte-Hélène où il resta jusqu'à sa mort.

Nouvel, Jean (Fumel 1945), fait partie des architectes français les plus talentueux de notre époque et a réalisé à Paris plusieurs grands ouvrages. Sa carrière débute en 1980 lorsqu'il remporta le concours organisé pour la construction de l'Institut du Monde arabe. Le hall d'exposition de la Fondation Cartier mérite à lui seul une visite. Le musée du Quai Branly a ouvert ses portes en 2006. Les constructions transparentes en verre de Nouvel suivent le postulat de l'immatérialité en architecture.

Pei, Ieoh Ming (Canton, Chine 1917), quitta la Chine en 1935 pour étudier l'architecture aux États-Unis. Une fois diplômé de Harvard, il dirigea le grand groupe d'architecture Webb & Knapp, puis s'installa à son compte à New York. Avec ses associés, Henry Nichols Cobb et James Ingo Freed, et leur centaine d'employés, il réalisa de nombreuses commandes internationales d'importance. À Paris, il remporta le concours pour la conception de la zone d'entrée du Louvre. La pyramide de verre terminée en 1993 contraste avec le bâtiment historique sans en dégrader l'apparence.

Picasso, Pablo (Málaga 1881 – Mougins 1973), peintre, dessinateur, graphiste et sculpteur espagnol, fait partie des artistes les plus productifs et les plus polyvalents du XXe siècle. Périodes bleue et rose, cubisme, constructions d'objets, peinture figurative, collages, assemblages et céramiques sont autant de facettes de son œuvre créative, tout comme l'expérimentation avec divers matériaux. L'étude de questions politiques, personnelles, artistico-théoriques et sexuelles sous-tend son travail. Le musée Picasso à Paris permet de découvrir un grande partie de son œuvre.

Poussin, Nicolas (Villers, près des Andelys 1594 – Rome 1665), vécut à Rome à partir de 1624. Il resta à la cour parisienne entre 1640 et 1642, quand Louis XIII le nomma Premier Peintre du roi. Poussin peignait, en se basant sur l'art de l'Antiquité et de la Renaissance italienne, des tableaux d'histoire religieux et mythologiques, des portraits et des paysages soumis à un principe d'ordre rigoureux visant la plus grande perfection possible. Sa peinture classique fit de lui un modèle pour les artistes de l'Académie de Paris.

Rembrandt (Leyde 1606 – Amsterdam 1669), de son vrai nom Harmenszoon Van Rijn, fut l'élève de Pieter Lastman à Amsterdam, où il s'installa en 1631 après avoir travaillé à Leyde. Bien qu'il ait été un peintre et un graveur très demandé, il était en grandes difficultés financières. Rembrandt se fit connaître avec ses tableaux historiques religieux et ses portraits, dans lesquels il s'affranchit de la représentation traditionnelle des thèmes. Sa peinture en clair-obscur subtile et la réalisation inspirée de ses sujets firent de lui l'un des peintres majeurs du XVIIe siècle.

Renoir, Pierre Auguste (Limoges 1841 – Cagnes-sur-Mer 1919), débuta sa carrière comme peintre sur porcelaine et

Nicolas Poussin, Autoportrait*, huile sur toile, 78 x 94 cm, 1650, musée du Louvre, Paris.*

décorateur d'éventails et de rideaux. À partir de 1861, il étudia avec Bazille, Monet et Sisley dans l'atelier de Charles Gleyre. Après ses portraits impressionnistes, sa palette s'inspira d'un voyage en Algérie et en Italie qu'il fit en 1881 et 1882. Sous l'influence de Raphaël, Ingres et du quattrocento italien, ses personnages devinrent plus classiques. Décontraction picturale, douceur et sensualité dominent dans ses nus et ses portraits tardifs.

Richelieu, Armand-Jean du Plessis, (Paris 1585 – Paris 1642), est considéré comme le fondateur de la monarchie absolue française. Cardinal au départ, il fut nommé au Conseil du roi en 1624 par Louis XIII. Il renforça la royauté en dépossédant la haute aristocratie de son pouvoir et en ôtant leurs privilèges aux protestants. Sur le plan de la politique extérieure, il assit la position de la France par rapport au pouvoir de l'Espagne et des Habsbourg en concluant une alliance avec le roi de Suède Gustav Adolf. Il prépara la paix de Westphalie en 1641 grâce à laquelle la suprématie de la France en Europe fut assurée. Il fonda l'Académie française en 1635.

Robert, Hubert (Paris 1733 – Paris 1808), fréquenta tout d'abord le collège de Navarre et suivit le cours de dessin de l'atelier du sculpteur Ange Slodtz. En 1754, il partit pendant plus de dix ans à Rome où il obtint de 1759 à 1762 la bourse officielle de l'Académie de France. En 1760, il partit à Naples pour visiter les fouilles de Pompéi. En Italie, la peinture de Robert fut influencée par Giovanni Battista Piranesi et Giovanni Paolo Pannini. En 1765, Robert retourna à Paris. Il entra à l'Académie en 1766 comme peintre de l'architecture. Après un court emprisonnement pendant la Révolution, il devint en 1794 membre de la commission responsable de la transformation du musée du Louvre en nouveau musée national. Robert est considéré comme un précurseur majeur de la peinture de paysage du XIXe siècle.

Robespierre, Maximilien de (Arras 1758 – Paris 1794), fut nommé membre des états généraux en 1789. Avocat originaire du nord de la France, il dirigea le parti radical des Montagnards et fit partie en 1792 de la Convention nationale. En tant que président du Comité de salut public, il imposa un régime de terreur en 1793-1794 pendant lequel environ trente personnes furent exécutées par jour à Paris. Robespierre justifia le caractère totalitaire de la Révolution en mettant ses objectifs politiques sur un plan d'égalité avec la « volonté générale ». Il fut renversé le 9 thermidor (27 juillet) 1794 et guillotiné le lendemain.

Rembrandt, Autoportrait face au chevalet, *huile sur toile, 111 x 90 cm, 1660, musée du Louvre, Paris.*

Rodin, Auguste (Paris 1840 – Meudon 1917), est considéré comme le sculpteur le plus important du XIXe siècle. Refusé plusieurs fois par l'École des beaux-arts, il travailla de 1864 à 1870 avec Albert Ernest Carrier-Belleuse et pour la manufacture de porcelaine de Sèvres. Un voyage à Rome et Florence lui permit de découvrir les œuvres de Michel-Ange et Donatello en 1875 et de développer son style révolutionnaire. Avec son œuvre majeure *Les Bourgeois de Calais* (*voir* p. 320), Rodin créa un nouveau type de monument

Gian Lorenzo Bernini (1598-1680), Le Cardinal Richelieu, *buste en marbre, non daté, musée du Louvre, Paris.*

commémoratif sans déclaration héroïque au sens académique. Dans ses bustes, ses groupes de sculptures et ses sculptures individuelles, il atteignit, par le traitement lâche des surfaces et les jeux d'ombre et de lumière, une expressivité encore inédite dans le modelage des impressions et des stimulations psychiques.

Saint-Phalle, Niki de (Paris 1930 – San Diogo 2002), connut un succès international en tant que sculptrice et peintre française. Vers 1960, elle suscita l'intérêt grâce à ses « tableaux-surprises » : sous la couche superficielle de ces assemblages en plâtre, des poches de couleur éclaboussaient la surface lorsqu'on leur tirait dessus à la carabine. Elle accéda à la notoriété grâce à ses *Nanas*, d'immenses femmes colorées dont la chaleur s'opposait à la froideur des pin-ups du pop-art. De nombreux travaux naquirent de sa collaboration avec son époux, Jean Tinguely, dont la *Fontaine Stravinski* édifiée devant le Centre Georges-Pompidou.

Soufflot, Germain (Irancy 1713 – Paris 1780), est l'architecte le plus important du classicisme français. Après sa formation à Lyon, il partit en 1731 pour Rome où il s'intéressa activement à l'art antique et italien et étudia trois ans à l'Académie. À son retour à Lyon en 1738, il obtint de nombreux contrats. À partir de 1755, il réalisa surtout des commandes publiques à Paris. Son œuvre principale est l'église Sainte-Geneviève, terminée seulement après sa mort, le Panthéon actuel qui sert aujourd'hui de nécropole aux grands hommes.

Suger (Paris vers 1081 – Saint-Denis 1151), en tant qu'abbé de Saint-Denis, fit transformer après 1122 l'abbaye en une œuvre gothique primitive. En 1132, Louis VI le nomma conseiller en questions religieuses à la cour. Entre 1147 et 1149, Suger fut proclamé régent par Louis VII qui partait en croisade. En tant que chroniqueur, Suger rédigea une biographie de Louis VII ainsi que divers exposés politiques qui formèrent l'historiographie de Saint-Denis.

Tinguely, Jean (Fribourg 1925 – Bern 1991), était un sculpteur suisse influent du XXᵉ siècle. Dada et constructivisme forment une base importante de son travail. Il accéda à la notoriété dans les années 1960 pour ses machines construites à partir d'objets récupérés dans des casses qu'il animait mécaniquement en appuyant sur des boutons et par ordinateur, et qu'il combina avec de l'argile, des jeux de lumière et même du parfum. Ces constructions inutiles sont des paraphrases ironiques voire des compositions ludiques et amusantes, comme la *Fontaine Stravinski*, érigée à côté du Centre Georges-Pompidou, qu'il a réalisée avec sa femme, Niki de Saint-Phalle.

Toulouse-Lautrec, Henri de (Albi 1864 – château de Malromé, Gironde 1901), issu de la lignée des comtes de Toulouse. Atteint d'une maladie osseuse aggravée par deux

Jean Antoine Houdon (1741-1828), François-Marie Arouet dit Voltaire, *bronze, 45 x 20,8 x 21,2 cm, XVIIIe siècle, musée du Louvre, Paris.*

chutes de cheval pendant son enfance, il souffrait de problèmes de croissance et resta nain toute sa vie. Il fit son apprentissage en 1882-1883 auprès de Léon Bonnat et Fernand Cormon à Paris et découvrit en 1885 le demimonde de Montmartre dont il fit le sujet principal de ses tableaux. Il créa des portraits de ses amis, d'artistes, de danseuses et de prostituées. Avec des décors plans et des lignes mobiles, il dévoilait en quelques traits les caractéristiques d'un geste, d'un mouvement, d'une physionomie. Son travail fut précurseur de l'art des affiches. L'œuvre de Toulouse-Lautrec, qui s'inspire de l'artiste Art nouveau anglais Aubrey Beardsley, comprend aussi des illustrations et des lithographies en couleurs.

Van Gogh, Vincent (Groot-Zundert 1853 – Auvers-sur-Oise 1890), après des études de théologie, il travailla comme prédicateur laïc dans le bassin houiller du Borinage, en Belgique. À partir de 1880, il étudia la peinture à Bruxelles et à Anvers, puis à Paris de 1886 à 1888, auprès de Fernand Cormon. Ses premières œuvres s'orientèrent vers le réalisme de l'école de La Hague. Les paysages, les portraits et les natures mortes, réalisés à Paris sous l'influence des impressionnistes et des pointillistes dans une fiévreuse force créatrice, témoignent d'un style personnel qui donne aux couleurs une expressivité phénoménale. En 1889, une maladie mentale le força à entrer à l'asile de Saint-Rémy où il se suicida.

Voltaire, (Paris 1694 – Paris 1778), de son vrai nom François-Marie Arouet, fut, avec ses œuvres dramatiques et ses romans cinglants, le précurseur du siècle des Lumières. Dans ses œuvres, Voltaire se sert des héros antiques pour plaider la tolérance et l'humanisme. En tant que philosophe, il s'opposa à l'Église et à ses dogmes, mais resta attaché au déisme. De 1750 à 1753, il vécut à la cour de Frédéric II de Prusse avec lequel il entretenait un dialogue philosophique.

Watteau, Antoine (Valenciennes 1684 – Nogent-sur-Marne 1721), étudia chez Jacques Albert Gérin à Valenciennes. Vers 1702, il partit pour Paris et continua son apprentissage auprès de Claude Gillot et Claude Audran III. Avec ses maîtres, Watteau découvrit le monde de la commedia dell'arte et la technique libre de l'arabesque. En 1717, il fut accepté à l'Académie royale de peinture et de sculpture en tant que « peintre des fêtes galantes ». De 1719 à 1720, il travailla à Londres. Watteau fait partie des peintres français les plus importants du XVIIIe siècle.

Zola, Émile (Paris 1840 – Paris 1902), ridiculisa dans ces romans sociaux le faste superficiel de la vie dans les grandes villes et dévoila le côté obscur de la société industrielle à ses débuts : pauvreté et maladie, prostitution et alcoolisme. Son œuvre majeure, le cycle des *Rougon-Macquart* en vingt tomes, dépeint la chute d'une famille pendant le Second Empire. Les romans *Germinal*, *Nana*, *La Bête humaine*, *L'Argent*, et *La Débâcle* sont parmi les plus célèbres. En 1897, Zola s'illustra par ses prises de position politiques dans l'affaire Dreyfus et dut s'exiler pendant quelque temps en Angleterre.

Bibliographie

ALVAREZ José, BRUANT Nicolas (illus.), SARRAMON Christian (illus.), *L'Art de Vivre à Paris*, coll. « L'art de vivre », Paris, Flammarion, 2008.

ARTHUS-BERTRAND Yann, *Paris vu du ciel*, coll. « Vue sur… », Paris, Le Chêne, 2002.

BARTZ Gabriele, KÖNIG Eberhard, KAYSER Thomas de (trad.), HERVIEUX Pascal (trad.), *Le Musée du Louvre*, coll. « Visite guidée », Paris, Place des Victoires, 2005.

BEACH Sylvia, *Shakespeare and company*, coll. « Littérature générale », Paris, Mercure de France, 1974.

BRUSON Jean-Marie, LERIBAULT Christophe, *Au temps de Marcel Proust*, La collection François-Gérard Seligmann au musée Carnavalet, Paris Musées, 2007.

CAMPBELL Barbara-Ann, *Paris*, coll. « Guide de l'architecture contemporaine », Cologne, Köneman, 1999.

CHARDIN Virginie, *Paris en couleurs : de 1907 à nos jours*, coll. « Albums », Paris, Seuil, 2007.

FESSY Georges (illus.), Paris des écrivains, coll. « Paris », Paris, Le Chêne, 1996.

GÄRTNER Peter J., PADBERG Martina, SANDER Birgit, STUKENBROCK Christiane, WYCKAERT Sabine (trad.), *Le musée d'Orsay*, coll. « Visite guidée », Paris, Place des Victoires, 2007.

GREEN Julien, *Paris*, Paris, Le Seuil, 1989.

HEMINGWAY Ernest, *Paris est une fête*, coll. « Du monde entier », Paris, Gallimard, 1964.

KIMPEL Dieter, *L'Architecture gothique en France : 1130-1270*, Paris, Flammarion, 1992.

LAMBERT Guy, *Les ponts de Paris*, coll. « Paris et son patrimoine », Action artistique de la ville de Paris, 2008.

LEMOINE Pierre, *Versailles et Trianon, Guide des châteaux et jardins*, Paris, Réunion des musées nationaux, 1991.

MURAT Laure (sous la dir. de), BRIGUGLIO Patrizia, PAULVÉ Dominique, *La Ruche, Un siècle d'art à Paris*, coll. « Gründ art », Paris, Gründ, 2008.

PÉROUSE DE MONTCLOS Jean-Marie, *L'art de Paris*, Paris, Place des Victoires, 2003.

PÉROUSE DE MONTCLOS Jean-Marie, CÉSARI Cécile, *Guide du patrimoine : Paris*, coll. « Hachette Tourisme », Paris, Hachette, 1994.

PÉROUSE DE MONTCLOS Jean-Marie, HEWLETT Corinne, IANCO Catherine, MANDON Patrick, *Artisans et métiers d'art de Paris*, coll. « Guide Gallimard », Paris, Gallimard, 2007.

PICON André, ROBERT Jean-Paul, *Un atlas parisien, Le dessus des cartes*, Paris, Picard, 2000.

PINON Pierre, *Atlas du Paris haussmannien*, coll. « Parigramme », Paris, Parigramme, 2002.

PITT Léonard, *Promenades dans le Paris Disparu*, Paris, Parigramme, 2002.

QUESNEY Daniel, COX David (trad.), FRIZOT Michel (Trad.), *Retour à Paris : Les mêmes lieux photographiés d'un siècle à l'autre*, col. « Illustrés », Paris, Parigramme, 2005.

STIERLE Karlheinz, *La capitale des signes : Paris et son discours*, Paris, Maison des Sciences de l'Homme, 2001.

THIÉBAUT, Philippe, *1900*, Paris, Réunion des musées nationaux, 2000.

VALÉRY Paul, *Fonctions de Paris, Regards sur le monde actuel*, Paris, Stock, 1931.

VIOLLET-LE-DUC Eugène, *Dictionnaire Raisonné de l'architecture française du XI au XVIe siècle*, 10 tomes, Paris, Morel, 1874-1875.

WALTER Benjamin, *Paris, capitale du XIXe siècle*, Paris, Allia, 2003.

WEISS Andrea, *Paris était une femme*, coll. « Récit », Paris, Anatolia, 1996.

ZOLA Émile, LES ROUGON-MACQUART, coll. « Bibliothèque de la Pléiade », Paris, Gallimard, 1960.

Index des lieux

Crédits photographiques

L'éditeur remercie les musées, les archives et les photographes pour les autorisations de reproduction et le soutien amical apporté à la réalisation de cet ouvrage. L'éditeur s'est efforcé jusqu'au bouclage de la production de retrouver tous les détenteurs des droits sur les images. Les personnes et les institutions qui n'ont pas pu être contactées et possèdent des droits sur des images publiées dans ce livre sont priées d'entrer ultérieurement en contact avec l'éditeur.

© AKG images, Berlin (10-11, 18, 32, 45, 58, 67, 125, 201 l. 2/ill. 4, 201 l. 5/ill. 3, 202 l. 5/ill. 2, 203 l. 1/ill. 4, 204 l. 1/ill. 1, 217, 224 h, 258, 275, 282, 289, 303, 321 b, 341, 393, 435 b, 463 ; Paul Almasy 300, 350 ; Archives CDA/Guill 227 hd, 232 ; Hervé Champollion 20, 42 g, 90 bd, 148, 165, 171 bg, 310 hg, 332, 397, 439 hd ; Jérôme da Cunha 424 c ; Jean-Paul Dumontier 201 l. 1/ill. 2 ; Michael Farrell 299 ; Daniel Frasnay 204 l. 5/ill. 2, 393 ; Erich Lessing 74 hg, 79 d, 101, 201 l. 1/ill. 3, 203 l. 2/ill. 4, 203 l. 4/ill. 5, 216, 221, 284, 373 ; Joseph Martin 181 g, 278 ; Nimatallah 201 l. 5/ill. 1 ; 323 ; Jürgen Raible 204 l. 4/ill. 2, 218), © ALTITUDE (Yann Arthus-Bertrand 89), © Art Archive (9, 414, 439 bg ; musée du Louvre, Paris/Dagli Orti 96 d, 103 ; Sainte-Chapelle, Paris/Dagli Orti 41), © ARTOTHEK (Joseph S. Martin 2), © Achim Bednorz (146, 147, 149, 159, 207, 222-223, 246, 247 h, 247 b, 248, 249, 269, 285, 295, 309, 310 bg, 314-315, 336, 337, 346 cd, 349, 364, 410-411 ; Palais de Tokyo, Site de création contemporaine 333), © bpk, Berlin (44, 97 d, 99 hg, 100, 106, 153, 154, 202 l. 1/ill. 2, 202 l. 1/ill. 5, 202 l. 5/ill. 4, 257, 259, 281, 324, 415, 432 ; Lutz Braun 344, 359 ; Hermann Buresch 261 ; CNAC-MNAM 214 ; Félicien Faillet 128, 132 d, 134, 135, 201 l. 4/ill. 4, 202 l. 3/ill. 5, 334, 352, 437 ; Hélaine 176 ; Fred Stein 204 l. 5/ill. 3 ; RMN 73 g, 233 ; RMN/Daniel Arnaudet 201 l. 2/ill. 1 ; RMN/Jean Gilles Berizzi 98 bd, 115 ; RMN/Gérard Blot 111 ; RMN Gérard Blot/ Hervé Lewandowski 150 ; RMN/Thierry Le Mage 239 ; RMN/Hervé Lewandowski 201 l. 4/ill. 3 ; RMN/Thierry Ollivier 343 ; RMN/Caroline Rose 91 bg, 107, 144, 202 l. 4/ill. 5 ; RMN/Peter Willi 345 b ; CNAC-MNAM/Philippe Migeat 212/213 ; Félicien Faillet 335), © The Bridgeman Art Library, Londres (Archives Larousse, Paris/Giraudon 203 l.1/ill. 2 ; basilique de Saint-Denis, France 439 b ill. 3 ; basilique de Saint-Denis, France/Lauros-Giraudon 439 b. ill. 2, 439 bd ; basilique de Saint-Denis, France/Peter Willi 438, 439 hg ; Bibliothèque nationale, Paris 66, 68 g, 201 l. 1/ill. 4, 296 ; Bibliothèque nationale, Paris/Lauros-Giraudon 68 d, 122, 192, 195, 201 l. 5/ill. 5, 203 l. 5/ill. 5, 371 ; Bibliothèque nationale, Paris/Roger Viollet, Paris 59 ; château de Compiègne, Oise/Lauros-Giraudon 72 bd, 76, 203 l. 4/ill. 3 ; Comédie-Française, Paris 193 ; Comédie-Française, Paris/Archives Charmet 194 ; château de Versailles, France 452 ; château de Versailles/Giraudon 413, 425 bg, 429, 431 b, 433 ; château de Versailles/Lauros-Giraudon 425 h, 428, 430 bd, 434, 465 ; château de Versailles/Peter Willi 424 h, 427, 430 cd, 430 hg, 430 bc ; Saint-Sulpice, Paris/Peter Willi 293 ; Dôme des Invalides, Paris/Paul Maeyaert 317 g ; Fogg Art Museum/Harvard University Art Museums/Bequest of Grenville L. Winthrop 72 hd, 77 ; musée des Beaux-Arts, Reims/Lauros-Giraudon 187 ; musée Condé, Chantilly/Giraudon 200, 205 ; musée Guimet, Paris 203 l. 4/ill. 1, 345 h ; musée du Louvre, Paris 98 hg, 99 bc, 105, 112, 116, 119, 130, 132 g, 133, 137, 139 g, 139 d, 201 l. 3/ill. 3, 202 l. 3/ill. 3, 202 l. 5/ill. 1 ; musée du Louvre, Paris/Giraudon 13, 98 bg, 99 hd, 113, 114, 118, 126, 138, 202 l. 1/ill. 1, 202 l. 3/ill. 1, 202 l. 3/ill. 4, 202 l. 3/ill. 6, 260 ; musée du Louvre, Paris/Lauros-Giraudon 97 g, 98 hd, 99 bd, 104, 108,

109, 110, 127, 129, 131, 136, 142, 201 l. 5/ill. 4, 202 l. 4/ill. 1, 202 l. 4/ill. 2, 202 l. 4/ill. 4, 202 l. 5/ill. 3, 203 l. 3/ill. 1, 203 l. 4/ill. 4, 319, 320 hg, 464, 470, 471, 472, 473 ; musée du Louvre, Paris/Peter Willi 117, 143, 201 l. 4/ill. 5, 202 l. 3/ill. 2 ; musée Marmottan, Paris 204 l. 3/ill. 2, 353 ; musée de Montmartre, Paris/Archives Charmet 375 ; musée Gustave Moreau, Paris/Lauros-Giraudon 367 ; musée national du château de Malmaison, Rueil-Malmaison 203 l. 1/ill. 1 ; musée national du château de Malmaison, Rueil-Malmaison, Lauros-Giraudon 356 ; musée national du Moyen Âge et des Thermes de Cluny, Paris, Lauros-Giraudon 201 l. 3/ill. 4, 201 l. 4/ill. 1, 271, 272-273 ; musée national du Moyen Âge et des Thermes de Cluny, Paris/J. P. Zenobel 201 l. 3/ill. 1 ; musée de l'Orangerie, Paris/Lauros-Giraudon 151 ; musée d'Orsay, Paris 72 g, 74 hd, 75, 84, 203 l. 3/ill. 2, 365 b ; musée d'Orsay, Paris/DACS/Lauros-Giraudon/ 203 l. 1/ill. 3 ; musée d'Orsay, Paris/Giraudon 74 cg, 74 bg, 78, 80, 82, 203 l. 3/ill. 3, 203 l. 3/ill. 4, 203 l. 3/ill. 5 ; musée d'Orsay, Paris/Lauros-Giraudon 74 bd, 81 g, 83, 85 ; musée d'Orsay, Paris/Peter Willi 81 d ; musée Picasso, Paris/DACS/Giraudon/204 l. 3/ill. 1, 234, 235, 236, 237, 238 ; musée Rodin, Paris 321 hd ; musée Rodin, Paris/ Philippe Galard 320 hc, 322 ; musée Rodin, Paris/Peter Willi 320 hd, 320 bg ; musée de la Ville de Paris/musée Carnavalet, Paris 16, 182, 202 l. 1/ill. 6, 255 ; musée de la Ville de Paris/musée Carnavalet, Paris/Archives Charmet 63, 201 l. 2/ill. 5, 467 ; musée de la Ville de Paris/musée Carnavalet, Paris/Lauros-Giraudon 14, 17, 241, 242 ; musée de la Ville de Paris/musée Carnavalet, Paris/J. P. Zenobe 15 ; musée de la Ville de Paris/Maison de Victor Hugo/ Lauros-Giraudon 57, 203 l. 5/ill. 4 ; National Gallery, Londres 276 ; Collection privée 330 d ; Collection privée/Archives Charmet 121, 209 ; Collection privée/Archives Charmet 377 ; Collection privée/Giraudon 435 h ; palais de Topkapi, Istanbul/Giraudon 99 bg ; musée Rodin, Paris/DACS/Philippe Galard 321 hg), © Christophe Fouin (166, 167, 220 ; MAHJ, Paris 245), © The Kobal Collection Universal (123, 124), © Laif, Paris (Hemisphères 310 hd, 342 ; Hoa-Qui 34 hg, 71, 203 l. 4/ill. 2 ; Krinitz 174/175 ; Volz) © CHRISTO 1985 (47, 204 l. 5/ill. 5), © musée national d'Histoire naturelle (411), © Caroline Rose, Paris (5 b, 8, 52 bg, 52 hd, 52 c, 53 h, 55, 56, 86-87, 95, 178 b, 196-197, 198, 201 l. 3/ill. 2, 202 l. 1/ill. 4, 202 l. 2/ill. 4, 283, 358, 395 bd, 454), © Bilderberg (Dorothea Schmid 181 d), © Tandem Verlag GmbH, Königswinter (Foto Achim Bednorz 7 b, 34 bd, 38, 39, 50-51, 52 hg, 158, 169, 170 b, 201 l. 5/ill. 2, 202 l. 2/ill. 5, 202 l. 2/ill. 6, 203 l. 2/ill. 2, 226 g, 228, 229, 230 h, 267 bg, 267 cd, 277, 279, 297, 302, 311 g, 420-421, 422-423, 424 b, 425 bd, 425 c, 426, 430 cbd, 430 hd, 430 cg, 431 ill. 2, 431 ill. 3, 431 h, 436), © Tandem Verlag GmbH, Königswinter (Foto Caroline Rose 5 h, 6 h, 6 b, 7 c, 7 h, 19, 21, 30-31, 33, 34 hd 34 bg, 35 hd, 35 hd, 35 b, 36, 42 d, 43, 46, 48, 49, 52 bd, 60, 61 g, 61 d, 62, 64, 65, 70, 90 bg, 91 hg, 91 hd, 91 bd, 93, 94, 145, 152, 156, 157, 164, 170 h, 171 h, 171 bd, 172-173, 177, 178 h, 179 hg, 179 d, 179 b, 179 cg, 180, 188, 189, 190 hg, 190 bg, 190 bd, 191 hg, 191 hc, 191 hd, 191 bg, 191 bd, 199 g, 199 d, 201 l. 2/ill. 2, 201 l. 2/ill. 3, 202 l. 1/ill. 3, 202 l. 2/ill. 1, 202 l. 2/ill. 3, 202 l. 4/ill. 3, 202 l. 4/ill. 6, 203 l. 2/ill. 1, 203 l. 2/ill. 5, 203 l. 2/ill. 6, 203 l. 5/ill. 1, 203 l. 5/ill. 3, 204 l. 2/ill. 2, 204 l. 2/ill. 6, 204 l. 5/ill. 4, 206, 208, 211, 219, 224 b, 225, 226 h, 226 b, 227 bg, 227 bd, 230 b, 231 c, 231 hg, 231 hd, 231 bg, 231 bd, 240, 244, 250-251, 252, 253, 254, 262-263, 264, 265, 266 bg, 266 bd, 267 hg, 267 hd, 268, 270, 286-287, 288, 292, 294 g, 294 d, 301, 304-305, 306-307, 308, 310 bd, 311 d, 312, 313, 316, 318, 320 bd, 325, 326, 328, 329, 346 hg, 346 bd, 346 bd, 348, 354, 355, 356-357, 360 g, 361 h, 361 c, 361 b, 362, 368, 369, 370, 372, 374, 378, 379, 380-381, 382, 383, 384 cg, 384 h, 384 b, 385 h, 385 b, 386 h, 386 b, 387 c, 387 h, 387 bg, 387 bd, 388, 389, 390-391, 391, 394, 395 hd, 395 bg, 396, 398-399, 400, 401, 403 cg, 403 cd, 403 hg, 403 hd, 403 bg, 403 bd, 404 g, 405, 406, 408, 409, 416, 417, 418, 419, 440-441, 456, 458), © Archives ADAGP-Image Bank (161) © Fondation Le Corbusier 2007 (351 d, Olivier Martin-Gambier 346 bg), © Staatliche Kunstsammlungen Dresden (Josef-Hegenbarth-Archiv/H. Boswank 141), © Roger Viollet (12, 102, 155, 163, 183, 184, 185, 186, 201 l. 1/ill. 1, 203 l. 5/ill. 2, 204 l. 1/ill. 3, 204 l. 2/ill. 1, 204 l. 4/ill. 4, 204 l. 5/ill. 1, 243, 330 g, 331, 339, 360 d, 366, 376, 451, 468 ; Jacques Boyer 160 ; Carnavalet 24 ; Albert Harlingue 37, 290, 338, 363 ; LAPI 340 ; LL 203 l. 2/ill. 3, 365 h, 461 ; Henri Martinie 291 ; Ullstein Bild 392).